WORD 6 pour les malins

WORD 6

pour les malins

ellipses

ISBN 2-7298-4658-1

Préface

Ce livre n'est pas un livre comme les autres.

Vous n'y trouverez pas, comme dans une documentation, une description des fonctionnalités de Word. Vous n'y trouverez pas non plus ces hypothèses d'école qui ne correspondent pas vraiment aux situations que vous, utilisateurs, rencontrez en utilisant quotidiennement, dans un cadre professionel ou personnel, votre traitement de texte.

Ce livre a été conçu "en situation", à partir de cas concrets d'utilisation, pour lesquels nous vous proposons, à chaque fois, une ou plusieurs solutions. Chemin faisant, nous découvrirons ainsi l'essentiel des fontionnalités de Word. L'ensemble des manipulations est expliqué, illustré et mené, pas à pas, à son terme. Vous tirerez ainsi parti de chacune des pages de ce livre.

La table des matières est organisée autour de ces cas pratiques (près de 200 !) et non autour de concepts. Les explications théoriques, lorsqu'elles sont nécessaires, figurent au sein des cas pratiques.

En privilégiant le concret, nous avons voulu vous aider à mieux travailler avec Word, en tirant parti de toutes ses fonctionnalités. Confiant dans l'outil que nous vous proposons, nous sommes sûrs qu'il vous aidera à améliorer votre productivité ainsi que la qualité de votre travail.

Table des matières

3 Techniques de mise en page 137

L'Interface

1

Définir un répertoire de travail par défaut dans Word

Qu'il s'agisse de la version Macintosh ou de la version Windows, Word 6.0 propose par défaut, pour l'enregistrement des documents, le dossier (ou répertoire) d'installation. Ainsi, avec la version Macintosh, il s'agira, en règle générale, du dossier Microsoft Word ; avec la version Windows, le répertoire par défaut sera WINWORD dans la plupart des cas (si, bien entendu, vous n'avez pas modifié les options proposées lors de l'installation).

Toutefois, il est tout à fait possible de modifier cette configuration par défaut et de spécifier le dossier (ou le répertoire) de votre choix dans lequel vous souhaitez enregistrer tous vos documents de travail, et cela directement à partir de l'application Word.

Cette manipulation est très simple à réaliser, ainsi que vous pourrez le constater. Choisissez tout d'abord la commande «*Options*» dans le menu «Outils» de Word. La boîte de dialogue «Options» vous propose alors tout un choix d'options de personnalisation, regroupées par catégorie sous des onglets. Dans cette boîte de dialogue, cliquez sur l'onglet *Emplac. fichiers* (si vous utilisez Word pour Windows, cliquez sur l'onglet *Rép. par défaut* de cette boîte de dialogue), comme illustré à la **figure A**. Dans la liste *Type de fichiers*, sélectionnez «Documents» et cliquez sur le bouton <Changer>. Vous accédez alors à la boîte de dialogue illustrée à la **figure B**, dans laquelle vous pouvez sélectionner un nouveau dossier.

Figure A

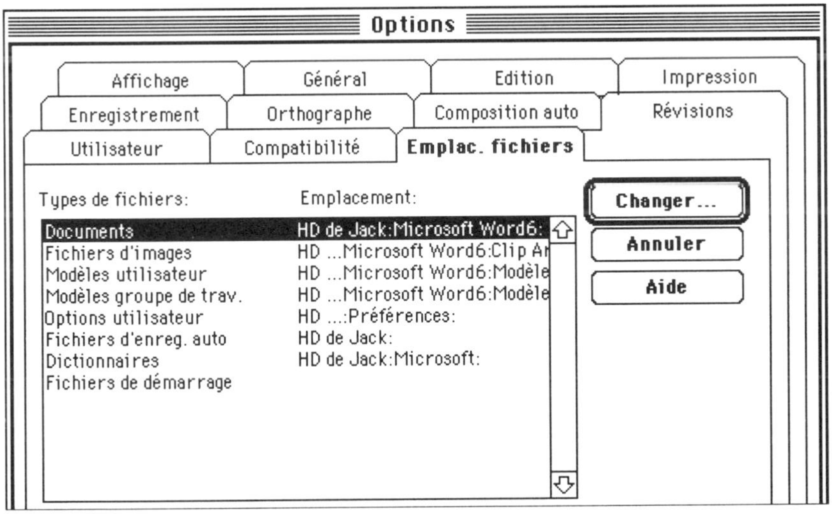

Vous pouvez modifier le répertoire par défaut défini pour l'enregistrement des documents Word.

Si vous utilisez la version Windows de Word 6.0, vous obtenez à l'écran la boîte de dialogue «Changer le répertoire», présentée à la **figure C**.

Pour définir un nouveau dossier ou répertoire, il vous suffit de le sélectionner dans la boîte de dialogue. Notez que vous pouvez, à ce stade, créer directement un nouveau dossier ou répertoire dans Word, sans quitter l'application (et revenir au Finder si vous utilisez la version Macintosh ou au Gestionnaire de fichiers de Windows).

Pour cela, il vous suffit simplement de cliquer sur le bouton <Créer □> de la boîte de dialogue. Vous accédez alors à la boîte de dialogue de la **figure D** (nommée «Créer un répertoire» dans la version Windows) dans laquelle il vous suffit d'entrer le nom du répertoire ou du dossier à créer et de cliquer sur <Créer>.

Figure B

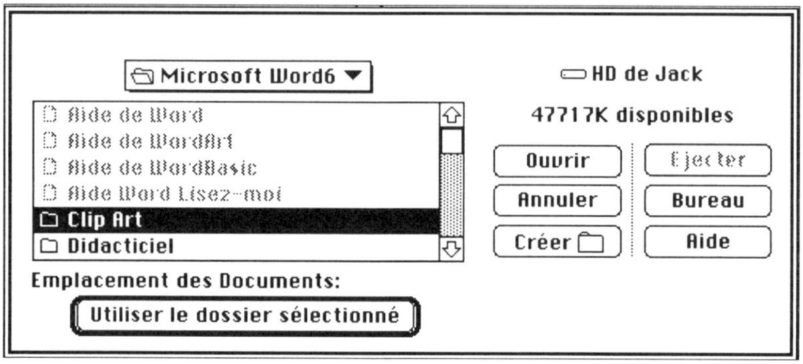

Cette boîte de dialogue vous permet de modifier le répertoire de sauvegarde par défaut.

Figure C

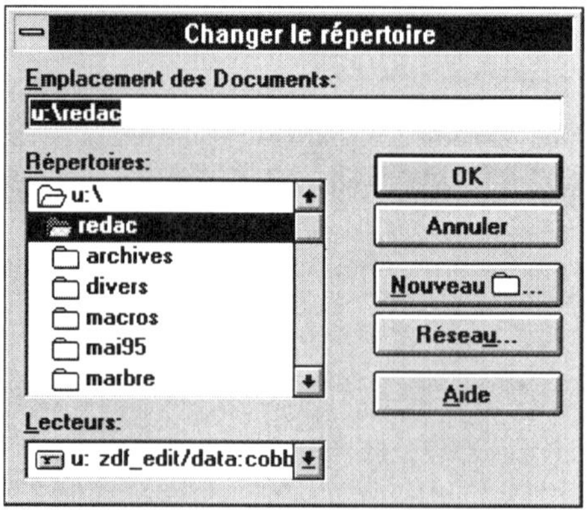

Avec la version Windows de Word 6.0, la modification des répertoires par défaut s'effectue dans la boîte de dialogue «Changer le répertoire».

Vous revenez alors à la boîte de dialogue précédente et vous allez cliquer sur le bouton <Fermer> pour prendre en compte la modification du répertoire.

Notez que vous pouvez suivre la même procédure pour modifier les autres répertoires par défaut définis dans cette boîte de dialogue. Il vous suffit simplement de sélectionner les types de fichier dont vous souhaitez modifier l'emplacement sur votre disque.

Figure D

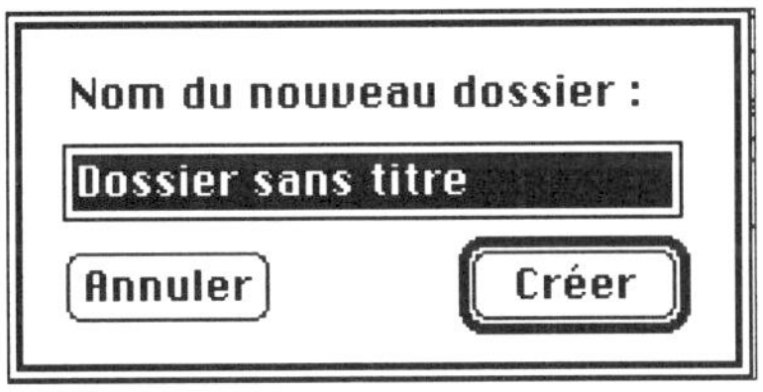

Cette boîte de dialogue vous permet de créer directement dans Word le nouveau dossier (répertoire) à utiliser pour l'enregistrement des documents.

Changer la fréquence de l'enregistrement automatique

En vous permettant de sauvegarder à intervalles réguliers le document et le modèle sur lesquels vous travaillez, la fonction d'enregistrement automatique de Word protège efficacement vos informations. Ainsi, lorsque vous relancez le programme à la suite d'une coupure de courant ou d'une défaillance du système, Word tente de récupérer les modifications apportées depuis le dernier enregistrement.

Par défaut, l'enregistrement a lieu toutes les dix minutes. Vous pouvez facilement augmenter cette valeur si vous souhaitez être interrompu moins souvent dans votre travail. Pour cela, choisissez la commande «*Options...*» dans le menu «Outils» et cliquez sur l'onglet *Enregistrement*. A la section *Options d'enregistrement*, indiquez la fréquence d'enregistrement requise dans la zone de texte *Enregistrement toutes les*. Vous pouvez spécifier un intervalle de temps de 1 à 120 minutes. Si vous souhaitez désactiver la fonction, cliquez simplement sur la case à cocher pour la désélectionner. Une fois vos modifications effectuées, cliquez sur le bouton <OK> pour qu'elles soient prises en compte.

Afficher plusieurs types de fichiers dans la boîte de dialogue «Ouvrir»

Sous Windows, les noms de fichier sont suivis d'un suffixe, ajouté en général automatiquement par l'application avec laquelle ils ont été créés. Sous Word 6, ce suffixe joue un rôle sélectif très pratique lors de l'ouverture des fichiers. Vous pouvez, en effet, effectuer une recherche par type de fichier ou combiner plusieurs suffixes, comme nous allons le voir.

Le suffixe utilisé par défaut pour les documents Word est *.DOC. Lorsque vous ouvrez un fichier sous Word, à l'aide de la commande «*Ouvrir*» du menu «Fichier», seuls les noms de fichiers dotés de ce suffixe s'affichent dans la liste *Nom du fichier*. Si vous désirez ouvrir un fichier suivi de l'extension *.WRI se trouvant également dans votre répertoire, rien de plus simple : remplacez *.DOC par *.WRI et appuyez sur [Entrée]. Si vous souhaitez voir s'afficher tous les fichiers disponibles, il vous suffit de remplacer *.WRI par *.*. Les différents fichiers du répertoire apparaissent alors dans la liste déroulante (.BMP, .DOC, .DOT, .WRI, etc.). C'en est trop, pensez-vous, car, au fond, vous n'avez besoin que des fichiers *.DOC et *.DOT. Il suffit de le demander ! En séparant les suffixes par un point-virgule (;), Word effectue une recherche combinée.

Saisissez **`*.DOC; *.DOT`**, dans la zone de texte *Nom du fichier*, validez par <OK> et les noms de fichiers dotés de ces suffixes s'affichent alors.

Notez que ces principes s'appliquent à la fonction de recherche de fichiers accessible à partir de la boîte de dialogue «Ouvrir». C'est simple, tellement plus rapide et plus clair !

Restaurer la commande «Calculer»

La commande *«Calculer»* ne figure plus dans le menu «Outils» de la version 6.0 de Word, alors qu'elle constituait un outil très apprécié de la précédente version.

Pas de panique, toutefois, la macro correspondante est toujours fournie en standard avec Word, ce qui va vous permettre de restaurer facilement cette commande que vous utilisiez quotidiennement.

Pour cela, commencez par choisir la commande *«Personnaliser»* dans le menu «Outils» et, dans la boîte de dialogue qui s'affiche, cliquez sur l'onglet *Menus.* Dans la liste déroulante *Catégories,* sélectionnez «Toutes les commandes» (dans le bas de la liste) puis, dans la liste déroulante *Commandes,* choisissez «Outils-Calculer». La zone de texte *Menu à modifier* vous permet de sélectionner le menu dans lequel vous souhaitez, soit ajouter, soit supprimer une commande. A ce stade de notre opération, Word y affiche automatiquement *Ta&bleau* (le caractère & signale simplement la touche d'accès affectée à cette commande). Ainsi, si vous souhaitez placer la commande *«Calculer»* dans le menu «Tableau», vous n'avez pas à modifier cette valeur. En revanche, si vous souhaitez placer cette commande dans le menu «Outils», choisissez «&Outils» dans la liste déroulante *Menu à modifier*, comme sur notre exemple de la **figure A**. Sachez également que la valeur par défaut, «Auto», figurant dans la zone de texte *Position dans le menu*

Figure A

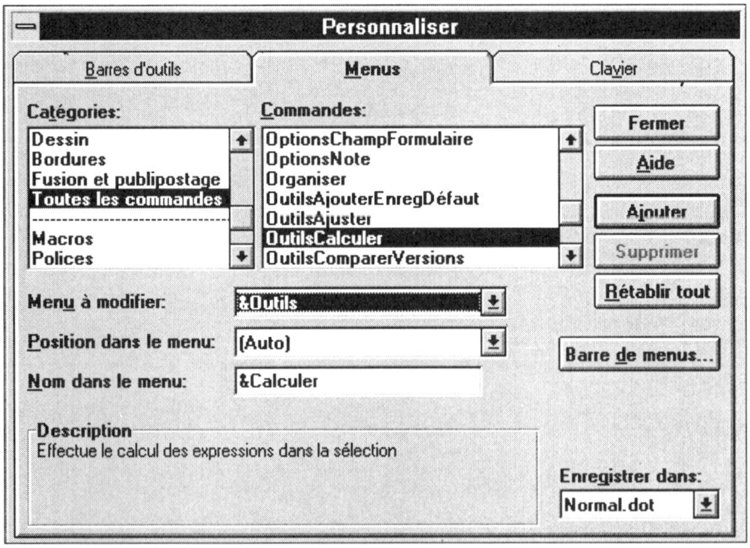

Ces spécifications permettent de restaurer la commande «Calculer» dans le menu «Outils».

placera la commande ainsi restaurée au bas du menu. Si cet emplacement vous convient, vous pouvez conserver cette valeur ou la modifier dans le cas contraire, en sélectionnant la position de votre choix.

Word propose également, dans la zone de texte *Nom dans le menu*, le nom de la commande tel qu'il figurera dans le menu. Comme précédemment, si ce nom vous convient, conservez tel quel le libellé proposé. Dans le cas contraire, entrez le nom de votre choix dans la zone de texte *Nom dans le menu*.

Une fois les sélections effectuées, cliquez sur le bouton <Ajouter>, puis sur le bouton <Fermer> de la boîte de dialogue «Personnaliser». Vous revenez alors à votre document de travail. Lorsque vous déroulez le menu «Outils», la commande *«Calculer»* y figure désormais, comme la **figure B** permet de le constater. La macro *OutilsCalculer* correspondant à la commande «Calculer» de la version 2.0, son action ne présentera aucune difficulté pour les anciens utilisateurs de la version 2.0. Si vous n'utilisiez pas cette version antérieure de Word, sachez qu'il vous suffit, pour effectuer un calcul, de mettre en surbrillance les nombres à calculer et de choisir la commande *«Calculer»*.

Le résultat de cette opération apparaît alors dans la barre de défilement horizontal, à gauche de l'écran. Il est conservé en mémoire dans le presse-papiers, de manière à ce que vous n'ayez pas à le saisir (ce qui pourrait être source d'erreur !). En positionnant le point d'insertion à l'emplacement de votre choix, vous pouvez coller directement le résultat en utilisant la commande *«Coller»* du menu «Edition» ou le raccourci clavier [Ctrl][V]/[⌘][V].

Figure B

Restaurée, la commande «Calculer» figure de nouveau dans le menu «Outils».

Notez que la procédure utilisée ici pour restaurer la commande «*Calculer*» peut être suivie pour restaurer ou ajouter des commandes aux différents menus de Word. N'hésitez pas à explorer l'ensemble des macros commandes fournies en standard avec Word : elles vous permettront réellement de personnaliser Word en fonction de vos besoins réels, de vos goûts (ou bien de vos contraintes) et d'en faire un outil de travail – ou autre – particulièrement performant.

Créer des barres d'outils personnalisées

Si vous utilisez Word 6, vous savez probablement que vous disposez de plusieurs barres d'outils correspondant chacune à un certain type d'opérations, comme par exemple la création de formulaires, la fusion de documents, la mise en forme du texte, etc. Mais aussi pratiques soient-elles, ces barres le seraient plus encore si les outils proposés étaient très précisément ceux dont vous avez besoin.

Les barres d'outils de Word 6 sont entièrement modifiables : ainsi, vous pouvez inclure sur ces barres d'outils intégrées les commandes et les macros correspondant aux tâches que vous effectuez le plus souvent et aux types de document que vous traitez. Cette personnalisation peut aller jusqu'à la création de barres d'outils dans leur totalité.

De la mesure avant toute chose...

Avant de créer une barre d'outils et de vous lancer dans les opérations les plus amusantes qui consistent à choisir les symboles pour les nouveaux outils, réfléchissez bien à l'usage que vous voulez faire de cette nouvelle barre ; allez-vous l'utiliser avec l'ensemble de vos documents ou uniquement avec ceux attachés à un modèle spécifique ? Dans le premier cas, la barre d'outils doit être sauvegardée dans le modèle NORMAL.DOT, ce que Word fait par défaut.

En revanche, si vous projetez de créer un jeu d'outils spécialisés pour générer un type de document spécifique, le bon sens suggère de sauvegarder la nouvelle barre d'outils dans le modèle attaché à ce document. Supposons que vous

Figure A

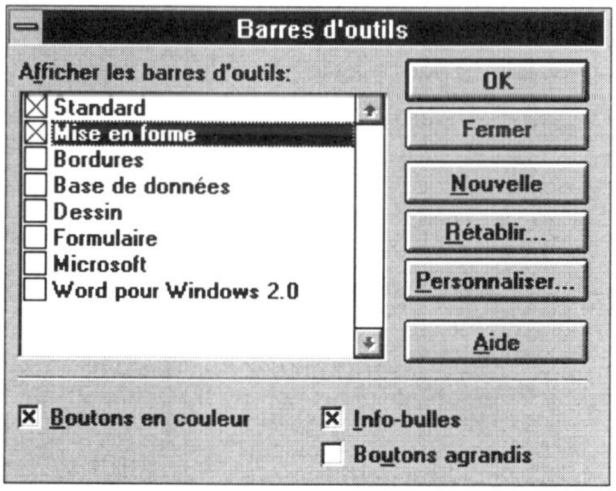

Pour toutes les opérations sur les barres d'outils, vous devez procéder à partir de la boîte de dialogue «Barres d'outils».

utilisiez le modèle BULLETIN.DOT pour éditer un bulletin hebdomadaire par exemple, et que vous décidiez de créer une barre d'outils pour en mettre en forme le texte. Dans ce cas, vous sauvegarderez la barre d'outils dans le modèle BULLETIN.DOT.

Pour créer une barre d'outils destinée à un modèle autre que NORMAL.DOT, vous devez commencer par ouvrir un document attaché à ce modèle. Au moment de sauvegarder la barre d'outils, Word vous donne la possibilité de l'enregistrer dans le modèle NORMAL.DOT ou dans le modèle en cours d'utilisation.

Création d'une barre d'outils

Pour créer une barre d'outils personnalisée, ouvrez un nouveau document, puis choisissez la commande «*Barres d'outils*» dans le menu «Affichage». Word affiche alors la boîte de dialogue «Barres d'outils» présentée à la **figure A**.

Cliquez ensuite sur le bouton <Nouvelle> pour afficher la boîte de dialogue «Nouvelle barre d'outils» illustrée à la **figure B**.

Dans la zone de texte *Nom de la barre d'outils*, indiquez le nom à attribuer à la nouvelle barre. Puis, si vous utilisez un modèle différent de NORMAL.DOT, sélectionnez son nom dans la liste déroulante *Barre d'outils utilisable par*. Cliquez ensuite sur le bouton <OK>. Word affiche une nouvelle barre d'outils, vierge, et ouvre la boîte de dialogue «Personnaliser», comme illustré à la **figure C**.

N'hésitez pas à faire glisser la boîte de dialogue vers la droite ou vers le bas de l'écran, afin de bien visualiser la nouvelle barre d'outils.

Reste maintenant à sélectionner dans la boîte de dialogue les éléments que vous souhaitez voir figurer sur votre barre d'outils. Certains sont prédéfinis, d'autres vont nécessiter la création d'un texte ou d'une image. Avant de passer à la création proprement dite de la nouvelle barre, examinons les différents types d'éléments susceptibles d'y être insérés.

Figure B

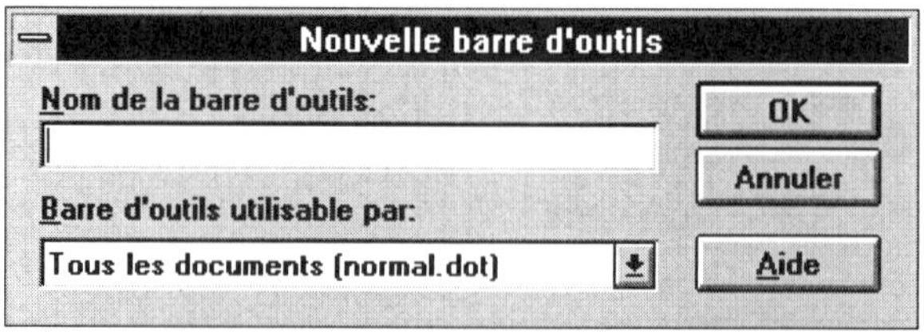

Le bouton <Nouvelle> donne accès à la boîte de dialogue «Nouvelle barre d'outils».

Associer des boutons à des commandes

Une barre d'outils personnalisée peut comporter à la fois des boutons prédéfinis de Word et des boutons que vous créez. Ces derniers peuvent exécuter des commandes ou des macros ou bien encore, effectuer une action liée à une police donnée, insérer automatiquement du texte ou appliquer un style particulier.

Pour insérer un bouton prédéfini dans une barre d'outils, choisissez la catégorie appropriée dans la liste *Catégories* de la boîte de dialogue «Personnaliser». Word affiche tous les boutons existants associés à la catégorie indiquée. A titre d'exemple, la **figure D** montre les boutons associés à la catégorie «Tableau».

Certains boutons prédéfinis par Word figurent déjà sur des barres d'outils existantes. C'est ainsi que vous retrouverez des boutons de la **figure D** dans les barres d'outils Standard et Base de données. Toutefois, le fait qu'un bouton apparaisse déjà dans une barre d'outils fournie en standard par Word ne vous interdit pas de l'inclure dans une barre d'outils personnalisée.

Tous les boutons prédéfinis ne sont pas affectés par défaut à une barre d'outils. Pour connaître la commande associée à un bouton non familier, il vous suffit de cliquer sur ce dernier. Word en affiche la description dans la zone prévue à cet effet, dans la partie inférieure de la boîte de dialogue.

Pour insérer un bouton prédéfini dans votre barre d'outils, cliquez sur sa représentation à la section *Boutons* et faites-la glisser jusqu'à la nouvelle barre.

Figure C

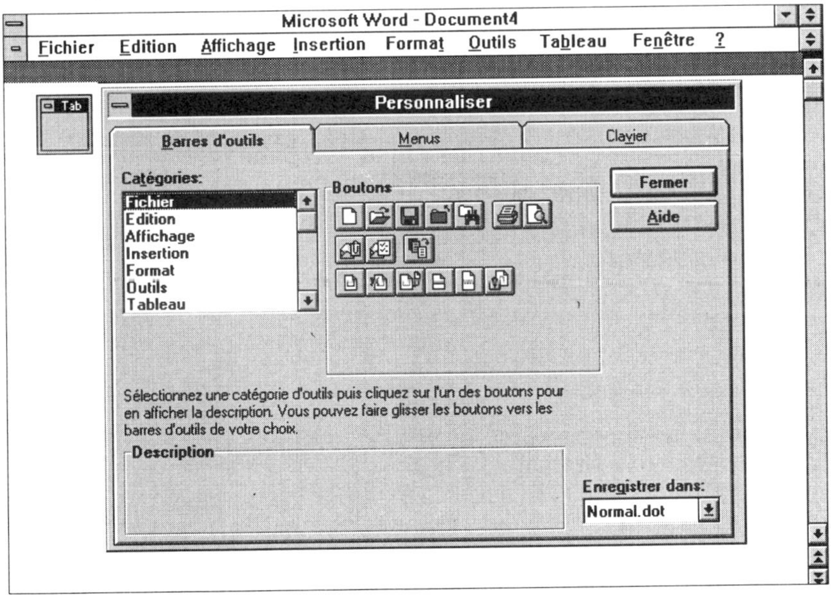

Word crée une barre d'outils vierge et ouvre la boîte de dialogue «Personnaliser» dans laquelle vous allez définir vos spécifications.

Figure D

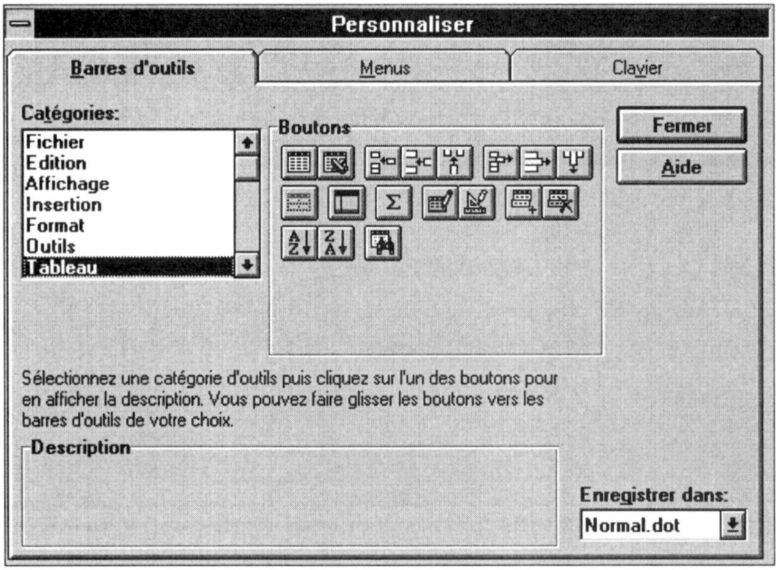

Pour afficher les boutons prédéfinis associés à un type de commandes, choisissez la catégorie correspondante dans la liste Catégories.

Figure E

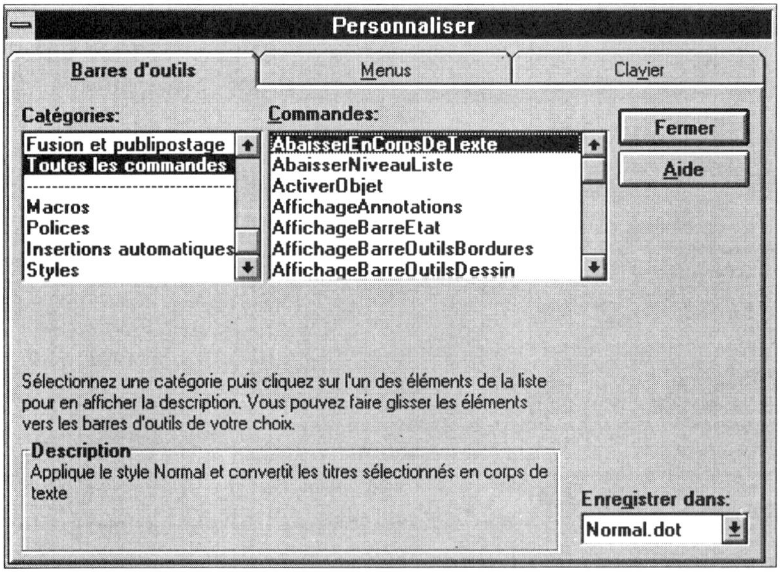

Lorsque vous choisissez «Toutes les commandes» dans la liste Catégories, Word affiche la liste des commandes disponibles.

Lorsque vous relâchez le bouton de la souris, Word copie le bouton sélectionné dans la barre d'outils, en ajustant, si besoin est, la taille de cette dernière. Vous pouvez aussi insérer une commande non préalablement affectée à un bouton. Pour afficher la liste des commandes disponibles, choisissez «Toutes les commandes» dans la liste *Catégories*. Word remplace alors la section *Boutons* par la liste déroulante *Commandes*, comme la **figure E** permet de le vérifier.

Pour associer un bouton à l'une de ces commandes, il vous suffit de sélectionner le nom de la commande dans la liste et de le faire glisser vers la barre d'outils. Si la commande sélectionnée a été préalablement affectée à un bouton, Word insère ce dernier dans la barre d'outils. Sinon, Word affiche la boîte de dialogue «Bouton personnalisé», comme sur notre exemple de la **figure F**, qui permettra de choisir un bouton pour cette commande.

Comme vous pouvez le constater, Word vous propose une sélection d'images. Si aucune ne vous convient, vous pouvez en créer une. Pour ce faire, dans la boîte de dialogue «Bouton personnalisé», cliquez sur le bouton <Modifier>. Un programme d'édition vous permet de créer vous-même une image ; il ne reste plus ensuite qu'à la coller dans le bouton.

Vous pouvez aussi afficher du texte dans le bouton. Par défaut, Word utilise le nom de la commande affiché dans la zone de texte *Nom du bouton* mais vous pouvez le remplacer.

La procédure d'insertion des autres types d'éléments est similaire à celle que nous venons de décrire, avec toutefois quelques variantes. C'est ce que nous allons préciser maintenant pour chacun d'eux.

Figure F

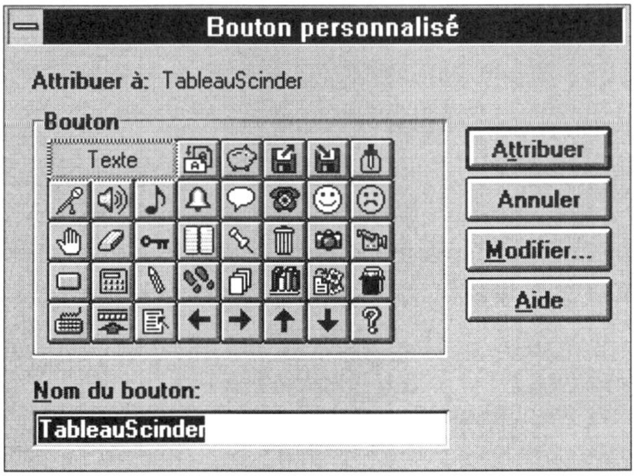

Word vous permet de choisir une image ou de préciser le texte que vous souhaitez voir figurer sur votre bouton.

■ Associer des boutons à des macros

Pour associer un bouton à une macro, sélectionnez l'option «Macros» dans la liste *Catégories*. Word affiche alors toutes les macros enregistrées dans le modèle NORMAL.DOT. Sélectionnez l'une d'elles et faites-la glisser jusqu'à la barre d'outils. Si vous associez un bouton à une macro contenue dans un modèle autre que NORMAL.DOT, vous pouvez y accéder en choisissant le nom du modèle dans la liste déroulante *Enregistrer dans*, située dans l'angle inférieur droit de la boîte de dialogue «Personnaliser». Lorsque vous faites glisser une macro vers la barre d'outils, Word ouvre la boîte de dialogue «Bouton personnalisé».

■ Associer des boutons à des polices

Pour créer un tel bouton, choisissez l'option «Polices» dans la liste déroulante *Catégories*. Word affiche la liste des polices installées sur votre système et présente, dans la zone de texte *Aperçu* de la boîte de dialogue, un échantillon des caractères de la police sélectionnée. Lorsque vous faites glisser le nom d'une police vers votre barre d'outils, Word ouvre la boîte de dialogue «Bouton personnalisé».

■ Associer des boutons aux insertions automatiques de texte

En choisissant l'option «Insertions automatiques» dans la liste déroulante *Catégories*, vous obtenez la liste des éléments susceptibles d'être entrés automatiquement dans le texte (auteur, date, etc.). Ces derniers sont enregistrés dans le modèle NORMAL.DOT. Word affiche, dans la zone *Texte de l'insertion automatique*, le texte associé à l'élément sélectionné. Si vous souhaitez accéder à des entrées spécifiques d'un modèle donné, il vous suffit de choisir le nom de ce dernier dans la liste déroulante *Enregistrer dans*, située dans l'angle inférieur droit de la boîte de dialogue «Personnaliser». Lorsque vous faites glisser vers la barre d'outils un élément de texte à insérer automatiquement, Word affiche la boîte de dialogue «Bouton personnalisé».

■ Associer des boutons à des styles

Dernier élément de la liste *Catégories*, l'option «Styles» fonctionne un peu différemment. Lors de sa sélection, Word affiche uniquement les styles utilisés par le document en cours de traitement et non la liste de tous ceux disponibles pour les documents associés au modèle NORMAL.DOT. En conséquence, pour associer une barre d'outils à des styles spécifiques, vous devez ouvrir un document qui les inclut avant d'afficher la boîte de dialogue «Personnaliser». Vous pouvez aussi, plus simplement, appliquer les styles souhaités au texte du document en cours de traitement. Quelle que soit la technique retenue, Word inclut les noms de ces styles dans la liste déroulante *Styles* et vous n'avez plus, dès lors, qu'à les faire glisser vers la barre d'outils.

Si vous créez une barre pour un modèle autre que NORMAL.DOT, choisissez le nom de ce dernier dans la liste déroulante *Enregistrer dans*, située dans l'angle inférieur droit de la boîte de dialogue «Personnaliser». Word y affiche tous les styles définis pour ce modèle.

En ce qui concerne les autres aspects de l'insertion, vous pouvez procéder avec les styles comme avec les éléments décrits précédemment. Word affiche, dans la zone de texte *Description* la définition du style sélectionné. Lorsque vous faites glisser un style vers la barre d'outils, Word affiche la boîte de dialogue «Bouton personnalisé».

■ La pratique par l'exemple

A titre d'exemple, et pour fixer les idées, nous allons créer une barre d'outils personnalisée, associée au traitement des tableaux. Nous nous contenterons ici d'insérer trois outils, dont deux sont associés à des boutons prédéfinis :

- dont la fonction est d'insérer un tableau. Ce bouton figure par défaut dans les barres d'outils Standard et Bases de données.
- dont la fonction est d'appliquer une mise en forme prédéfinie à un tableau. Ce bouton ne figure sur aucune des barres d'outils de Word.
- Le troisième, enfin, doit être associé à la commande «*TableauScinder*» de Word pour laquelle il n'existe aucun bouton prédéfini.

Commencez par ouvrir un nouveau document (nous allons sauvegarder cette barre d'outils dans le modèle NORMAL.DOT, de sorte que le modèle attaché au document en cours de traitement n'a aucune importance). Dans le menu «Affichage», choisissez ensuite la commande «*Barres d'outils*». Dans la boîte de dialogue «Barres d'outils» qui s'affiche alors, cliquez sur le bouton <Nouvelle> pour ouvrir la boîte de dialogue «Nouvelle barre d'outils». Dans la zone de texte *Nom de la barre d'outils*, tapez **`tableau`** et cliquez sur le bouton <OK>. Word crée alors une barre d'outils vierge et ouvre la boîte de dialogue «Personnaliser» que vous allez faire glisser légèrement vers la droite afin de dégager la barre d'outils.

Vous pouvez maintenant insérer les boutons dans votre barre d'outils. Nous allons commencer par les deux boutons prédéfinis. Dans la liste *Catégories*, choisissez l'option «Tableau». Word affiche les boutons associés aux commandes propres aux tableaux. Parmi ces derniers, vous reconnaîtrez et que vous allez faire glisser successivement jusqu'à la barre d'outils. Word ajuste automatiquement la barre de façon à inclure les deux boutons.

Passons maintenant au bouton associé à la commande «*ScinderTableau*». Dans la liste *Catégories*, choisissez l'option «Toutes les commandes», puis dans la liste *Commandes*, cliquez sur «TableauScinder» et faites glisser le nom de la commande vers la barre d'outils. Lorsque vous relâchez le bouton de la souris, Word affiche la boîte de dialogue «Bouton personnalisé» présentée à la **figure F**.

Vous pouvez constater que Word a déjà inséré le nom de la commande dans la zone de texte *Nom du bouton*. Tronquez-le de sorte à en conserver uniquement la première partie, soit *Scinder*. Pour terminer, cliquez sur le bouton <Attribuer>, puis sur le bouton <Fermer>. Word crée le bouton et l'insère dans la barre d'outils, qu'il ajuste de nouveau pour afficher les trois boutons (**figure G**).

Dernières précisions

A deux exceptions près, les barres d'outils personnalisées fonctionnent comme les barres initialement intégrées à Word. Si la case d'option <Info-bulles> de la boîte de dialogue «Barres d'outils» a été activée (cas de figure par défaut), le simple fait de pointer la souris sur un bouton prédéfini entraîne l'affichage du nom de la fonction associée. Ceci ne vaut toutefois que pour les boutons prédéfinis. Pointez les boutons et . Faites de même avec le bouton personnalisé <Scinder> ; Word n'affiche rien.

Notez que cette caractéristique s'applique aux boutons associés aux polices, aux insertions automatiques de texte et aux styles. La barre d'état affiche toutefois une description de l'action effectuée par le bouton. Si le bouton est attribué à une macro, Word n'affiche pas de description à moins que vous n'en ayez spécifié une dans la boîte de dialogue «Macro».

Dernier point – important – à mentionner : vous ne pouvez pas restaurer une barre d'outils personnalisée alors que cette opération est autorisée avec les barres d'outils incorporées. C'est ainsi qu'après avoir modifié la barre d'outils Standard, vous pouvez sélectionner son nom dans la boîte de dialogue «Barres d'outils» (affichée après sélection de la commande du même nom située dans le menu «Affichage»), puis cliquer sur le bouton <Rétablir> ; la barre d'outils retrouve sa configuration d'origine. Si vous sélectionnez une barre d'outils personnalisée, Word change le bouton <Rétablir> en <Supprimer>. Il n'existe pas en effet de valeurs attribuées par défaut à cette barre, qui était vierge à l'origine.

N'hésitez pas à tirer parti de cette fonctionnalité. Entre les couleurs, les modèles et les outils, vous disposez de tous les moyens pour personnaliser Word selon vos besoins.

Figure G

Après insertion des boutons, votre barre d'outils personnalisée se présente ainsi.

Si vous utilisez Word 6.0 pour Macintosh et Word 2.0 pour Windows

La procédure à suivre est rigoureusement identique dans la version 6.0 de Word pour Macintosh.Une seule barre d'outils est proposée dans la version 2.0 de Word pour Windows. Pour la personnaliser, choisissez la commande «*Options*» dans le menu «Outils». Dans la boîte de dialogue «Options» qui s'affiche, sélectionnez «Barre d'outils» dans la liste déroulante *Catégorie*. Différentes zones deviennent accessibles. Dans la liste déroulante *Outil à modifier*, choisissez le bouton de la barre d'outils que vous souhaitez modifier. Si vous souhaitez ajouter un nouveau bouton, sélectionnez l'option «Espace». Dans la liste déroulante *Bouton*, sélectionnez ensuite le symbole de votre choix parmi ceux proposés et associez-lui une commande parmi celles affichées dans la liste déroulante *Commandes*. Si toutefois vous souhaitez associer un bouton à une macro, activez préalablement la case d'option <Macros> de la section *Afficher*.

Comme avec la version 6.0, vous pouvez décider d'enregistrer le nouveau bouton dans le modèle NORMAL.DOT (le modèle par défaut) en cliquant sur la case d'option <Global> de la section *Contexte*. Vous sélectionnerez la case d'options <Modèle> pour effectuer un enregistrement dans un modèle spécifique. Pour valider vos sélections, cliquez sur le bouton <Modifier> (en cas d'erreur, vous avez à votre disposition les boutons <Rétablir outil> et <Rétablir tout>). Pour terminer, cliquez sur le bouton <Fermer> qui vous permet de revenir à votre document de travail.

Renommer une barre d'outils personnalisée

Pour créer vos propres barres d'outils dans Word, choisissez la commande «*Barres d'outils*» du menu «Affichage». Cliquez sur le bouton <Nouvelle> de la boîte de dialogue qui s'affiche, et saisissez un nom pour cette barre d'outils dans la zone de texte *Nom de la barre d'outils*. Lorsque vous cliquez sur <OK>, Word affiche une barre d'outils vierge et ouvre la boîte de dialogue «Personnaliser». Vous n'avez plus qu'à sélectionner les boutons de votre choix et les faire glisser jusqu'à cette nouvelle barre d'outils.

Si vous êtes pris par le temps, choisissez la commande «*Personnaliser*» du menu «Outils». Faites glisser un bouton à l'extérieur de la boîte de dialogue et placez-le à un endroit quelconque de votre document, excepté dans une barre d'outils existante. Word affiche alors une nouvelle barre d'outils comprenant le bouton. Sélectionnez les boutons de votre choix et placez-les sur cette nouvelle barre d'outils par simple cliquer/glisser. Cependant, cette technique ne permet pas d'attribuer un nom à la barre d'outils qui sera désignée numériquement, Barre d'outils 1, Barre d'outils 2, etc.

Si vous souhaitez affecter un nom plus significatif à votre barre d'outils, ou renommer une barre d'outils existante, choisissez la commande «*Modèles*» du menu «Fichier». Cliquez sur le bouton <Organiser> de la boîte de dialogue, puis sur l'onglet *Barre d'outils*. Word affiche deux listes déroulantes comprenant toutes les barres d'outils disponibles sous le modèle NORMAL.DOT (Normal sous Macintosh). Si le document ouvert est basé sur un autre modèle, l'une des listes contiendra les barres d'outils associées à celui-ci. Sélectionnez la barre d'outils que vous souhaitez modifier et cliquez sur le bouton <Renommer>. Dans la boîte de dialogue du même nom, saisissez un nom dans la zone de texte *Nouveau nom* et validez par <OK>, puis par <Fermer>.

Afficher automatiquement le dernier fichier ouvert

Pour réaliser cette opération, il suffit de paramétrer le lancement de Word dans le Gestionnaire de programmes de Windows. Commencez par sélectionner l'icône «Microsoft Word» dans le Gestionnaire de programmes.

Dans le menu «Fichier» du Gestionnaire de programmes, choisissez la commande *«Propriétés»* ou appuyez sur la combinaison de touches [Alt][Entrée]. La boîte de dialogue «Propriétés de programme» s'affiche alors à l'écran.

Dans la zone de texte *Ligne de commande,* modifiez le chemin d'accès en ajoutant à la fin de la ligne le commutateur suivant : **`/mFichier1`**, comme illustré à la **figure A**. Validez ensuite en cliquant sur le bouton <OK>.

Le commutateur utilisé, **`/mFichier`***x*, permet en effet d'ouvrir automatiquement le xème fichier ouvert dans la liste des derniers fichiers utilisés (figurant au bas du menu «Fichier»).

Figure A

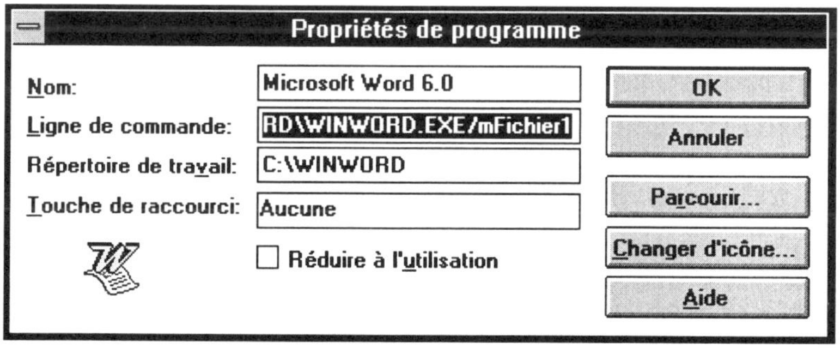

Le commutateur /mFichier1 permet de lancer Word avec le dernier fichier ouvert lors de la session précédente.

Rétablir la barre d'outils en affichage Plein écran

Lorsque vous êtes en affichage Plein écran, vous disposez d'une barre d'outils flottante. Si vous refermez malencontreusement cette barre, vous pouvez l'afficher de nouveau ou repasser en mode Normal. Pour cela, appuyez sur la combinaison de touches [Alt][A] pour dérouler le menu «Affichage», comme illustré sur la **figure A**.

Dans ce menu, il vous suffit alors d'annuler la sélection de la commande *«Plein écran»* (en la sélectionnant de nouveau) pour rebasculer en mode Normal ou encore de choisir la commande *«Barres d'outils»* pour ouvrir la boîte de dialogue du même nom et sélectionner la barre d'outils Plein écran afin de la rétablir.

Figure A

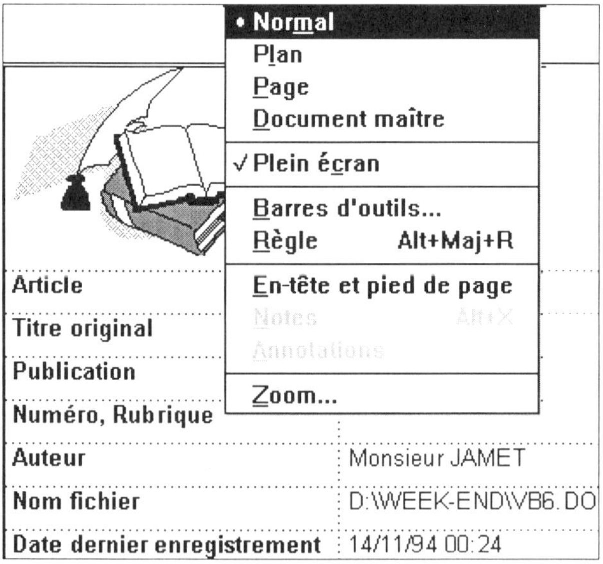

Vous pouvez utiliser la combinaison de touches [Alt][A] pour avoir de nouveau accès au menu «Affichage» lorsque vous êtes en mode Plein écran.

Attention au mode Brouillon

Il existe dans toutes les versions de Word pour Windows un mode Brouillon qui permet d'accélérer l'affichage à l'écran. Ce mode d'affichage est à privilégier si vous travaillez sur des documents longs et/ou contenant beaucoup d'images ou encore si la capacité de mémoire vive de votre ordinateur est un peu limitée. Dans ce mode, en effet, Word affiche le texte dans une seule police et une seule taille, quelles que soient la police et la taille appliquées. En outre, la mise en forme des caractères est indiquée par un souligné, comme illustré sur la **figure A**.

Figure A

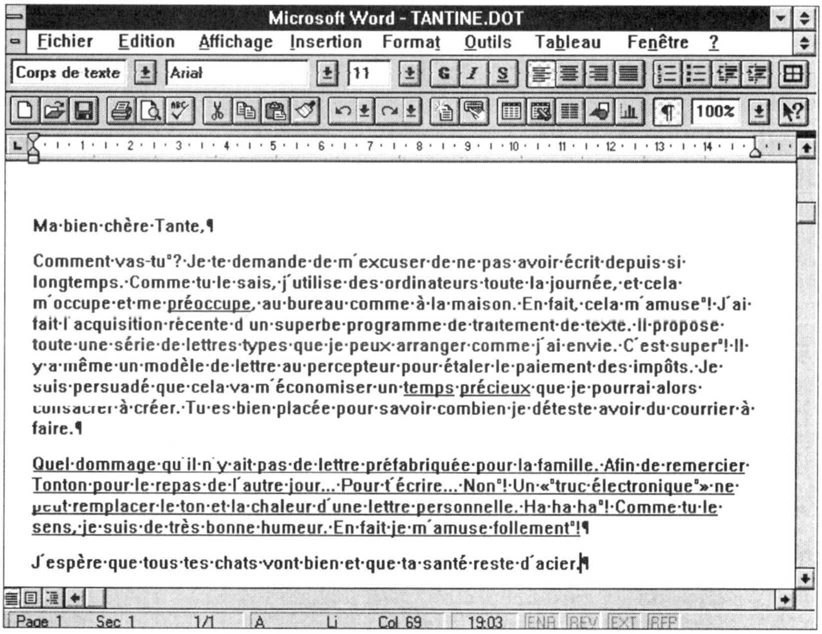

Quels que soient les enrichissements appliqués, ils sont représentés par un souligné en mode Brouillon.

Pour désactiver cette police d'affichage, choisissez la commande *«Options»* dans le menu «Outils». Sélectionnez ensuite l'onglet *Affichage* et désactivez la case à cocher <Police brouillon>, comme sur notre exemple de la **figure B**.

Figure B

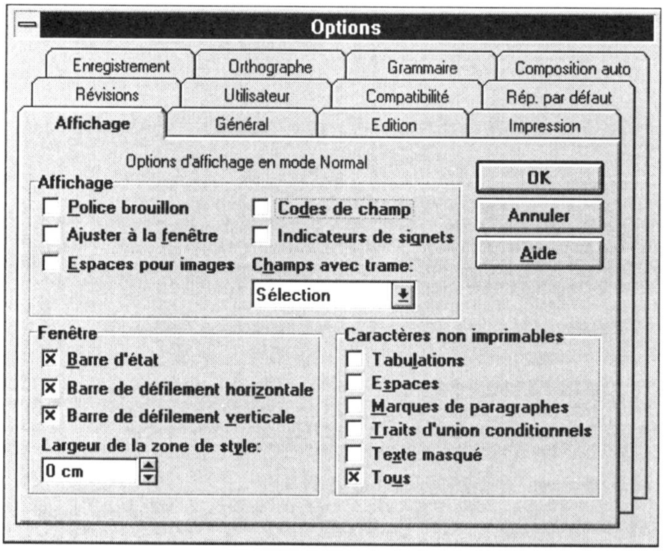

Pour visualiser l'ensemble des enrichissements apportés à un texte, pensez à désactiver <Police brouillon>.

Déplacer un bouton d'une barre d'outils à une autre

Pour déplacer un bouton d'une barre d'outils à une autre, commencez par afficher à l'écran, les barres d'outils que vous utilisez à l'aide de la commande *«Barres d'outils»* du menu «Affichage». Sélectionnez ensuite le bouton à déplacer et, tout en maintenant la touche [Alt] enfoncée, faites-le glisser vers son nouvel emplacement sur l'autre barre d'outils.

Une autre solution, bien sûr, consiste à placer sur la barre Mes outils disponible dans Word (également dans la boîte de dialogue «Barres d'outils») tous les boutons que vous utilisez régulièrement et de conserver uniquement cette barre à l'écran.

Des raccourcis clavier sur commande

Pour connaître le raccourci clavier affecté à une commande, il vous suffit d'appuyer sur la combinaison de touches [Ctrl] [Alt][M] ou [AltGr][M]. Le pointeur prend alors la forme d'un trèfle ⌘. A ce stade, il vous suffit de sélectionner un menu, puis la commande dont vous souhaitez connaître le raccourci. Word affiche alors la boîte de dialogue «Personnaliser» (**figure A**), dans laquelle apparaît le raccourci clavier affecté, le cas échéant, à la commande sélectionnée. Par défaut, le curseur est positionné dans la zone de texte *Nouvelles touches de raccourci* (même si aucun raccourci n'est actuellement défini). Pour affecter un raccourci clavier à une commande ou modifier le raccourci existant, il suffit d'entrer au clavier la combinaison de touches choisie et de cliquer sur <Attribuer>.

Figure A

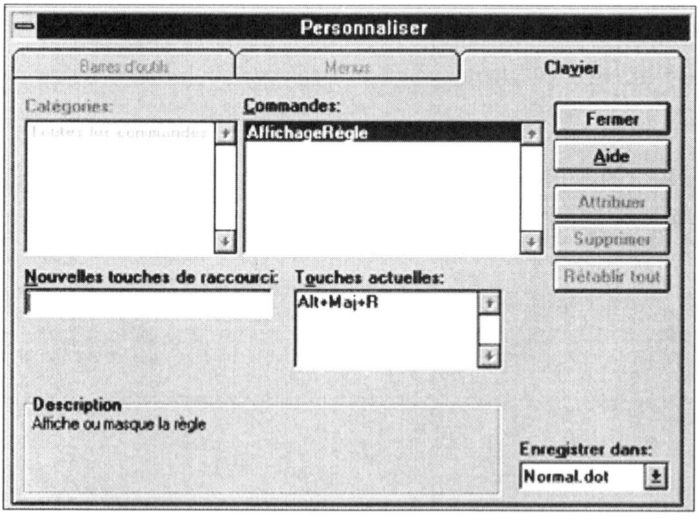

L'affectation des raccourcis clavier s'effectue dans la boîte de dialogue «Personnaliser».

Sélectionner les onglets d'options au clavier avec Word pour Windows

Lorsque vous choisissez la commande «*Options*» du menu «Outils», vous accédez à une boîte de dialogue présentant 12 (!) onglets qui correspondent aux catégories employées par Word pour Windows pour organiser les options. Pour afficher au premier plan l'onglet qui vous intéresse, appuyez sur la touche correspondant à son initiale.

Ainsi, en appuyant sur [O], vous affichez les options de l'onglet *Orthographe*. Les noms de ces onglets sont suffisamment descriptifs pour que vous n'ayez aucun mal à les mémoriser et, la pratique aidant... Le seul point d'achoppement concerne les onglets dont le nom commence par la même lettre. Non que cette technique ne fonctionne pas dans ce cas, mais il faut alors appuyer éventuellement deux fois sur la touche.

Vous voulez, par exemple, afficher les options d'enregistrement. Lorsque vous appuyez sur [E], Word affiche l'onglet *Edition* au premier plan. Il faut alors appuyer de nouveau sur [E] pour appeler l'onglet *Enregistrement* (il en va de même pour *Rép. par défaut* et *Révisions*, *Général* et *Grammaire*, *Composition auto* et *Compatibilité*). Il suffit de le savoir !

Utiliser l'option <Ajuster à la fenêtre>

Lorsque vous travaillez sur deux documents côte à côte, ou sur un document comprenant une zone de texte très large, l'affichage du texte peut poser problème. Il se peut, en effet, que les fenêtres ne soient pas suffisamment grandes pour afficher le texte dans toute sa largeur. Word dispose d'une solution : l'option <Ajuster à la fenêtre>. Au lieu d'ajuster le texte en fonction des marges définies pour le document, Word l'ajustera aux dimensions de la fenêtre. Cette option ne modifie en rien la mise en page du document, elle joue uniquement sur l'affichage à l'écran. Pour l'appliquer, placez-vous en mode Normal. Puis, dans le menu «Outils», choisissez la commande «*Options*» et cliquez sur l'onglet *Affichage*. A la section du même nom, validez la case d'option <Ajuster à la fenêtre> et cliquez sur <OK>. Cette option restera valide dans chaque nouvelle session Word tant que vous ne la désactiverez pas.

Utiliser deux fenêtres pour visualiser un document

Lorsque vous travaillez sur de longs documents, vous êtes parfois contraints à de nombreux va-et-vient si vous désirez modifier ou visualiser des informations se trouvant à la fin du document. Prenons pour exemple le cas d'un tableau, de type base de données, qui contiendrait un nombre de lignes supérieur à celui affichable à l'écran. Pour visualiser le tableau dans sa totalité, la solution consiste, comme nous allons le voir, à répartir l'affichage entre deux fenêtres de document.

Points de repère

Visualiser du texte dans sa totalité ne pose pas de problème particulier. Vous pouvez en effet recourir à l'option d'affichage <Ajuster à la fenêtre>. Malheureusement, cette fonctionnalité ne s'applique pas aux tableaux. Pour contour-

Figure A

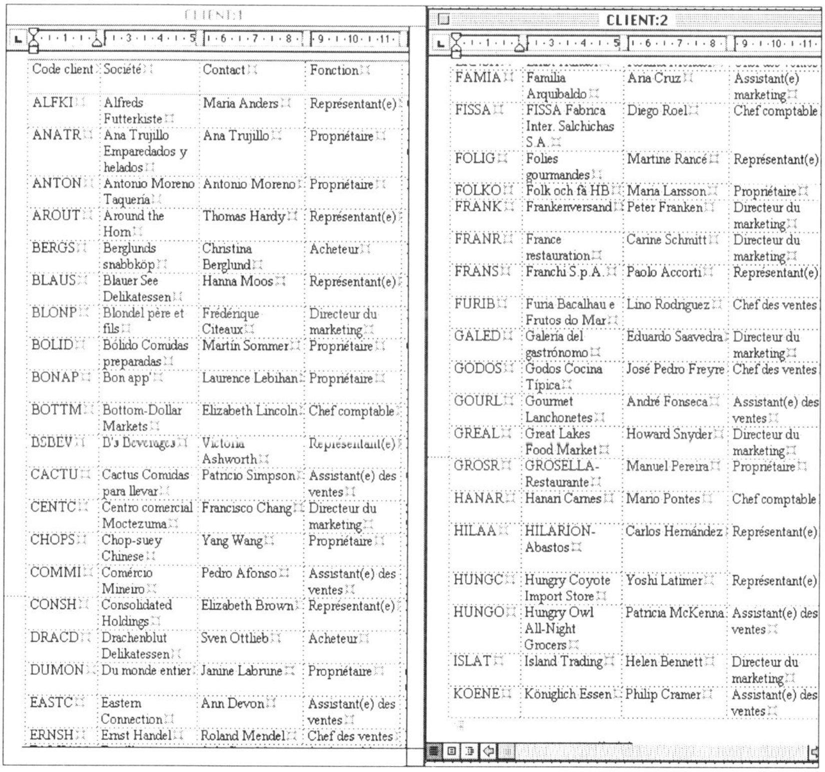

CLIENT:1

Code client	Société	Contact	Fonction
ALFKI	Alfreds Futterkiste	Maria Anders	Représentant(e)
ANATR	Ana Trujillo Emparedados y helados	Ana Trujillo	Propriétaire
ANTON	Antonio Moreno Taquería	Antonio Moreno	Propriétaire
AROUT	Around the Horn	Thomas Hardy	Représentant(e)
BERGS	Berglunds snabbköp	Christina Berglund	Acheteur
BLAUS	Blauer See Delikatessen	Hanna Moos	Représentant(e)
BLONP	Blondel père et fils	Frédérique Citeaux	Directeur du marketing
BOLID	Bólido Comidas preparadas	Martín Sommer	Propriétaire
BONAP	Bon app'	Laurence Lebihan	Propriétaire
BOTTM	Bottom-Dollar Markets	Elizabeth Lincoln	Chef comptable
BSBEV	B's Beverages	Victoria Ashworth	Représentant(e)
CACTU	Cactus Comidas para llevar	Patricio Simpson	Assistant(e) des ventes
CENTC	Centro comercial Moctezuma	Francisco Chang	Directeur du marketing
CHOPS	Chop-suey Chinese	Yang Wang	Propriétaire
COMMI	Comércio Mineiro	Pedro Afonso	Assistant(e) des ventes
CONSH	Consolidated Holdings	Elizabeth Brown	Représentant(e)
DRACD	Drachenblut Delikatessen	Sven Ottlieb	Acheteur
DUMON	Du monde entier	Janine Labrune	Propriétaire
EASTC	Eastern Connection	Ann Devon	Assistant(e) des ventes
ERNSH	Ernst Handel	Roland Mendel	Chef des ventes

CLIENT:2

FAMIA	Familia Arquibaldo	Aria Cruz	Assistant(e) marketing
FISSA	FISSA Fabrica Inter. Salchichas S.A.	Diego Roel	Chef comptable
FOLIG	Folies gourmandes	Martine Rancé	Représentant(e)
FOLKO	Folk och fä HB	Maria Larsson	Propriétaire
FRANK	Frankenversand	Peter Franken	Directeur du marketing
FRANR	France restauration	Carine Schmitt	Directeur du marketing
FRANS	Franchi S.p.A.	Paolo Accorti	Représentant(e)
FURIB	Furia Bacalhau e Frutos do Mar	Lino Rodriguez	Chef des ventes
GALED	Galería del gastrónomo	Eduardo Saavedra	Directeur du marketing
GODOS	Godos Cocina Típica	José Pedro Freyre	Chef des ventes
GOURL	Gourmet Lanchonetes	André Fonseca	Assistant(e) des ventes
GREAL	Great Lakes Food Market	Howard Snyder	Directeur du marketing
GROSR	GROSELLA-Restaurante	Manuel Pereira	Propriétaire
HANAR	Hanari Carnes	Mario Pontes	Chef comptable
HILAA	HILARION-Abastos	Carlos Hernández	Représentant(e)
HUNGC	Hungry Coyote Import Store	Yoshi Latimer	Représentant(e)
HUNGO	Hungry Owl All-Night Grocers	Patricia McKenna	Assistant(e) des ventes
ISLAT	Island Trading	Helen Bennett	Directeur du marketing
KOENE	Königlich Essen	Philip Cramer	Assistant(e) des ventes

Pour visualiser la totalité du document, affichez-le dans deux fenêtres.

ner cette limitation et parvenir, malgré tout, à visualiser la totalité des informations et ce, quelle que soit la taille de votre écran, la technique mise en œuvre consiste à afficher le document dans deux fenêtres distinctes. Dans l'une, vous pourrez visualiser la partie supérieure du tableau et dans l'autre, la partie inférieure. Vous disposerez, par ce biais, de votre document de travail dans son intégralité, et gagnerez du temps tout en limitant les risques d'erreur ou d'oubli.

Afficher une nouvelle fenêtre

Nous avons utilisé, pour notre exemple, un tableau de type base de données Client. La liste étant trop longue, seuls les noms correspondant aux premières lettres de l'alphabet sont visibles à l'écran.

Pour ouvrir le document dans une deuxième fenêtre, choisissez, dans le menu «Fenêtre», la commande «*Nouvelle fenêtre*». Word affiche immédiatement une nouvelle fenêtre, et ajoute la mention :2 au nom du fichier ouvert. Vous pouvez alors dimensionner en largeur et en hauteur les deux fenêtres pour les placer côte à côte, en cliquant sur le bouton de redimensionnement situé à l'angle inférieur droit des fenêtres.

En utilisant les barres de défilement verticales, répartissez le contenu du tableau dans chacune des fenêtres. Ainsi, dans notre exemple de la **figure A**, nous avons affiché dans la fenêtre de gauche les données relatives aux clients du premier tiers de l'alphabet (jusqu'à la lettre E)... et le reste dans la fenêtre de droite.

Pour passer d'une fenêtre à l'autre, il vous suffit de l'activer en cliquant dessus avec la souris. Vous pouvez également utiliser le raccourci clavier [⌘]/[Ctrl][F6]. Si seules ces deux fenêtres sont affichées à l'écran, ce raccourci clavier vous fera passer d'une fenêtre à l'autre. Si d'autres documents sont ouverts (vérifiez-le dans le menu «Fenêtre»), Word les affichera tour à tour.

Lorsque vous souhaiterez rétablir une fenêtre unique, vous pouvez tout simplement fermer l'une ou l'autre des fenêtres. Si, par exemple, vous cliquez sur la case de fermeture de la première fenêtre, dans notre exemple «Client:1», Word fermera cette fenêtre et rétablira, dans la deuxième fenêtre, le nom d'origine du document, c'est-à-dire sans le numéro.

N'hésitez pas à utiliser cette technique pour gérer l'affichage des documents longs et faciliter leur exploitation.

Supprimer un fichier de la liste des derniers fichiers ouverts

La commande «Options» du menu «Outils» permet de supprimer la totalité de la liste des derniers fichiers ouverts. Si vous affichez en effet l'onglet *Général* de cette boîte de dialogue et que vous désactivez la case d'option <Derniers fichiers utilisés>, comme sur notre exemple de la **figure A**, cette liste n'apparaît plus au bas du menu «Fichier».

Pour effectuer une suppression sélective, c'est-à-dire supprimer un fichier de la liste affichée, vous pouvez procéder à partir du menu «Moins». Commencez par appuyer sur la combinaison de touches [AltGr] [E]. Le pointeur de la souris se transforme alors en signe moins gras. Déroulez ensuite le menu «Fichier» et sélectionnez simplement le nom du fichier que vous voulez supprimer de la liste.

Figure A

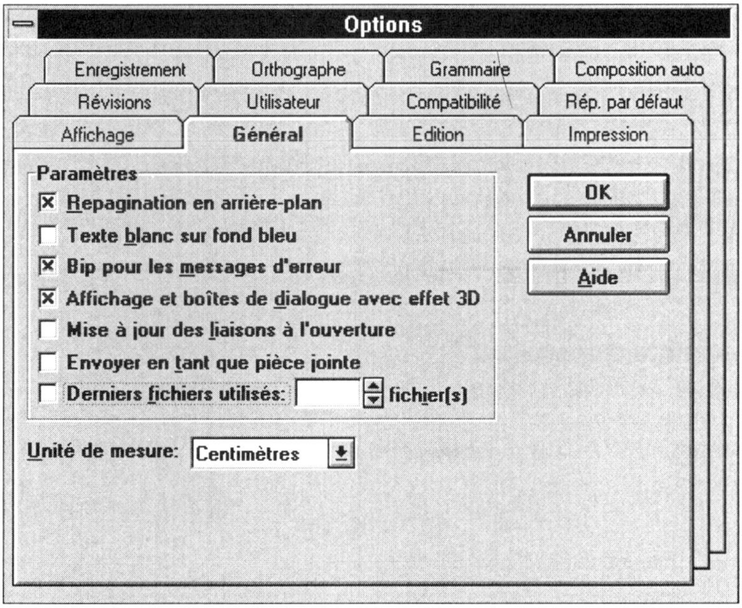

Liste ou pas liste ? L'option <Derniers fichiers utilisés> ne permet pas de suppression sélective.

Afficher la liste des documents ouverts

Le menu «Fenêtre» de Word contient le nom des documents ouverts et permet de basculer d'un document à l'autre. Si vous trouvez cette méthode fastidieuse, vous pouvez créer une macro qui vous fera gagner du temps. Pour générer la liste des documents ouverts, vous utiliserez la macro *Liste* présentée ci-dessous. Pour cela, choisissez la commande «*Macro*» dans le menu «Outils». Dans la boîte de dialogue qui s'affiche, saisissez le nom de la macro et cliquez sur le bouton <Créer>. La fenêtre de macro dans laquelle vous allez entrer les instructions suivantes, s'affiche alors :

```
Sub Main
   On Error Resume Next
   OutilsMacro.nom="ListeFenêtres",.Afficher=2,.Exécuter
End Sub
```

Enregistrez ensuite la macro. Pour lui affecter un raccourci clavier, utilisez la commande «*Personnaliser*» du menu «Outils». Dans la boîte de dialogue «Personnaliser», cliquez sur l'onglet *Clavier*, sélectionnez «Macros» dans la liste *Catégories*, puis «Liste» dans la liste déroulante *Macros*. Placez ensuite le curseur dans la zone de texte *Nouvelles touches de raccourci* et entrez au clavier la combinaison de touches à affecter ([Ctrl][B], dans notre exemple). Pour terminer, cliquez sur le bouton <Attribuer>, puis sur le bouton <Fermer>.

Lorsque vous exécutez la macro, vous obtenez la boîte de dialogue présentée à la **figure A**. Il vous suffit alors de cliquer deux fois sur le nom du fichier choisi pour l'activer.

Figure A

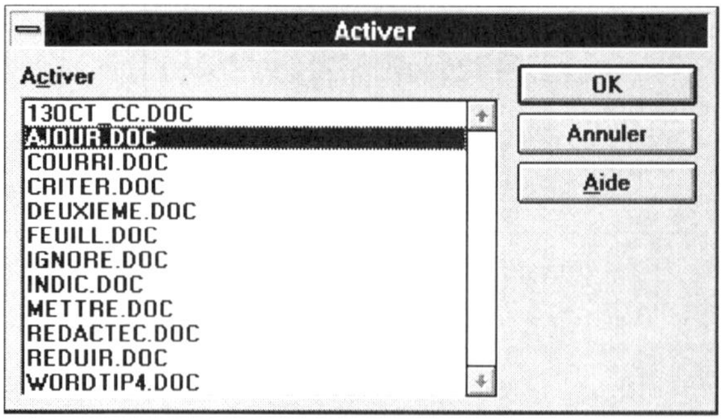

La macro Liste génère l'affichage d'une boîte de dialogue plus pratique à utiliser que le menu «Fenêtre».

Accéder plus facilement à vos fichiers

Les facilités d'accès aux fichiers ont été considérablement améliorées dans la dernière version de Word. Vous pouvez, par exemple, ouvrir les derniers documents utilisés en sélectionnant leur nom au bas du menu «Fichier» ou modifier le nombre de ces fichiers. Mais Word ne s'arrête pas là. Vous pouvez non seulement appliquer ces fonctionnalités à chacun des menus existants, mais encore faire apparaître le nom de n'importe quel fichier dans n'importe quel menu, créer un menu dédié aux noms de fichier, effacer un nom de fichier dans un menu... Autant de possibilités que nous allons découvrir ici.

Derniers fichiers utilisés : allonger la liste !

Peut-être ignorez-vous que vous pouvez changer le nombre des derniers fichiers utilisés, affichés au bas du menu «Fichier». Pour cela, choisissez la commande «*Options*» dans le menu «Outils». Dans la boîte de dialogue qui s'affiche, cliquez sur l'onglet *Général*. Validez la case d'option <Derniers fichiers utilisés>, et indiquez, dans la zone de texte correspondante, le nombre de fichiers que vous souhaitez voir s'afficher (comme illustré à la **figure A**), dans la limite de 9, toute-

Figure A

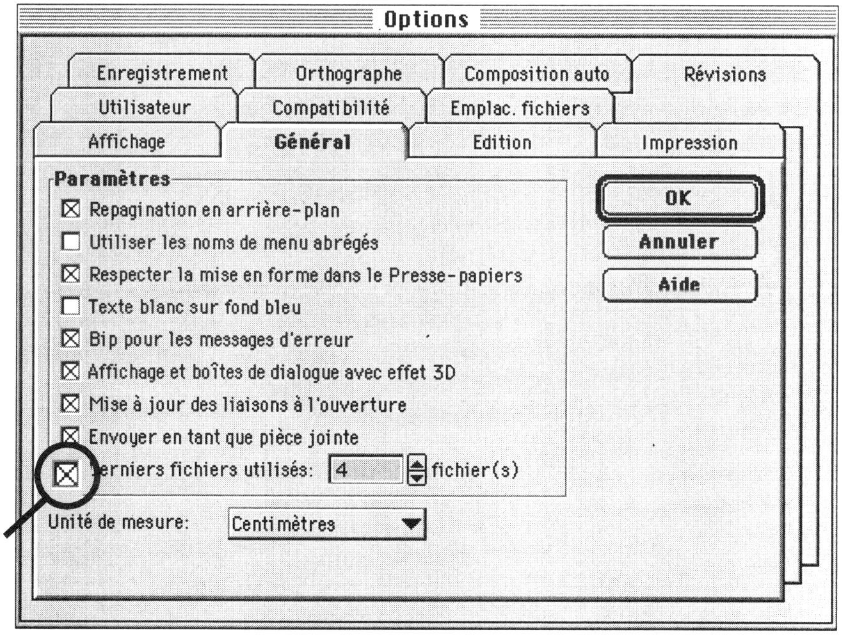

Vous pouvez définir le nombre de fichiers à afficher... au bas du menu «Fichier».

fois. Dans le cas où vous ne souhaitez pas tirer parti de cette fonctionnalité, il vous suffit de désactiver cette option.

Afficher un nom de fichier dans un menu

Cette fonctionnalité ne s'applique pas uniquement au menu «Fichier». Word vous permet, en effet, d'insérer un fichier dans le menu de votre choix. La première étape consiste à ouvrir le ou les documents dont vous souhaitez voir figurer les noms au bas d'un menu. Pour ce faire, cliquez sur le bouton de la barre d'outils Standard ou choisissez la commande «*Ouvrir*» dans le menu «Fichier». Dans la boîte de dialogue «Ouvrir», sélectionnez le fichier que vous souhaitez insérer, dans la liste déroulante *Sélectionner un document* (*Nom du fichier*, sous Windows). Sous Windows, si vous désirez ouvrir plusieurs fichiers, sélectionnez-les tout en maintenant enfoncée la touche [Maj] dans le cas de fichiers contigus, ou en utilisant la touche [Ctrl] dans le cas contraire. Cette possibilité n'est pas disponible sous Macintosh ; il vous faudra donc ouvrir les fichiers l'un après l'autre. Cliquez alors sur <OK>. Word ouvre les fichiers sélectionnés.

Dans le menu «Outils», choisissez ensuite la commande «*Personnaliser*». Dans la boîte de dialogue qui s'affiche, cliquez sur l'onglet *Menus*. Le menu «Fichier» est sélectionné par défaut dans la liste déroulante *Catégories*. Dans la liste déroulante *Commandes*, choisissez alors *FichierOuvrirFichier:*. La liste déroulante *FichierOuvrirFichier* s'affiche aussitôt dans l'angle inférieur droit de la boîte de dialogue,

Figure B

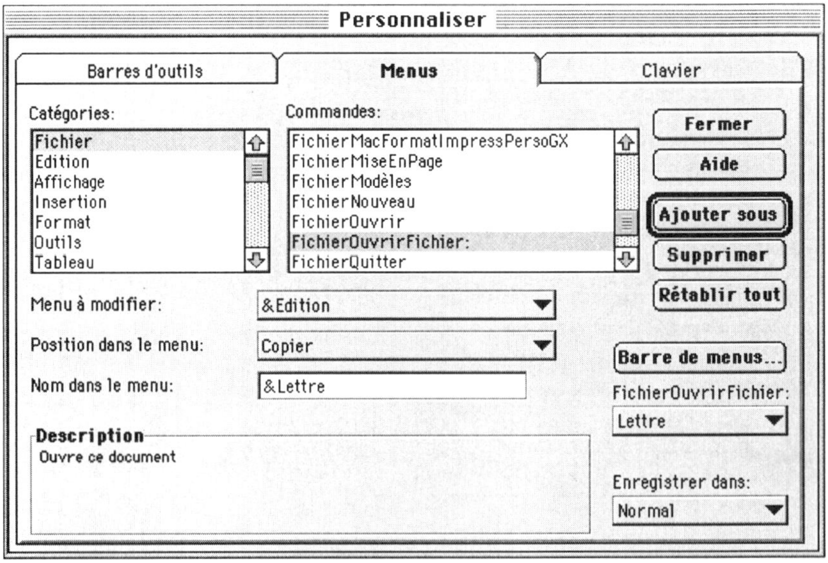

Lorsque vous choisissez «FichierOuvrirFichier:», Word affiche une liste déroulante de même nom, comportant les noms de tous les fichiers ouverts.

comme illustré à la **figure B**. Elle contient le nom de tous les fichiers ouverts, ce qui explique pourquoi vous devez commencer par ouvrir les documents que vous souhaitez afficher dans un menu. En effet, si aucun document n'est ouvert, la liste *FichierOuvrirFichier* est vide.

Sélectionnez dans cette liste le nom du fichier que vous souhaitez placer dans un menu. Dans la liste déroulante *Menu à modifier*, choisissez un menu, le menu «Fichier» étant sélectionné par défaut.

Une fois le menu sélectionné, vous devez attribuer au nom de fichier un emplacement au sein de ce menu. Pour ce faire, déroulez la liste *Position dans le menu*. La sélection par défaut, *Auto*, place le nom au bas du menu. Pour le placer entre deux commandes existantes, choisissez la commande sous laquelle vous souhaitez voir figurer le nom du fichier ; en réponse à un tel choix, Word change le libellé du bouton <Ajouter> en <Ajouter sous>.

La zone de texte *Nom dans le menu* permet de déterminer sous quel nom figurera le fichier dans le menu. Vous pouvez conserver le nom d'origine ou le modifier à votre guise.

Si vous souhaitez utiliser le raccourci clavier associé au nom du fichier, vérifiez bien qu'aucune autre commande du menu n'est associée au même raccourci dans la liste déroulante *Position dans le menu*. En effet, le caractère suivant la perluète (&) désigne le raccourci clavier permettant l'ouverture du fichier. Par défaut, la perluète est placée au début du nom du fichier, c'est donc la première lettre qui fera office de raccourci. Si cette lettre est déjà attribuée, choisissez un autre caractère comme raccourci.

Une fois toutes les options définies, cliquez sur le bouton <Ajouter> ou <Ajouter sous>. Si vous souhaitez ajouter plusieurs noms de fichiers – que vous avez

Figure C

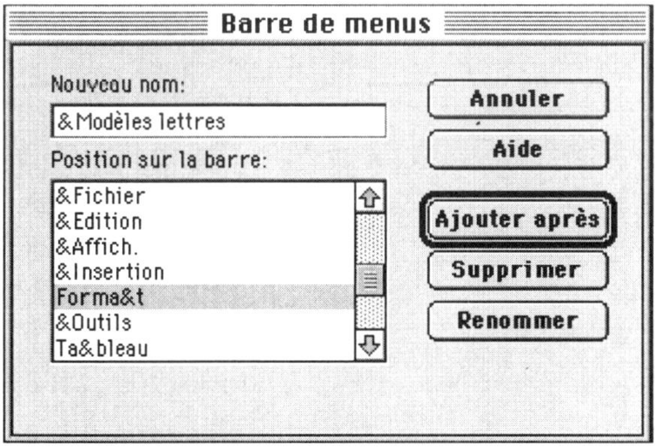

Pour créer un nouveau menu, cliquez sur le bouton <Barre de menus> ; la boîte de dialogue ci-dessus s'affiche alors à l'écran.

pris soin d'ouvrir avant d'afficher la boîte de dialogue «Personnaliser» – sélectionnez chacun d'eux et répétez la séquence d'opérations que nous venons de décrire. Lorsque vous avez terminé, cliquez simplement sur le bouton <Fermer>.

Déroulez le menu que vous venez de modifier ; vous devriez y voir les noms des fichiers que vous venez d'insérer. Sélectionnez l'un d'eux. Word l'ouvre aussitôt même s'il se trouve dans un répertoire différent du répertoire courant.

Pour eux tout seul

Vous pouvez également créer un menu dédié aux fichiers que vous souhaitez ouvrir rapidement. Ceci est d'autant plus judicieux que les fichiers sont nombreux. Pour ce faire, commencez par ouvrir les fichiers que vous souhaitez voir figurer dans le menu. Puis, dans le menu «Outils», choisissez la commande «*Personnaliser*». Cliquez sur l'onglet *Menus*. Dans la liste déroulante *Commandes*, sélectionnez «*FichierOuvrirFichier:*». Cette fois, cliquez sur le bouton <Barre de menus>. Word affiche la boîte de dialogue présentée à la **figure C**.

Dans la zone de texte *Nouveau nom*, entrez le nom du nouveau menu. Si vous souhaitez l'ouvrir à l'aide d'un raccourci clavier, en appuyant simultanément sur la touche [⌘] et sur un caractère (touche [Alt] plus caractère sous Windows), faites précéder le nom du menu par une perluète (&). Veillez, là encore, à ne pas choisir un caractère déjà affecté à un autre menu.

Figure D

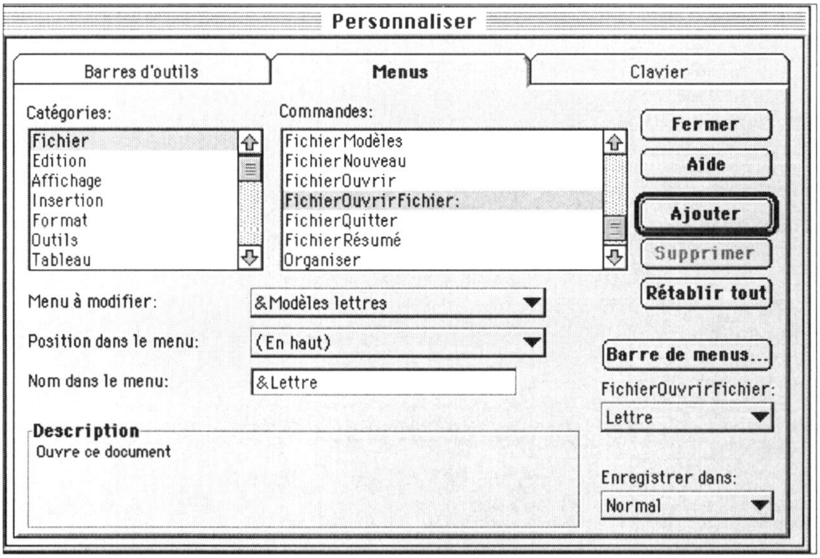

Le nouveau menu étant créé, il ne vous reste plus qu'à y insérer les fichiers.

Précisez ensuite l'emplacement du menu dans la barre d'outils, en sélectionnant l'une des options de la liste déroulante *Position sur la barre*. Celle-ci est divisée en deux parties. La première vous donne le choix entre «En premier», qui positionne le menu à l'extrême gauche de la barre de menus, ou «En dernier», qui le place à l'extrême droite. Si vous souhaitez placer votre menu entre ces deux extrêmes, sélectionnez un menu existant dans la deuxième partie de la liste déroulante, puis cliquez sur les boutons <Ajouter après> et <Fermer>.

Word affiche le nom du nouveau menu dans la zone de texte *Menu à modifier*, comme l'illustre la **figure D**. Pour y placer les fichiers de votre choix préalablement ouverts, sélectionnez-les dans la liste déroulante *FichierOuvrirFichier* et positionnez-les dans le menu comme décrit précédemment. Cliquez sur les boutons <Ajouter> ou <Ajouter après>. Procédez de même pour chacun des fichiers, puis cliquez sur le bouton<Fermer>.

On efface tout !

Tôt ou tard, vous souhaiterez certainement supprimer du menu l'un des noms de fichiers ajoutés. Appuyez simultanément sur les touches [⌘][Alt][E] (sous Windows, [Ctrl][Alt][E]) ; le curseur prend la forme d'un signe moins en gras. Ouvrez le menu et sélectionnez le nom du fichier. Au lieu de l'ouvrir, Word le supprime automatiquement.

De façon plus radicale, vous pouvez supprimer le menu et tous les fichiers qu'il contient. Choisissez la commande «*Personnaliser*» et cliquez sur le bouton <Barre de menus> de la boîte de dialogue. Dans la liste déroulante *Position sur la barre*, sélectionnez le menu et cliquez sur le bouton <Supprimer>. Word affiche le message de la **figure E**. Confirmez votre demande en cliquant sur le bouton <Oui>.

Profitez dès maintenant de ces techniques pour disposer du bon fichier à tout moment.

Figure E

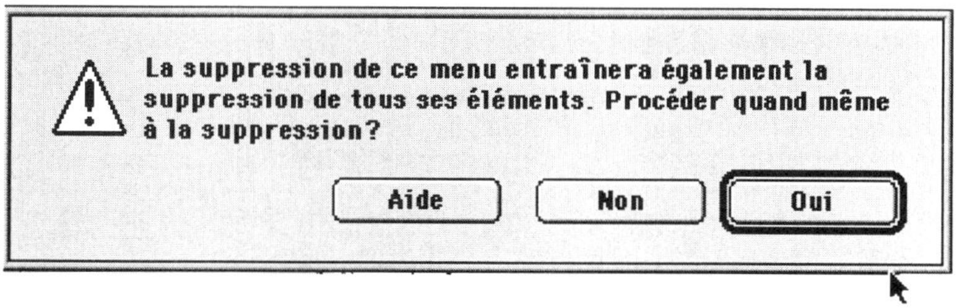

Confirmez la suppression du menu sélectionné.

Créer un bouton <Nouveau document> personnalisé

Sans doute avez-vous maintes fois utilisé le bouton de la barre d'outils Standard, permettant d'ouvrir directement un nouveau document. Le gain de temps réalisé ainsi est fort appréciable. En effet, vous obtenez en une seule opération le résultat auquel vous seriez parvenu en sélectionnant le menu «Fichier», puis la commande «*Nouveau*», et en cliquant sur <OK> pour confirmer le choix du modèle «Normal» proposé par défaut dans la liste *Utiliser le modèle* et quitter la boîte de dialogue «Nouveau document». Sur le même principe, Word permet de créer un bouton <Nouveau document> faisant appel à un modèle autre que le modèle standard.

Un bouton pour gagner du temps

Supposons que vous utilisiez, pour la quasi-totalité de votre courrier, le modèle intégré de Word, Lettre 2. Pour éviter d'avoir recours à la commande «*Nouveau*» du menu «Fichier», vous allez insérer, dans la barre d'outils Standard, un bouton <Lettres>. Ainsi, vous pourrez ouvrir en un clin d'œil un nouveau document basé sur ce modèle.

La technique mise en œuvre consiste à créer une macro automatisant les différentes opérations nécessaires à l'ouverture d'un document selon un modèle

Figure A

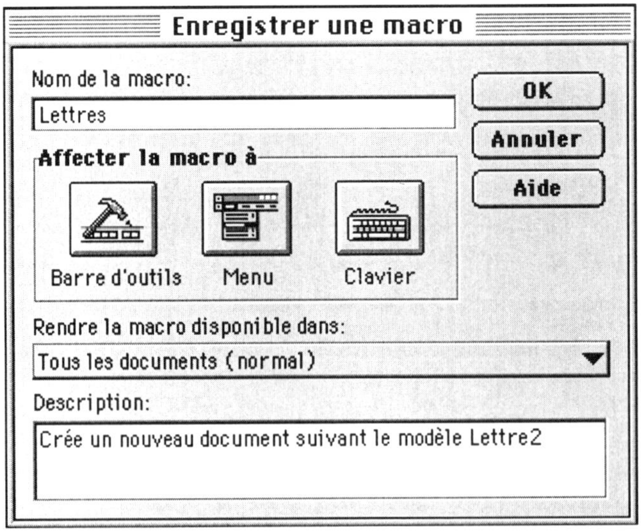

Cette boîte de dialogue s'affiche lorsque vous activez le mode Enregistrement.

prédéfini. Cette macro sera ensuite associée à un bouton de la barre d'outils, spécialement créé à cet effet.

Commençons par créer une nouvelle macro. Dans la barre d'état, cliquez deux fois sur le code ENR pour activer le mode Enregistrement. La boîte de dialogue «Enregistrer une macro» s'affiche, comme l'illustre la **figure A**. Dans la zone de texte *Nom de la macro*, entrez **`Lettres`**. Dans la zone de texte *Description*, saisissez un cours descriptif, par exemple **`Crée un nouveau document suivant le modèle Lettre2`**. Ce texte apparaîtra dans la barre d'état lorsque vous placerez le pointeur de la souris sur le bouton que vous allez créer... de ce pas !

La section *Affecter la macro à* permet d'associer la macro à une barre d'outils, à un menu ou à des touches de raccourci clavier pour la rendre facilement accessible. Dans notre exemple, cliquez sur le bouton <Barres d'outils> de la section *Affecter la macro à*. Dans la boîte de dialogue «Personnaliser» qui apparaît (**figure B**), assurez-vous que l'onglet *Barre d'outils* est sélectionné. Cliquez ensuite sur le nom de la macro et faites-le glisser vers la barre d'outils Standard, à l'endroit où vous souhaitez insérer le nouveau bouton, par exemple à la droite du bouton .

Relâchez le bouton de la souris. La boîte de dialogue «Bouton personnalisé» s'affiche (**figure C**) et vous constatez qu'un bouton vierge a été inséré dans la barre d'outils Standard.

Figure B

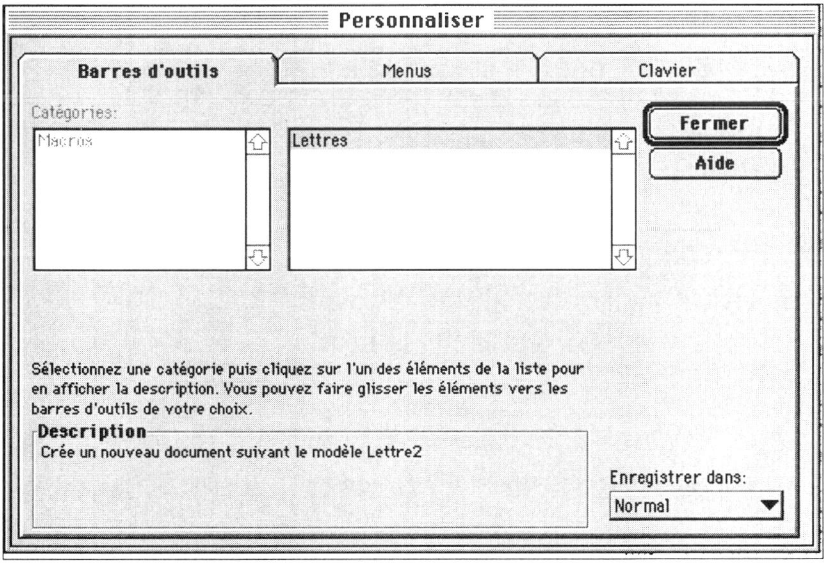

La boîte de dialogue «Personnaliser» va permettre d'affecter la macro à un bouton.

Aucune des images proposées n'étant appropriée, nous allons créer un bouton sur lequel figurera tout simplement le nom de la macro. Cliquez deux fois sur le bouton <Texte> ou sur <Attribuer>, et *Lettres* s'affiche aussitôt sur le bouton de la barre d'outils Standard. Puis Word ferme automatiquement la boîte de dialogue «Bouton personnalisé», revenant à la boîte de dialogue précédente, «Personnaliser». Cliquez sur le bouton <Fermer> et la barre d'outils Enregistrement de macro s'affiche dans l'angle supérieur gauche de la fenêtre, indiquant que le mode Enregistrement de macro est actif. Pour enregistrer la nouvelle macro, exécutez, dans l'ordre, les différentes opérations qu'elle devra automatiser. Sélectionnez la commande «*Nouveau*» du menu «Fichier», choisissez le modèle «Lettre2» dans la liste déroulante *Utiliser le modèle* et cliquez sur <OK>. Un nouveau document basé sur ce modèle s'affiche à l'écran. Il ne vous reste plus qu'à cliquer sur le bouton <Arrêt> de la barre d'outils Enregistrement de macro pour mettre fin à l'enregistrement. Il vous suffira ensuite de cliquer sur le nouveau bouton <Lettres> de la barre d'outils Standard pour ouvrir un document suivant ce modèle.

Un bouton personnalisé

Si le bouton que nous venons de créer ne vous satisfait pas et que vous souhaitiez y faire figurer une image plutôt que le nom de la macro, il vous est possible de mettre vos talents de dessinateur à contribution et de créer votre propre bouton. La boîte de dialogue «Bouton personnalisé», nous l'avons vu, met à votre disposition une trentaine de modèles. Cependant, si ceux-ci ne vous convien-

Figure C

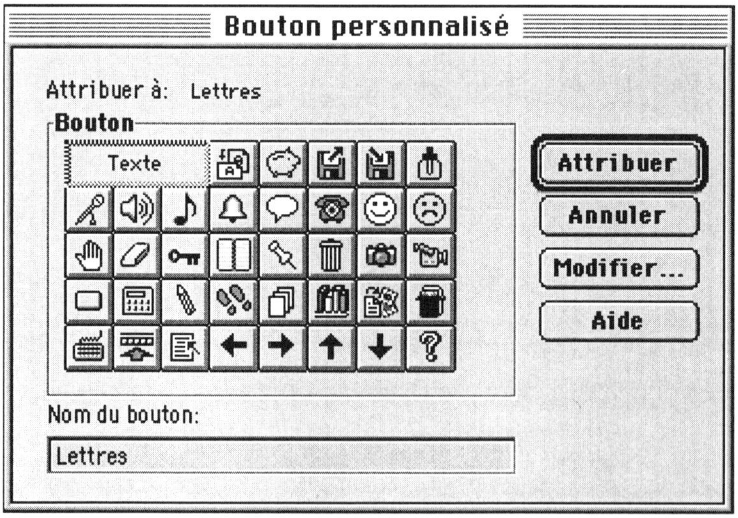

Par défaut, le nom attribué à la macro s'affiche dans la zone Nom du bouton.

nent pas, libre à vous d'en créer un nouveau.

Pour ce faire, cliquez sur le bouton <Modifier> de cette boîte de dialogue afin d'ouvrir une nouvelle boîte de dialogue («Editeur de boutons» sous Windows), illustrée à la **figure D**.

La section *Image* contient une grille sur laquelle vous allez pouvoir dessiner votre nouveau bouton, en lui appliquant une ou plusieurs couleurs sélectionnées à la section *Couleurs*. Cliquez sur l'une des seize couleurs proposées, placez-vous sur la grille et dessinez votre bouton pixel par pixel. Si vous souhaitez appliquer la même couleur à des pixels contigus, il vous suffit de faire glisser le curseur. Pour appliquer une autre couleur, il suffit de la sélectionner sur la palette et de poursuivre votre dessin. Si vous souhaitez effacer un ou plusieurs pixels, cliquez sur la case <Effacement>, puis sur le ou les éléments à supprimer.

La section *Aperçu* vous permet de visualiser le bouton grandeur nature. Le cas échéant, utilisez les touches de déplacement pour centrer (ou décentrer) l'image. Lorsque vous êtes satisfait du résultat, cliquez sur <OK> pour qu'apparaisse enfin votre chef-d'œuvre dans la barre d'outils Standard.

Figure D

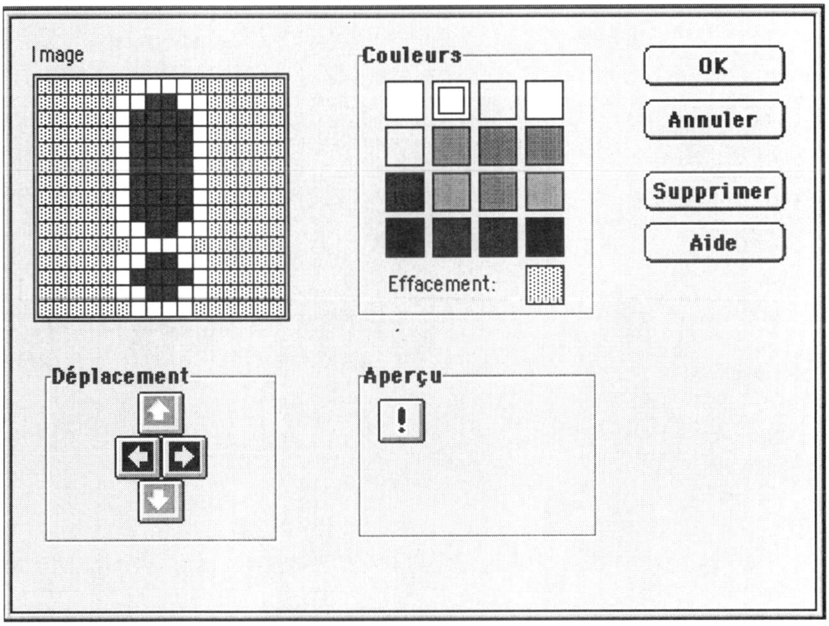

Créez votre graphisme dans la grille Image, le bouton grandeur nature apparaît dans la zone Aperçu.

Tout nouveau

Fort de votre nouveau savoir, nul doute que vous allez créer de nombreux boutons personnalisés... jusqu'au jour où votre barre d'outils sera encombrée de boutons dont vous n'aurez plus l'utilité. Le temps est venu de faire le vide !

Pour supprimer un bouton de la barre d'outils, sélectionnez la commande «*Personnaliser*» du menu «Outils». Dans la boîte de dialogue «Personnaliser» qui s'affiche, cliquez sur l'onglet *Barre d'outils*. Cliquez ensuite sur le bouton à supprimer et faites-le glisser à l'extérieur de la barre d'outils. Relâchez le bouton de la souris : le bouton superflu a disparu. Lorsque votre "ménage" est terminé, cliquez sur le bouton <Fermer>.

Les techniques que nous avons utilisées ici s'appliquent, bien évidemment, à tout type de macro et vous permettent de configurer votre environnement de travail selon vos désirs. N'hésitez pas à les employer pour améliorer ainsi votre confort de travail, mais aussi pour automatiser au maximum certaines opérations répétitives.

Faites le ménage sur votre disque dur !

Si vous parcourez les répertoires de votre disque dur à l'aide du Gestionnaire de fichiers de Windows, peut-être découvrirez-vous des fichiers commencent par un tilde (~) et dotés de l'extension .TMP. Les fichiers "squatters" que vous avez découverts dans votre répertoire Windows sont des fichiers temporaires (d'où leur extension .TMP), créés par Windows et de nombreuses applications, y compris Word.

Comment ça marche ?

Les fichiers temporaires sont utilisés par l'application et ne sont ni des fichiers de sauvegarde ni des fichiers contenant les paramètres de configuration de l'application.

Ces fichiers temporaires constituent, dans leur grande majorité, des fichiers d'échange permettant à l'application de limiter ses besoins en mémoire vive (RAM) pendant l'exécution. Citons, à titre d'exemple, les fichiers utilisés par le Gestionnaire d'impression pour stocker les tâches d'impression en file d'attente.

Figure A

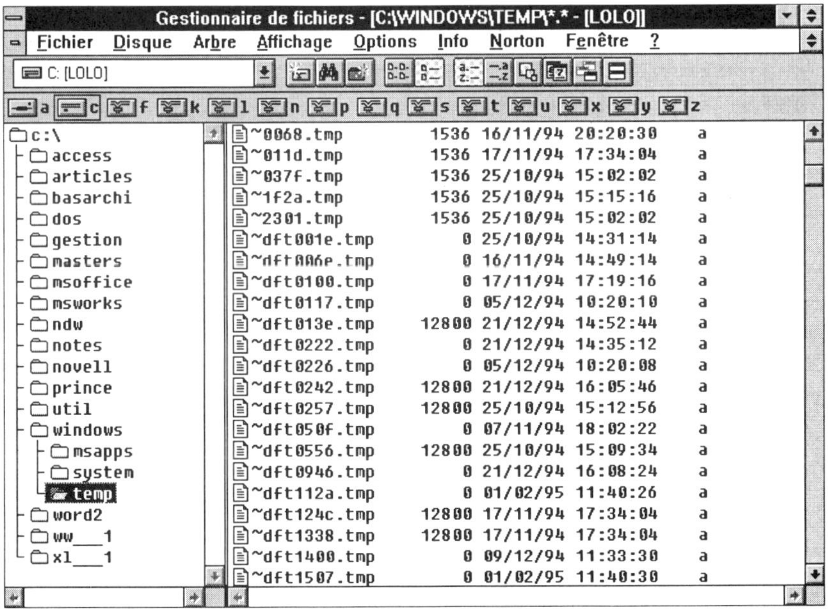

Avant...

Un mécanisme presque bien huilé

En règle générale, Windows - ou une application Windows comme Word - crée, utilise et supprime ensuite ces fichiers temporaires, qui ne trouvent leur utilité que lors de l'exécution de l'application. En fin d'exécution, ces fichiers sont supprimés automatiquement.

Tout est donc prévu pour que vous ne remarquiez pas l'existence de ces fichiers temporaires, sauf en cas de problème pendant l'exécution : lors d'une faute générale de protection, ou lorsque vous mettez hors tension puis réinitialisez votre ordinateur sans quitter Windows (même dans le cas d'une coupure de courant !).

Dans ce cas, Windows et les applications Windows ne sont pas en mesure de supprimer les fichiers temporaires créés pendant l'exécution de ces programmes, qui occupent alors l'espace précieux de votre disque dur et peuvent parfois nuire à la bonne exécution de vos applications.

Supprimer les fichiers temporaires

La seule solution – radicale et expéditive – consiste à faire régulièrement le ménage sur votre disque dur et à supprimer ces fichiers parasites.

Première difficulté : localiser ces fichiers superflus éparpillés sur votre disque dur. Vous pouvez faire appel à la commande «*Rechercher*» du Gestionnaire de

Figure B

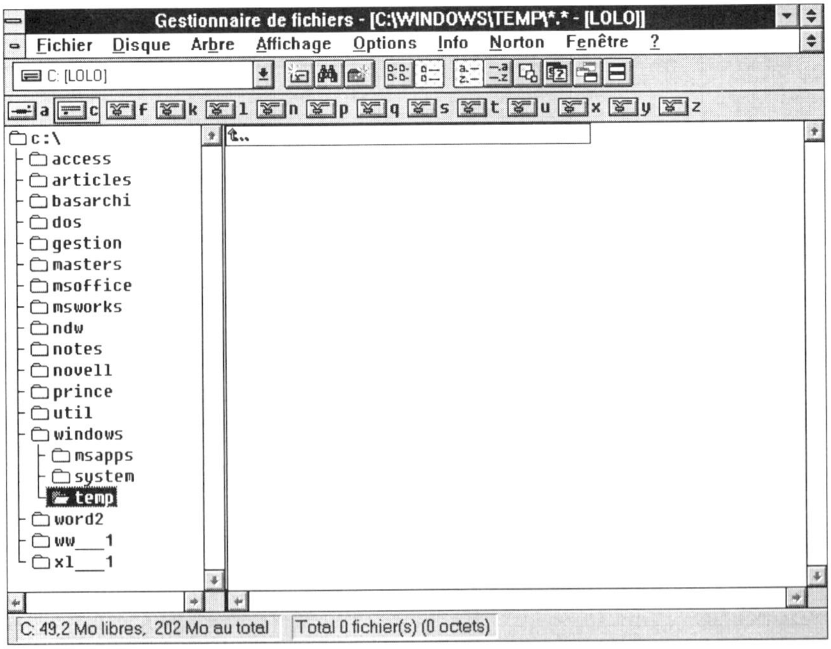

Après !

fichiers de Windows et définir une recherche sur l'ensemble de votre disque dur. Pour faciliter cette recherche, vous pouvez décider de regrouper tous ces fichiers temporaires dans un sous-répertoire TEMP de votre répertoire d'installation Windows, comme sur notre exemple de la **figure A**.

Pour créer ce répertoire temporaire, il vous suffit de le définir dans le fichier AUTOEXEC.BAT, à l'aide de l'instruction suivante :

```
SET TEMP=C:\WINDOWS\TEMP
```

que vous insérerez sous l'instruction PATH du fichier. Veillez bien à ne pas inclure d'espaces de part et d'autre du signe égal (=) qui seraient pris en compte par la commande SET (à la différence des autres commandes DOS).

Une fois ce répertoire créé, il vous sera plus facile de localiser les fichiers temporaires et de les supprimer. Si vous procédez à partir du Gestionnaire de fichiers de Windows, il vous suffit de sélectionner tous les fichiers dotés de l'extension .TMP et d'appuyer sur la touche [Suppr]. Notez que vous pouvez effectuer cette suppression directement à l'invite du DOS, en utilisant la commande suivante :

```
DEL C:\WINDOWS\TEMP\*.TEMP
```

Souvenez-vous que ce ménage gagne à être fait régulièrement (**figure B**) !

Gagner du temps à l'aide de la commande «Fermer tout»

La commande «*Fermer tout*», très utile, est malheureusement peu connue. Elle indique à Word de fermer instantanément tous les documents ouverts. Après l'avoir sélectionnée, Word vous demandera de confirmer l'enregistrement des modifications apportées à tout document que vous n'auriez pas enregistré, comme lorsque vous les fermez un par un. Nul besoin donc de fermer les documents l'un après l'autre, ce qui peut être fastidieux si vous avez l'habitude de travailler avec plusieurs documents ouverts.

La commande «*Fermer tout*» se trouve dans le menu «Fichier», mais il y a une astuce pour la faire apparaître : vous devez maintenir la touche [Maj] enfoncée lorsque vous déroulez le menu «Fichier». Ce faisant, la commande «*Fermer*» habituelle laissera la place à «*Fermer tout*». A appliquer sans hésiter !

Quitter Windows depuis Word

La commande «*Quitter*» du menu «Fichier» de Word permet, comme son nom l'indique, de quitter l'application Word. Aucune commande ne permet de quitter directement Windows à partir de Word. Il n'existe pas, en effet, de commande directe WordBasic associée à cette opération. Néanmoins, la fonction API Windows **`ExitWindows`** vous permet d'obtenir le résultat escompté.

Cet exemple est fourni à titre d'information pour les utilisateurs avertis. Si vous utilisez incorrectement des fonctions API, vous risquez de causer des erreurs au niveau de votre système d'exploitation et de devoir redémarrer votre ordinateur. Pour plus d'informations, vous pouvez vous reporter à la documentation fournie avec le Windows SDK (*Software Development Kit*) et le Word SDK, concernant l'utilisation des API Windows avec Word.

Cette fonction doit être déclarée au début de votre macro-commande par la ligne suivante et nécessite les paramètres ci-dessous :

```
Declare Function exitwindows Lib "USER.EXE"(dwReturnCode As Long, ✂
reserved As Integer) As Integer
```

où *dwReturnCode* spécifie le mode de sortie de Windows (retour sous MS-DOS ou fermeture et relance de Windows, ou encore fermeture de Windows et réinitialisation de l'ordinateur). Le second paramètre, intitulé *reserved,* doit être passé à 0.

Ainsi, pour quitter puis relancer Windows, vous utiliserez la fonction suivante :

```
Declare Function exitwindows Lib "USER.EXE"(dwReturnCode As Long, ✂
reserved As Integer) As Integer
Sub main
Rem Quitter et relancer Windows
     result = exitwindows(66, 0)
End Sub
```

Si l'opération que vous souhaitez effectuer consiste à quitter Windows puis à initialiser votre ordinateur, vous utiliserez de préférence la fonction suivante :

```
Declare Function exitwindows Lib "USER.EXE"(dwReturnCode As Long, ✂
reserved As Integer) As Integer
```

```
Sub main
Rem Quitter et relancer l'ordinateur
     result = exitwindows(67, 0)
End Sub
```

Documents, Formats et Styles

2

2.1 Manipuler du texte

Sélectionner une colonne

Dans la version 6.0 de Word, pour sélectionner rapidement une colonne de tableau, il suffit de placer le pointeur de la souris en haut de la colonne. Lorsque celui-ci prend la forme d'une petite flèche verticale noire, cliquez simplement sur le bouton gauche de la souris pour sélectionner l'intégralité de la colonne. En dehors d'un tableau, pour effectuer une sélection en colonne, il suffit de placer le pointeur de la souris au début de votre sélection, d'appuyer simultanément sur la touche [Alt] du clavier et sur le bouton gauche de la souris.

Vous allez maintenant déplacer le pointeur de la souris vers un emplacement en bas à droite de votre document : Word sélectionne alors l'ensemble de la colonne.

Sélectionner plusieurs phrases

Word vous propose un raccourci clavier très pratique pour sélectionner une phrase : cliquez dans la phrase que vous souhaitez sélectionner tout en maintenant enfoncée la touche [Ctrl]/[⌘]. Lorsque la phrase apparaît en surbrillance, vous pouvez étendre la sélection aux phrases suivantes ou aux phrases précédentes. Pour cela, maintenez la touche [Maj] enfoncée et cliquez sur les phrases que vous désirez ajouter à votre sélection. Vous pouvez également utiliser ce raccourci clavier pour sélectionner une phrase contenant un point, comme dans l'abréviation *Dr.* par exemple.

En effet, lorsque vous appuyez sur la touche [Ctrl]/[⌘] et que vous cliquez sur la phrase contenant l'abréviation, la sélection s'arrête au point qui suit cette dernière. Pour sélectionner la totalité de la phrase, maintenez la touche [Maj] enfoncée, placez-vous dans la deuxième partie de la phrase et cliquez sur le bouton de la souris. Pour annuler une sélection, vous pouvez utiliser indifféremment le clavier ou la souris. Avec cette dernière, cliquez n'importe où en dehors de la sélection dans la fenêtre du document. Si vous optez pour le clavier, appuyez sur l'une des flèches de déplacement du curseur.

Sélectionner tout le texte d'un document

Word 6.0 propose deux nouveaux raccourcis pour sélectionner la totalité d'un document. Le premier consiste à placer le pointeur de la souris sur la barre de sélection (la colonne invisible située le long du bord gauche de la fenêtre du document). Lorsque le pointeur se transforme en flèche, cliquez trois fois avec la souris. Dans le second cas, il vous suffit de taper [Ctrl][A]/ [⌘][A] sur Macintosh.

Modifier la sélection automatique des mots

La fonctionnalité de sélection automatique des mots permet, dans Word, de sélectionner l'intégralité d'un mot lorsque vous faites glisser le pointeur dessus. Pour éviter ce type de sélection automatique (ou inversement pour l'implémenter), il suffit de modifier une simple option de Word. Commencez par choisir la commande *«Options»* dans le menu «Outils».

Dans la boîte de dialogue «Options», cliquez sur l'onglet *Edition* et désactivez la case d'option <Sélection automatique des mots> à la section *Paramètres,* comme la **figure A** permet de le vérifier.

Figure A

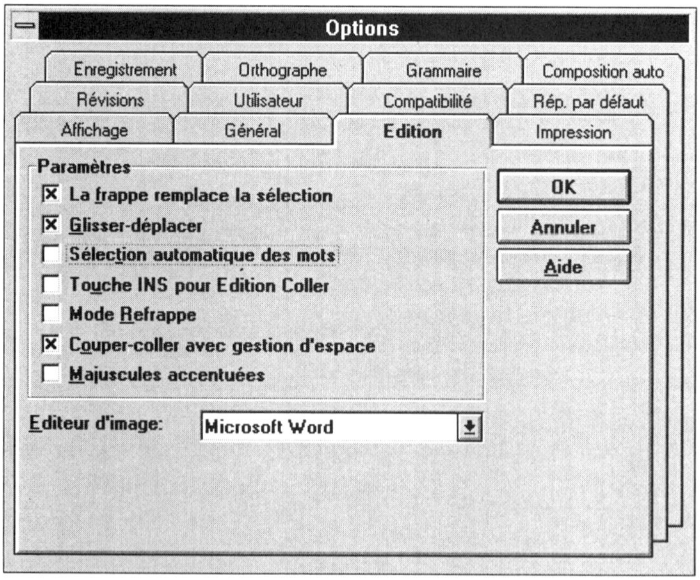

Les options d'édition permettent de modifier la sélection automatique des mots.

Sélection de texte : toutes les techniques possibles et imaginables

Lorsque l'on utilise quotidiennement une application, il est rare que l'on ait le temps d'en explorer toutes les fonctionnalités. Cette situation est d'autant plus navrante avec un traitement de texte comme Word, qui recèle une multitude de techniques et d'outils extrêmement efficaces pour travailler un texte dans ses moindres aspects. Opération de base s'il en est, la sélection de texte en est un exemple parfait, pour laquelle la souris est loin de constituer la seule méthode disponible.

Cliquer/glisser : un grand classique

Bien évidemment, la méthode la plus courante pour sélectionner du texte dans un document Word consiste à placer le pointeur de la souris au début du bloc de texte à sélectionner, à cliquer et, tout en maintenant le bouton de la souris enfoncé, à faire glisser le curseur jusqu'à la fin de la sélection. Si le texte que vous voulez sélectionner s'étend au-delà de la page écran courante, gardez le bouton enfoncé lorsque vous atteignez le bas de la fenêtre : Word fera défiler le texte tout en l'intégrant dans la sélection.

Cette simple technique convient parfaitement lorsque vous devez mettre en forme ou modifier quelques mots ou phrases, ou bien corriger certains caractères d'un mot. D'autres techniques apparaissent cependant mieux adaptées lorsqu'il s'agit de sélectionner des blocs de texte délimités comme des mots, des phrases ou encore des paragraphes. Parmi ces outils de sélection méconnus, figurent la touche [F8] et la barre de sélection.

La touche [F8]

La touche [F8] permet de sélectionner du texte en n'utilisant que le clavier ou en faisant appel à la souris. Lorsque vous appuyez une fois sur la touche [F8], Word active l'indicateur *EXT* dans la barre d'état de la fenêtre courante, indiquant ainsi que vous êtes en mode d'extension de sélection. Vous pouvez alors appuyer sur les touches de déplacement du curseur pour sélectionner du texte à partir de la position du curseur jusqu'à une position quelconque dans le document. Pour sélectionner un seul caractère vers la droite, appuyez une seule fois sur la touche [➡]. Pour annuler le mode d'extension de sélection, appuyez sur la touche [Echap]/[Esc]. Si vous choisissez une commande quelconque dans un menu ou lorsque vous effectuez une opération à l'aide des boutons de la barre d'outils, Word annule automatiquement le mode d'extension de sélection.

Si vous appuyez sur la touche [F8] deux fois de suite, Word sélectionne le mot courant (celui dans lequel le curseur est placé). Si le curseur est placé avant un espace, Word sélectionne le mot situé à gauche de la position du curseur. Si votre curseur est placé après un espace, le mot sélectionné est celui situé à droite de la position du curseur. Une troisième pression sur la touche [F8] entraîne la sélection de la phrase active et une quatrième, la sélection de tout le paragraphe. Notez que si le curseur est placé avant une marque de paragraphe (¶), vous pouvez sélectionner l'ensemble du paragraphe en appuyant seulement trois fois sur la touche [F8]. Enfin, une cinquième pression entraîne la sélection de tout le document, s'il est composé d'une seule section.

Dans un document composé de plusieurs sections, seule la section courante est sélectionnée si vous appuyez cinq fois sur la touche [F8] : vous devez l'activer une sixième fois pour sélectionner l'ensemble du document.

La touche [F8] vous permet aussi, utilisée conjointement à la souris, de sélectionner des zones de texte de longueur différente.

La barre de sélection

La barre de sélection est également d'un usage courant pour la sélection de texte. On désigne ainsi la colonne invisible située le long de la bordure gauche de la fenêtre du document.

Figure A

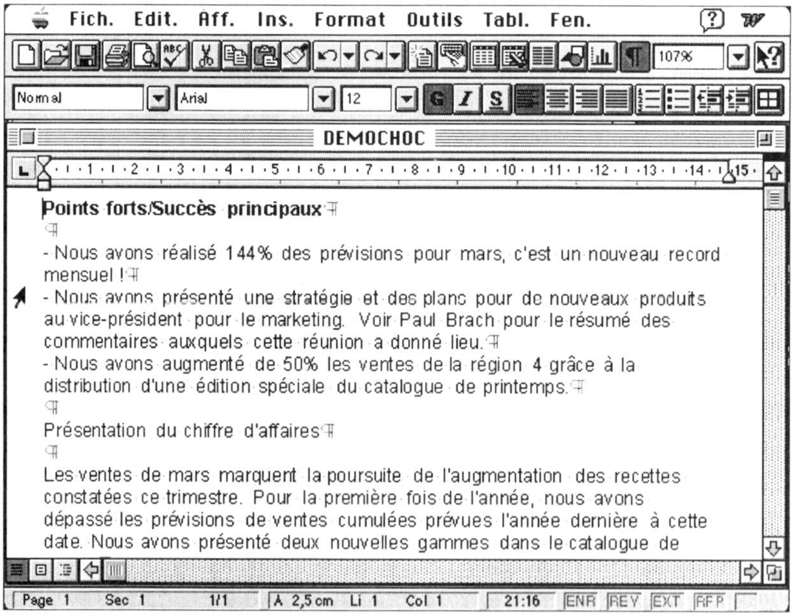

Lorsque vous placez le pointeur de la souris dans la barre de sélection, il prend la forme d'une flèche dirigée vers la droite.

Lorsque vous placez le pointeur de la souris dans cette barre de sélection, il prend la forme d'une flèche dirigée vers la droite, comme vous pouvez le vérifier sur l'exemple de la **figure A**. Cette barre de sélection permet de sélectionner différents blocs de texte – lignes, paragraphes ou totalité d'un document – selon la façon dont vous cliquez ou faites glisser avec la souris lorsque le pointeur y est positionné. Voyons à présent comment mettre en pratique les différentes techniques de sélection de texte qui vous sont proposées dans Word.

Toutes les techniques de sélection

Si vous souhaitez travailler plus rapidement avec Word, vous avez tout intérêt à vous familiariser avec les techniques de sélection résumées dans le **tableau A** et expliquées en détail ci-après.

Pour tester toutes ces différentes techniques de sélection, nous utiliserons un document exemple fourni avec Word, DEMOCHOC. Vous pouvez ouvrir ce docu-

Tableau A

TECHNIQUES DE SÉLECTION		
Elément sélectionné	*Souris*	*Clavier*
Mot	Cliquez deux fois sur le mot.	Appuyez deux fois de suite sur [F8] ou appuyez sur [Ctrl][Maj][➡]/[⌘][Maj][➡] si le curseur se trouve au début du mot.
Phrase	Appuyez sur [Ctrl][⌘] et cliquez sur la phrase.	Appuyez trois fois de suite sur [F8].
Ligne	Cliquez dans la barre de sélection.	Placez le curseur en début de ligne et appuyez sur [Maj][➡].
Paragraphe	Cliquez deux fois dans la barre de sélection.	Appuyez quatre fois de suite sur [F8] ou appuyez sur [Ctrl][Maj][➡]/[⌘][Maj][➡] si le curseur est en début de paragraphe.
Totalité du document	Appuyez sur [Ctrl][⌘] et cliquez dans la barre de sélection.	Appuyez cinq fois de suite (document composé d'une seule section) ou six fois de suite (document comportant plusieurs sections) sur [F8] ou appuyez sur [Ctrl][⌘] et sur la touche [5] du pavé numérique.

ment dans Word, afin de suivre les exemples proposés, ou utiliser tout autre document de votre choix.

■ Sélectionner un mot

Un double-clic sur un mot permet de le sélectionner. Ainsi, pour sélectionner le mot *Succès* dans le titre de notre document exemple, présenté à la **figure A**, placez le pointeur sur un caractère quelconque du mot et cliquez deux fois. Word met en surbrillance tout le mot, ainsi que l'espace suivant.

Si vous cliquez deux fois sur un mot suivi d'une virgule, d'un point ou d'un autre séparateur, Word met uniquement en surbrillance le mot, sans sélectionner le séparateur et l'espace qui le suit. Par exemple, si vous cliquez deux fois sur le mot *mars* dans le premier paragraphe du document, Word met en surbrillance ce mot, mais pas la virgule qui le suit. Si vous cliquez deux fois à droite du mot *mars*, le programme met en surbrillance la virgule et l'espace suivant, comme s'il s'agissait d'un mot indépendant.

Pour sélectionner rapidement un groupe de mots, vous pouvez combiner les techniques de double-clic et de glisser : après avoir cliqué deux fois sur un mot, maintenez enfoncé le bouton de la souris et faites glisser cette dernière dans la direction voulue. Word met alors en surbrillance le texte par mots entiers.

Figure A

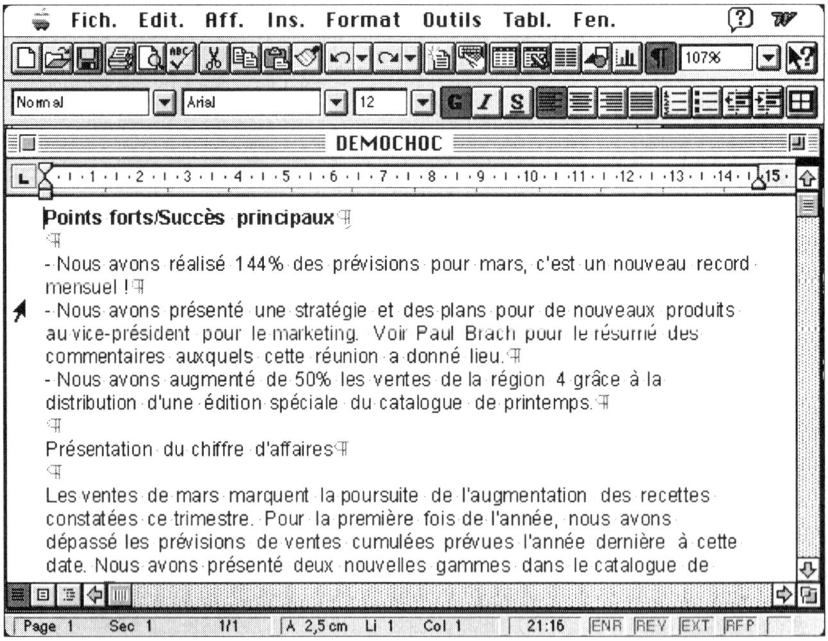

Lorsque vous placez le pointeur de la souris dans la barre de sélection, il prend la forme d'une flèche dirigée vers la droite.

Cette technique présente l'avantage d'exiger moins de précision dans le positionnement de la souris, et permet donc de gagner du temps.

En ce qui concerne la sélection de mots, le clavier n'est pas en reste. Outre la méthode indiquée précédemment, qui consiste à placer le curseur dans le mot et à appuyer deux fois sur [F8], vous pouvez également placer le curseur au début du mot à sélectionner et appuyer sur [Ctrl][Maj][➡]/[⌘][Maj][➡].

■ Sélectionner une phrase

Pour sélectionner une phrase, la solution la plus simple consiste à appuyer sur la touche [Ctrl]/[⌘] et à cliquer n'importe où dans la phrase. Par exemple, si vous appuyez sur la touche [Ctrl]/[⌘] et cliquez sur le mot *présenté* dans le deuxième alinéa de notre document, Word mettra en surbrillance la totalité de la phrase ainsi que l'espace qui la suit (**figure B**).

Comme pour la sélection de mots, vous pouvez maintenir enfoncé le bouton de la souris et faire glisser le pointeur de manière à sélectionner plusieurs phrases successives. Une autre solution consiste à placer le curseur à un endroit quelconque de la phrase et à appuyer trois fois sur la touche [F8].

Figure B

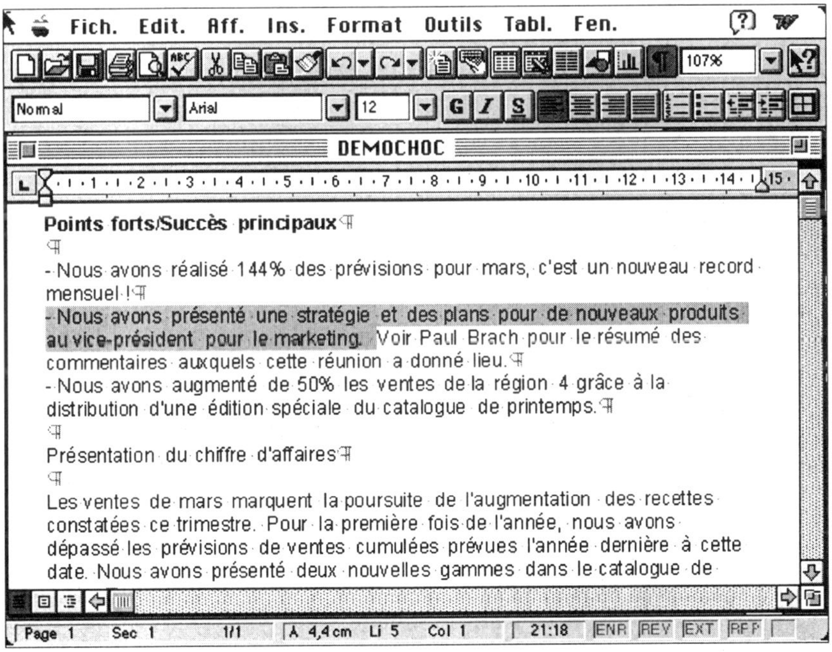

Pour mettre une phrase en valeur, appuyez sur [Ctrl] et cliquez sur un mot quelconque de la phrase.

▪ Sélectionner une ligne

Pour sélectionner rapidement une seule ligne, placez le pointeur de la souris dans la barre de sélection, au niveau de la ligne concernée, et cliquez une seule fois. Par exemple, si vous placez le pointeur dans la barre de sélection et cliquez devant la ligne commençant par *"Nous avons augmenté..."* dans le document DEMOCHOC, vous obtiendrez le résultat présenté à la **figure C**. Vous pouvez sélectionner plusieurs lignes en maintenant enfoncé le bouton de la souris et en faisant glisser cette dernière vers le haut ou le bas. Pour sélectionner une ligne au clavier, placez le curseur en début de ligne et appuyez sur [Maj][↓].

▪ Sélectionner un paragraphe

A l'aide de la souris, vous pouvez sélectionner un paragraphe en cliquant deux fois à côté de celui-ci dans la barre de sélection. La **figure D** montre le résultat obtenu en sélectionnant de cette façon le deuxième paragraphe de notre document. Comme vous pouvez vous y attendre, il est possible de sélectionner plusieurs paragraphes adjacents en maintenant le bouton de la souris enfoncé et en faisant glisser cette dernière vers le haut ou le bas.

Pour sélectionner un paragraphe, vous pouvez également placer le curseur à un endroit quelconque du paragraphe et appuyer quatre fois sur la touche

Figure C

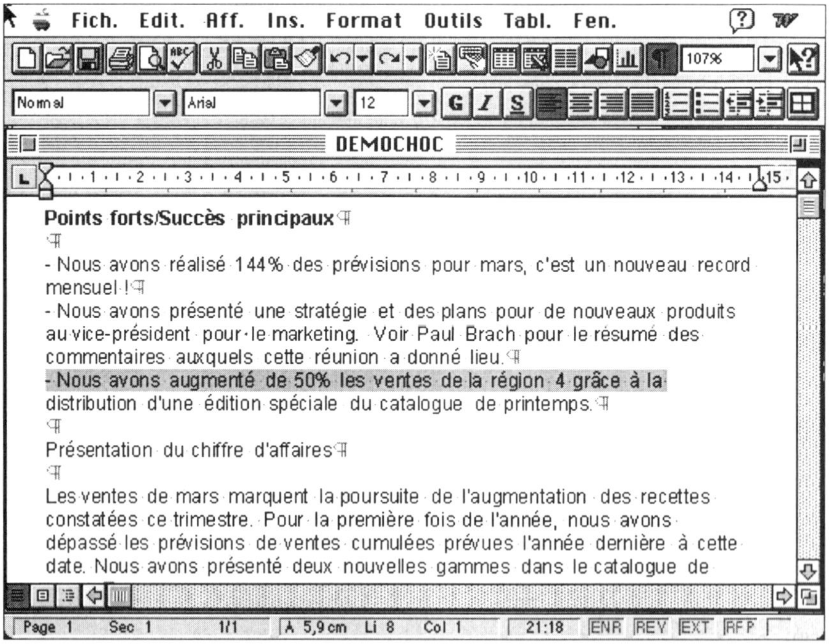

La sélection d'une ligne s'effectue en cliquant dans la barre de sélection, à gauche de la ligne.

[F8]. Une autre solution consiste à placer le curseur au début du paragraphe et à appuyer sur la combinaison de touches [Ctrl][Maj][↓]/[⌘][Maj][↓].

▪ Sélectionner l'ensemble d'un document

Différentes méthodes permettent de sélectionner un document entier. Avec la souris, il suffit de placer le pointeur dans la barre de sélection, d'appuyer sur la touche [Ctrl]/[⌘] et de cliquer. Au clavier, vous avez le choix entre deux solutions : appuyer simultanément sur les touches [Ctrl] et [5] du pavé numérique, ou activer cinq fois (pour un document ne comportant qu'une section) ou six fois (pour un document composé de plusieurs sections) la touche [F8].

▪ Sélectionner un bloc ou une colonne de texte

Outre les méthodes de sélection standard décrites jusqu'à présent, Word offre différentes techniques destinées à la sélection de blocs de texte. La **figure E** montre le résultat d'une sélection de bloc. Pour effectuer une telle sélection avec la souris, maintenez enfoncée la touche [Alt], cliquez en haut et à gauche du bloc et faites glisser la souris en diagonale de façon à mettre toute la colonne en valeur. Ainsi, pour sélectionner le bloc représenté sur la figure E, vous devez maintenir enfoncée la touche [Alt] et cliquer à gauche du mot *Janvier*, puis, sans relâ-

Figure D

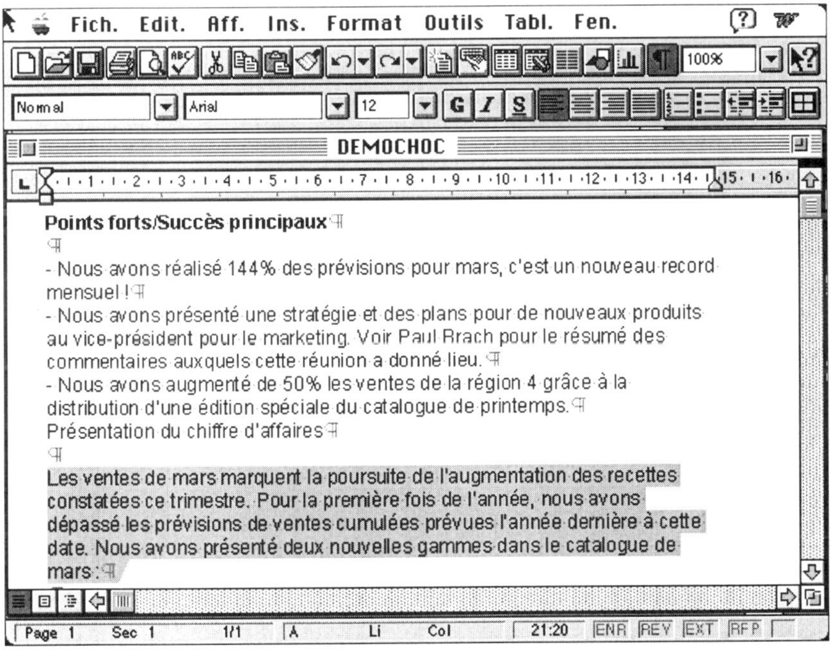

Pour sélectionner tout un paragraphe, cliquez deux fois en regard de celui-ci dans la barre de sélection.

cher le bouton de la souris, faire glisser le pointeur vers le bas et la droite jusqu'à ce que toute la colonne soit mise en surbrillance.

Vous pouvez également sélectionner un bloc de texte à l'aide du clavier. Placez le curseur au début de la zone que vous voulez sélectionner, appuyez ensuite sur les touches [Ctrl][Maj][F8]/[⌘][Maj][F8]. Word passe ainsi en mode de sélection en colonne, signalé par l'indicateur *COL* dans la barre d'état. Cela fait, vous pouvez sélectionner le bloc voulu à l'aide des touches de déplacement du curseur.

La sélection de blocs s'applique plus particulièrement aux documents disposés en colonnes : elle vous permet de couper, copier, déplacer ou formater chaque colonne séparément. Word autorise néanmoins la sélection de blocs dans tout passage d'un document. Pour supprimer un bloc de texte dans un groupe de paragraphes, vous pouvez le sélectionner, comme dans l'exemple de la **figure F**, puis choisir la commande «*Couper*» du menu «Edition». Pour quitter le mode de sélection en colonne, appuyez sur [Echap].

■ Sélectionner de longs passages à l'aide de la touche [Maj]

Si vous devez sélectionner plus d'un ou deux paragraphes, mais pas la totalité du document, les techniques que nous avons décrites jusqu'à présent peuvent

Figure E

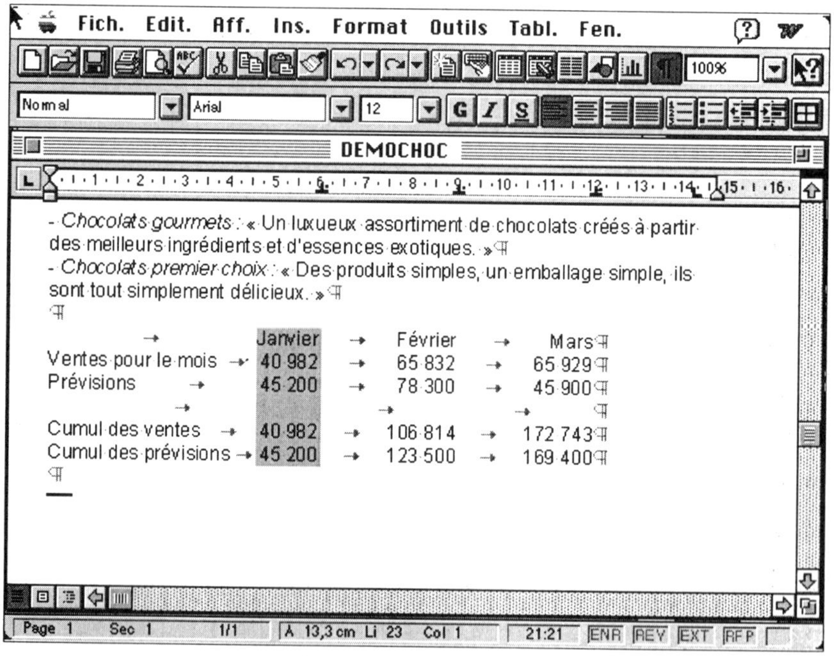

Word permet de sélectionner toute une colonne de texte.

s'avérer peu efficaces, voire fastidieuses. Fort heureusement, Word propose des méthodes tout à fait adaptées à ce type de cas : elles vous permettent d'étendre la sélection jusqu'à un point choisi dans le document. En premier lieu, vous devez placer le curseur à l'endroit où vous voulez commencer la sélection. Ensuite, il vous suffit d'appuyer sur la touche [Maj] et de cliquer à la fin du passage que vous voulez sélectionner. Tout le texte compris entre la position courante du curseur (ou le début de la sélection en cours) et le point où vous cliquez est alors mis en surbrillance. S'il s'avère que vous n'avez pas cliqué assez loin, vous pouvez appuyer à nouveau sur la touche [Maj] et cliquer à l'endroit voulu.

Supposons que vous souhaitiez sélectionner six paragraphes d'un document. Placez le curseur avant le premier paragraphe ou sélectionnez du texte au début de ce paragraphe. Faites défiler la fenêtre du document jusqu'à ce que la fin du dernier paragraphe soit visible. Appuyez maintenant sur la touche [Maj] et cliquez à la fin de ce paragraphe.

Si vous avez utilisé une des techniques indiquées plus haut pour sélectionner un bloc de texte tel qu'un mot, une ligne, une phrase ou un paragraphe, Word étendra la sélection en fonction de l'incrément choisi. Supposons que vous ayez sélectionné tout un paragraphe en cliquant deux fois dans la barre de sélec-

Figure F

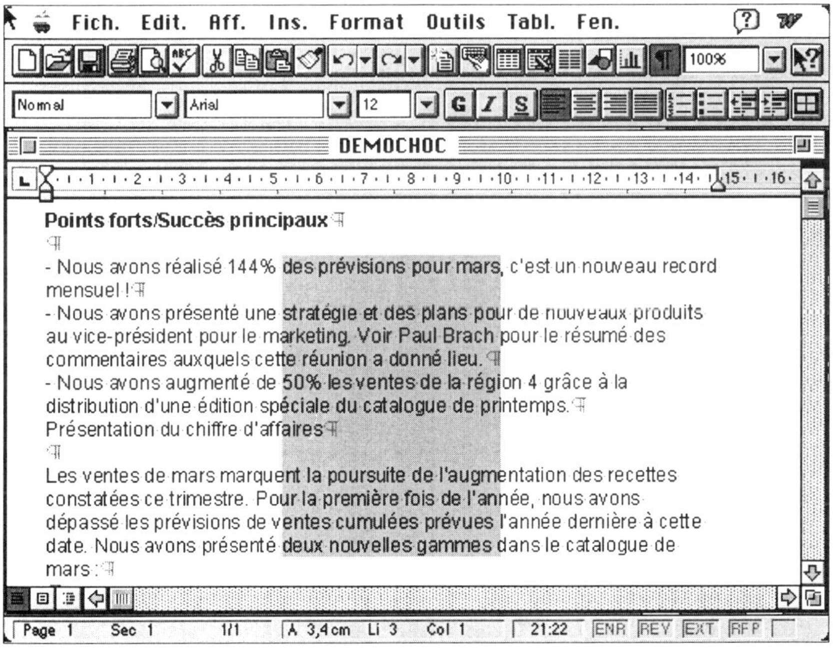

Vous pouvez sélectionner un bloc de texte à un endroit quelconque de votre document.

tion : si vous faites défiler la fenêtre du document, appuyez sur la touche [Maj] et cliquez en un point quelconque d'un autre paragraphe, tout le texte compris entre le premier paragraphe sélectionné et le dernier sera mis en surbrillance, par paragraphes entiers.

■ Sélectionner un bloc à l'aide de la touche [Maj]

Si vous devez sélectionner un long bloc de texte en colonne, la touche [Maj] peut s'avérer des plus précieuses. Placez le curseur au début de la colonne. Faites défiler le document afin d'afficher la fin de la colonne, appuyez sur les touches [Maj] et [Alt], puis, sans les relâcher, cliquez à la fin du bloc voulu.

Une deuxième solution consiste à appuyer sur la touche [Alt] et à cliquer au début de la colonne, puis à faire glisser la souris de façon à sélectionner le début du bloc de texte. Ensuite, vous pouvez faire défiler le document afin de visualiser la fin de la colonne. Après quoi, il ne vous reste plus qu'à appuyer sur les touches [Maj] et [Alt] et à cliquer pour indiquer la fin du bloc que vous voulez sélectionner.

■ Réduire la sélection

La touche [Maj] permet également de réduire la quantité de texte sélectionné. Pour cela, il suffit d'appuyer sur cette touche et de cliquer dans la zone sélectionnée, à l'endroit voulu. Word retirera de la sélection le texte compris entre la fin de l'ancienne sélection et le point où vous avez cliqué. Comme vous pouvez vous en douter, cette "désélection" dépendra de l'incrément utilisé lors de la sélection : si, par exemple, vous avez cliqué deux fois sur un mot et ensuite fait glisser la souris pour sélectionner des mots entiers, la réduction de la sélection s'effectuera également par mots entiers.

La désélection s'opère toujours en sens opposé à la direction suivie lors de la sélection. Si vous avez sélectionné du texte en procédant du haut vers le bas, Word retirera de la sélection le texte compris entre le bas de la partie mise en surbrillance et le point où vous cliquez.

La réduction de la sélection à l'aide de la touche [Maj] ne peut toutefois être mise en œuvre si vous avez sélectionné le texte à l'aide de la barre de sélection (en cliquant une fois pour sélectionner une ligne, deux fois pour un paragraphe ou en appuyant sur la touche [Ctrl]/[⌘] et en cliquant pour sélectionner tout le document). Dans ce cas, la touche [Maj] ne peut servir qu'à étendre la sélection.

■ Etendre la sélection avec [F8]

Au lieu de la touche [Maj], vous pouvez utiliser la touche [F8] pour étendre la sélection courante. Placez le curseur à l'endroit où vous souhaitez faire commencer la sélection et appuyez sur la touche [F8]. Cliquez à l'endroit où vous voulez qu'elle se termine. Pour sélectionner une vingtaine de lignes de texte, par exemple, vous pouvez placer le curseur au début de la première ligne, ou y sélectionner quelques caractères et appuyer sur la touche [F8] pour passer en mode d'extension de sélection. Ensuite, faites défiler, si nécessaire, le document de façon à afficher la dernière ligne que vous voulez sélectionner, puis cliquez à la fin de cette ligne (n'oubliez pas qu'il suffit d'appuyer sur la touche [Echap] pour annuler le mode d'extension de sélection). La touche [F8] peut également servir à sélectionner rapidement une longue colonne de texte. Placez le curseur au début de la colonne, appuyez sur la touche [F8], puis faites défiler le document pour en afficher la fin. Appuyez alors sur la touche [Alt] et cliquez à la fin de la colonne.

Cette méthode autorise même une extension ou une réduction de la sélection. Une fois parvenu en mode d'extension de sélection, vous pouvez cliquer à un endroit quelconque du document – y compris dans la zone mise en surbrillance – pour augmenter ou réduire la partie sélectionnée.

Cet aide-mémoire nous a donné l'occasion d'aborder tout un éventail de techniques de sélection faisant appel à la souris, à la barre de sélection, à la touche [F8] et à la touche [Maj]. Selon votre façon de travailler, vous trouverez probablement certaines d'entre elles inadaptées. Il est possible, par exemple, que vous n'ayez jamais recours à la touche [F8], si vous êtes habitué à réaliser la plupart des tâches avec la souris. Toutefois, vous vous familiariserez certainement très vite avec la plupart des techniques proposées, et elles vous paraîtront bientôt indispensables pour réaliser les opérations courantes de modification dans un document Word.

Effectuer des recherches avec des caractères génériques

Pour rechercher efficacement du texte dans des documents Word, il est tout à fait possible d'associer la classique commande «*Rechercher*» du menu «Edition» au caractère générique "?" (encore appelé caractère joker). Ce dernier peut désigner tout caractère. Ainsi, une recherche sur la chaîne de caractères "sa?e", par exemple, permettra de localiser toutes les occurrences des mots "sable", 'saule", ou encore "salle". Cependant, pour mener à bien ce type de recherche, il est impératif de cocher la case d'option <Critères spéciaux> de la boîte de dialogue «Rechercher» ou «Remplacer».

Commencez par choisir la commande «*Rechercher*» dans le menu «Edition». Dans la zone de texte *Rechercher* de la boîte de dialogue qui s'affiche, tapez la chaîne de caractères à rechercher en incluant le caractère générique *?*

Si vous le souhaitez, vous pouvez également modifier l'option affichée dans la zone de texte *Sens.* N'oubliez surtout pas de cocher la case d'option <Critères spéciaux> (**figure A**). Pour lancer la recherche, cliquez sur <Suivant>.

Figure A

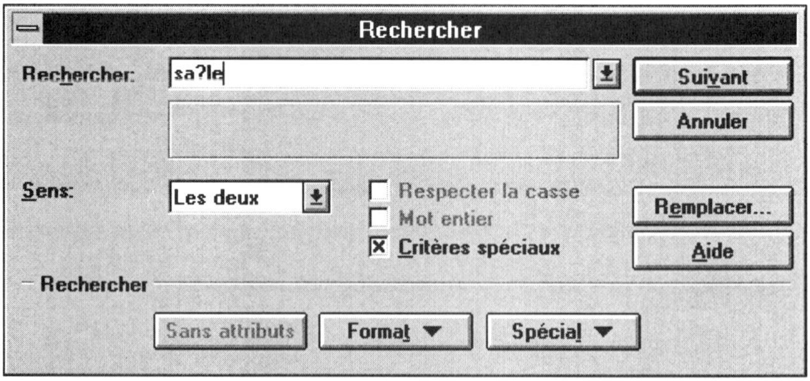

N'oubliez pas de cocher la case <Critères spéciaux> lorsque la recherche inclut des caractères génériques.

Des remplacements dans l'ordre… et dans le désordre

Dans son utilisation traditionnelle, la commande *«Remplacer»* du menu «Edition» permet de remplacer un mot par un autre. Légèrement "détournée", elle permet d'agir sur la structure des blocs de texte, en modifiant l'ordre des différents éléments de ces blocs. Cas classique : la numérotation des pages où, par une opération de remplacement classique, vous pouvez modifier une chaîne de caractères de type "page du catalogue 12" par "page 12 du catalogue". Pour cela, commencez par choisir la commande *«Remplacer»* du menu «Edition» pour afficher la boîte de dialogue «Remplacer». Dans la zone de texte *Rechercher,* tapez le texte à rechercher, soit dans notre exemple :

```
(page) (du) (catalogue) (??)
```

Dans la zone de texte *Remplacer par*, tapez :

```
\1 \4 \2 \3
```

en veillant bien à séparer les différents éléments par un espace. Cochez ensuite la case à cocher <Critères spéciaux> (**figure A**) et cliquez sur le bouton <Remplacer tout>. En utilisant les critères spéciaux, vous pouvez modifier aisément l'ordre de chaînes de caractères.

Figure A

Grâce aux critères spéciaux, le remplacement peut porter sur le positionnement des différentes chaînes de caractères.

Trier des listes de noms à plusieurs éléments

Les fonctions de tri de Word offrent un assez grand nombre d'options. Malheureusement, celles-ci n'incluent pas la possibilité de trier des noms dont le nombre de composants est variable. Ainsi vous pourrez, à l'aide de la commande «*Trier le texte*» du menu «Tableau», trier des noms du type *M. Paul Petit* en spécifiant comme première clé l'option «Mot 3». Pour prendre en compte la possibilité de compter plusieurs Monsieur Petit dans votre liste, vous pourrez spécifier, comme deuxième clé, l'option «Mot 2», de façon à ce que le prénom soit alors pris en considération. Pour raffiner encore, vous avez même la possibilité d'exprimer votre galanterie en faisant passer les dames avant les messieurs. Il vous faudra alors choisir «Mot 1» comme troisième clé et sélectionner l'option «Décroissant» de façon à ce que *Mme* figure avant *M.* En choisissant toutes ces options, on obtient, sur une liste donnée, le tri suivant :

Mme Claude Lambre
M. Claude Lambre
M. André Moutir
M. Jacques Moutir
M. Paul Petit

La **figure A** montre la sélection de toutes les options de la commande «*Trier le texte*» nécessaires à l'obtention de ce tri. Malheureusement, Word ne prévoit pas le cas où le nombre d'éléments constituant le nom varie. Ainsi, la liste sui-

Figure A

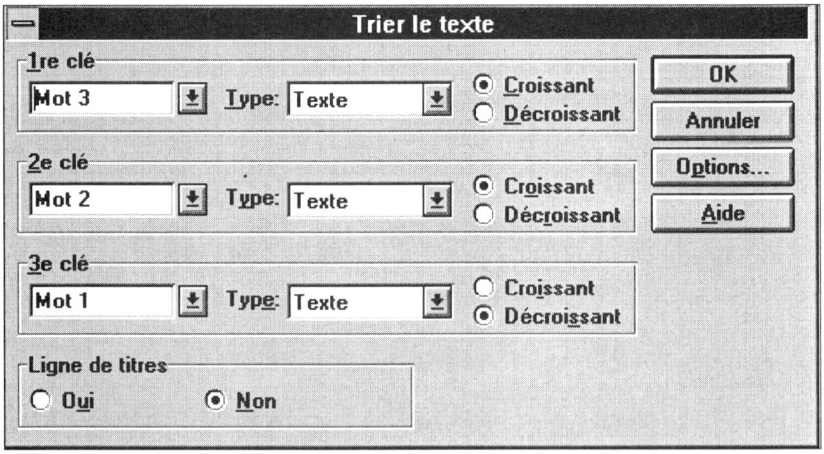

Word 6 offre de nombreuses options de tri, mais pas celle prenant en compte le nombre de composants.

vante, triée par les options que nous avons choisies, donne un curieux résultat :

M. Lambre
M. Jacques de Moutir
Mme Claude Lambre
M et Mme Petit
M de Moutir

Une petite astuce va cependant nous permettre de contourner cette difficulté. Nous allons fusionner les différents éléments qui précèdent le nom proprement dit, en remplaçant les espaces traditionnels par des espaces insécables. Word considérera comme un mot unique tous ces éléments ainsi "collés" et le nom de famille deviendra obligatoirement le deuxième mot. En choisissant l'option «Mot 2» comme première et unique clé, le tri obtenu est – enfin ! – correct, comme l'exemple de la **figure B** permet de le démontrer.

Les deux méthodes

Si vous souhaitez appliquer cette méthode, deux solutions s'offrent à vous. Si toutefois vous n'avez pas encore saisi les listes que vous souhaitez trier, il vous suffit... de prendre l'habitude d'utiliser l'espace insécable. Celui-ci s'obtient à l'aide de la combinaison de touches [Ctrl][Maj][Espace] : le pli est bien vite pris.

Si vous travaillez sur une liste existante, il ne vous reste plus qu'à la modifier. Reprenons l'exemple de la **figure B** et regardons la méthode que nous avons utilisée pour la modifier. Commencez par sélectionner la liste, puis choisissez la commande «*Remplacer*» du menu «Edition». Dans la zone de texte *Rechercher*, tapez simplement un espace. Cliquez ensuite dans la zone *Remplacer par* puis, dans la liste déroulante accessible par le bouton <Spécial>, choisissez «Espace insécable» (les caractères ^s apparaissent dans la zone de texte). Cliquez sur le bouton <Suivant> : Word se positionne sur le premier espace de votre sélection,

Figure B

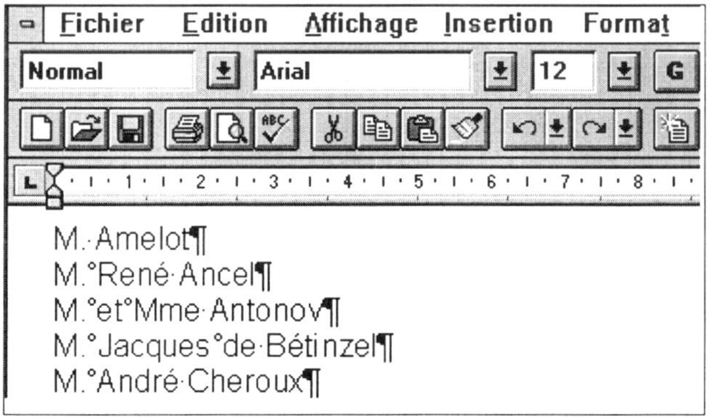

Grâce aux espaces insécables, le nom de famille est toujours considéré comme deuxième mot.

c'est-à-dire entre *M.* et *Amelot*. Il suffit maintenant de cliquer sur les boutons <Remplacer> ou <Suivant> selon que vous souhaiterez insérer un espace insécable ou non. Vous allez traiter ainsi l'ensemble de la liste pour *coller* les éléments qui précèdent le nom. Vous pourrez ensuite effectuer sans problème vos tris, en suivant la procédure habituelle. Dernière remarque : les tris peuvent être effectués de la sorte sur des blocs de texte ou sur les cellules d'un tableau (dans ce cas, la commande du menu «Tableau» à utiliser s'intitule «*Trier*»).

Moduler le nombre de lignes affichées sur une page

Nombre d'entre vous se sont certainement trouvés face au problème suivant : vous travaillez sur un long document, rapport, présentation ou autre, vous avez soigné la mise en page en positionnant avec soin images et graphiques, et voilà que vous devez entrer des modifications et des corrections qui vous obligent à ajouter des lignes de texte sur une ou plusieurs pages. Ce qui va immanquablement modifier la maquette des pages suivantes, déplacer titres et sous-titres, décaler les images par rapport au texte, peut-être aussi la table des matières et l'index si votre document en comporte. Face à ce casse-tête, la solution idéale serait de pouvoir agrandir légèrement la surface utile de la page sans modifier l'ensemble du document, et donc sans affecter la disposition des autres pages.

Sans offrir une gestion de la typographie et de la mise en page aussi complète que les grands logiciels de PAO tels XPress ou Pagemaker, Word dispose d'une véritable pléthore de solutions pour résoudre ces problèmes. Nous allons vous en présenter quelques-unes, que nous avons classées en fonction du niveau d'intervention et de correction qu'elles impliquent, mais rien, bien sûr, ne vous empêche de marier ces solutions pour parvenir au but recherché. En tout état de cause, pour obtenir un document correct et bien présenté, (presque) toutes les tricheries sont permises... à condition qu'elles ne se voient pas !

Si vous manquez d'espace

Le cas le plus difficile, c'est celui où le texte de votre document est doté d'un interlignage simple, sans espace supplémentaire entre les paragraphes. Comment, dans ces conditions, réduire la taille du texte ? La solution la plus radicale consiste à jouer sur la taille en points définie pour le corps du texte et/ou les marges du document. Pour changer rapidement cette taille et l'appliquer à

Figure A

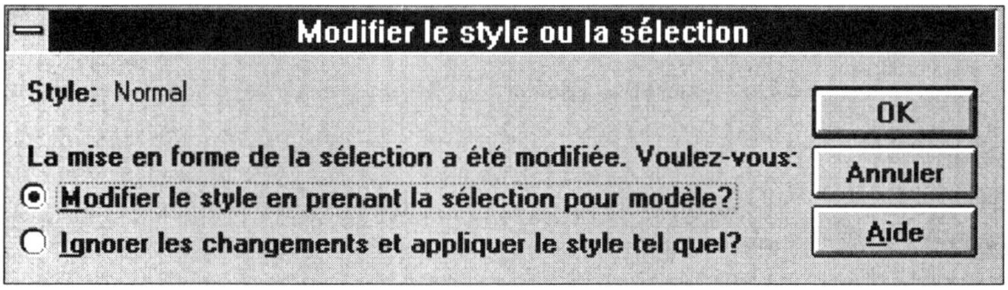

Première solution : modifier la taille en points définie pour le style Normal de votre document.

l'ensemble de votre document, le mieux est encore de modifier le style Normal de votre document. Si les autres styles du document sont fondés sur le style Normal, la modification sera ainsi répercutée automatiquement sur les autres styles.

Pour modifier le style Normal, il vous suffit de placer le curseur dans un paragraphe doté de ce style et de taper la taille en points choisie dans la zone *Taille* de la barre d'outils. Lorsque vous quittez cette zone, la taille attribuée au mot sur lequel est placé le curseur est modifiée en conséquence. Il ne vous reste plus, dès lors, qu'à sélectionner le style Normal dans la liste déroulante de la barre d'outils et de cliquer sur le bouton <OK> dans la boîte de dialogue «Modifier le style ou la sélection», en réponse au message *"Modifier le style en prenant la sélection pour modèle ?"* (**figure A**).

Pour modifier les marges, vous allez ouvrir la boîte de dialogue «Mise en page», accessible par la commande du même nom dans le menu «Fichier». Dans l'onglet *Marges*, il vous suffit de réduire les valeurs définies dans les zones de texte *Gauche, Droite, Haut* et *Bas.*

Des retraits négatifs

Supposons maintenant que vous ne souhaitiez modifier ni la taille en points du texte ni les marges, ce qui est souhaitable si vous désirez conserver une cohérence formelle entre vos différents documents. Vous pouvez alors tenter de jouer sur les retraits, c'est-à-dire l'encombrement en largeur de votre texte.

Figure B

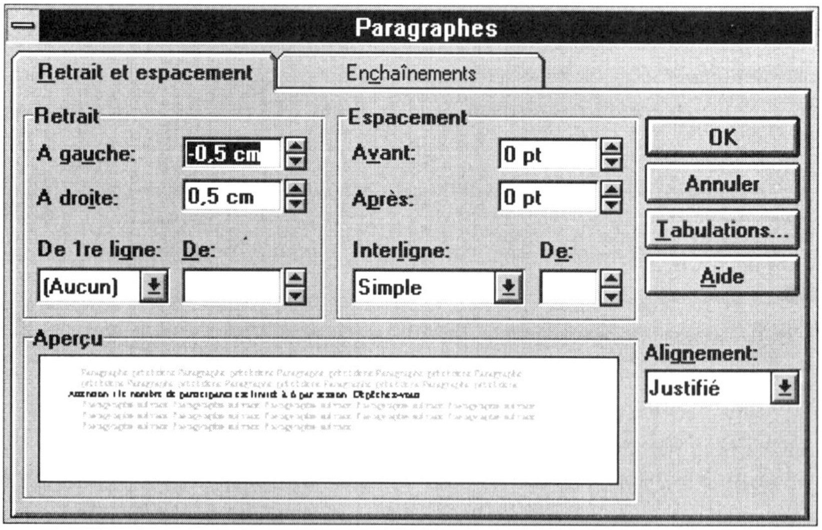

Les retraits négatifs permettent d'étendre l'affichage du texte au-delà des marges définies pour le document.

Commencez par mettre en surbrillance la totalité du texte à modifier, puis choisissez la commande «*Paragraphes*» dans le menu «Format». Dans la boîte de dialogue qui s'affiche (**figure B**), entrez **`-0,5 cm`** dans les zones de - texte *A gauche* et *A droite* de la section *Retrait* et validez en cliquant sur le bouton <OK>. Votre document modifié se présente alors comme sur la **figure C**. Bien entendu, le nombre de lignes ainsi récupérées varie en fonction du format défini pour votre document : police, taille en points, marges, etc.

Il est néanmoins possible de dégager des normes : modifier les marges ou les retraits permet de gagner environ une ligne pour un encombrement du texte supplémentaire de 1%. Sachez également qu'agir sur le retrait sera moins visible avec du texte aligné à gauche (puisque les fins de ligne sont irrégulières) qu'avec du texte justifié.

Agir sur le texte

Outre les astuces présentées ci-dessus, il existe des méthodes classiques consistant à intervenir sur la typographie et sur le texte lui-même. Il existe toujours dans un texte des lignes creuses (des "veuves"), c'est-à-dire des lignes en fin de paragraphe constituées seulement d'un ou deux mots. Il n'est jamais très diffi-

Figure C

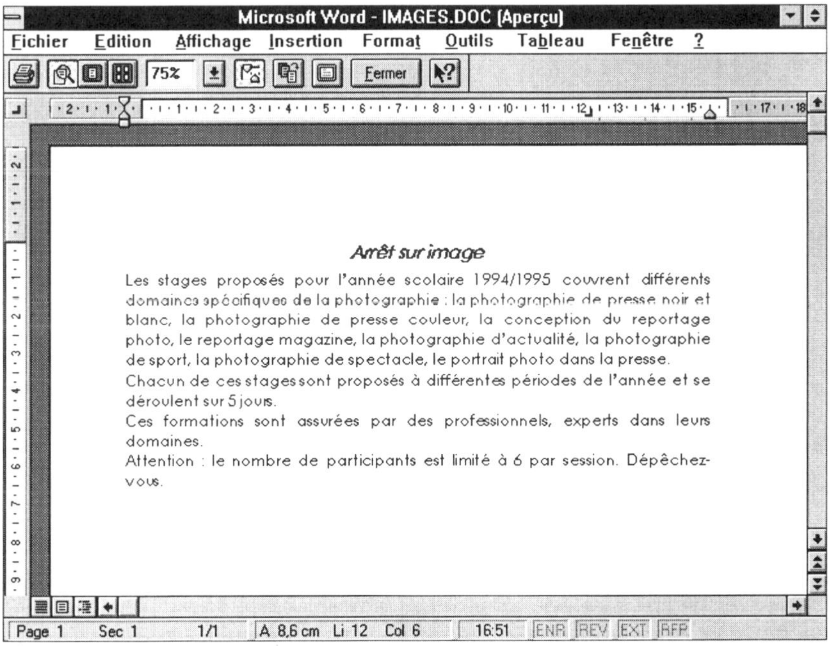

Grâce aux retraits négatifs, vous pouvez gagner quelques lignes sur une page.

cile de modifier légèrement le texte du paragraphe pour faire rentrer ces mots sur la ligne précédente, ce qui vous en fait gagner une sur la page.

La "voie royale" utilisée dans la presse, l'édition et l'imprimerie, est celle qui consiste à jouer sur l'approche, c'est-à-dire l'espacement entre les caractères (approche de paire) ou une sélection de caractères (approche de groupe). Pour resserrer l'approche, vous devez mettre le texte en surbrillance, ouvrir la boîte de dialogue «Caractères», cliquer sur l'onglet *Espacement* et choisir le format *Condensé* dans la zone de texte *Espacement*, puis dans la zone de texte *De*, entrer une valeur comprise entre 0 et 1,75 points (**figure D**). Dans notre exemple, soit une page de texte en Century Gothic corps 12 avec un interlignage simple comprenant 12 lignes, nous avons déjà gagné 2 lignes en resserrant l'approche de 1 point. Là encore, le gain varie en fonction de la police utilisée.

Jouer sur l'interlignage

Un texte est souvent plus agréable à lire lorsque l'interlignage (l'espace entre les lignes) est plus important. En standard, Word pour Windows offre trois options d'interligne : «Simple», «1,5» et «Double», disponibles dans la boîte de dialogue «Paragraphes». Un interligne de 1,5 augmente le confort de lecture, un double interligne est idéal pour un texte à annoter ou à corriger. Mais Word offre aussi un réglage point par point de l'interligne, toujours dans cette boîte de dialogue «Paragraphes». A partir d'un réglage personnalisé, il est donc possible de réduire

Figure D

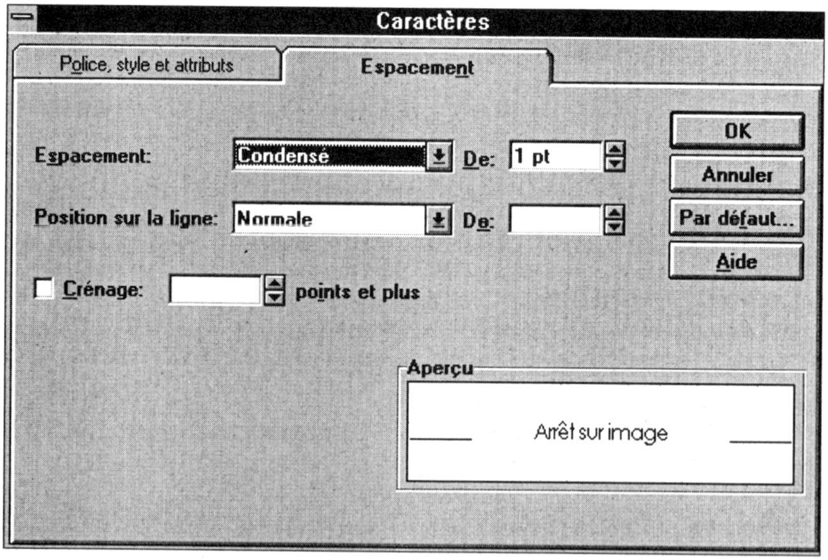

Une autre technique consiste à jouer sur l'espacement du texte.

l'interligne pour gagner des lignes sur les pages à modifier. Avec un peu de pratique et en procédant délicatement, vous pouvez réduire aussi la taille d'un document sans que ces modifications soient décelables à l'œil nu – sauf, bien entendu, pour un professionnel.

Avant tout, sachez que le nombre de lignes qu'il est possible d'ajouter sur une page par cette méthode varie selon la valeur des marges supérieure et inférieure du document, et qu'il peut être affecté par le contrôle des lignes creuses. Dans notre exemple, nous avons conservé les marges par défaut (2,5 cm en haut et en bas) et désactivé le contrôle des lignes creuses, en décochant l'option «Eviter veuves et orphelines» de la boîte de dialogue «Paragraphes» (onglet *Enchaînements*).

En général, plus votre interlignage sera grand, plus il sera facile de le réduire sans modifier l'aspect du texte. Mais il est tout à fait possible d'effectuer des réductions même avec un interligne simple, sous réserve que sa valeur ne descende pas au-dessous de la taille des caractères. En clair, pas d'interligne de moins de 12 points pour un texte en corps 12, de 10 points pour un corps 10, etc.

La première chose à savoir est donc la valeur de l'interlignage standard de Word. Or, cette information n'est pas fournie : Word affiche uniquement l'option sélectionnée, sans plus de précision. Pour définir un interligne en points dans la boîte de dialogue «Paragraphes», vous devez faire appel aux autres options disponibles pour l'interlignage, à savoir «Au moins» et «Exactement». Mais savoir cela ne vous tire pas vraiment d'affaire ! En fait, le réglage standard

Tableau A

Différences entre les versions 6.0 et 2.0 de Word	
Word 6.0	*Word 2.0*
Message *"Modifier le style en prenant la sélection pour modèle ?"*	Message *"Redéfinir le style Normal en fonction de la sélection"*
Commande «*Mise en page*» – Menu «Fichier»	Commande «*Mise en page*» – Menu «Format»
Onglet *Marges*	Attribut *Marges*
Commande «*Paragraphes*»	Commande «*Paragraphe*»
Commande «*Caractères*»	Commande «*Caractère*»
Section *Retrait*	Section *Retraits*
Onglet *Espacement*	Section *Espacement*
Option «Eviter veuves et orphelines»	Option «Contrôle des lignes veuves et orphelines» – Catégorie *Imprimer* de la boîte de dialogue «Options»

de l'interlignage est variable selon les polices et se situe de 1 à 2 points au-dessus du corps. Il est, par exemple de 13 points pour l'Helvetica et le Times en corps 12 ; de 14 points pour le Palatino, toujours en corps 12. La marge de réduction est donc réduite à 1 ou 2 points avec un texte en interligne simple, ce qui permet tout de même de gagner 3 ou 4 lignes par page. Le problème est identique avec un interligne de 1,5 ou double. Toutefois, en utilisant la règle énoncée ci-dessus pour l'interligne simple, il reste très facile d'arriver, avec un peu de patience, au résultat escompté.

Si vous utilisez Word 2.0 pour Windows

Toutes les techniques proposées, qu'elles impliquent une intervention sur le format du document ou sur le texte proprement dit, sont directement utilisables avec la version 2.0 de Word. Les différences terminologiques sont résumées au **tableau A**.

Visualiser les symboles de tabulation

La règle de Word 6.0 pour Windows comporte, dans sa partie gauche, un symbole qui permet de sélectionner les différents types de tabulations disponibles. Si vous n'arrivez pas à visualiser ce symbole (tout en arrivant à insérer les différents taquets de tabulation), il s'agit probablement d'un problème d'affichage et plus précisément d'une couleur particulière au niveau de la configuration de Windows. En effet, la couleur du symbole manquant est déterminée par la couleur personnalisée du filet de bordure, que vous pouvez définir dans le Panneau de Configuration en cliquant deux fois sur l'icône «Couleurs». Il suffit de paramétrer une couleur noire, par exemple, pour ce filet de bordure et le problème sera résolu.

Documents, Formats et Styles

2

2.2 Formats et style

Afficher la zone de style

La zone de style est une caractéristique peu usitée de la feuille de style de Word. Par défaut, elle prend la valeur 0 et n'est donc pas visible. Vous pouvez toutefois lui affecter une valeur supérieure afin de visualiser tous les styles de paragraphe à gauche de votre document. Bien qu'elle ne soit pas indispensable, la zone de style vous permet de savoir rapidement quels sont les styles en vigueur dans un document.

Pour l'afficher, vérifiez tout d'abord que vous n'êtes pas en mode Page. Ensuite, choisissez la commande «*Options...*» du menu «Outils» et cliquez sur l'onglet *Affichage.* La boîte de dialogue qui s'affiche propose, dans l'angle inférieur gauche, l'option «Largeur de la zone de style». Dans la zone de texte correspondante, saisissez une valeur adaptée aux noms de style les plus longs. Une largeur de 2,5 cm convient dans la plupart des cas, mais vous avez la possibilité de la modifier, si nécessaire. Une fois la valeur spécifiée, cliquez sur <OK>. Votre document comporte désormais, sur la gauche, une zone spécifiant le nom de ses styles de paragraphe.

Pour agrandir ou diminuer la zone, il vous suffit de faire glisser la ligne qui la sépare du document. Pour la masquer, faites glisser la ligne vers la gauche jusqu'à ce que les noms ne soient plus visibles.

Contrôler l'enregistrement du modèle Normal

Par défaut, Word 6.0 enregistre automatiquement tous les changements apportés au modèle Normal (NORMAL.DOT sous Windows) lorsque vous quittez l'application. Cependant, si vous le préférez, vous pouvez contrôler cet enregistrement, en restaurant l'invite de Word, intégrée dans les versions antérieures de l'application, vous demandant de confirmer les modifications apportées au modèle Normal.

Pour y parvenir, choisissez, dans le menu «Outils», la commande «*Options*». Dans la boîte de dialogue qui s'affiche, illustrée à la **figure A**, cliquez sur l'onglet *Enregistrement*. Activez la quatrième case d'option <Confirmer l'enregistrement du modèle Normal> à la section *Options d'enregistrement* et validez par <OK>.

A présent, lorsque vous quitterez Word après avoir apporté des changements au modèle Normal, le message d'invite présenté à la **figure B** s'affichera à l'écran. Vous pourrez ainsi décider si vous souhaiter conserver ces modifications en cliquant sur l'un des boutons : <Oui>, si vous souhaitez les enregistrer, <Non> dans le cas contraire, <Annuler> si vous décidez, après tout, de ne pas quitter Word et <Aide> si vous voulez savoir ce que Word entend par "modifications".

Figure A

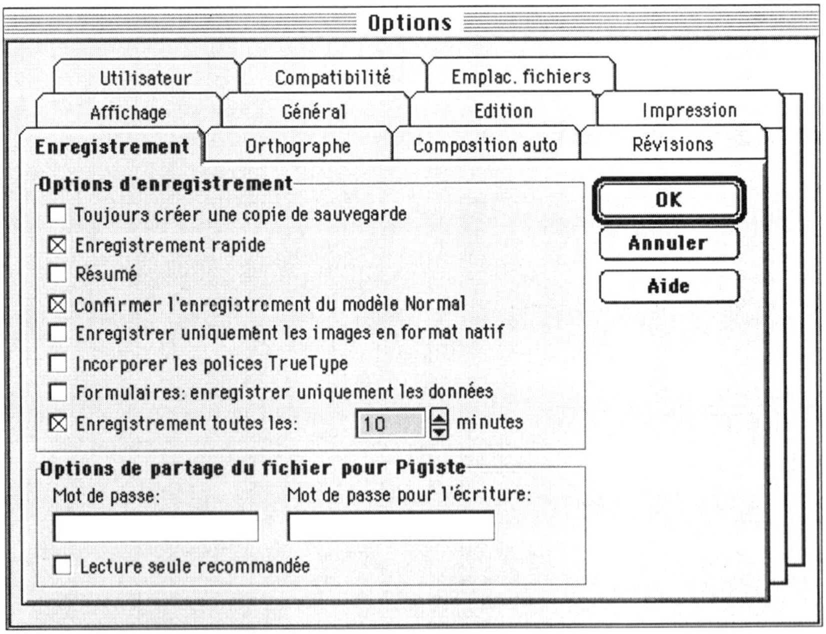

Validez la case d'option <Confirmer l'enregistrement du modèle Normal>.

Si vous choisissez de conserver les modifications apportées au modèle Normal, il se peut que vous souhaitiez, par la suite, supprimer certaines d'entre elles. Pour cela, dès l'ouverture d'une session Word, alors que seule la barre d'outils est affichée, choisissez la commande «*Modèles*» du menu «Fichier». Dans la boîte de dialogue «Modèles et programmes complémentaires», cliquez sur le bouton <Organiser>. Une nouvelle boîte de dialogue, «Organiser», apparaît, dans laquelle le modèle Normal est sélectionné. Pour le modifier, il suffit de cliquer sur les divers onglets qui vous sont proposés et de sélectionner le ou les éléments à supprimer. Si vous cliquez, par exemple, sur l'onglet *Macro*, la liste des macros disponibles s'affiche dans la liste déroulante *Dans Normal*. Sélectionnez la macro que vous désirez ôter du modèle, cliquez sur le bouton <Supprimer> et répondez par l'affirmative au message vous demandant de confirmer l'opération.

Figure B

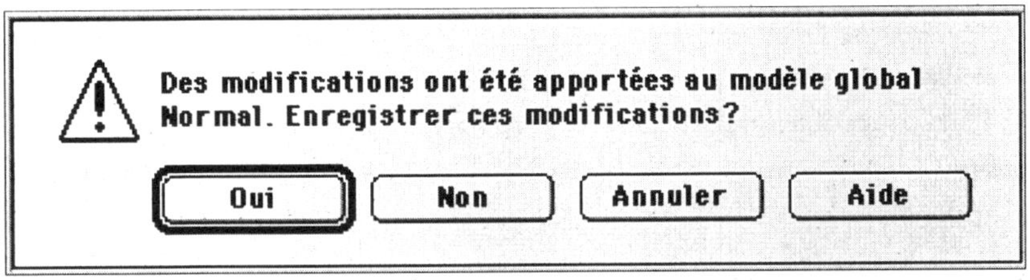

Lorsque vous quitterez l'application, cette boîte de message s'affichera automatiquement à l'écran.

Modifier un modèle de document

Les fichiers modèle, parce qu'ils définissent le format général d'un document (les marges, le nombre de colonnes, les en-têtes et pieds de page, etc.) peuvent vous faire gagner un temps considérable pour toutes les opérations de mise en forme sur le texte, surtout si vous travaillez sur des documents assez longs.

En effet, si vous disposez d'un modèle pour chaque type de document que vous créez (un pour les bulletins d'entreprise, un pour les rapports, etc.), vous n'avez plus à définir de spécifications de format et de mise en page pour chaque nouveau document. Autre avantage majeur, les modifications à apporter une fois le document saisi sont du registre de la finalisation : rectification d'une césure maladroite, vérification des sauts de page, etc.

L'utilité des modèles de document n'est plus à démontrer. Difficile, néanmoins, de définir toutes les spécifications du premier coup.

Un fichier presque comme les autres

Un fichier modèle est un fichier regroupant toutes les spécifications de mise en forme nécessaires à la création d'un document type : corps du document, niveaux de titre, en-têtes, pieds de page, listes numérotées, et ainsi de suite. Ces spécifications sont définies à l'intérieur de styles individuels qui portent sur les formats caractère (police, taille, couleur, etc.) et paragraphe (alignement, espacement, retraits, etc.) du texte. En fait, toutes les spécifications pouvant être appliquées manuellement à un bloc de texte au moyen des commandes «*Paragraphes*» et «*Caractères*» du menu «Format» peuvent être regroupées dans un style. Les modèles ont donc pour principale fonction d'assurer une certaine cohérence entre des documents de même nature.

Lorsque vous créez un nouveau document au moyen de la commande «*Nouveau*» du menu «Fichier» (ou en cliquant sur le bouton de la barre d'outils), ce document est généré automatiquement à partir du fichier modèle courant dénommé NORMAL.DOT.

Apporter des modifications à vos modèles

Commencez par ouvrir le modèle de document à modifier à l'aide de la commande «*Ouvrir*» du menu «Fichier» ou du bouton de la barre d'outils. Dans la boîte de dialogue «Ouvrir», sélectionnez «Modèles de document (*.DOT)» dans la liste déroulante *Types de fichiers* et ouvrez le modèle que vous désirez modifier. Il vous suffit alors d'effectuer toutes les modifications nécessaires, comme pour la mise en forme d'un document : ajouter des styles, des numéros de page ou un en-tête, modifier le format caractère, paragraphe, etc.

Pour terminer, sauvegardez les modifications dans votre modèle comme vous le feriez pour tout autre document, à l'aide de la commande «*Enregistrer*» ou du bouton .

Si vous désirez l'enregistrer comme un nouveau modèle, utilisez la commande «*Enregistrer sous*» dans le menu «Fichier». Dans la boîte de dialogue qui s'affiche alors, entrez le nom du fichier modèle dans la zone de texte *Nom du fichier* et choisissez l'option «Modèles de document (*.DOT)» dans la liste déroulante *Types de fichiers*, puis cliquez sur <OK>.

Convertir du texte en tableau et inversement

Certaines informations gagnent à être présentées sous forme de tableau pour en faciliter la lecture, l'analyse ou la comparaison. En outre, si vous dotez ce tableau d'une présentation originale en lui affectant une bordure, une trame ou en jouant sur les couleurs, vous augmentez d'autant l'impact de votre message. Nous allons voir que Word 6.0 vous permet, très simplement, de convertir un texte en tableau. Cette manipulation peut également s'effectuer en sens inverse, et vous pouvez convertir tout ou partie d'un tableau en texte. A vous de choisir !

Principes de base

La clé de voûte de la conversion d'un texte en tableau est constituée par les séparateurs. En effet, pour pouvoir créer les lignes et les colonnes formant votre tableau, Word 6.0 doit s'appuyer sur des points de repère concrets : pour les lignes, ce sont les marques de paragraphe, pour les colonnes, les tabulations ou les points-virgules. Concernant ces dernières, nous verrons plus loin qu'il est possible de choisir un autre caractère, en fonction de la méthode utilisée.

Word 6.0 vous propose deux méthodes de conversion de texte en tableau. La première, qui est également la plus rapide, consiste à utiliser le bouton <Insérer tableau> de la barre d'outils. L'opération de conversion est immédiate, étant basée sur des valeurs par défaut. La deuxième méthode fait appel à la commande «*Convertir texte en tableau*» du menu «Tableau». Elle présente l'avantage d'adapter les valeurs par défaut à des cas particuliers, en termes de séparateurs notamment, et de permettre la sélection d'options de mise en forme. Le **tableau A** récapitule les procédures mises en œuvre pour chacune de ces méthodes, que nous allons étudier dans le détail.

Tableau A

PRINCIPAUX MODÈLES DE DOCUMENT FOURNIS AVEC WORD 6.0	
Modèle de document	*Description*
Bondecom	Formulaire de bon de commande
Brochur1	Brochure de style classique
CV1	Curriculum vitae de style classique
CV2	Curriculum vitae de style contemporain
CV4	Curriculum vitae de style élégant
Expose1	Exposé de style classique
Facture	Formulaire de facturation
Fax	Fax
Lettre1	Lettre de style classique
Lettre2	Lettre de style contemporain
Lettre3	Lettre de style dactylographique
Manuel1	Manuel de style classique
Manuscr1	Manuscrit de style classique
Manuscr3	Manuscrit de style dactylographique
Memo1	Mémo de style classique
Memo2	Mémo de style contemporain
Memo3	Mémo de style dactylographique
MsWord	Désigne les touches de la même manière que Word sous MS-DOS
Normal	Modèle de document par défaut
Pointage	Feuille de pointage hebdomadaire
Press1	Communiqué de presse de style classique
Press2	Communiqué de presse de style contemporain
Press3	Communiqué de presse de style dactylographique
Rapport1	Rapport de style classique
Rapport2	Rapport de style contemporain
Rapport3	Rapport de style dactylographique
Repert1	Annuaire de style classique
Telecop1	Première page de télécopie de style classique
Telecop2	Première page de télécopie de style contemporain
These1	Thèse de style classique

Du texte au tableau

Pour illustrer les deux techniques présentées précédemment, partons d'un exemple concret. Ouvrez un nouveau document, et saisissez les données exemple de la **figure A**. Mettez la totalité du texte en surbrillance, puis cliquez sur le bouton <Insérer tableau> de la barre d'outils Standard. Word 6.0 convertit cette liste en un tableau d'une colonne, comportant autant de lignes qu'il y a de paragraphes, comme le montre la **figure B**. La commande «*Convertir texte en tableau*» du menu «Tableau» vous permet d'exécuter la même opération avec une possibilité supplémentaire. En effet, si vous y indiquez, par exemple, que ce tableau doit se présenter sur deux colonnes, les marques de paragraphes serviront alors de séparateurs de lignes et de colonnes.

Figure A

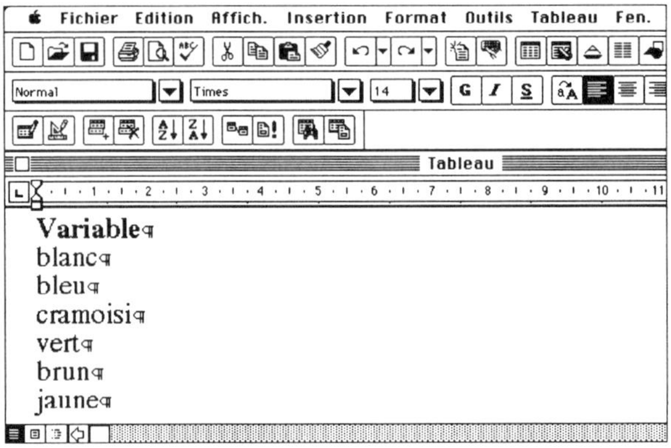

Avec le bouton <Insérer tableau>, de simples paragraphes...

Figure B

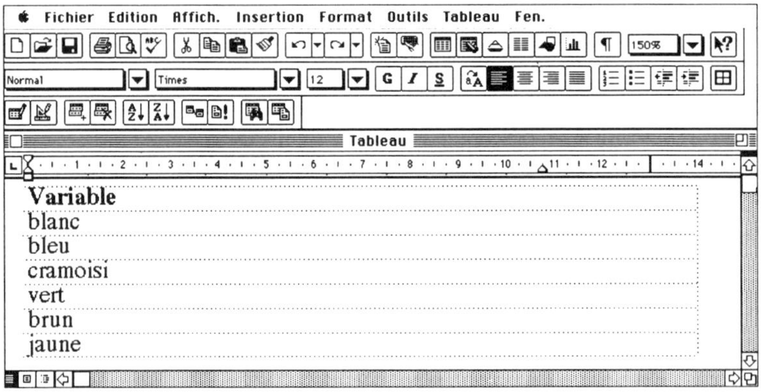

... peuvent être convertis en tableau dont le nombre de lignes correspond à celui des marques de paragraphe.

Imaginons, à présent, que votre texte d'origine comporte quelques exemples alignés sous trois en-têtes à l'aide de taquets de tabulation, comme l'illustre la **figure C**. La procédure est la même, mais Word 6.0 dispose dans ce cas de points de repère supplémentaires : les tabulations. Lorsque vous cliquez sur le bouton <Insérer tableau>, il crée un tableau comportant autant de colonnes que de tabulations, comme le montre la **figure D**. Attention : cela implique que si, par inadvertance, vous saisissez deux tabulations au lieu d'une, une cellule vide s'intercalera à cet endroit. Il vous suffit d'annuler l'opération en cliquant sur le bouton <Annuler> de la barre d'outils Standard, de supprimer la tabulation supplémentaire et… de recommencer !

Figure C

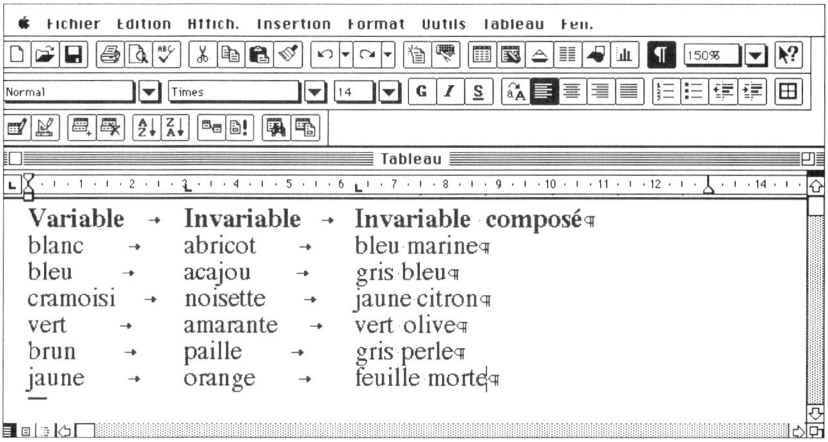

Les tabulations associées aux marques de paragraphe...

Figure D

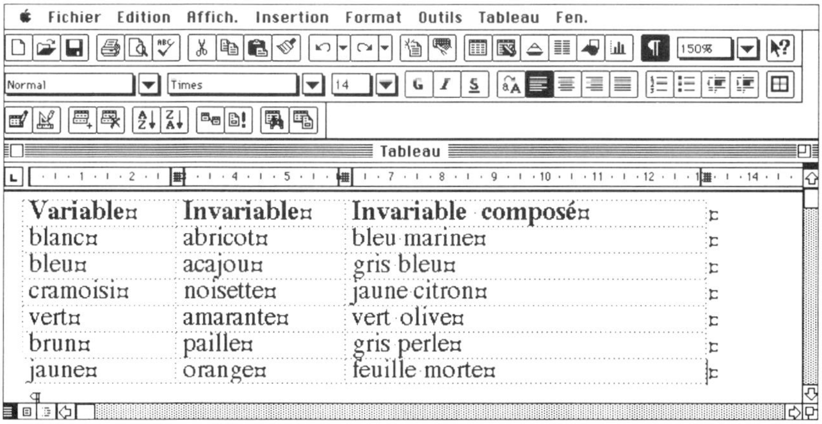

... permettent à Word 6.0 de créer colonnes et lignes.

A ce stade, vous disposez bien du nombre de lignes et de colonnes voulues, mais la taille des colonnes n'est pas ajustée au contenu. En effet, Word 6.0 crée le tableau en utilisant par défaut tout l'espace disponible entre les marges. Pour ajuster rapidement la largeur des colonnes à leur contenu, sélectionnez la totalité du tableau, et placez le curseur sur l'une des bordures en pointillé. Lorsqu'il prend la forme, cliquez à deux reprises : les colonnes sont ajustées automatiquement à leur contenu, comme le montre la **figure E**.

Cette conversion peut s'appliquer à un texte ASCII provenant d'une base de données ou d'un tableur, dans lequel le point-virgule sert de caractère de séparation. Comme précédemment, sélectionnez le texte et cliquez sur le bouton <Insérer tableau>. En revanche, si les fichiers ont été créés avec des logiciels en version anglaise, le caractère de séparation des colonnes est alors la virgule. Pour éviter d'avoir à convertir virgules en points-virgules ou tabulations, choisissez, dans ce cas, la commande «*Convertir texte en tableau*» du menu «Tableau». A la section *Séparer le texte par des*, validez la case d'option <Autres> et entrez une virgule dans la case en regard. Validez par <OK> : à chaque virgule correspondra une colonne.

Plus souple, la commande «*Convertir texte en tableau*» vous permet de modifier certains paramètres définis par défaut, mais aussi de mettre en forme votre tableau en appliquant tout ou partie des formats disponibles. Ainsi, lorsque vous accédez à la boîte de dialogue «Convertir un texte en tableau», illustrée à la **figure F**, vous pouvez modifier le nombre de colonnes proposé par Word 6.0 sur la base des séparateurs insérés.

A cet effet, indiquez le nombre de colonnes voulues dans la zone de texte *Nombre de colonnes*. Si vous souhaitez ajouter d'autres colonnes à votre tableau,

Figure E

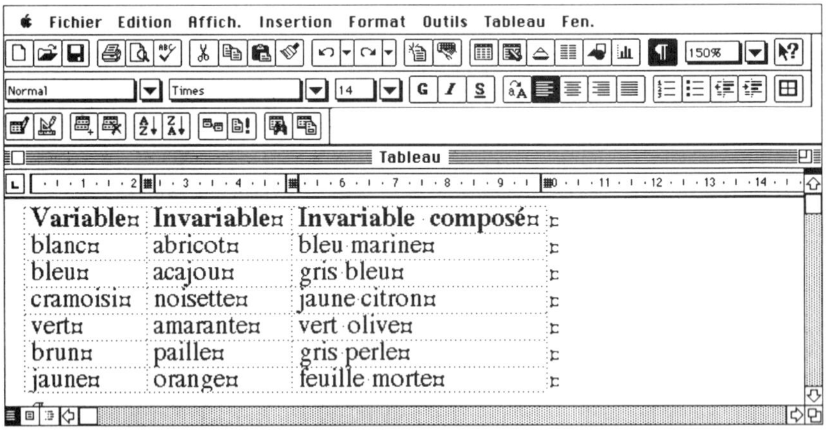

Les colonnes ont été ajustées au texte pour une présentation plus équilibrée.

que vous compléterez par la suite, il vous suffit d'indiquer un nombre supérieur à celui des séparateurs présents dans le texte. Word 6.0 ajoute autant de colonnes vides à la droite des colonnes contenant déjà des informations. En revanche, vous ne pouvez pas modifier le nombre de lignes à ce niveau. Comme vous pouvez le constater, l'option correspondante est grisée. Word 6.0 vous indique simplement le nombre de lignes qui seront créées à partir des marques de paragraphe. Une fois la conversion effectuée, vous pourrez, si nécessaire, ajouter des lignes en plaçant le curseur dans la dernière cellule du tableau et en appuyant sur la touche [Tab]. Vous ne voulez pas que Word 6.0 définisse la largeur des colonnes en fonction de l'espace disponible ? Remplacez la valeur «Auto» par la dimension voulue dans la zone de texte *Largeur des colonnes*. Notez que ce choix s'applique à toutes les colonnes. Pour modifier les colonnes individuellement, cliquez dans l'une des cellules de la colonne et sélectionnez la commande «*Taille des cellules*» du menu «Tableau». Dans la boîte de dialogue «Taille des cellules», cliquez sur l'onglet *Colonne* et saisissez la dimension voulue dans la zone de texte *Largeur de la colonne*.

Du tableau au texte

La conversion d'un tableau en texte est plus simple que l'opération inverse. Le **tableau B** récapitule la procédure à suivre, que nous allons à présent détailler.

Si vous souhaitez ne convertir qu'une partie du tableau en texte, veillez à sélectionner des lignes complètes. Puis choisissez, dans le menu «Tableau», la commande «*Convertir tableau en texte*». La boîte de dialogue qui s'affiche détermine la manière dont Word 6.0 va structurer le texte cible (**figure G**).

Figure F

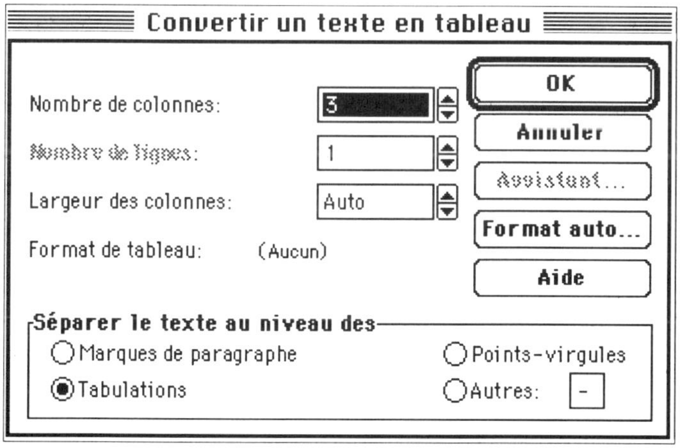

La boîte de dialogue «Convertir un texte en tableau» vous permet de modifier la structure du tableau et sa mise en forme.

Pour obtenir une présentation sous forme de paragraphes, cliquez sur la case d'option <Marques de paragraphe>. Lorsque vous cliquez sur <Tabulations>, les informations sont séparées par des taquets de tabulation, que vous devrez éventuellement ajuster ; avec l'option <Points-virgules>, le contenu des différentes cellules d'une ligne est séparé par des points-virgules. L'option <Autres> vous permet d'indiquer un séparateur différent, à votre convenance. Lorsque vous cliquez sur le bouton <OK>, Word 6.0 procède à la conversion selon le critère indiqué.

Vous avez pu constater que les méthodes de conversion de texte en tableau et de tableau en texte sont relativement simples à mettre en œuvre. N'hésitez plus dès maintenant à insérer des tableaux dans vos documents Word, en toute sécurité puisque vous pouvez, à tout moment, revenir sur votre décision !

Tableau B

	CONVERSION D'UN TABLEAU EN TEXTE
1.	Sélectionner tout ou partie du tableau à convertir.
2.	Choisir la commande «*Convertir tableau en texte*» dans le menu «Tableau».
3.	Dans la boîte de dialogue «Convertir un tableau en texte», choisir le séparateur dans la zone *Séparer le texte par des* en cochant l'une des cases d'option <Marques de paragraphe>, <Tabulations>, <Points-virgules> et <Autres>. Si vous avez coché cette dernière, saisir le caractère souhaité dans la case.
4.	Valider en cliquant sur <OK>.

Figure G

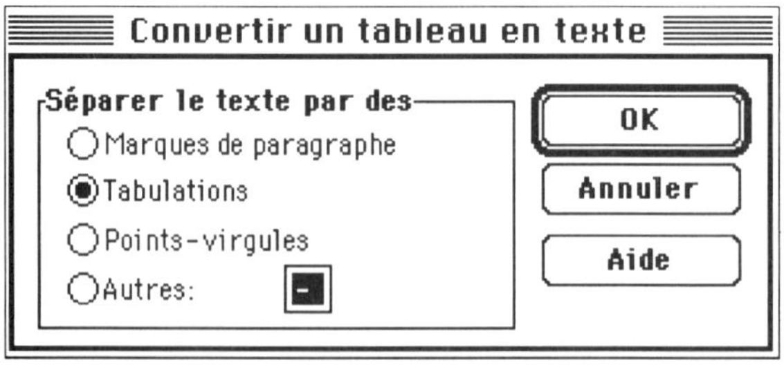

Cochez l'option de conversion souhaitée.

Utiliser le format Masqué pour inclure des informations de façon sélective

Si vous rédigez fréquemment des mémos ou des comptes-rendus de réunions que vous transmettez ensuite à vos collaborateurs, vous pouvez gagner un temps précieux en formalisant certaines informations, notamment le nom des participants et/ou des destinataires.

Pour vous éviter un travail de saisie ou d'édition fastidieux, vous pouvez tirer parti du format Masqué (format Caché dans la version 2.0) applicable aux caractères et constituer un modèle de document unique, que vous pourrez réutiliser dans toutes les situations, comme nous vous l'expliquons ici.

Le principe de base

Le format Masqué (Caché) est l'un des formats disponibles pour les caractères dans Word pour Windows. Lorsque vous appliquez ce format à des caractères, des mots ou même des paragraphes entiers de texte, ces derniers, par défaut, n'apparaissent pas à l'écran ni sur la sortie imprimée du document.

Figure A

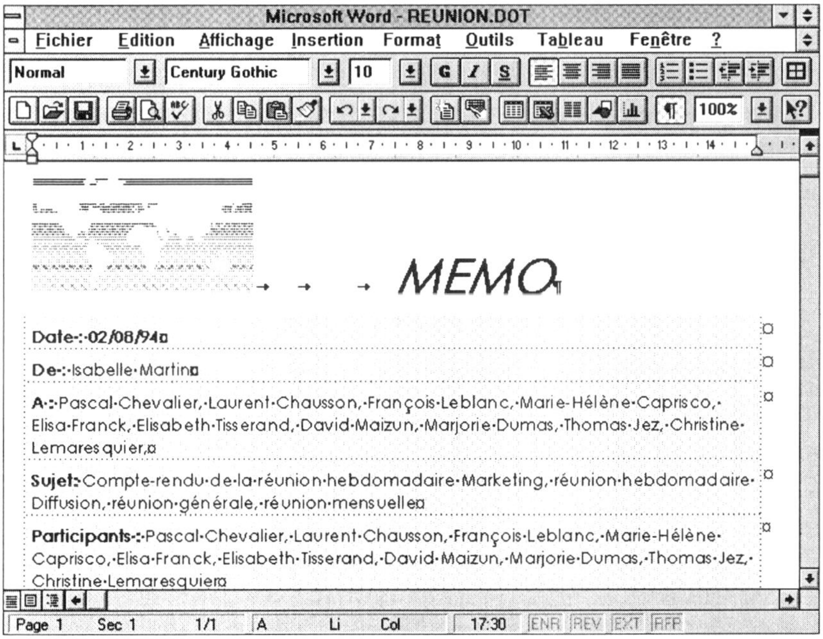

Pensez à inclure dans le modèle de document toutes les informations pertinentes.

Pour activer à l'écran l'affichage du texte masqué, vous devez ouvrir la boîte de dialogue «Options» (à l'aide de la commande «*Options*» du menu «Outils»), cliquer sur l'onglet *Affichage*, sélectionner l'option «Texte masqué» à la section *Caractères non imprimables*, puis valider l'opération avec le bouton <OK>. A l'écran, tout texte doté du format Masqué est souligné par des pointillés.

En appliquant ce format Masqué de façon sélective, il vous est possible d'inclure ou d'exclure facilement des informations dans un document, tout en limitant le travail d'édition.

Une bonne fois pour toutes

Si le format de la plupart de vos documents est formalisé – comme cela se produit fréquemment pour les documents à usage interne dans une société – vous gagnerez à créer un modèle de document prenant en compte tous les cas de figure possibles, c'est-à-dire, comme sur notre exemple de la **figure A**, le libellé de toutes les réunions, ainsi que le nom de tous les participants et destinataires potentiels.

Pour créer un tel modèle, choisissez la commande «*Nouveau*» dans le menu «Fichier», puis, dans la boîte de dialogue «Nouveau document» qui s'affiche, sélectionnez l'option « Modèle» et cliquez sur <OK>. Word affiche alors un nouveau modèle de document à l'écran.

Saisissez ensuite le texte de ce modèle, comme vous le feriez pour tout autre document Word. Celui que nous vous proposons en exemple comporte un logo, ainsi qu'un tableau dans lequel figurent toutes les informations importantes : un champ *Date* qui permettra d'insérer automatiquement la date du jour, le sujet du mémo (réunion hebdomadaire, mensuelle, générale), ainsi que les noms de tous les participants et destinataires potentiels. Notez également que, pour obtenir une présentation plus esthétique, nous avons décidé de ne pas appliquer de bordure au tableau ; en revanche, nous avons défini une trame de fond de 5%. Suivant le type de document que vous utilisez et les informations que vous avez à transmettre, vous inclurez d'autres champs dans votre modèle de document.

Vous pourrez ainsi, selon vos besoins, ajouter un champ *CC* qui contiendra le nom des personnes auxquelles ce document sera adressé en copie ou encore un champ destiné à contenir la date de la réunion suivante.

Une fois le modèle de document constitué, enregistrez-le au moyen de la commande «*Enregistrer sous*» du menu «Fichier» (Word pour Windows affiche par défaut l'extension .DOT qui caractérise les modèles de document).

Pour utiliser ce modèle, choisissez la commande «*Nouveau*» dans le menu «Fichier». Dans la boîte de dialogue qui s'affiche ensuite, sélectionnez le nom de ce modèle (*Réunion*, dans notre exemple) dans la zone de texte *Utiliser le modèle*, vérifiez que l'option «Document» est bien sélectionnée à la section *Nouveau* et cliquez sur le bouton <OK>. En utilisant ce modèle, vous vous rendrez compte s'il est réellement adapté à vos besoins. Bien entendu, vous pourrez le modifier à tout moment.

Exclure les informations non pertinentes

Prenons maintenant une hypothèse simple. Vous venez d'assister à une réunion de l'équipe Marketing et vous êtes chargé de rédiger le compte-rendu qui sera transmis à l'ensemble des employés de la société.

Commencez par ouvrir le modèle que vous venez de créer. Vous allez maintenant exclure, à l'aide du format Masqué, les informations que vous ne souhaitez pas imprimer. Pour cela, il vous suffit de mettre en surbrillance le premier élément à masquer et d'appuyer sur la combinaison de touches [Ctrl][Maj][U]. Ce raccourci applique directement le format Masqué et vous évite de passer par la commande «*Caractères*» du menu «Format».

Si vous devez masquer plusieurs éléments, vous pouvez, après avoir mis en surbrillance le bloc de texte suivant, appuyer sur la touche de fonction F4 (qui répète la dernière opération effectuée). Pour supprimer le format Masqué attribué à un élément, appuyez une nouvelle fois sur la combinaison de touches [Ctrl][Maj][U], après avoir sélectionné le texte.

N'oubliez pas, lorsque vous masquez les éléments, d'appliquer également le format Masqué à l'espace et la virgule séparant un élément du suivant. En

Figure B

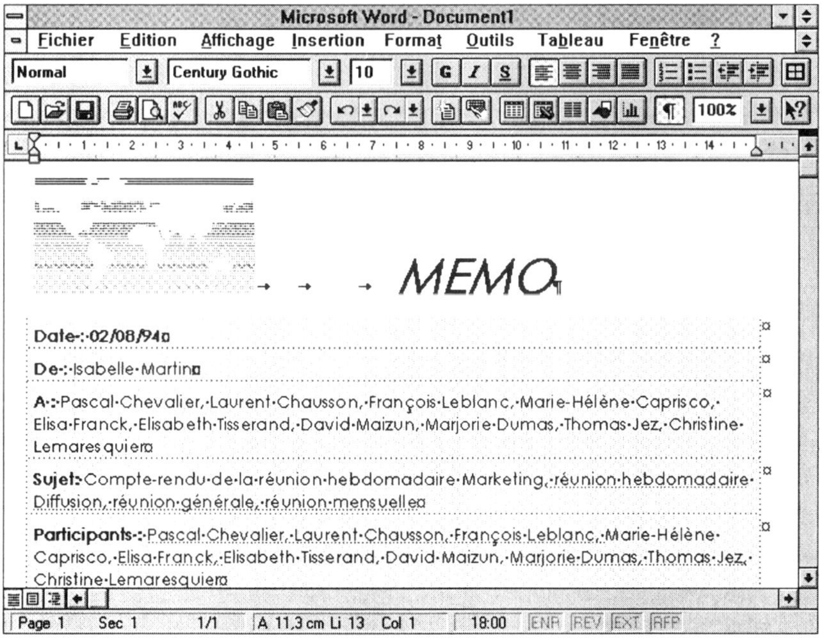

Tous les éléments dotés du format Masqué sont soulignés en pointillé sur le document.

procédant ainsi, vous excluez tous les caractères que vous ne souhaitez pas imprimer.

L'opération terminée, votre document se présente comme sur notre exemple de la **figure B**, sur lequel tous les éléments exclus sont identifiés par une ligne de pointillés, caractéristique du format Masqué.

Avant d'imprimer le document, vérifiez que vous avez bien désactivé l'option *«Texte masqué»* de la section *Inclure*, accessible par l'onglet *Impression* (toujours dans la boîte de dialogue «Options»). Le document imprimé, vous obtenez un résultat similaire à celui présenté à la **figure C**.

Avec Word pour Windows 2.0...

La technique que nous vous avons présentée pour la version 6.0 de Word peut parfaitement être réalisée avec la version 2.0. Les correspondances terminologiques sont résumées au **tableau A**.

Figure C

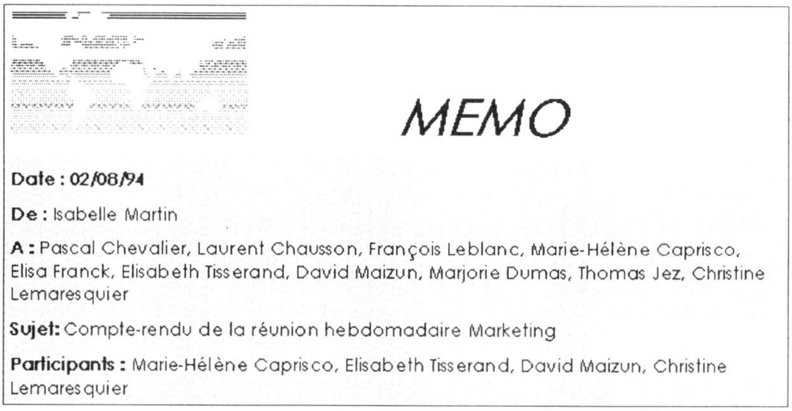
MEMO

Date : 02/08/94

De : Isabelle Martin

A : Pascal Chevalier, Laurent Chausson, François Leblanc, Marie-Hélène Caprisco, Elisa Franck, Elisabeth Tisserand, David Maizun, Marjorie Dumas, Thomas Jez, Christine Lemaresquier

Sujet: Compte-rendu de la réunion hebdomadaire Marketing

Participants : Marie-Hélène Caprisco, Elisabeth Tisserand, David Maizun, Christine Lemaresquier

Les éléments exclus n'apparaissent pas sur la sortie imprimée du document.

Tableau A

VERSION 6.0	VERSION 2.0
Format Masqué	Format Caché
Onglet *Affichage*	Catégorie *Afficher*
Option «Texte masqué»	Option «Texte caché»
Commande «*Nouveau*»	Commande «*Nouveau document*»
Boîte de dialogue «Nouveau document»	Boîte de dialogue «Nouveau»
Raccourci [Ctrl][Maj][U]	Raccourci [Ctrl][H]
Commande «*Caractères*»	Commande «*Caractère*»
Onglet *Impression*	Catégorie *Imprimer*

Des marques de paragraphe persistantes

La barre d'outils standard de Word comporte un bouton ¶ nommé <Afficher/masquer ¶>, destiné à activer/désactiver les marques de paragraphe. Si le bouton ¶ <Afficher/Masquer ¶> de la barre d'outils Standard reste inactif lorsque vous cliquez dessus, vous devez modifier les options d'affichage. Dans le menu «Outils», choisissez la commande *«Options»* puis, dans la boîte de dialogue du même nom, cliquez sur l'onglet *Affichage.* A la section *Caractères non imprimables*, désactivez la case d'option <Marques de paragraphes> (**figure A**). Validez en cliquant sur <OK>. Revenu à votre document, cliquez sur ¶ : les caractères non imprimables disparaissent de l'écran.

Figure A

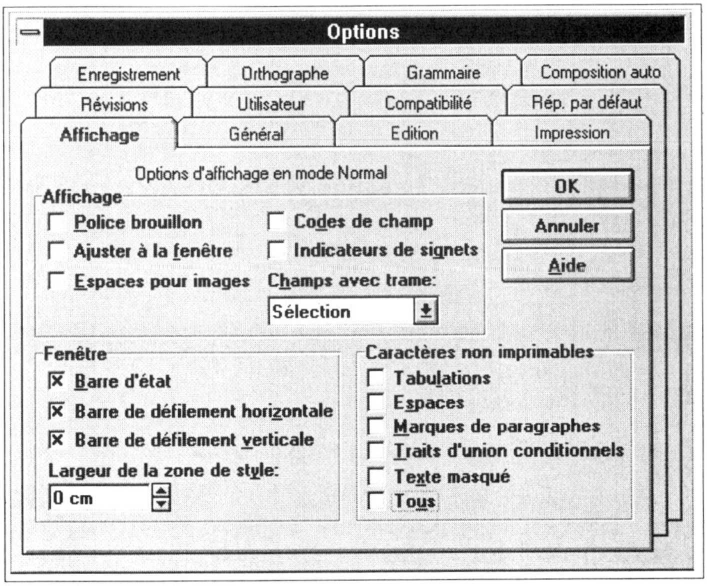

Il suffit d'annuler la sélection de l'option <Marques de paragraphes> pour activer/désactiver l'affichage des marques de paragraphe.

Augmenter/réduire facilement la taille en points

Sans doute avez-vous déjà souhaité augmenter ou réduire la taille d'un texte donné. Supposons, par exemple, que vous ayez créé un titre, et que vous vouliez l'agrandir quelque peu. Vous avez, bien entendu, la possibilité de sélectionner le texte, puis de choisir la taille voulue dans la liste déroulante *Taille* de la barre d'outils Mise en forme. Cependant, Word dispose d'un raccourci clavier qui vous permet de réaliser l'opération bien plus rapidement. Il vous suffit de sélectionner le texte et d'appuyer sur la combinaison de touches [Ctrl][Maj][>]/[⌘][Maj][>] jusqu'à ce que le texte atteigne la taille voulue. Dès que vous utilisez cette combinaison de touches, Word agrandit le texte d'un point. Pour le réduire d'un point, vous pouvez faire appel à la combinaison de touches [Ctrl][<]/[⌘][<].

Améliorer la lisibilité de vos documents grâce aux caractères insécables

Lorsque vous saisissez du texte, Word gère automatiquement les retours à la ligne et les césures en fonction des marges de votre document. Certains termes, cependant, gagnent à ne pas être séparés, pour faciliter la compréhension et améliorer la lisibilité du texte. C'est le cas, par exemple, des dates de type *25 avril 1995*, des valeurs exprimées en chiffres et suivies d'un mot, comme *50 francs*. Ce principe s'applique aux heures et, de façon générale, à tous les nombres exprimés en chiffres. Concernant les groupes de mots, ces règles sont également valables pour les noms propres, de type *La Haye*, et pour les noms précédés d'une lettre abréviative, de type *Mme Dupont*. Certains mots com-

Figure A

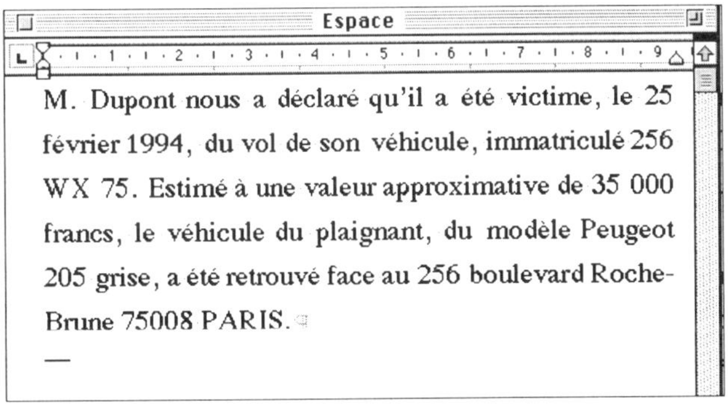

Ce document a été saisi sans espace insécable et les retours à la ligne sont inadéquats.

Figure B

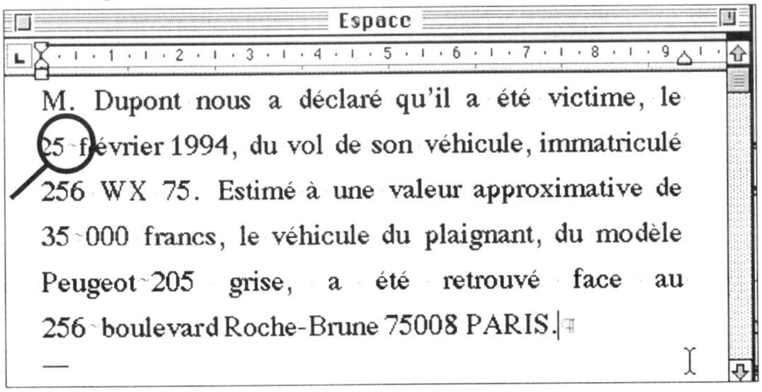

Les espaces insécables évitent de séparer dates et chiffres.

posés tolèrent mal d'être coupés. Le nom *Port-au-Prince* ne se lira pas aisément s'il est réparti sur deux lignes. Pour obtenir des documents parfaitement lisibles, vous pouvez contrôler ces coupures et indiquer, lors de la saisie, quels sont les termes à ne pas séparer.

L'espace insécable

Dans un groupe de mots, pour éviter de retrouver l'un des termes sur la ligne suivante, la technique utilisée consiste, dès la saisie, à les séparer par un espace insécable. Dès lors, Word considérera cette suite de mots comme une unité à part entière et, s'ils se retrouvent en fin de ligne, il les passera ensemble à la ligne suivante.

Pour obtenir cet espace insécable, et tout d'abord pour le visualiser à l'écran, sélectionnez la commande «*Options*» du menu «Outils». Dans la boîte de dialogue qui s'affiche, cliquez sur l'onglet *Affichage* et validez la case d'option <Espace> à la section *Caractères non imprimables.*

Il vous suffit ensuite d'utiliser la combinaison de touches [Ctrl][Maj][Espace]. A l'écran, cet espace particulier est représenté par un point surmonté d'un *tilde* (point surmonté d'un ° dans la version Windows). Comparons les figures A et B. Le document de la **figure A** a été saisi sans espaces insécables. De ce fait, certains retours à la ligne sont inadéquats. Remplaçons les espaces incriminés par des espaces insécables. La **figure B** illustre le résultat et vous pouvez constater que dates et chiffres ont été rejetés sur les même lignes.

Le trait d'union insécable

Cette méthode est valable également pour les mots composés. Au lieu de saisir un trait d'union courant, saisissez un trait d'union insécable pour les termes que vous ne voulez pas séparer. La combinaison de touches requise est, cette fois, [⌘][Maj] plus trait d'union([Ctrl][8] pour la version Windows). Reprenons notre document exemple dans lequel nous avons modifié la valeur des marges. Si

Figure C

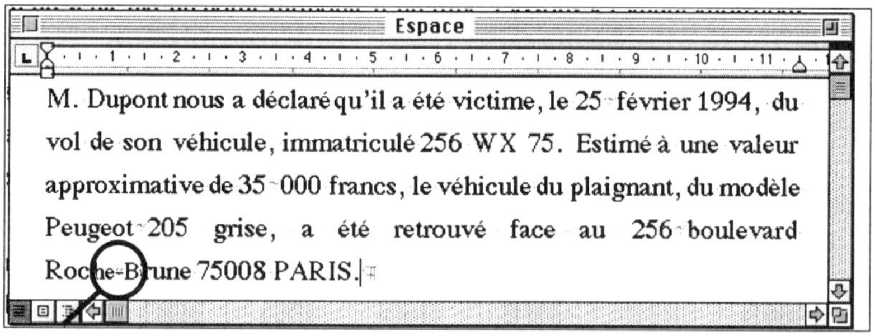

Pour les mots composés, utilisez un trait d'union insécable.

vous souhaitez que le nom du boulevard soit toujours sur la même ligne, remplacez le trait d'union traditionnel par un trait d'union insécable. Dès lors, Word fait passer les deux termes sur la ligne suivante (**figure C**).

Prenez l'habitude, lors de la saisie, d'inclure ces caractères insécables. Vous pourrez ensuite remanier vos documents, changer les marges par exemple, en étant assuré que les coupes seront bien respectées et vous éviterez ainsi les retours à la ligne malheureux.

Imprimer la liste des polices installées

Comme vous le savez, Word pour Windows est livré avec un certain nombre de macros complémentaires stockées dans le modèle MACRO60.DOT (figurant dans le répertoire MACROS de Word 6.0). Parmi ces macros, *ExempleDePolice* vous permet d'obtenir la liste de toutes les polices installées sur votre système.

Pour exécuter cette macro, commencez par lancer Word 6.0. Dans le menu «Fichier», choisissez ensuite la commande *«Modèles»,* puis cliquez sur le bouton <Attacher> de la boîte de dialogue «Modèles et programmes complémentaires». Une nouvelle boîte de dialogue apparaît alors à l'écran, «Attacher un modèle», dans laquelle vous allez sélectionner le modèle MACRO60.DOT (si vous n'avez pas modifié les paramètres d'installation par défaut, ce modèle est contenu dans le répertoire MACROS de Word). La sélection effectuée, cliquez sur <OK> pour valider. Après être revenu à votre document de travail, choisissez la commande *«Macro»* dans le menu «Outils». Dans la liste déroulante *Macros disponibles dans,* choisissez le modèle MACRO60 .DOT puis sélectionnez le nom de la macro, *ExempleDePolice,* dans la liste *Nom de la macro* (**figure A**). Cliquez ensuite sur le bouton <Exécuter> et répondez aux questions qui vous sont posées.

Pour terminer, imprimez votre document. Vous disposerez ainsi d'un exemplaire de toutes les polices installées.

Figure A

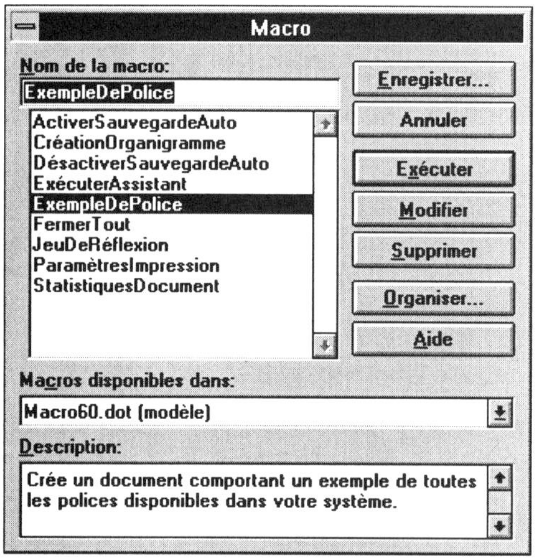

Cette macro livrée avec Word 6.0 vous permet d'obtenir la liste de toutes les polices disponibles sur votre système.

Conserver les guillemets anglo-saxons

Word 6.0 pour Windows propose par défaut un changement automatique des guillemets américains " en guillemets français (ouverts puis fermés) « et ».

Pour supprimer cette modification automatique, choisissez la commande «*Correction automatique*» dans le menu «Outils» et désélectionnez l'option <Remplacer guillemets " par guillemets « »> (**figure A**).

Figure A

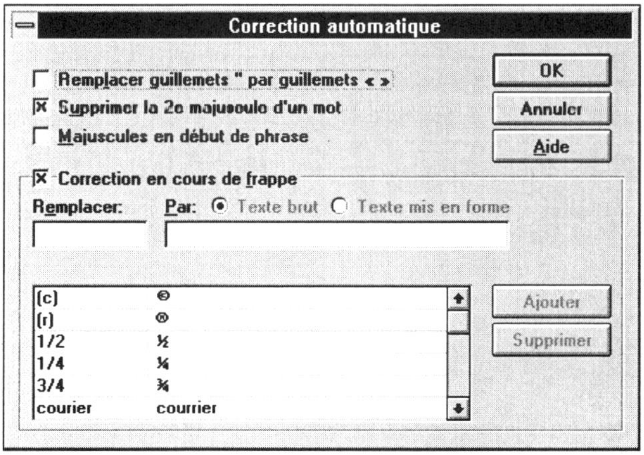

Pour conserver les guillemets américains, annulez la sélection de la première option.

Déterminer la valeur des marges non imprimables

Dans Word 6.0 pour Windows, si vous définissez des marges plus petites que ce que permet physiquement votre imprimante, vous obtenez effectivement à l'écran le message d'erreur suivant : *"Les marges de la section x sont définies à l'extérieur de la zone d'impression de la page. Poursuivre l'impression ?"*

Afin d'éviter l'apparition de ce message d'erreur, vous devez connaître les zones non imprimables de votre imprimante et modifier en conséquence les valeurs de marge définies. Commencez par choisir la commande «*Mise en page*» du menu «Fichier», puis sélectionnez l'onglet *Marges* dans la boîte de dialogue «Mise en page». Remplacez ensuite par 0 toutes les valeurs de marge définies, (**figure A**).

Validez ces nouvelles définitions en appuyant sur le bouton <OK>. Le message d'erreur suivant apparaît alors à l'écran : *"Une ou plusieurs marges ont été définies au-delà de la zone imprimable. Utilisez le bouton "Corriger" pour augmenter les marges voulues"*. En réponse à ce message, cliquez sur le bouton <Corriger>.

La boîte de dialogue intitulée «Mise en page» s'affiche de nouveau, dans laquelle figurent désormais les marges non imprimables spécifiques à votre imprimante.

Vous pouvez alors décider de conserver ces valeurs ou choisir des valeurs supérieures, cliquez ensuite sur <OK> pour valider.

Figure A

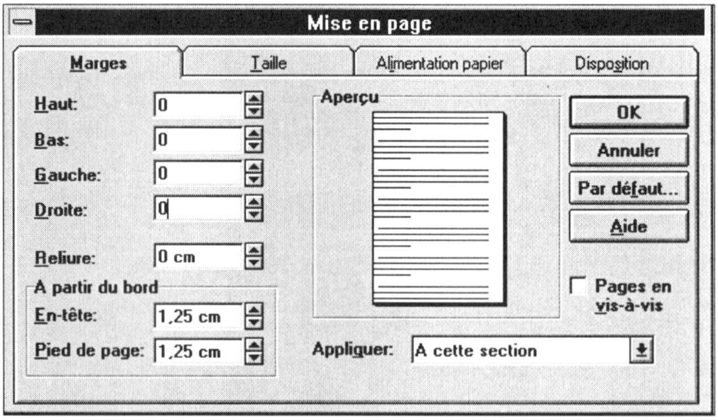

Pour connaître les marges non imprimables de votre imprimante, vous devez préalablement remettre à 0 toutes les valeurs de marge définies pour le document.

Prendre en compte les sauts de page manuels

Dans certains cas, il peut arriver que les sauts de page manuels insérés dans un document ne soient pas pris en compte. Si vous avez appliqué par mégarde le format de caractère masqué au saut de page manuel, puis spécifié que le texte masqué ne doit pas être imprimé, Word ignore alors le saut de page manuel. Cela peut arriver si votre saut de page apparaît juste avant un index ou une table des matières.

Pour que ce saut de page soit pris en compte, mettez la marque correspondante en surbrillance et choisissez la commande «*Caractères*» dans le menu «Format», puis l'onglet *Police, style et attribut*. Il vous suffit alors de désactiver la case à cocher <Masqué>.

Rechercher et remplacer des styles

La plupart des traitements de texte mettent à votre disposition des fonctionnalités de recherche et de remplacement fort utiles. Les commandes disponibles sous Word 6 agissent à la fois sur le fond et sur la forme du texte. Vous pouvez, par exemple, remplacer un mot par un autre automatiquement, mais aussi supprimer tous les italiques ou encore affecter une mise en forme particulière à un mot ou une phrase récurrente de votre document. Toutes ces modifications se réalisent par l'intermédiaire de la commande «*Remplacer*» du menu «Edition». Les possibilités, cependant, ne s'arrêtent pas là. Word vous permet, en effet, de remplacer un style par un autre et d'intervenir, à tout moment et rapidement, sur la structure même de votre texte. Nous allons étudier dans le détail cette dernière option.

Démonstration par l'exemple

Supposons que vous ayez créé un long document dans lequel vous avez utilisé, pour définir la mise en forme des titres et des sous-titres, les styles intégrés de Word, Titre 1 et Titre 2, le style Normal étant appliqué au corps du texte. Rappelons que ces styles sont accessibles dans la première liste déroulante de la barre d'outils Mise en forme. Vous obtenez alors un document similaire à celui de la **figure A**.

Figure A

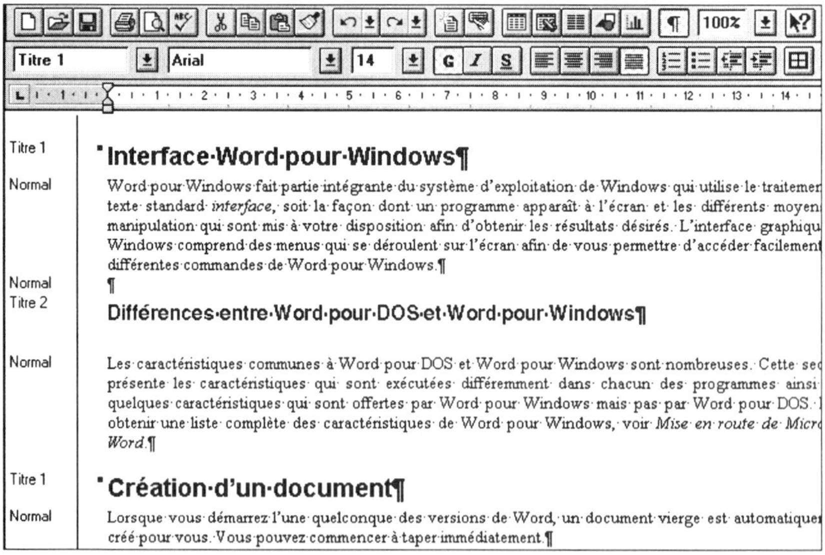

Ce document est mis en forme à l'aide des styles standard de Word.

Une fois votre document achevé, vous estimez cependant qu'il est superflu d'avoir deux niveaux de titre. Vous décidez donc de supprimer le style Titre 1 et de le remplacer par Titre 2, de façon à ce que tous les titres de votre document soient identiques.

Comment effectuer ces modifications ? Une première solution consisterait à affecter au style Titre 1 les caractéristiques du style Titre 2. Vous pourriez encore mettre en surbrillance chacun des titres basés sur le style Titre 1 et leur affecter le style Titre 2 en le sélectionnant dans la liste déroulante de la barre d'outils. Comme vous pouvez l'imaginer, cela peut rapidement s'avérer fastidieux, surtout si votre document est particulièrement long... Nous allons voir de quelle façon accélérer considérablement ce processus avec l'aide de la commande «*Remplacer*».

Une commande magique

La solution miracle, qui vous évitera de remettre votre ouvrage cent fois sur le métier, consiste à utiliser la technique de Rechercher-Remplacer. C'est elle que nous allons mettre en œuvre pour modifier le document exemple de la **figure A**. Commencer par choisir la commande «*Remplacer*» dans le menu «Edition» pour afficher la boîte de dialogue présentée à la **figure B**.

Cette boîte de dialogue contient deux zones de texte : *Rechercher* et *Remplacer*. Puisque vous allez remplacer des styles et non du texte, vous pouvez les ignorer. Assurez-vous, cependant, que le point d'insertion se trouve bien positionné dans la zone de texte *Rechercher*, comme c'est généralement le cas. Cliquez sur le bouton <Format> et sélectionnez «Style» dans la liste déroulante qui lui est associée. La boîte de dialogue «Rechercher le style» (**figure C**), s'affiche alors. La liste déroulante *Rechercher le style* comprend tous les styles disponibles

Figure B

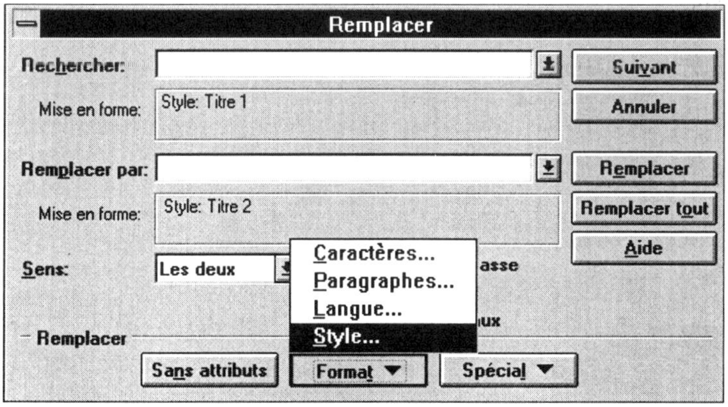

Cliquez sur le bouton <Format> de cette boîte de dialogue.

dans votre document. Sélectionnez le style que vous souhaitez remplacer, «Titre 1» dans notre exemple, puis cliquez sur le bouton <OK> pour revenir à la boîte de dialogue précédente. Il va falloir à présent spécifier quel sera le style de remplacement.

Positionnez tout d'abord le curseur dans la zone de texte *Remplacer* et, comme précédemment, sélectionnez «Style» dans la liste déroulante associée au bouton <Format>. Cette fois-ci, la boîte de dialogue «Remplacer le style», comparable à la boîte de dialogue «Rechercher le style», s'affiche. Sélectionnez «Titre 2» dans la liste déroulante et cliquez sur le bouton <OK>, pour revenir à la boîte de dialogue «Remplacer». Sous chacune des zones de texte, vous retrouvez, à la section *Mise en forme*, le style que vous avez sélectionné et que vous pouvez modifier si besoin est en répétant la séquence d'opérations décrite précédemment. A la section *Sens*, sélectionnez «Les deux» dans la liste déroulante afin de parcourir tout votre document quelle que soit votre position au moment où vous lancez la recherche.

A ce stade, il ne vous reste plus qu'à effectuer les remplacements en cliquant, tout simplement, sur le bouton <Remplacer tout>. Dès qu'il rencontrera le style Titre 1 appliqué au texte, Word le remplacera automatiquement par le style Titre 2. Lorsque votre document aura été parcouru dans sa totalité, Word affichera un message identique à celui présenté à la **figure D**. Cliquez sur <OK>, puis sur

Figure C

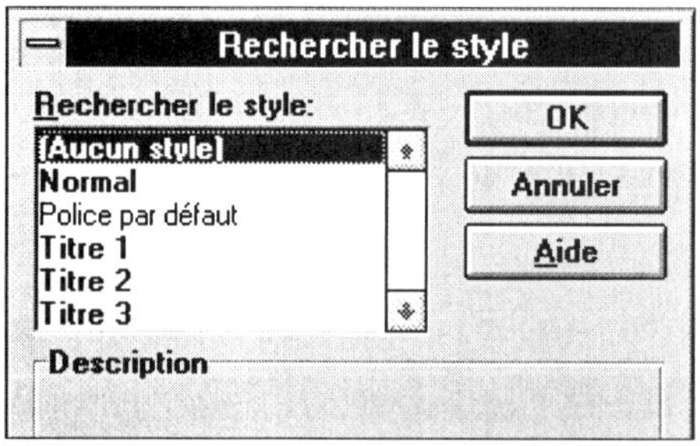

Sélectionnez le style que vous désirez remplacer.

Figure D

Une fois les remplacements effectués, Word affiche un message de ce type.

le bouton <Fermer> de la boîte de dialogue «Remplacer» pour revenir à votre document. La **figure E** illustre les modifications apportées au texte d'origine.

Dernières précisions

Le message de la **figure D** indique que Word a effectué sept remplacements dans le document. Si cette indication correspond bien à la réalité dans notre exemple, elle peut s'avérer erronée dans un cas de figure particulier. En effet, si des paragraphes de même style se suivent et sont à remplacer, Word considérera ces changements consécutifs comme un seul, tout en effectuant bien les modifications désirées. Imaginons, par exemple, que vous ayez répertorié dans votre texte cinq paragraphes auxquels est appliqué le style Normal que vous souhaitez remplacer par un autre style. Si, parmi ces cinq paragraphes, trois se suivent sans être séparés par une portion de texte d'un style différent, Word vous annoncera trois changements au lieu des cinq escomptés, et effectivement réalisés.

D'autre part, pour rendre notre démonstration plus claire, nous avons affiché les styles utilisés en regard de chaque paragraphe, dans ce que l'on appelle la *Zone de style*. Si vous souhaitez également l'afficher, choisissez la commande «*Options*» dans le menu «Outils». Dans la boîte de dialogue «Options», cliquez sur l'onglet *Affichage*. Dans l'angle inférieur gauche se trouve la section *Largeur de la zone de style*. Saisissez une valeur de votre choix dans la zone de texte cor-

Figure E

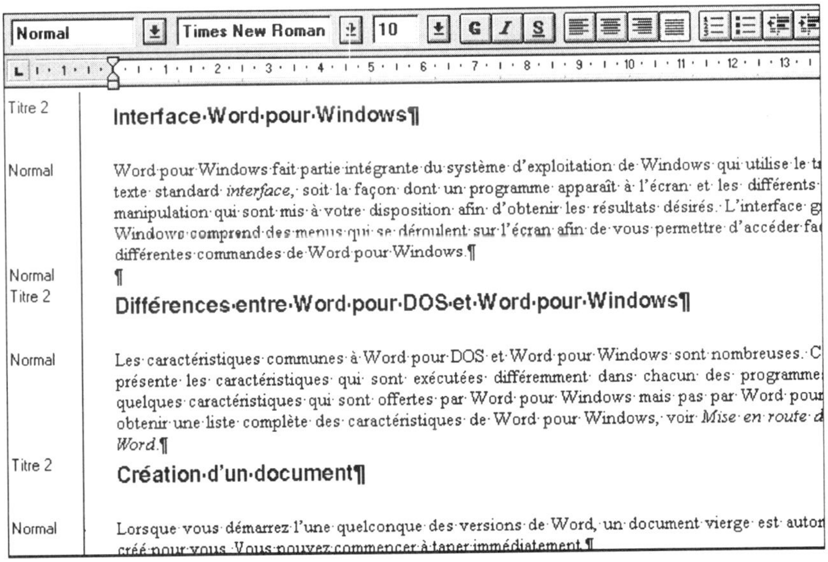

Le style Titre 2 a été appliqué à chacun des titres du document.

respondante ou cliquez sur les flèches pour définir cette largeur (*1,5 cm* dans notre exemple), puis validez par <OK>. Revenu à votre document, la zone de style apparaît le long de la bordure gauche de l'écran. Si vous souhaitez en ajuster la taille sans revenir à la boîte de dialogue, positionnez votre curseur sur la ligne verticale et, en maintenant le bouton de la souris enfoncé, déplacez-la à votre guise. Pour la supprimer, il suffit de déplacer la ligne verticale jusqu'à l'extrême gauche de l'écran.

Vous avez découvert une nouvelle fonctionnalité de la commande «*Remplacer*» qui vous permettra de modifier, en toute quiétude, la mise en forme générale de vos documents.

Compter les heures

Pour connaître la durée d'ouverture totale d'un document, il est possible de recourir au champ *DuréeOuvert* de Word 6.0, qui retourne la durée d'ouverture (en minutes) d'un document sur lequel vous travaillez. Pour convertir la valeur retournée au format HH:MM, vous devrez utiliser la formule :

```
{ =ent({ DureeOuvert }/60)} : { ={ ={ DureeOuvert } - ✂
({=ent({ DureeOuvert } /60)}*60)}}
```

que vous saisirez dans votre document (**figure A**).

La première partie de la formule, **`{ =ent ({ DureeOuvert }/60)}`**, renvoie le nombre d'heures ; la seconde, **`{ ={ ={ DureeOuvert } - ✂ ({=ent({ DureeOuvert }/60)} *60)}}`**, le nombre de minutes. Ces deux formules sont séparées par deux-points (:).

N'oubliez pas que les codes de champ doivent être insérés au moyen de la combinaison de touches [Ctrl][F9]. Pour visualiser le résultat, utilisez la combinaison de touches [Alt][F9].

Figure A

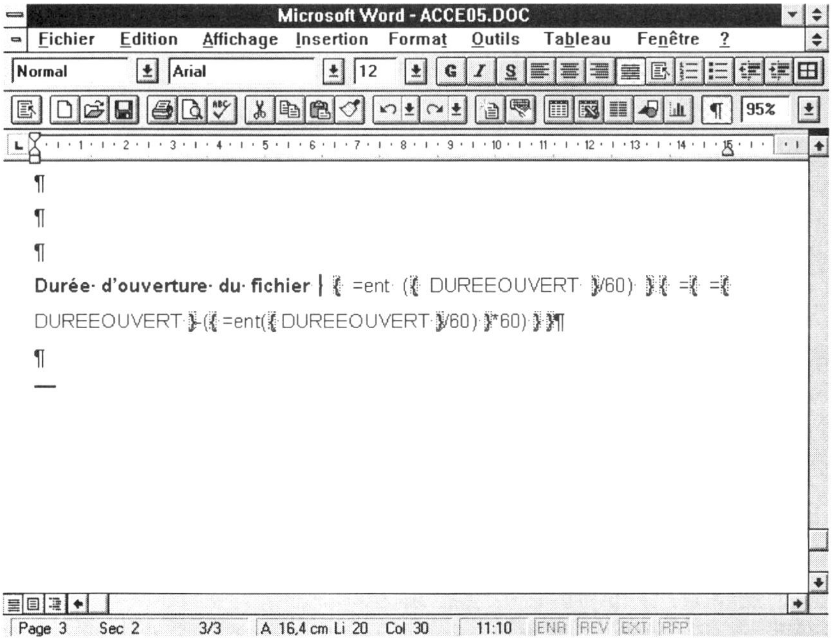

Ces formules permettent de retourner la durée d'ouverture au format HH:MM.

Des raccourcis sur mesure pour insérer la date

La combinaison de touches [Alt][Maj][D] permet, dans Word, d'insérer automatiquement la date au format **`jj/mm/aa`**. Pour insérer la date sous un autre format, différentes techniques sont à votre disposition. La première consiste à utiliser le paramètre DATEFORMAT. Lorsque vous ajoutez ce paramètre au fichier WINWORD6.INI (ou au fichier Options de Word 6 si vous utilisez la version Macintosh), vous indiquez, en fait, à Word le format à utiliser avec les champs *Date*, lorsqu'aucun commutateur n'est mentionné dans ces derniers. Prenons un exemple simple : si vous avez défini l'instruction **`DATEFORMAT = jjjj j MMMM aaaa`** dans le fichier WINWORD6.INI (ou Options de Word 6), la date du jour s'affichera bien sous la forme *jeudi 23 mars 1995* si vous utilisez un champ *Date* sans commutateur.

En revanche, lorsque vous utilisez la combinaison de touches [Alt][Maj][D]/[Option][Maj][D] avec Macintosh, vous entrez, en fait, le champ **`{DATE /l}`**, c'est-à-dire un champ *Date* doté du commutateur /l. Ce dernier indique à Word d'utiliser le dernier format sélectionné dans la liste *Formats disponibles* de la boîte de dialogue «Date et heure». En d'autres termes, même si le fichier WINWORD6.INI (ou Options de Word 6) contient le format que vous souhaitez utiliser (défini par le paramètre *Dateformat*), le raccourci [Alt][Maj][D] entrera toujours un champ *Date* doté du commutateur \l, de sorte que Word ignorera vos spécifications.

Figure A

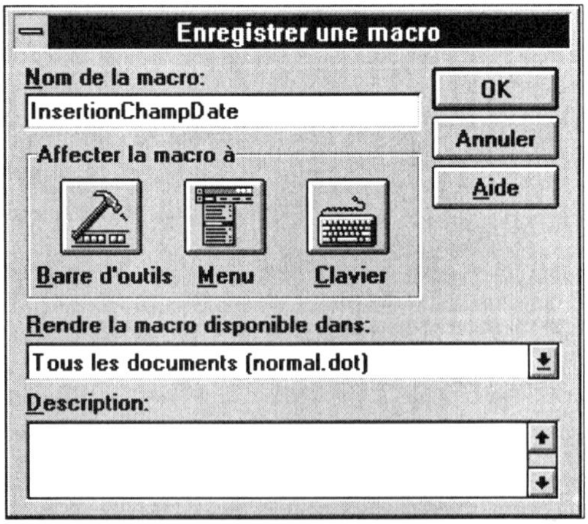

Vous allez enregistrer la séquence d'opérations permettant d'insérer un champ Date dans le format choisi.

Pour contourner ce problème, vous pouvez "forcer" la prise en compte de vos spécifications en sélectionnant le format correspondant dans la liste *Formats disponibles* de la boîte de dialogue «Date et heure», accessible par la commande «*Date et heure*» du menu «Insertion». Lorsque vous utiliserez le raccourci [Alt][Maj][D], il entrera bien le format choisi, s'agissant du dernier format sélectionné... jusqu'à ce que vous ou un autre utilisateur en choisisse un autre. Un peu compliqué, peut-être ?

Pour modifier le raccourci clavier [Alt][Maj][D], vous devez changer la commande qu'il exécute. Ce raccourci exécute la commande intégrée de Word, *InsertionChampDate*... que vous ne pouvez pas modifier ! Retour à la case départ, alors ? Non, car vous pouvez créer une macro que vous nommerez également *InsertionChampDate* qui entrera le champ *Date* et le format tant désiré. Le raccourci [Alt][Maj][D] exécutera alors la macro *InsertionChampDate* en lieu et place de la commande intégrée de Word.

Pour créer cette macro, enregistrez la séquence d'opérations nécessaire à l'insertion du champ *Date* et du commutateur de format approprié. Commencez par cliquer deux fois sur la mention ENR de la barre d'état pour ouvrir la boîte de dialogue «Enregistrer une macro» (**figure A**). Pour lancer l'enregistrement, tapez **`InsertionChampDate`** dans la zone de texte *Nom de la macro* et cliquez sur <OK>.

Word affiche alors la barre d'outils d'enregistrement de macro. Vous pouvez enregistrer la séquence d'opérations nécessaire à l'insertion du champ *Date*. Choisissez la commande «*Champ*» du menu «Insertion». Dans la boîte de dialogue «Champ», choisissez «Date et heure» dans la liste déroulante *Catégories* et «Date»

Figure B

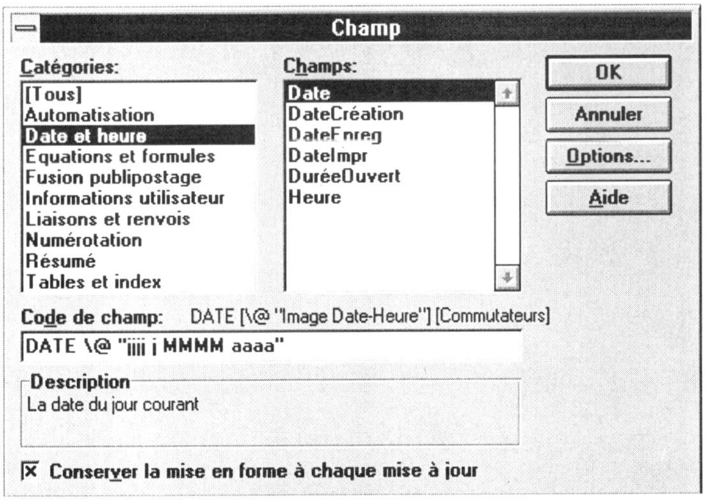

Entrez le format de date choisi dans la zone de texte Code de champ.

dans la liste déroulante *Champs*. Dans la zone de texte *Code de champ*, à la suite de DATE, tapez **\@ " jjjj j MMMM aaaa"** (**figure B**) et appuyez sur le bouton <OK>.

Revenu à votre document, cliquez sur le bouton pour arrêter l'enregistrement de la macro. Désormais, lorsque vous utiliserez le raccourci clavier [Alt][Maj][D], la date s'affichera bien dans le format choisi. Pour restaurer la commande *InsertionChampDate* d'origine, il vous suffira de renommer ou de supprimer la macro.

Insérer des dates personnalisées dans un document

De prime abord, l'insertion de la date dans un document ne présente pas de difficulté majeure. Vous pouvez, tout simplement, consulter votre calendrier et saisir la date du jour dans votre document. Cependant, bien évidemment, la date ne sera valable que pour ce jour précis. Imaginons, par exemple, que vous sauvegardiez votre document, puis que vous l'ouvriez et l'imprimiez un ou deux jours plus tard... vous serez contraint de changer la date manuellement.

Qu'à cela ne tienne ! Il est aisé, avec Word, d'incorporer des dates personnalisées. Nous allons vous présenter deux techniques pour y parvenir, et vous permettre, de surcroît, de les afficher selon vos préférences.

Deux commandes pour le prix d'une

Pour insérer une date personnalisée, vous allez utiliser un champ *Date*, grâce auquel Word retrouvera la date du jour à partir de l'horloge interne de votre système. En règle générale, ce champ sera inséré dans l'en-tête ou le pied de page du document. Lorsque vous affichez les cadres d'en-tête et pied de page, vous disposez d'une barre d'outils sur laquelle figure le bouton ▣. Un simple clic sur cet outil vous permet d'afficher la date du jour dans votre en-tête. Bien

Figure A

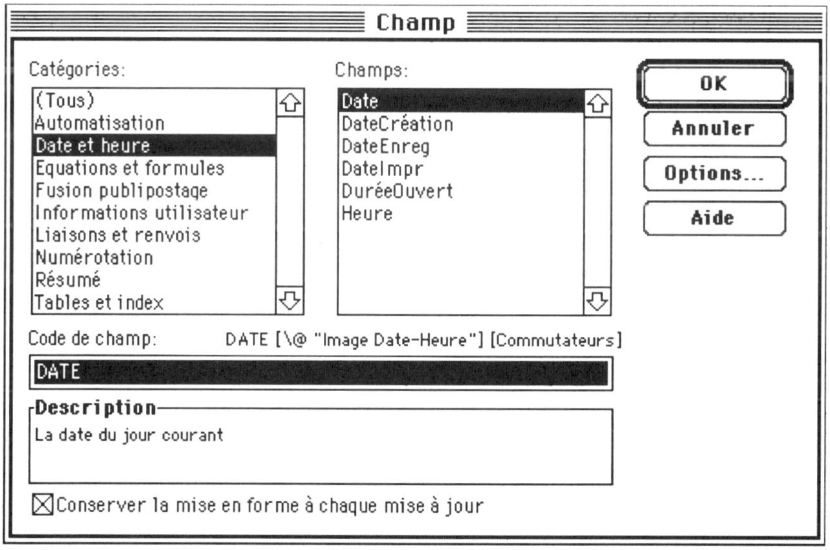

Cette boîte de dialogue vous permet d'insérer la date dans le format de votre choix.

évidemment, cet outil active simplement le champ *Date*, affichant la date courante dans son format par défaut, c'est-à-dire jour/mois/année. Si vous désirez afficher la date sous une forme différente ou l'intégrer dans le corps même de votre document, vous devrez alors utiliser la commande «*Champ*» disponible dans le menu «Insertion».

Vous pouvez également parvenir à ce résultat en utilisant la commande «*Date et heure*» du même menu. Cependant, cette commande fait appel à un champ *Heure*, non à un champ *Date*, objet de notre propos. Nous allons donc nous intéresser plus particulièrement à ce dernier.

La première étape pour insérer un champ *Date* consiste à sélectionner la commande «*Champ*» du menu «Insertion». Dans la boîte de dialogue qui s'affiche, présentée à la **figure A**, choisissez «Date et heure» dans la liste déroulante *Catégories*. La liste déroulante *Champs* vous propose alors un choix de dates correspondant à divers événements : création du document, dernier enregistrement, etc. Pour afficher la date du jour, sélectionnez «Date» et validez par <OK>. Word insérera automatiquement la date courante dans le document à l'emplacement du curseur.

Si vous avez validé l'option <Codes de champ> à la section *Affichage* de la boîte de dialogue «Options» (accessible par la commande du même nom dans le menu «Outils»), vous pourrez visualiser le code du champ *Date*. En revanche, si vous n'avez pas activé cette option, vous obtiendrez le résultat du champ – la date courante – à la place du code correspondant.

Figure B

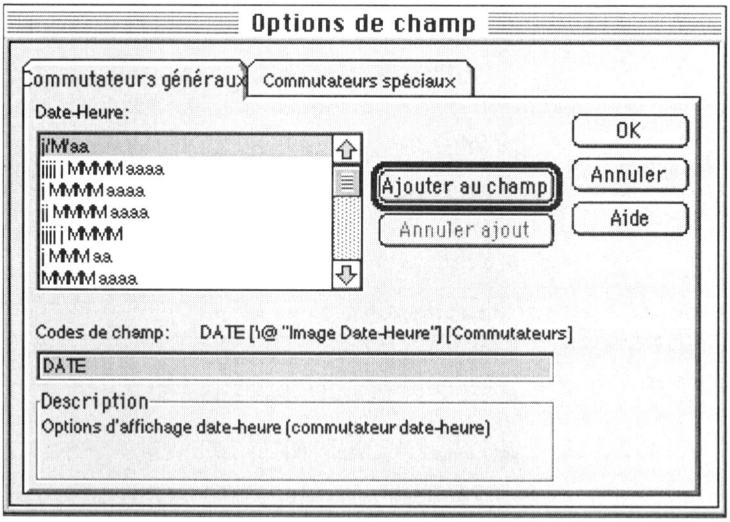

Vous pouvez définir un commutateur pour apporter la date dans le format qui vous convient.

Si cette suite d'opérations vous semble fastidieuse, vous pouvez insérer un champ *Date* sans avoir recours à une commande. Appuyez sur la combinaison de touches [⌘][F9] / [Ctrl][F9] dans la version Windows pour afficher les codes de champ { et }. Saisissez **date** à l'intérieur de ce champ (notez que le curseur s'y trouve automatiquement placé), puis appuyez sur [F9]... sous vos yeux ébahis la date courante apparaît dans votre document ! Si, après avoir appuyé sur [F9], le code du champ est toujours affiché, désactivez l'option <Codes de champ>.

Si le champ que vous venez d'insérer renvoie une date fausse, modifiez l'horloge de votre système. Dans le menu «Pomme», choisissez «*Tableaux de bord*». Cliquez ensuite deux fois sur l'icône «Date et heure»  et apportez les modifications nécessaires dans la boîte de dialogue qui apparaît à l'écran.

Si vous utilisez la version Windows de Word 6.0, vous pouvez modifier l'horloge interne dans le Panneau de configuration, à l'aide de l'icône «Date/Heure». Vous pouvez également procéder directement à partir du DOS, à l'aide de la commande «*Date*» (vous utiliserez la commande «*Time*» pour changer l'heure).

Variations sur la même date

Comme mentionné précédemment, la technique la plus simple pour afficher la date dans un format autre que celui proposé par défaut consiste à faire appel à la commande «*Champ*» du menu «Insertion». Dans la boîte de dialogue «Champ», cliquez sur le bouton <Options>. L'onglet *Commutateurs généraux* vous propose une série de formats dans la liste déroulante *Date-Heure*, parmi lesquels vous trouverez certainement votre bonheur... lorsque vous aurez décrypté le système d'abréviations de Word (**figure B**) !

Tableau A

Formats de date Word	
Format	***Exemple***
Format	Exemple
jj/MM/aa	24/02/95
jjjj j MMMM aaaa	vendredi 24 février 1995
j MMMM aaaa	24 février 1995
jj MMMM aaaa	24 février 1995
jjjj j MMMM	vendredi 24 février
j MMM aa	24 fév 95
MMMM aaaa	février 95
MMM aa	fév 95

Pour vous faciliter la tâche, nous avons listé les différents formats disponibles au **tableau A**, en déclinant la date 24 février 1995. Votre choix effectué, cliquez successivement sur les boutons <Ajouter au champ>, puis à deux reprises sur <OK> pour revenir à votre document.

Supposons, par exemple, que vous souhaitiez insérer la date courante au début d'une lettre. Vous voulez afficher le jour en premier lieu, suivi du mois et de l'année sous la forme : *vendredi 24 février 1995.* Pour cela, positionnez votre curseur à l'emplacement voulu. Choisissez ensuite la commande «*Champ*» du menu «Insertion». Dans la boîte de dialogue qui s'affiche, sélectionnez «Date et heure» dans la liste déroulante *Catégories*, puis «Date» dans la liste déroulante *Champs.* Cliquez sur le bouton <Options> pour choisir le format approprié dans la liste déroulante *Date-Heure*, dans notre exemple jjjj j MMMM aaaa (en deuxième position). Enfin, cliquez sur les boutons <Ajouter au champ>, puis à deux reprises sur <OK> pour insérer le champ dans votre page. Votre document se présente alors comme illustré à la **figure C**.

Créer des formats personnalisés

Non content de vous fournir des formats prêts à l'emploi dans la boîte de dialogue «Champ», Word vous permet également de créer des formats sur mesure. Vous pouvez, par exemple, créer un format de type *vendredi 24 février 95.*

Pour créer ce type de format, vous devez utiliser le commutateur Image Date-Heure \@. Ce commutateur, que vous inclurez dans le champ *Date*, est un argu-

Figure C

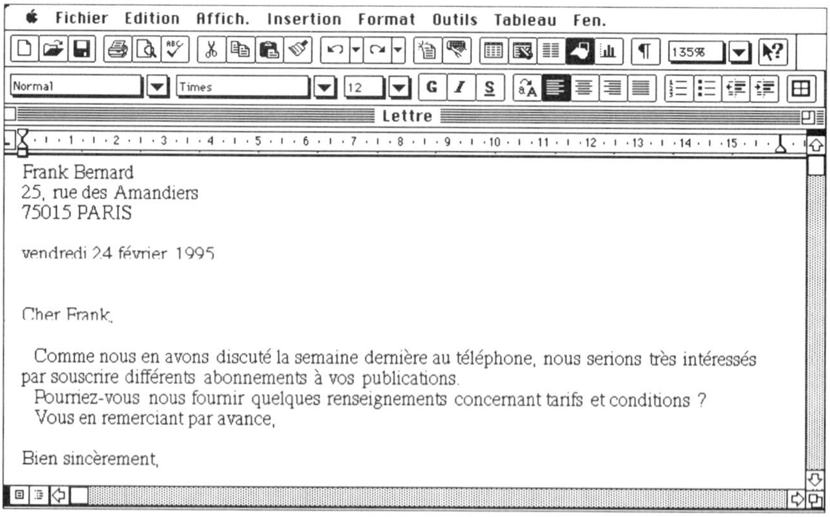

Des formats de date et d'heure "prêts-à-l'emploi" sont intégrés à Word.

ment optionnel qui indique précisément à Word le format de la date. Il prend la forme :

```
\@ "Image Date-Heure"
```

où *Image* est une série de *j, M, a* qui définit le format de date. Lorsque vous incluez un commutateur Image Date-Heure dans un champ *Date*, le code de ce champ prend la forme :

```
[DATE\@ "Image Date-Heure"]
```

Le tableau B regroupe les divers commutateurs reconnus par Word. Nombre d'entre- eux vous sembleront familiers, puisqu'ils apparaissent dans la boîte de dialogue «Options de champ» décrite précédemment. Si vous insérez un texte quelconque dans l'argument *Image* (y compris les espaces), Word l'affichera au sein du document dans le résultat du champ.

La procédure d'insertion d'un champ *Date* personnalisé débute comme celle décrite précédemment. Positionnez le curseur à l'emplacement choisi, et sélectionnez la commande «*Champ*» du menu «Insertion». Après avoir sélectionné «Date et Heure» et «Date» respectivement dans les listes déroulantes *Catégories* et *Champs*, ne cliquez pas, cette fois, sur le bouton <Options>.

Vous allez directement définir le format personnalisé dans la zone de texte *Codes de champ* qui, à ce stade, comporte uniquement le nom du champ *Date*. Pour déterminer un format personnalisé, cliquez dans la zone de texte et placez votre curseur à la suite du champ *Date*. Saisissez ensuite **\@**, ajoutez un espace et entrez l'argument *Image* désiré encadré par des guillemets. Par exemple, si vous souhaitez assigner le format j MMMM (24 février) à un champ *Date*, vous saisissez la ligne de code suivante :

```
DATE\@ "j MMMM"
```

Pour valider ce nouveau format, et l'insérer dans votre document, il vous suffit de cliquer sur le bouton <OK>. Reprenons notre exemple précédent, et supposons que vous souhaitiez inclure une date comprenant le jour, le mois et l'année sous la forme *vendredi 24 février 95*. Pour créer ce format, commencez par afficher la boîte de dialogue «Champ». Placez le curseur dans la zone de texte *Codes de champ* et saisissez le code suivant :

```
\@ "jjjj j MMMM aa"
```

Validez en cliquant sur le bouton <OK> pour insérer ce format personnalisé dans votre document. Le cas échéant, désactivez l'affichage des codes de champ.

Modifier un format intégré

Si vous souhaitez définir un nouveau format proche d'un format intégré de Word, vous pouvez gagner du temps en éditant un format existant. Pour ce faire, cliquez sur le bouton <Options> de la boîte de dialogue «Champ». Sélectionnez ensuite le format de votre choix dans la liste déroulante *Date-Heure*. Ce faisant, vous pouvez constater que le bouton <Ajouter au champ> est activé. Si vous cliquez sur ce bouton à ce stade, Word affichera le symbole \@ suivi du commutateur Date-Heure approprié dans la zone de texte *Codes de champ*. Vous pouvez maintenant modifier ce commutateur à votre convenance, puis valider en cliquant sur <OK>, pour insérer la date dans le document.

Tout faire tout seul

Jusqu'à présent, vous vous êtes limité à utiliser la commande «*Champ*» pour insérer un champ *Date*. Lorsque vous vous serez accoutumé à ces diverses opérations, il vous semblera sans doute plus rapide d'insérer directement ces champs dans le document à l'aide de la combinaison de touches [⌘][F9] / [Ctrl][F9] avec la version Windows.

Pour entrer manuellement un champ *Date*, placez votre curseur à l'endroit désiré puis appuyez sur les touches [⌘][F9] / [Ctrl][F9]. Saisissez ensuite le commutateur Date-Heure, **`\@`**, et le code de date approprié. Par exemple, pour insérer manuellement le champ précédemment décrit, appuyez sur [⌘][F9] et entrez **`Date \@ "jjjj j MMMM aa"`**. Appuyez sur [F9] pour valider, et la date courante apparaîtra sous la forme que vous venez de définir.

Si vous désirez modifier le format d'un champ *Date* existant, vous pouvez également supprimer l'ancien champ et insérer un nouveau ou éditer le contenu de l'ancien champ. Pour ce faire, choisissez la commande «*Options*» du menu «Outils». Sélectionnez l'onglet *Affichage* et validez l'option <Codes de champ>

Tableau B

FORMATS D'ABREVIATION DE DATE		
Format	*Description*	*Exemple*
M	Numéro du mois	De 1 à 12
MM	Numéro du mois précédé d'un zéro	De 01 à 12
MMM	Nom du mois abrégé par 3 lettres	Nov
MMMM	Nom du mois en entier	Novembre
aa	Année sur 2 chiffres	95
aaaa	Année sur 4 chiffres	1995
j	Date du jour avec 1 ou 2 chiffres	De 1 à 31
jj	Date du jour avec 0 initial	De 01 à 31
jjj	Nom du jour abrégé sur 3 lettres	ven
jjjj	Nom du jour en entier	vendredi

de la section *Affichage*. Ensuite, mettez en surbrillance l'argument *Image* sans inclure le commutateur \@ ni les guillemets.

Pour finir, saisissez le nouveau format en vous référant au **tableau B**, sans omettre les espaces. Lorsque vous repassez en affichage normal pour visualiser le résultat de ces opérations, la date courante apparaît bien sur votre document dans son nouveau format.

Grâce au champ *Date*, vous pouvez aisément insérer des dates personnalisées dans vos documents. Vous savez désormais quelles sont les différentes méthodes pour y parvenir. Notez, à ce propos, que ces techniques ne sont pas réservées aux champs *Date* et peuvent tout à fait être utilisées pour insérer, par exemple, des champs numériques. De nouvelles découvertes en perspective !

Définir des formats personnalisés de date et d'heure par défaut

Outre définir des formats de date et d'heure personnalisés, Word permet de déterminer des formats par défaut pour ces paramètres. Les modifications doivent pour cela être effectuées dans un fichier d'initialisation, WIN.INI si vous utilisez la version 2.0 de Word et WINWORD6.INI avec la version 6.

Modifier le fichier WIN.INI (Word 2.0)

Pour éditer le fichier WIN.INI, vous pouvez procéder de différentes façons : directement dans Windows, à l'aide de SysEdit ou du Bloc-Notes, sous DOS à l'aide de l'éditeur de fichiers ou, plus simplement encore, directement dans Word pour Windows. C'est cette dernière technique que nous allons vous expliquer.

Pour éditer le fichier WIN.INI directement dans Word, choisissez la commande «*Options*» dans le menu «Outils» pour ouvrir la boîte de dialogue «Options». Dans cette boîte de dialogue, déroulez jusqu'en bas la liste *Catégorie* située sur la partie gauche de l'écran et cliquez sur l'icône Win.ini. Les sections modifiables du fichier WIN.INI apparaissent alors à l'écran. Lorsque vous ouvrez cette boîte de dialogue, les lignes d'instruction affichées concernent l'application Word 2.0. Sachez que vous pouvez, en déroulant la liste *Application*, modifier des paramètres relatifs à d'autres applications Windows.

Sous la zone *Application* figure l'encadré *Options de démarrage*, dans lequel s'affichent les paramètres par défaut courants pour l'application Word. Pour

Figure A

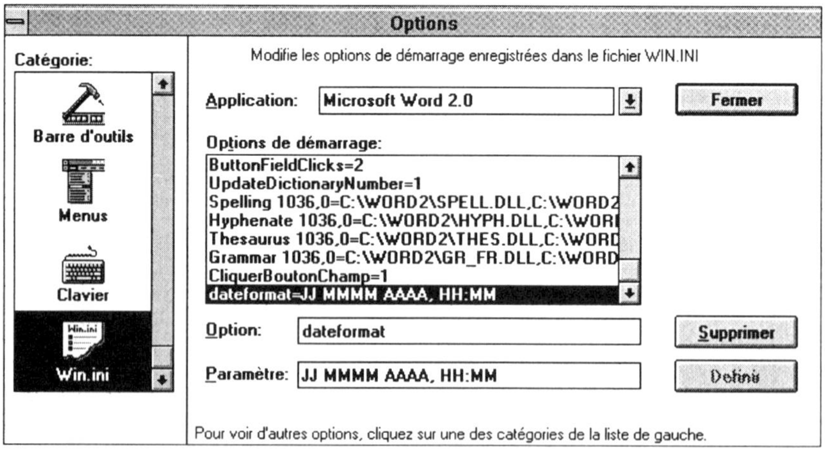

La boîte de dialogue «Options» vous permet de modifier les paramètres par défaut du fichier WIN.INI.

modifier un de ces paramètres, mettez-le en surbrillance dans cet encadré, ce qui a pour effet de le décomposer dans les deux zones de texte *Option* et *Paramètre.* Il suffit alors d'entrer la nouvelle valeur par défaut dans cette zone de texte *Paramètre.*

Pour définir des formats de date et d'heure par défaut, il faut *ajouter* ce paramètre de format de date. Pour cela, nous allons, dans un premier temps, mettre en surbrillance dans l'encadré *Options de démarrage* la ligne après laquelle nous allons insérer le nouveau paramètre (la dernière de la section, pour faciliter, si nécessaire, sa localisation ultérieure).

Dans la zone de texte *Option,* nous allons maintenant remplacer le nom du paramètre affiché par celui du nouveau paramètre (*dateformat,* dans notre exemple).

Dans la zone de texte *Paramètre,* il suffit ensuite d'entrer le format de date par défaut choisi, comme sur notre exemple de la **figure A** et de cliquer sur le bouton <Définir> pour l'ajouter au fichier WIN.INI.

Notez qu'il n'est pas nécessaire de relancer Windows pour que ces nouveaux paramètres soient pris en compte.

Une précaution importante à prendre : bien que facile, cette manipulation est délicate et vous devez faire attention à ne saisir que les caractères nécessaires. Attention aux erreurs de saisie qui pourraient ajouter des caractères de contrôle, aux conséquences parfois imprévisibles.

Modifier le fichier WINWORD6.INI (Word 6.0)

Avec Word 6, ce type de modification s'effectue dans le fichier WINWORD6.INI qui contrôle les paramètres par défaut de Word. Pour avoir accès à ce fichier directement à partir de Word et ajouter une option à la section [MSWord Editable Sections] de ce fichier, vous devez préalablement exécuter la macro Outils-ParamètresAvancés qui permet d'ajouter la commande intitulée «*Paramètres Avancés*» dans le menu «Outils».

Pour cela, choisissez la commande «*Personnaliser*» dans le menu «Outils». Dans la boîte de dialogue qui s'affiche ensuite, cliquez sur l'onglet *Menus* et, dans la liste *Catégories,* choisissez «Outils», puis dans la liste *Commandes,* la commande «*OutilsParamètresAvancés*». Lorsque vous cliquez sur le bouton <Ajouter>, la commande «*Paramètres Avancés*» est ajoutée au menu «Outils» et ouvre une boîte de dialogue similaire à celle de la version 2.0. Vous pouvez ensuite suivre la technique présentée pour la version 2.0 pour définir un format de date par défaut personnalisé. Reportez-vous également au **tableau A** pour connaître les formats les plus fréquemment utilisés.

Le format de date par défaut ainsi défini sera inséré lorsque vous choisirez la commande «*Champ*» du menu «Insertion», puis le champ *Date* dans la liste *Champs.* En revanche, si vous procédez à l'aide du raccourci clavier [Alt][Maj][D], le format standard (défini dans le Panneau de configuration de Windows) sera inséré dans votre document.

Pour "rétablir la logique", vous pouvez modifier l'affectation de cette combinaison de touches à l'aide d'une macro WordBasic. Après avoir défini le format de date personnalisé dans le fichier WINWORD6.INI, relancez Word et choisissez la commande «*Macro*» dans le menu «Outils». Dans la boîte de dialogue «Macro», spécifiez un nom dans la zone de texte *Nom de la macro* (Datedefaut, dans notre exemple) et cliquez sur <Enregistrer>. Dans la boîte de dialogue «Enregistrer une macro», cliquez sur <Clavier> pour accéder à la boîte de dialogue «Personnaliser». Tapez le raccourci clavier à ré-affecter ([Alt][Maj][D]), cliquez sur le bouton <Attribuer>, puis sur le bouton <Fermer>.

Revenu à votre document, choisissez la commande «*Champ*» dans le menu «Insertion», puis le champ *Date* dans la liste *Champs.* Arrêtez ensuite l'enregistrement de la macro. Dès lors, le raccourci clavier [Alt][Maj][D] insérera dans votre document le format de date personnalisé défini dans le fichier WINWORD6.INI.

Tableau A

FORMAT DE DATE	
Paramètres WINWORD6.INI	*Résultat*
DATEFORMAT= j MMMM aaaa	4 novembre 1994
DATEFORMAT= jj MMMM aaaa	04 novembre 1994
DATEFORMAT= jjjj j MMMM aaaa	vendredi 4 novembre 1994
DATEFORMAT=h:mm jjjj j MMMM aaaa	10:00 vendredi 4 novembre 1994

Techniques de mise en page 3

3.1 Les outils indispensables

Compléter le dictionnaire en cours de vérification

Lorsque vous sélectionnez le bouton de la barre d'outils ou que vous effectuez une vérification orthographique à l'aide de la commande *«Orthographe»* du menu «Outils» (ou de la touche de fonction F7), le bouton <Ajouter> apparaît parfois en grisé dans la boîte de dialogue «Orthographe», comme sur notre exemple de la **figure A**.

Notez également que dans ce cas, le bouton <Suggérer> subit le même traitement. Cette situation se produit lorsque vous n'avez pas défini de dictionnaire personnel dans lequel Word puise pour rechercher les mots absents du dictionnaire principal. Pour définir ce dictionnaire personnel, choisissez la commande *«Options»* du menu «Outils» et cliquez sur l'onglet *Orthographe.* Dans la boîte de dialogue affichée (**figure B**), cochez le nom du dictionnaire complémentaire à utiliser.

Figure A

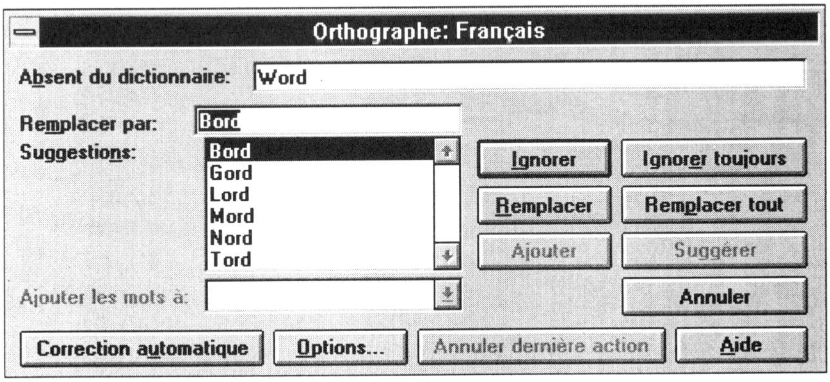

L'ajout de termes à un dictionnaire est parfois impossible lors d'une vérification orthographique.

Ce dictionnaire personnel pourra également être utilisé par Word pour les suggestions qu'il effectue lorsqu'il ne parvient pas à identifier un mot. Dans ce cas, n'oubliez pas de désactiver la case d'option <A partir du dictionnaire uniquement> à la section *Suggestions* de la boîte de dialogue «Options».

Notez toutefois que si le dictionnaire personnel que vous spécifiez est en lecture seule, le bouton <Ajouter> restera inactif.

Figure B

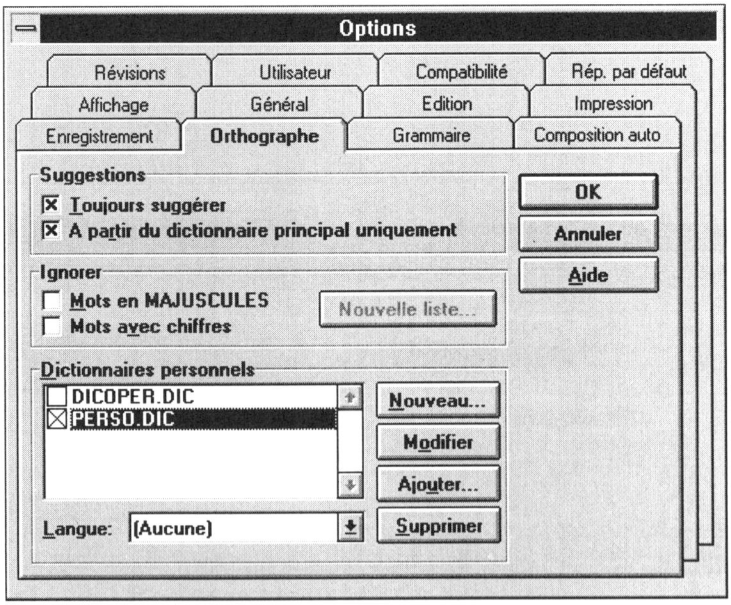

L'orthographe de Word est défaillante ? Ajoutez un dictionnaire personnel.

Corriger automatiquement les fautes de frappe courantes

Le vérificateur d'orthographe de Word est un outil précieux pour corriger *a posteriori* les fautes de frappe et d'orthographe dans les documents que vous devez finaliser. Toutefois, si vous constatez que les mêmes erreurs se reproduisent fréquemment (on ne se refait pas !), vous pouvez l'utiliser conjointement à la fonction de correction automatique, pour rectifier automatiquement ces fautes dans vos futurs documents. Lorsque le vérificateur d'orthographe détecte un mot erroné et affiche la boîte de dialogue «Orthographe», assurez-vous que le mot correct apparaît bien dans la zone de texte *Remplacer par* et cliquez sur le bouton <Correction automatique>. Le mot erroné et sa version corrigée seront ajoutés à la liste des corrections automatiques de Word. Dès lors, si vous avez activé la case d'option <Correction en cours de frappe> dans la boîte de dialogue «Correction automatique», Word corrigera automatiquement l'erreur en cours de saisie.

Automatiser la conversion des documents

Environnement professionnel hétérogène oblige, il n'est pas rare d'avoir à effectuer des opérations de conversion sur des documents. Cette tâche peut être considérablement facilitée grâce à la macro *ConversionAutomatique*, contenue dans le modèle CONVERT.DOT, lui même situé dans le sous-répertoire MACROS de Word qui, comme son nom l'indique, permet la conversion automatique des fichiers (**figure A**). Cette macro lance un assistant qui vous guide dans les différentes opérations : spécification du format de fichier, des répertoires source et destination, et d'une extension de fichier (DOC, TXT, etc.)

Les fichiers sélectionnés seront alors convertis automatiquement en une seule manipulation.

Pour lancer l'assistant, commencez par ouvrir le modèle CONVERT.DOT à l'aide de la commande «*Ouvrir*» du menu «Fichier», en choisissant «Modèle de document (*.dot)» dans la liste déroulante *Types de fichiers*. Le modèle se trouve dans le sous-répertoire WINWORD\ MACROS. Une fois le modèle ouvert, sélectionnez la commande «*Macros*» dans le menu «Outils», puis choisissez la macro *ConversionAutomatique* dans la liste déroulante *Nom de la macro*.

Finalement, cliquez sur <Exécuter> et répondez aux questions de l'assistant.

Figure A

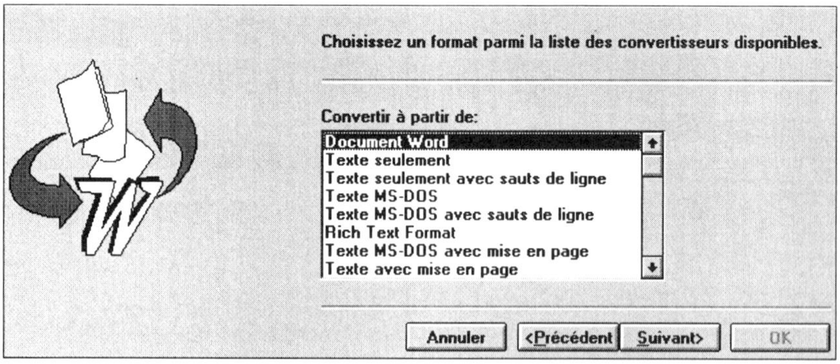

La macro ConversionAutomatique vous fera gagner un temps précieux si vous êtes amenés à convertir un nombre important de fichiers.

Effectuer des calculs simples dans un document Word

Les logiciels que vous utilisez quotidiennement sont tellement performants qu'ils vous permettent souvent d'effectuer des tâches qui sortent de leur vocation première. Word pour Windows ne fait pas exception à la règle. Même s'il reste un traitement de texte, ce logiciel vous permet d'effectuer des calculs mathématiques simples directement dans votre document, sans que vous deviez pour cela faire appel à un tableur.

Avant de créer votre "feuille de calcul" dans Word, vous devez simplement connaître quelques principes de base.

Les conventions de notation acceptées par Word

Avant d'insérer dans Word un tableau que vous utiliserez comme feuille de calcul, vous devez garder à l'esprit les conventions utilisées par Word pour Windows pour la dénomination des cellules et l'insertion de fonctions.

Dans la version 6.0 de Word, la notation utilisée est celle du tableur Excel : les colonnes sont référencées par des lettres (A, B, C, etc.) et les lignes, par des numéros (1, 2, 3...), comme illustré sur le schéma ci-dessous :

schéma A

	A	B	C
1			
2			
3			

Dans la version 2.0, en revanche, la notation utilisée est la suivante :

```
[lncn]
```

où *l* signifie ligne, *c* colonne, et *n* désigne le numéro. Ainsi, la référence [l1c1] renvoie à la cellule située dans l'angle supérieur gauche du tableau, où *l1* désigne la première ligne et *c1* la première colonne. A l'instar d'un tableur, les cellules d'une "feuille de calcul" Word – et ce quelle que soit la version utilisée – sont numérotées de haut en bas et de la gauche vers la droite. A titre d'exemple, nous avons numéroté sur le schéma ci-dessous les cellules d'un tableau, en adoptant la notation valide dans Word 2.0 :

schéma B

[l1c1]	[l1c2]	[l1c3]
[l2c1]	[l2c2]	[l2c3]
[l3c1]	[l3c2]	[l3c3]

Si vous travaillez avec Word 2.0, vous devez également spécifier les références de cellules entre crochets, ce qui n'est pas le cas avec la version 6.0. La saisie des références apparaît donc plus contraignante dans la version 2.0 que dans la version 6.0.

Quelle que soit la version de Word que vous utilisez, les fonctions arithmétiques/mathématiques sont traitées comme des champs de type Expression (=), ce qui signifie qu'elles doivent figurer entre les codes de champ { } dans vos documents Word, comme dans les exemples suivants :

`{=MOYENNE(a1:a3)}`	dans la version 6.0
`{=SOMME([l1c1:l1c2])}`	dans la version 2.0

Dans cette astuce, nous mentionnerons les références en minuscules. Toutefois, sachez que Word pour Windows n'effectue pas la distinction majuscules/minuscules pour ces références, ce qui signifie que vous pouvez les entrer indifféremment en majuscules ou en minuscules.

Pour faire référence à une plage de cellules de votre feuille de calcul Word, il vous suffit d'entrer les références de la première et de la dernière cellule comprises dans l'intervalle, comme dans notre exemple précédent.

Si, dans la syntaxe d'une fonction, vous voulez mentionner plusieurs cellules, vous devez les séparer par un point-virgule, comme dans notre exemple ci-dessous :

```
{=SOMME([l1c1];[l2c2])}
{=SOMME(a1;a3)}
```

Lorsque les opérations portent sur la totalité d'une ligne ou d'une colonne, vous n'avez pas à spécifier, dans la version 2.0, toutes les cellules contenues dans cette ligne ou cette colonne, ni même les cellules constituant les bornes de l'intervalle. Il vous suffit simplement de spécifier le numéro de la ligne ou de la colonne sur laquelle doit porter le calcul :

```
{=SOMME([l3])}
```

Avec la version 6.0, vous utiliserez la notation suivante :

```
{=SOMME(b:b)}
```

Lorsque les calculs ne portent pas sur les cellules d'un tableau, vous pouvez spécifier des valeurs numériques comme argument de ces fonctions mathématiques et ce, quelle que soit la version de Word que vous utilisez :

```
{=moyenne(14;17) }
```

Insertion de fonctions

Les fonctions arithmétiques et mathématiques que vous pouvez utiliser avec Word pour Windows (versions 2.0 et 6.0) sont regroupées dans la liste suivante :

ABS	MAX	OU
ARRONDI	MIN	PRODUIT
DEFINI	MOD	SI
ENT	MOYENNE	SIGNE
ET	NB	SOMME
FAUX	NON	VRAI

Pour insérer rapidement ces fonctions tout en limitant les risques d'erreur de syntaxe, vous pouvez utiliser la commande «*Formule*» du menu «Tableau» dans la version 6.0. A l'écran, vous obtenez la boîte de dialogue illustrée sur l'exemple de la **figure A**.

Dans la liste déroulante *Insérer la fonction*, sélectionnez la fonction à utiliser pour votre calcul. Lorsque vous effectuez cette sélection, elle est reportée automatiquement dans la zone de texte *Expression* située en haut de la boîte de dialogue. Il vous suffit alors d'entrer, entre les parenthèses, les références des cellules sur lesquelles le calcul doit porter, comme sur notre exemple de la **figure B**. Par

Figure A

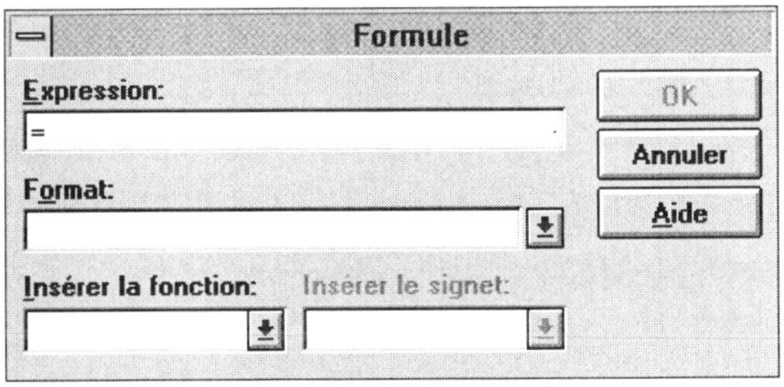

La boîte de dialogue «Formule» permet d'insérer facilement des fonctions mathématiques dans un tableau Word.

Figure B

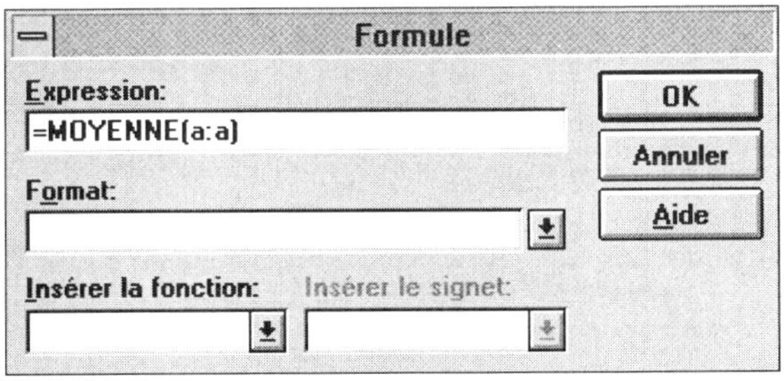

Il vous suffit d'entrer, à la suite du nom de fonction, les références des cellules à calculer.

défaut, cette zone de texte *Expression* propose d'effectuer la somme des données contenues dans le tableau, comme la **figure C** permet de le vérifier.

La liste déroulante *Format* vous permet de définir un format nombre pour l'affichage du résultat de la fonction. Lorsque vous appuyez sur le bouton <OK>, le résultat est inséré dans votre tableau Word.

Avec la version 2.0 de Word, l'insertion des fonctions s'effectue à l'aide de la commande «*Champ*» du menu «Insère». Dans la boîte de dialogue «Champ», sélectionnez «=expression» dans la liste déroulante *Insérer type du champ* et «0» dans la liste déroulante *Instructions*. Entrez ensuite la syntaxe de la fonction dans la zone de texte *Code du champ* (**figure D**).

Figure C

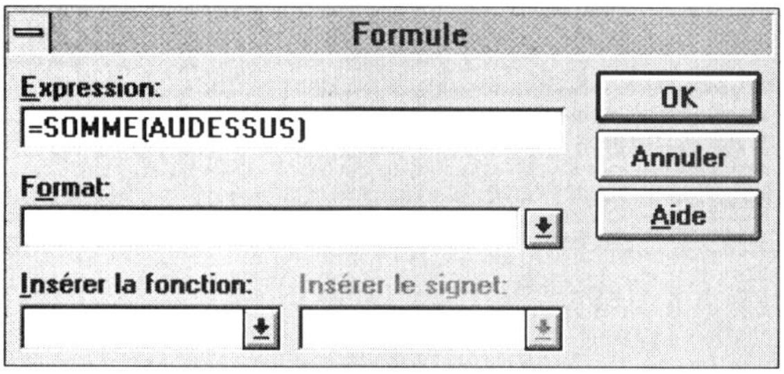

L'opération proposée par défaut par Word pour Windows est une somme.

Figure D

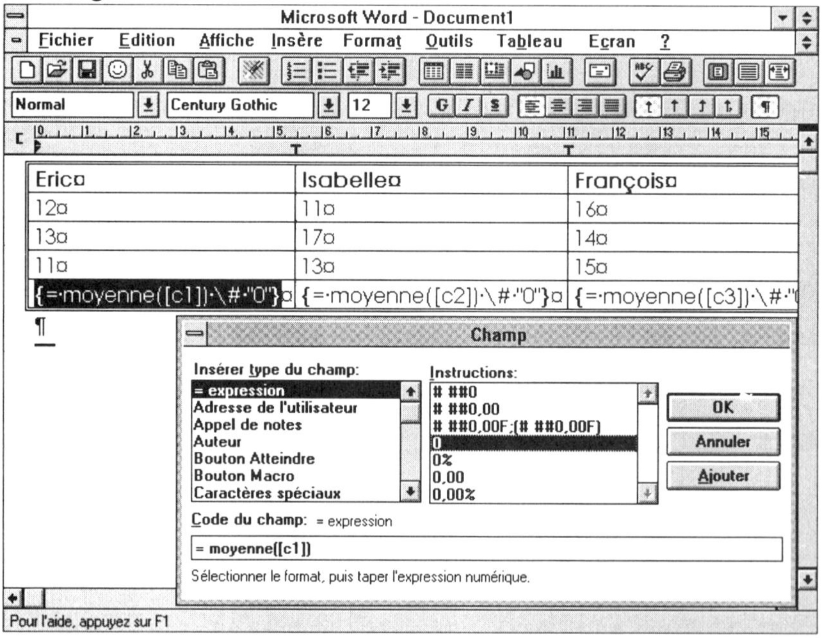

Dans la version 2.0, l'insertion des fonctions s'effectue à l'aide la boîte de dialogue «Champ».

Sachez que vous pouvez également insérer ces fonctions manuellement, sans passer par la commande «*Formule*» du menu «Tableau» (version 6.0) ou la commande «*Champ*» du menu «Insère» (version 2.0). Pour cela, il vous suffit d'insérer les codes de champ { } au moyen de la combinaison de touches [Ctrl] [F9] et, le curseur étant placé entre ces caractères, de taper le signe égal (=), suivi du nom de la fonction et de ses arguments.

Si vous n'êtes pas familiarisé avec l'utilisation des champs dans Word pour Windows, nous vous conseillons d'opter pour la première technique et de passer par la boîte de dialogue «Formule» («Champ» dans la version 2.0), dans un premier temps, en tout cas.

Pour visualiser le résultat d'un calcul, il vous suffit de placer le curseur à l'intérieur du champ et d'appuyer sur la combinaison de touches [Maj][F9]. Cette combinaison de touches est également active au sein d'un tableau Word (**figure E**).

Pour visualiser, dans un tableau ou dans un document, l'ensemble des résultats sans avoir à désactiver l'affichage des codes de champ (dans la boîte de dialogue «Options»), il vous suffit de mettre les fonctions en surbrillance et d'utiliser une nouvelle fois cette combinaison de touches [Maj][F9].

Si toutefois vous travaillez avec la version 6.0 de Word pour Windows, sachez que vous pouvez effectuer certaines opérations sur les champs (copie, modification du format caractère, mise à jour, affichage des valeurs) à l'aide d'un menu contextuel qui s'affiche lorsque vous cliquez sur le bouton droit de la souris, après mise en surbrillance du champ (**figure F**).

L'utilisation de la commande «*Formule*» du menu «Tableau» («*Champ*» du menu «Insère», dans la version 2.0) limite les risques d'erreur de syntaxe, comme mentionné précédemment. Toutefois, lorsqu'une telle erreur se produit, elle est immédiatement signalée par Word au moment où vous tentez de visualiser le résultat.

Figure E

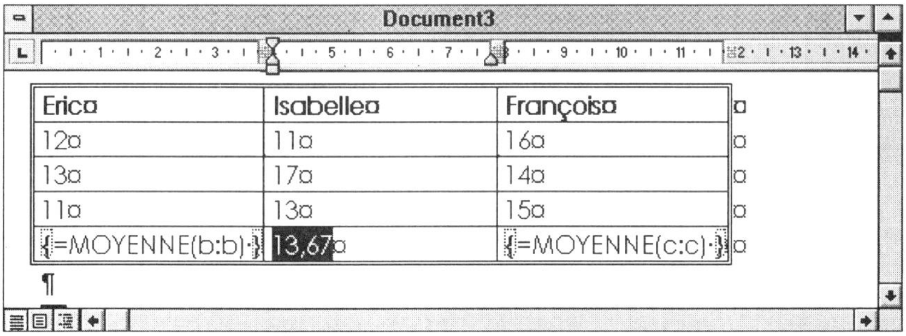

Vous pouvez visualiser le résultat d'une fonction spécifique à l'aide de la combinaison de touches [Maj] [F9].

En effet, Word affiche dans ce cas un message d'erreur à l'emplacement de cette fonction dans le document, message incluant l'argument incorrect ou manquant, comme illustré sur la **figure G**. Les erreurs les plus fréquentes portent sur des parenthèses, ou encore des crochets manquants ou superflus. Selon les fonctions mathématiques que vous utilisez et le type d'erreur, vous obtiendrez à l'écran des messages différents, parmi lesquels les suivants sont les plus courants :

Figure F

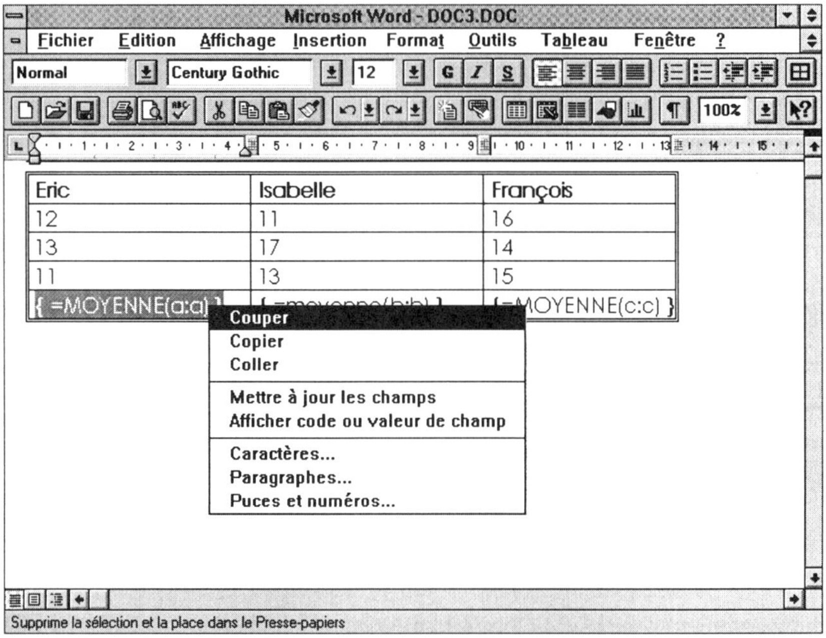

Un menu contextuel, facilitant les opérations sur les champs, est disponible dans Word 6.0.

Figure G

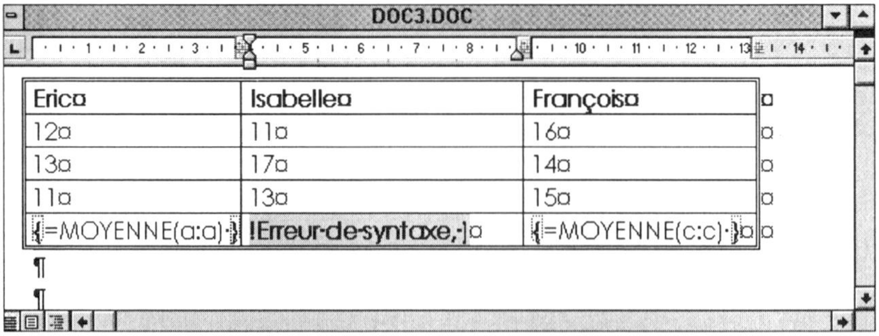

Word affiche un message d'erreur lorsque la syntaxe de la fonction de calcul est erronée.

!Erreur de syntaxe, (
!Erreur de syntaxe,)
!Fin de formule inattendue
!Erreur de syntaxe, SI
!Erreur de syntaxe, VRAI

Les opérateurs mathématiques

Si les calculs que vous effectuez dans vos documents Word sont extrêmement simples ou peu nombreux, ils ne nécessitent peut-être pas l'emploi de ces fonctions mathématiques.

Pour effectuer des calculs simples dans Word, sachez que vous pouvez également faire appel aux opérateurs arithmétiques de base : + (addition), - (soustraction), * (multiplication) et / (division).

A l'instar des fonctions mathématiques, ces opérateurs peuvent être utilisés au sein d'un tableau Word ou directement dans le document. En outre, vous pouvez, comme précédemment, les entrer au moyen de la commande «*Formule*» du menu «Tableau» (commande «*Champ*» du menu «Insère» dans la version 2.0) ou manuellement, après avoir inséré les codes de champ au moyen de la combinaison de touches [Ctrl][F9].

Si vous utilisez la première méthode, il vous suffit de taper, dans la zone de texte *Expression* de la boîte de dialogue «Formule», les valeurs numériques à calculer, ainsi que les opérateurs, comme sur notre exemple de la **figure H**.

Avec la version 2.0, vous entrerez ces données dans la zone de texte *Code du champ*, après avoir sélectionné «=expression» dans la liste déroulante *Insérer type du champ*.

Quelle que soit la version de Word utilisée, vous pouvez également procéder manuellement et insérer les codes de champ au moyen de la combinaison de touches [Ctrl][F9]. Entre ces codes de champ, vous taperez alors le signe égal, suivi des valeurs numériques et des opérateurs, comme ci-dessous :

Figure H

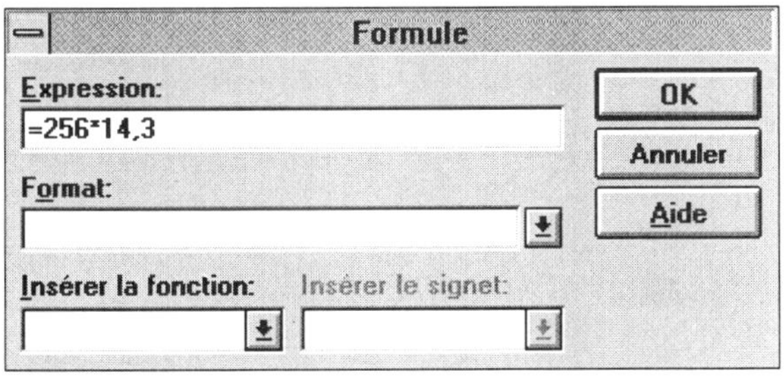

Vous pouvez utiliser des opérateurs arithmétiques dans le champ Expression de la boîte de dialogue «Formule».

```
{ =256*14,3 }
```

Si vous utilisez la version 2.0 de Word pour Windows, notez que vous pouvez, en outre, entrer directement les valeurs à calculer, et les opérateurs dans le document :

```
256*14,3
```

Dans ce cas, les données entrées ne sont plus considérées comme champ *Expression* : vous omettez, en effet, les codes de champ, ainsi que le signe égal (identifiant les champs *Expression*). Pour effectuer le calcul, il vous suffit de mettre les données en surbrillance et de choisir la commande «*Calculer*» dans le menu «Outils». Le résultat s'affiche dans l'angle inférieur gauche de la fenêtre, sur la barre d'état, en même temps qu'il est copié dans le Presse-papiers.

Pour coller ce résultat dans votre document, il vous suffit de placer le curseur à l'endroit choisi pour l'insertion et de choisir la commande «*Coller*» dans le menu «Edition» (ou d'appuyer sur la combinaison de touches [Ctrl][V]).

Avec ces opérateurs mathématiques, vous pourrez effectuer des opérations sensiblement plus complexes, comportant des parenthèses et des nombres négatifs.

Sans prétendre rivaliser avec un tableur tel qu'Excel, Word pour Windows vous permet de réaliser facilement – surtout dans la version 6.0 où ces fonctionnalités ont été grandement améliorées – des calculs simples sans quitter votre application. A l'heure où les dernières versions des logiciels sont particulièrement "gourmandes" en mémoire, vous gagnerez peut-être, en fonction du matériel dont vous disposez, à effectuer directement ces calculs dans Word, plutôt que de voir votre ordinateur "peiner" lorsque vous tentez de basculer d'une application à l'autre.

Trouver rapidement un synonyme

Votre style devient convenu et répétitif ? C'est la cinq ou sixième fois que vous employez la conjonction "mais" ? Le dictionnaire des synonymes de Word 6.0 s'impose : en un clin d'œil, il peut vous permettre d'enrichir votre expression.

Qui plus est, il est d'un accès très facile : saisissez le terme que vous désirez remplacer, puis appuyez sur la combinaison de touches [Maj][F7] – [⌘][Opt][R] dans la version Macintosh. La boîte de dialogue «Dictionnaire des synonymes : Français» s'affiche alors, le terme que vous venez de saisir se trouvant dans la zone de texte *Synonymes de*. La zone de liste *Remplacer par* contient les différentes variantes proposées. Sélectionnez celle qui vous convient le mieux, puis cliquez sur <Remplacer> pour valider . Vous retrouvez votre texte d'origine dans lequel Word 6.0 a automatiquement substitué l'expression retenue au mot initial. Vous verrez, la stimulation est efficace et l'opération ne prend pas plus d'une minute !

Laisser Word faire le travail

Sans doute êtes-vous amené, dans votre correspondance, à saisir souvent les mêmes formules de politesse, les mêmes adresses ou encore les mêmes phrases (sans qu'il s'agisse nécessairement de "tics" de rédaction !). Alors que, dans votre grande majorité, vous n'hésitez pas à faire appel aux fonctions de publipostage, au vérificateur d'orthographe ou au dictionnaire des synonymes, vous semblez étonnamment timoré lorsqu'il s'agit de recourir aux fonctionnalités de correction et d'insertion automatiques qui, outre secourir votre mémoire désespérément humaine (et donc parfois vacillante), vous permettent de gagner un temps précieux dans la rédaction de votre correspondance, tout en évitant les fautes de frappe. En espérant que ce cours exposé vous convaincra...

En finir avec les fautes de frappe ou comment passer outre le clavier

La première aide précieuse que peut vous apporter Word concerne les fautes de frappe, qu'il est en mesure, pour certaines d'entre elles tout du moins, de corriger tout seul. Mais voyons cela plus en détail. Pour suivre notre exemple, ouvrez un nouveau document en cliquant sur le bouton de la barre d'outils. Si vous souhaitez créer un document à partir d'un autre modèle que le modèle Normal, choisissez la commande «*Nouveau*» dans le menu «Fichier» et, dans la boîte de

Figure A

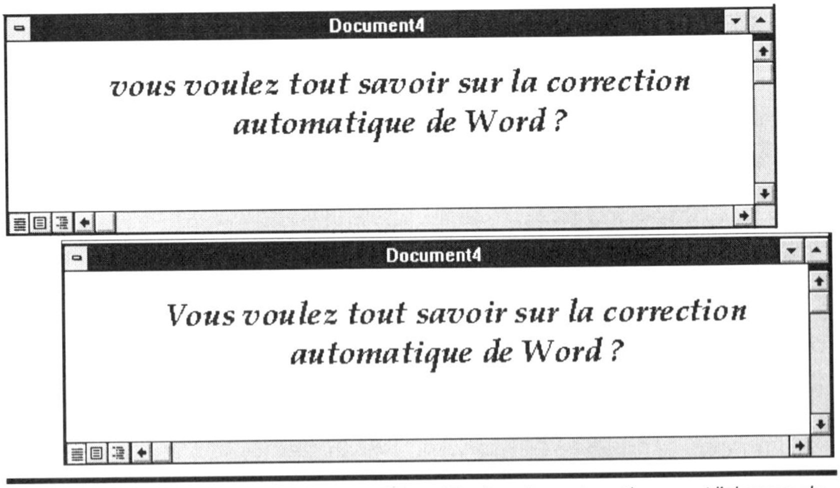

Si vous n'avez pas modifié les valeurs par défaut, Word corrige automatiquement l'absence de majuscule en début de phrase.

dialogue qui s'affiche, sélectionnez le modèle à utiliser puis cliquez sur <OK>. Dans le nouveau document affiché, tapez une phrase exemple :

`vous voulez tout savoir sur la correction automatique de Word ?`

Si vous n'avez pas modifié les valeurs par défaut, vous constaterez que, lors de la saisie, Word corrige automatiquement le premier mot et insère la majuscule de début de phrase (**figure A**).

Cette fonctionnalité est loin d'être la seule. Pour connaître les autres, choisissez la commande «*Correction automatique*» dans le menu «Outils», qui vous donne accès à la boîte de dialogue illustrée à la **figure B**.

Trois options, que vous pouvez activer ou non, sont proposées en standard par Word dans cette boîte de dialogue. Ainsi, vous pouvez systématiquement remplacer les guillemets anglais par des guillemets français, ajouter une majuscule en début de phrase et supprimer la deuxième majuscule d'un mot. Pour cela, il vous suffit d'activer la case d'option correspondante et de cliquer sur le bouton <OK>.

Toutefois, la commande «*Correction automatique*» propose bien d'autre corrections que ces trois corrections de base, intégrées par défaut, que nous venons de voir. En effet, vous pouvez définir, à la section *Correction en cours de frappe* de la boîte de dialogue «Correction automatique», les corrections à effectuer systématiquement en fonction des fautes de frappe ou d'orthographe que vous

Figure B

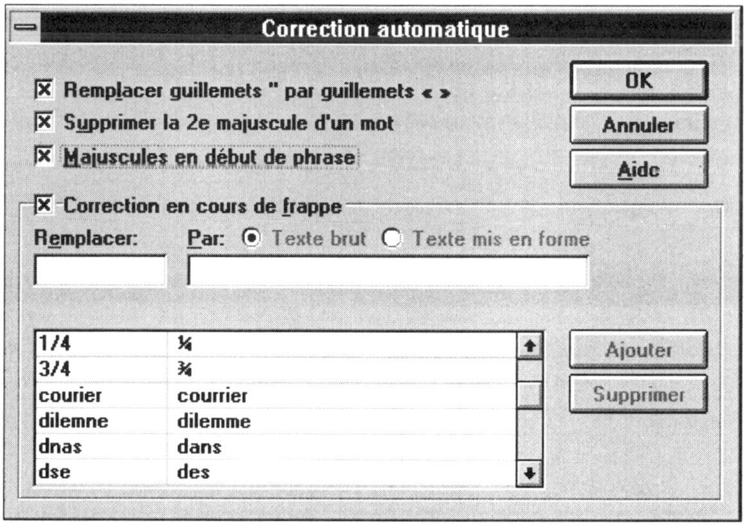

Word propose en standard certaines corrections automatiques et vous laisse en définir d'autres.

faites le plus souvent. Imaginons que vous oubliez neuf fois sur dix l'accent circonflexe sur le "i" de boîte ou que vous tapiez systématiquement "questoin" au lieu de "question". Bien entendu, ce type d'erreur peut être détecté avec le vérificateur d'orthographe... à condition que vous l'utilisiez.

Sans doute auriez-vous l'esprit plus tranquille si vous saviez que ces erreurs étaient corrigées automatiquement lors de la saisie. Rien de plus simple.

Choisissez la commande «*Correction automatique*» dans le menu «Outils». Entrez le mot mal orthographié (dans la limite de 31 caractères), *boite* dans notre exemple, dans la zone de texte *Remplacer* de la section *Correction en cours de frappe*. Entrez ensuite le mot correctement orthographié dans la zone de texte adjacente, nommée *Par*, comme sur notre exemple de la **figure C**. Assurez-vous que la case d'option <Correction en cours de frappe> est bien cochée et cliquez sur le bouton <Ajouter>, puis sur le bouton <OK>. Faites ensuite l'expérience suivante : saisissez le mot boîte sans accent circonflexe ; vous constaterez que Word effectue automatiquement la correction.

Comme vous le voulez...

La boîte de dialogue «Correction automatique» comprend également des options de mise en forme que vous pouvez tout à fait inclure dans vos corrections automatiques, comme nous allons le voir.

Saisissez dans votre document une expression que vous utilisez souvent, "s'il vous plaît", "jamais", "il n'en est pas question", selon le type de corres-

Figure C

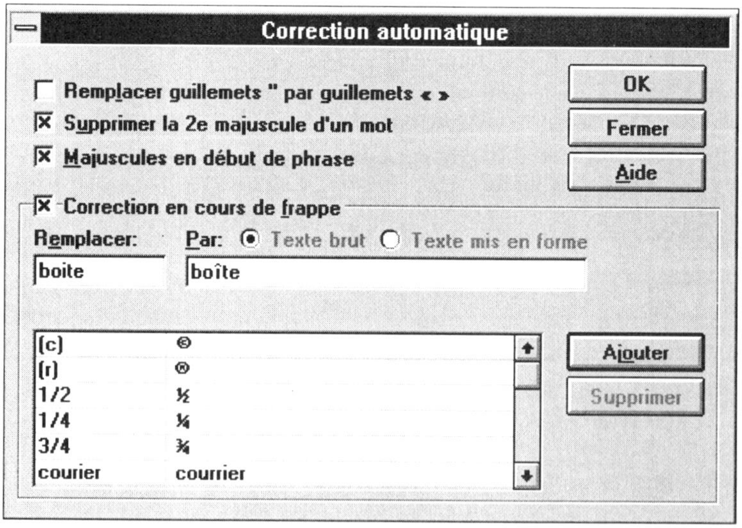

Fautes d'orthographe ou fautes de frappe, laissez Word les corriger automatiquement à votre place.

pondance que vous rédigez ou votre personnalité, et attribuez-lui une mise en forme particulière, comme sur notre exemple de la **figure D**, où nous avons attribué une police BankGothic 20 points, ainsi que les formats gras et italique.

Sélectionnez cette phrase dans votre document et affichez la boîte de dialogue «Correction automatique». Dans la zone de texte *Remplacer*, saisissez ensuite une abréviation pour cette phrase, **pas**, dans notre exemple. Cliquez sur le bouton <Texte mis en forme> pour l'enregistrer dans sa police et avec sa mise en forme spécifique (**figure E**). Notez que, dans cet exemple, la phrase ne s'affiche pas dans la zone de texte *Par*.

La suite de la manipulation est identique à celle décrite précédemment : cliquez sur le bouton <Ajouter>, puis sur le bouton <OK> pour que cette correction soit prise en compte.

Figure D

La correction automatique peut inclure des formats texte.

Figure E

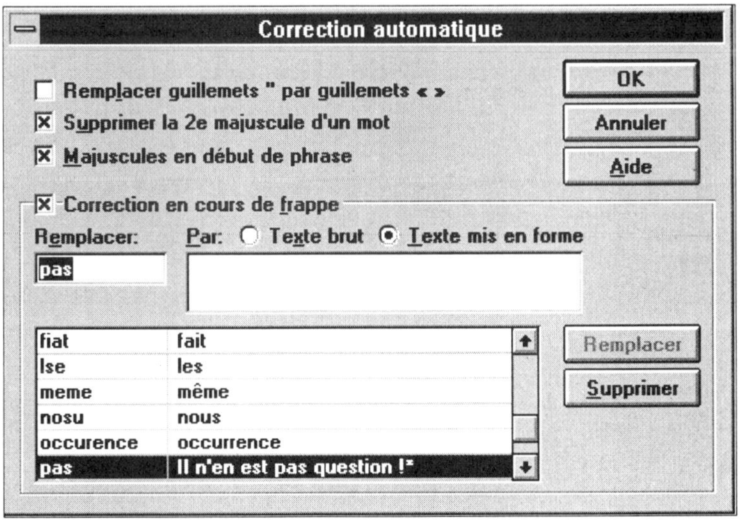

Vous pouvez définir abréviation et mises en forme pour les corrections automatiques.

Essayons à présent cette nouvelle correction. Si vous tapez l'abréviation **pas**, suivie d'un espace, celle-ci sera remplacée automatiquement par l'expression :

IL N'EN EST PAS QUESTION !

avec tous les attributs de mise en forme dont vous l'avez dotée.

Notez que, si vous ne souhaitez pas tenir compte de la mise en forme, vous pouvez à tout moment modifier, voire supprimer, la correction automatique précédemment définie. Pour cela, affichez de nouveau la boîte de dialogue «Correction automatique». Dans la liste déroulante située dans la partie inférieure de la boîte de dialogue, sélectionnez l'expression ajoutée à l'étape précédente et cliquez sur le bouton <Texte brut>. Cliquez ensuite sur le bouton <Remplacer> puis, dans la nouvelle boîte de dialogue qui s'affiche, sur <Oui> pour confirmer le remplacement. Lorsque vous taperez **pas**, l'abréviation sera désormais remplacée par la phrase "Il n'en est pas question !", sans aucune mise en forme.

Pour supprimer la correction, il vous suffit de la sélectionner dans la boîte de dialogue «Correction automatique» et de cliquer simplement sur le bouton <Supprimer>. Dans ce cas, nul besoin de confirmer !

Question de terminologie ?

Vous aurez sûrement remarqué que, dans le dernier exemple, il ne s'agit plus vraiment d'une correction automatique et que nous avons tout doucement glissé vers ce que Word nomme l'insertion automatique (glossaire, dans la version 2.0 Windows) et pour laquelle il dispose d'une commande dédiée.

L'insertion automatique vous permet d'associer à une abréviation phrases, paragraphes, images, dotés ou non d'attributs de mise en forme, et de les insérer rapidement dans vos documents. Voyons cela d'un peu plus près.

Supposons que vous veniez de rejoindre la formidable équipe de rédacteurs du Groupe Cobb et que, pour vous mettre au diapason, vous utilisiez l'expression suivante pour répertorier les excellents articles que vous écrivez : ARTICLE - WORD 6 -1995 - . Plutôt que d'avoir à ressaisir cette expression pour chaque nouvel article, vous pouvez faire appel à l'insertion automatique pour vous faciliter le travail. Commencez par la saisir, une dernière fois, dans votre document. Sélectionnez-la ensuite et choisissez la commande «*Insertion automatique*» dans le menu «Edition» ou cliquez sur le bouton de la barre d'outils.

Dans la zone de texte *Abréviation* (**figure F**), saisissez l'abréviation à associer à cette expression, *art*, dans notre exemple. Cliquez ensuite sur le bouton <Ajouter>. Dès lors, pour insérer cette expression dans un document, il vous suffira de saisir l'abréviation **art** et d'appuyer sur le bouton ou, si vous aimez les raccourcis, sur la touche de fonction [F3].

L'intérêt majeur de la commande «*Insertion automatique*» est de permettre de stocker des phrases ou des paragraphes entiers dotés d'attributs de mise en forme et de les rappeler d'une simple touche. Supposons que vous ayez créé avec WordArt un logo tel que celui illustré à la **figure G**. Pour le stocker tel quel et le réutiliser facilement, mettez-le en surbrillance dans votre document et appuyez sur le bouton de la barre d'outils. Dans la zone de texte *Abréviation*, saisissez une abréviation pour ce logo, *video* dans notre exemple et cliquez sur <Ajouter>. Pour l'insérer rapidement dans vos documents, il vous suffira de taper **`video`** et d'appuyer sur la touche [F3] ou si vous procédez *via* la boîte de dialogue «Insertion automatique», de sélectionner l'abréviation et de cliquer sur le bouton <Insérer>.

Autre avantage par rapport à la correction automatique, la section *Aperçu* de la boîte de dialogue vous permet de visualiser l'élément à insérer, quelles que soient les mises en formes appliquées, ce qui peut s'avérer pratique en cas d'oubli. En outre, vous pouvez décider, lors de l'insertion, d'appliquer ou non les spécifications de mise en forme enregistrées, et ce grâce aux cases d'option <Oui> et <Non>, disponibles à la section *Respecter la mise en forme lors de l'insertion ?*.

Une fois une abréviation enregistrée, vous avez toujours la possibilité de la modifier ou, si elle ne vous est plus d'aucune utilité, de la supprimer. Exami-

Figure F

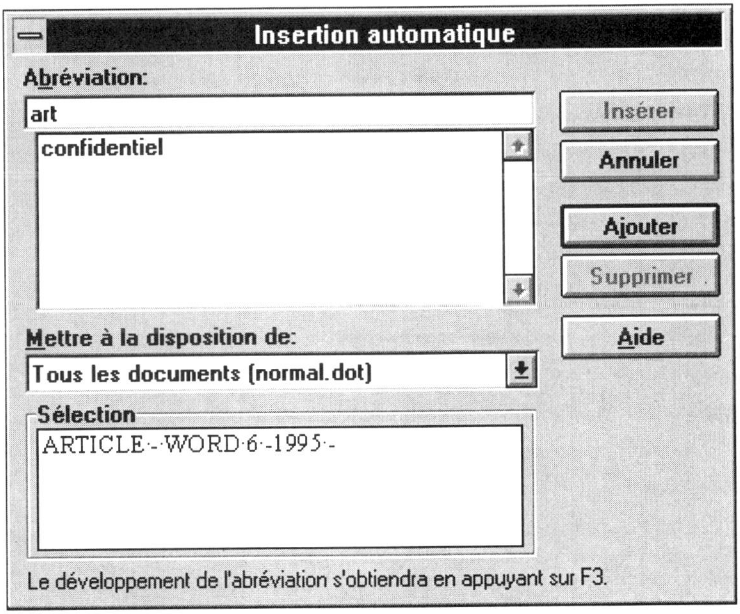

L'insertion automatique permet d'associer une abréviation à une phrase, un paragraphe ou même une image.

nons cette première hypothèse. Vous avez stocké l'adresse et les coordonnées de votre société et, à la suite d'un déménagement, cette adresse doit être modifiée. Pour cela, insérez l'adresse telle que vous l'avez stockée à l'aide de la commande «*Insertion automatique*». Dans votre document Word, apportez toutes les modifications nécessaires et sélectionnez l'adresse mise à jour. Cliquez ensuite sur le bouton de la barre d'outils (renommé <Modifier l'insertion automatique>) pour accéder à la boîte de dialogue «Insertion automatique». Dans la liste déroulante *Abréviation*, sélectionnez l'abréviation associée à l'adresse. Lorsque vous cliquez sur le bouton <Ajouter>, Word affiche un message vous invitant à confirmer la redéfinition de l'abréviation. Pour continuer, cliquez sur le bouton <Oui> en réponse à ce message. Si vous changez d'avis et souhaitez conserver l'adresse d'origine, cliquez simplement sur le bouton <Non>.

Pour supprimer un élément stocké, il vous suffit de sélectionner l'abréviation correspondante dans la boîte de dialogue «Insertion automatique» et de cliquer sur le bouton <Supprimer>. Attention, cette fois, aucune confirmation n'est nécessaire. La suppression est immédiate ! Réfléchissez avant d'agir !

Que choisir ?

Parvenu à ce stade, vous vous demandez peut-être dans quel cas privilégier l'insertion automatique et dans quel cas opter pour la correction automatique. Premier conseil : restez pragmatique. Si la commande «*Correction automatique*» vous permet bel et bien de stocker des phrases et des paragraphes dans un glossaire (virtuel), la réciproque n'est pas vraie ! La question se pose donc uniquement

Figure G

L'insertion automatique vous permet de stocker des objets et des images.

dès que vous souhaitez stocker des éléments pour pouvoir les réutiliser. Si ces derniers sont dotés d'attributs de mise en forme ou contiennent des images, nous vous conseillons d'opter pour la commande «*Insertion automatique*», disposant d'une fonctionnalité de prévisualisation.

Les exemples abordés ici ne sont que quelques illustrations des possibilités d'automatisation proposées par Word 6. Avec un peu de pratique, vous serez sans doute plus à même de mesurer le gain de temps considérable qu'elles offrent à tout utilisateur désireux de travailler mieux et plus vite.

Modifier une insertion automatique

Il est facile, avec Word, de modifier le texte stocké en tant qu'insertion automatique. Pour cela, saisissez l'abréviation que vous aviez définie pour le terme concerné, puis cliquez sur le bouton  ou appuyez sur la touche [F3]. Vous pouvez également choisir la commande «*Insertion automatique*» du menu «Edition», sélectionner l'entrée appropriée, puis cliquer sur le bouton <Insérer>. Lorsque le terme est inséré, modifiez-le, puis mettez-le en surbrillance et choisissez la commande «*Insertion automatique*». Dans la boîte de dialogue du même nom, sélectionnez l'abréviation correspondante et cliquez sur le bouton <Ajouter>. Un message s'affiche, vous demandant si vous souhaitez bien redéfinir cette insertion automatique. Validez en cliquant sur <Oui>. L'insertion est redéfinie et Word ferme la boîte de dialogue.

Afficher la totalité d'un tableau sur la page

Pour éviter que Word 6.0 ne scinde un tableau sur deux pages, procédez de la manière suivante. Sélectionnez la première colonne du tableau, choisissez la commande «*Paragraphes*» dans le menu «Format», puis cliquez sur l'onglet *Enchaînements*. Cochez la case <Paragraphes solidaires>, puis validez en cliquant sur le bouton <OK>. Si le tableau arrive en bas de page et n'y tient pas intégralement, Word 6.0 en bascule alors la totalité sur la page suivante. Naturellement, cette opération implique que ce tableau tienne sur une page, sinon il faudra nécessairement le scinder quelque part !

Des sélections plus faciles dans les tableaux

Dans la précédente version de Word, vous pouviez facilement sélectionner une colonne de tableau en cliquant simplement dessus avec le bouton droit de la souris ([Ctrl] et bouton pour Macintosh). Cette fonction est particulièrement utile pour sélectionner une colonne entière d'un tableau s'étalant sur plusieurs pages, dans la mesure où elle vous évite de revenir au début du tableau pour afficher la flèche de sélection de colonne ⬇.

Toutefois, dans la version 6.0 de Word, c'est un menu contextuel de mise en forme propre aux tableaux qui s'affiche.

Si vous regrettez la fonction de sélection de colonne disponible dans la précédente version de Word, ne vous inquiétez pas : elle n'a pas disparu, mais a été simplement modifiée.

Désormais, il vous suffit d'appuyer sur la touche [Alt]/[Option] avant de cliquer avec le bouton gauche de la souris dans la colonne que vous voulez sélectionner. De plus, Word 6 vous propose un nouveau raccourci souris fort utile : pour sélectionner un tableau dans son intégralité, vous maintenez enfoncée la touche [Alt]/[Option] et vous cliquez deux fois à un endroit quelconque du tableau.

Insérer des tabulations dans un tableau Word

Dans un tableau Word, la touche [Tab] est déviée de ses fonctions premières. Elle permet en effet de se déplacer de cellule en cellule ou de créer une nouvelle ligne, si le curseur se trouve dans la dernière cellule du tableau. Comment insérer alors une tabulation dans une cellule de tableau ? Il vous suffit de maintenir enfoncée la touche [Ctrl] et d'appuyer sur la touche [Tab]. A ce moment-là, Word place à la position choisie un caractère de tabulation, identique à celui que vous insérez dans le texte courant de vos documents.

Il vous est possible, également, de lui affecter toutes les mises en forme de votre choix, en procédant de la même façon que pour une tabulation située dans le texte. Choisissez la commande «*Tabulations*» du menu «Format», et définissez une position, un alignement et éventuellement, des points de suite.

Ajuster la taille d'un tableau à l'aide d'un raccourci clavier

Dans Word, la fonction d'ajustement automatique est accessible de deux manières différentes : par l'option «Ajustage des cellules» de la boîte de dialogue «Format automatique» du menu «Tableau» et par le bouton de commande <Ajuster>, disponible en cliquant sur l'onglet *Colonne* de la boîte de dialogue « Taille des cellules ». Dans les deux cas, Word ajuste automatiquement la largeur des colonnes en fonction du texte qu'elles contiennent.

Il existe un moyen plus rapide pour ajuster la taille d'un tableau à son contenu : commencer par sélectionner la totalité du tableau à l'aide de la combinaison de touches [Alt] [Option][5] (pavé numérique sans verrouillage numérique). Placez ensuite le pointeur de la souris sur la ligne de quadrillage vertical qui sépare les colonnes. Lorsque le pointeur se transforme en double-flèche, cliquez deux fois. Word ajuste alors automatiquement la largeur des colonnes du tableau.

Redimensionner automatiquement les colonnes d'un tableau

Dans la version de Word 6.0, une nouvelle fonctionnalité permet, à l'instar d'Excel, de redimensionner automatiquement la largeur d'une colonne d'un tableau par rapport à la largeur du texte : il s'agit du bouton <Ajuster> disponible dans la boîte de dialogue «Taille des cellules», qui s'affiche lorsque la commande «Taille des cellules» est sélectionnée dans le menu «Tableau».

Pour ajuster plus rapidement la largeur d'une colonne de tableau au texte ou aux valeurs contenus dans la cellule, il vous suffit de placer le pointeur de la souris sur la ligne pointillée séparant deux cellules (le pointeur prend alors la forme d'un double tiret vertical accompagné de deux petites flèches directionnelles) et de cliquer deux fois sur le bouton gauche de la souris.

La taille de la cellule est ajustée automatiquement et vous n'avez plus besoin, dès lors, d'utiliser la commande *«Taille des cellules»*.

Techniques de mise en page 3

3.2 Les éléments graphiques

Créer des graphiques dans un document Word

Si vous pensez qu'un graphique vaut mieux qu'une longue série de nombres, Microsoft Graph est l'outil qu'il vous faut. Cette application indépendante, incorporée à Word, permet de construire facilement diagrammes et graphiques à partir de tableaux créés dans Word ou dans un tableur (tel Excel). Nous vous proposons ici un aperçu de ses possibilités.

Insérer un graphique dans un document

Pour ouvrir le module Graph, il vous suffit de cliquer sur le bouton <Graphique> de la barre d'outils ou de choisir la commande «*Objet*» du menu «Insertion» et de sélectionner l'option «Microsoft Graph» dans la boîte de dialogue «Insertion d'objet». Word superpose à la fenêtre de votre document une fenêtre comportant une barre de titre intitulée «Microsoft Graph – Graph dans ...» (nous la nommerons simplement fenêtre «Graph») contenant elle-même deux fenêtres (**figure A**).

La première, qui comprend une portion de feuille de calcul, s'appelle *Feuille de données*. C'est là que vous entrez et enregistrez les données que vous souhaitez présenter sous forme graphique. La seconde, plus petite, intitulée *Graphique*,

Figure A

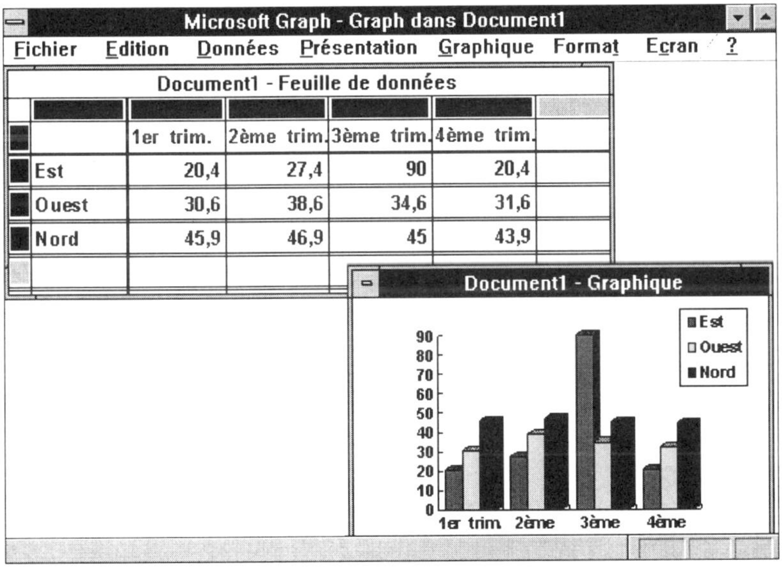

Lorsque vous ouvrez Graph, deux fenêtres s'affichent à l'écran : la feuille de données exemple et le graphique correspondant.

recouvre partiellement la feuille de données. Elle présente les informations de la feuille de données, dans l'un des formats graphiques disponibles.

Si vous modifiez le contenu de cette feuille de données, la représentation correspondante, affichée dans la fenêtre graphique, est automatiquement mise à jour. Lorsque le graphique obtenu vous convient, sélectionnez la commande «*Quitter et retourner*» du menu «Fichier». Word vous demande alors si vous souhaitez mettre à jour le graphique dans le document courant et, après confirmation de votre part, l'insère tel qu'il se présente dans la fenêtre graphique. Si toutefois le message {*INCORPORER MSGRAPH...*"} s'affiche à la place du graphique que vous attendiez, appuyez simultanément sur les touches [MAJ] et [F9] (avec Word 2.0, sélectionnez «*Codes de champ*» dans le menu «Affiche»). Pour mettre à jour le graphique inséré, il vous suffit de cliquer deux fois sur celui-ci ; la fenêtre graphique s'ouvre et vous procédez comme indiqué précédemment.

Pour passer de la fenêtre «Feuille de données» à la fenêtre «Graphique», vous pouvez soit sélectionner le nom de la fenêtre à activer dans le menu «Fenêtre», soit cliquer directement sur la fenêtre à afficher au premier plan. Vous pouvez aussi les faire glisser, modifier leur taille, comme vous le feriez pour toute autre fenêtre. C'est ainsi que, dans la **figure A**, nous avons déplacé la fenêtre graphique de façon à visualiser simultanément le contenu des deux fenêtres. Examinons maintenant quelques uns des moyens à votre disposition pour créer un graphique.

Figure B

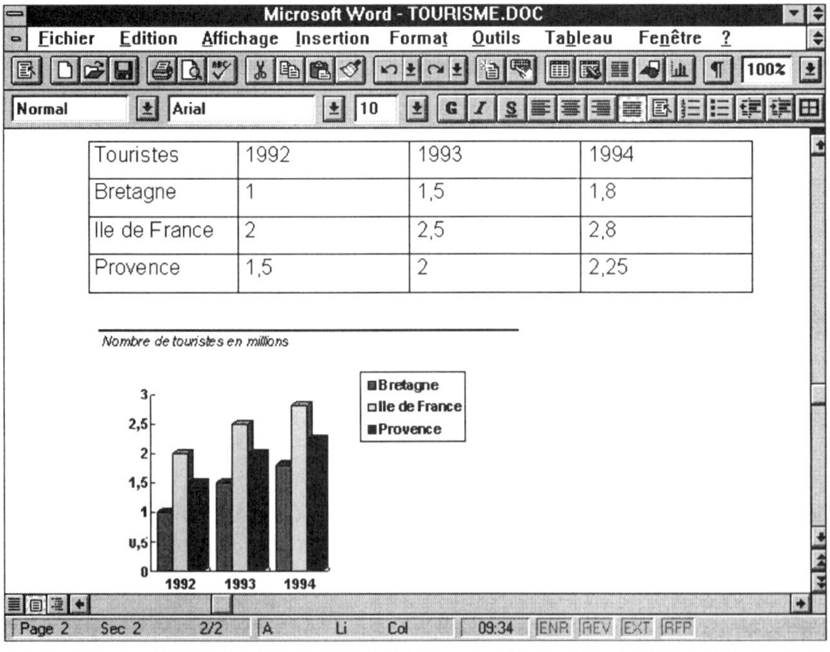

Vous pouvez insérer un graphique dans votre document Word.

Créer un graphique à partir d'un tableau

Créer un graphique à partir d'un tableau Word est une opération simple ; il vous suffit de sélectionner le tableau ou les cellules du tableau que vous souhaitez représenter sous forme graphique et de lancer le module Graph. La feuille de données affiche les cellules sélectionnées et la fenêtre Graphique, le graphique correspondant.

Lorsque vous créez un graphique à partir d'un tableau Word, Graph utilise le texte contenu dans la première cellule comme titre du graphique. Le texte figurant dans les autres cellules de la première ligne définit les valeurs reportées le long de l'axe des abscisses. Graph crée la légende du graphique à partir du texte figurant dans les autres cellules de la première colonne.

Lorsque vous sélectionnez la commande «*Quitter et retourner*» du menu «Fichier» de la fenêtre «Graph», Word insère le graphique juste en-dessous du tableau. C'est ainsi que nous avons créé le graphique de la **figure B**, à partir des données figurant dans le tableau qui le précède. Nous avons, pour ce faire, utilisé les paramètres par défaut de Graph.

Importer des données dans un graphique

Pour importer des données d'une feuille de calcul existante, procédez comme suit : ouvrez Graph, cliquez sur la première cellule de la feuille de données affichée. Sélectionnez ensuite la commande «*Importer des données*» du menu «Fichier» puis, dans la boîte de dialogue qui s'affiche, précisez le nom du fichier que vous souhaitez importer. Cliquez sur le bouton <OK> ou appuyez sur la touche [Entrée] ; Graph importe les données, qui remplacent celles d'origine dans la feuille de données.

Si vous souhaitez conserver les données figurant dans la feuille de données, sélectionnez une cellule se trouvant sous les données existantes, puis choisissez

Figure C

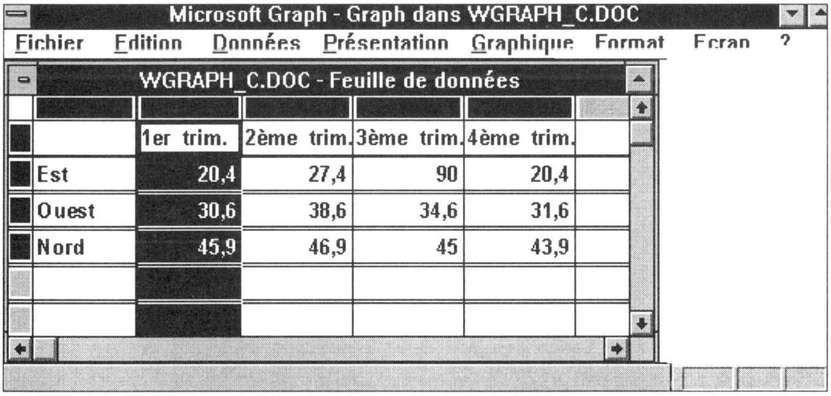

Pour sélectionner une colonne entière, cliquez sur la case de sélection correspondante.

la commande «*Importer des données*» dans le menu «Fichier». Graph ne remplace pas les données se trouvant au-dessus de la cellule que vous avez sélectionnée.

Pour importer un graphique Microsoft Excel, sélectionnez la cellule à partir de laquelle vous souhaitez entrer les données, puis choisissez la commande «*Ouvrir un graphique Microsoft Excel...*» du menu «Fichier». Graph affiche alors le message suivant : "*L'ouverture d'un graphique Microsoft Excel remplacera les données et la mise en forme existantes. Continuer ?*" Cliquez sur le bouton <OK>, puis dans la boîte de dialogue «Ouvrir un graphique Microsoft Excel», sélectionnez le nom du fichier que vous souhaitez importer. Cliquez sur le bouton <OK>. Graph importe les données et met les fenêtres Feuille de données et Graphique à jour.

Voyons maintenant comment modifier les données dans la feuille de données et personnaliser les graphiques.

La feuille de données

Cette fenêtre présente un tableau d'aspect similaire à ceux de Word. Au-dessus de chaque colonne et à la gauche de chaque ligne se trouve une case de sélection. En cliquant sur cette dernière, vous sélectionnez toute la colonne ou toute la ligne correspondante (**figure C**).

Les cases de sélection mises en évidence (en noir) signalent les lignes et les colonnes actuellement activées, c'est-à-dire celles dont les données sont prises en compte dans la fenêtre graphique. Pour désactiver une ligne ou une colonne, sélectionnez-la et choisissez la commande «*Exclure lignes/colonnes...*» du menu «Données». Vous obtenez le même résultat en cliquant deux fois sur la case de sélection correspondant à la ligne ou à la colonne que vous souhaitez désactiver. Les cases de sélection désactivées s'affichent en grisé. A titre d'exemple,

Figure D

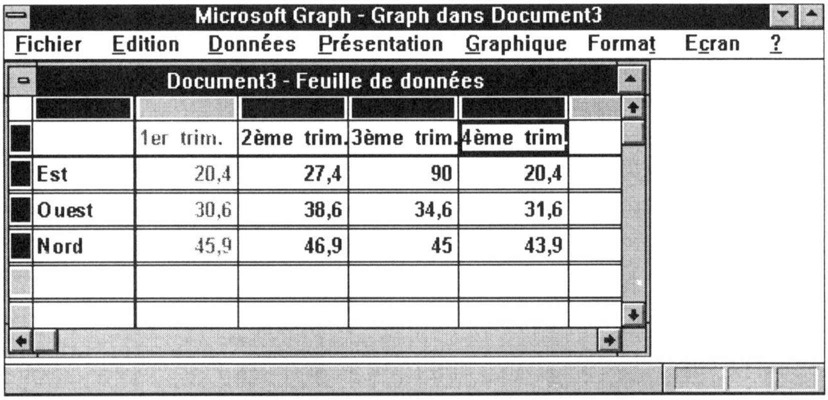

Graph affiche les cellules désactivées en grisé.

regardez la **figure D**; la colonne correspondant au premier trimestre a été désactivée. Pour la réactiver, ou réactiver une ligne, cliquez deux fois sur la case de sélection correspondante, ou bien sélectionnez-la et choisissez la commande «*Inclure lignes/colonnes...*» du menu «Données».

Pour sélectionner une seule cellule, cliquez simplement sur cette dernière ; elle est alors mise en évidence à l'aide d'une bordure noire, comme sur notre exemple de la **figure E**. Pour l'éditer, cliquez deux fois ; la boîte de dialogue «Donnée» correspondante s'affiche (**figure F**).

Modifiez la valeur, puis cliquez sur le bouton <OK> ou appuyez sur la touche [Entrée]. Vous pouvez aussi procéder de la façon suivante : cliquez une seule fois sur la cellule, entrez la nouvelle valeur et appuyez sur la touche [Entrée]. Quelle que soit la technique utilisée, Graph met automatiquement à jour les fenêtres «Feuille de données» et «Graphique».

Par défaut, le module Graph définit les valeurs apparaissant le long de l'axe des abscisses à partir des données figurant sur la première ligne de la feuille de données. Vous pouvez aussi utiliser les données de la première colonne en sélectionnant la commande «*Série en colonnes*» dans le menu «Données».

Figure E

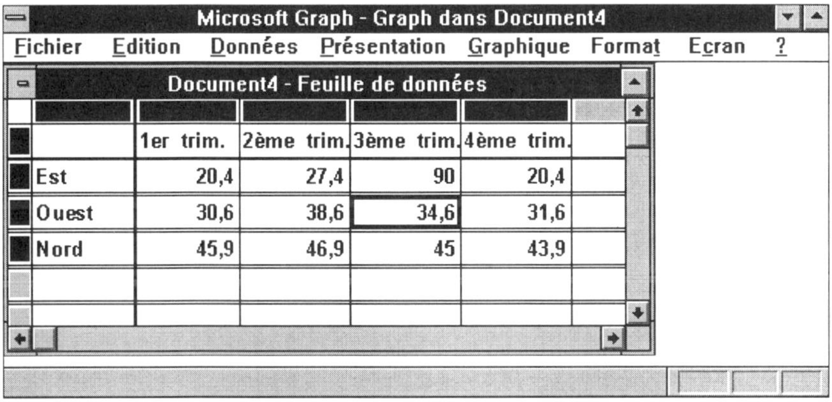

Graph trace une bordure noire autour de la cellule sélectionnée.

Figure F

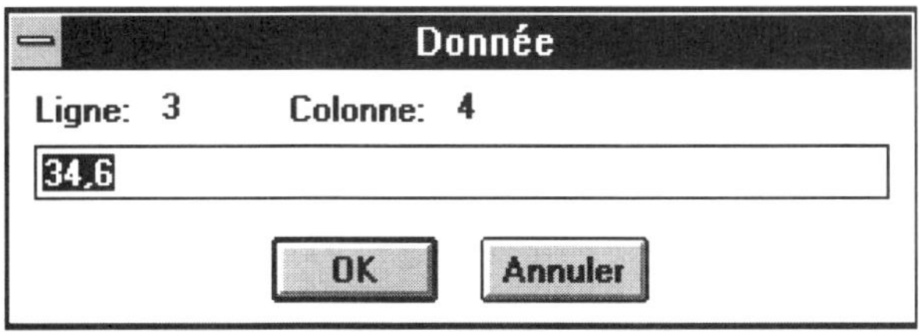

Vous pouvez modifier le contenu d'une cellule dans la boîte de dialogue «Donnée».

Figure G

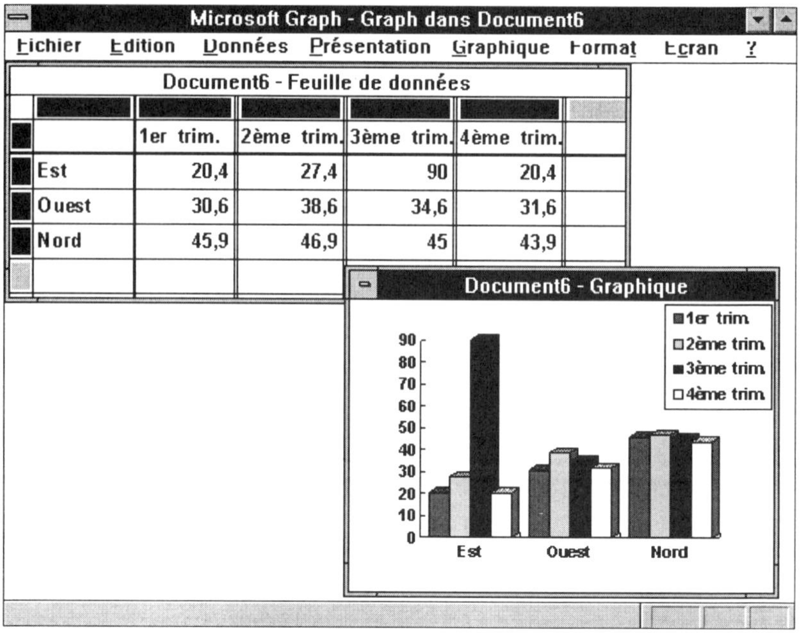

Vous pouvez changer l'orientation de vos graphiques.

Figure H

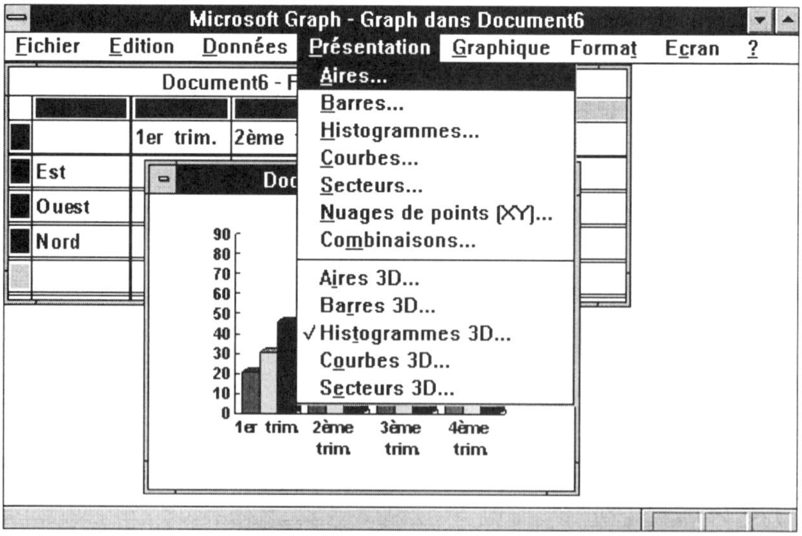

Le menu «Présentation» propose plusieurs formats de représentation graphique.

La **figure G** montre le résultat obtenu après une telle opération ; comparez avec la **figure A**, obtenue après utilisation de la commande «*Série en lignes*». Notez la présence de doubles traits verticaux entre les colonnes de la feuille de données : ils apparaissaient auparavant entre les lignes. Ces traits doubles indiquent l'orientation du graphique.

La fenêtre Graphique

Cette fenêtre affiche les valeurs contenues dans la feuille de données, dans le format du type de graphique choisi dans le menu «Présentation» (**figure H**). La partie supérieure de ce menu propose plusieurs types de graphiques 2D et la partie inférieure, des graphiques en trois dimensions. Lorsque vous sélectionnez un type de graphique dans le menu «Présentation», Graph affiche la boîte de dialogue «Présentation», dont le contenu varie selon le type de graphique choisi. A titre d'exemple, la **figure I** illustre la boîte de dialogue «Présentation» correspondant au type de graphique Secteurs ; elle affiche plusieurs formats. Pour sélectionner l'un d'eux, il vous suffit de cliquer sur sa représentation, puis sur <OK>.

Lorsque d'autres formats sont disponibles, appuyez sur le bouton <Autres> pour les afficher. Notez toutefois que, en l'absence de formats supplémentaires, le bouton <Autres> s'affiche en grisé. La sélection terminée, le graphique est mis à jour en fonction des sélections effectuées. Notez également que vous n'êtes nullement limités aux formats proposés par Graph : vous pouvez tout à fait personnaliser votre graphique. Pour ce faire, appuyez sur le bouton <Personnaliser> dans la boîte de dialogue «Présentation». Graph affiche alors une boîte de dialogue «Format du graphique», comme celle présentée à la **figure J**.

Figure I

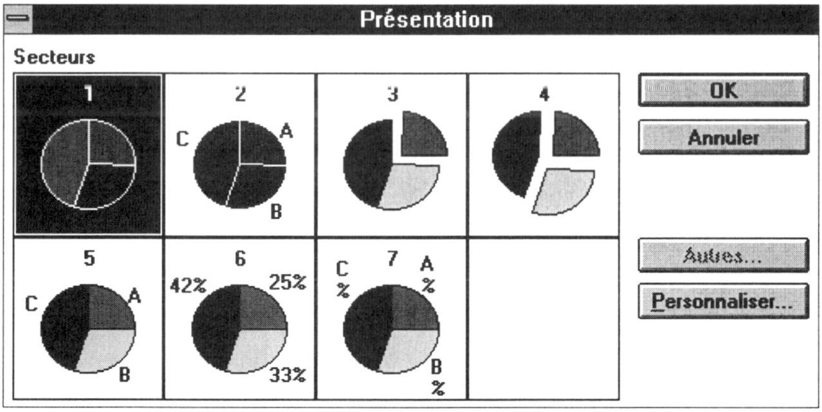

Le contenu des boîtes de dialogue «Présentation»varie en fonction du type de graphique choisi.

Vous pouvez alors choisir un type de format dans la liste déroulante *Type du graphique* et créer votre graphique en modifiant les options qui figurent dans la partie inférieure de la boîte de dialogue «Format du graphique» (vous pouvez aussi accéder à cette dernière au moyen de la commande «*Graphique*» du menu «Format».

Après avoir choisi un type de graphique à trois dimensions à partir du menu «Présentation», vous pouvez sélectionner la commande «*Vue 3D*» dans le menu «Format» ; Graph affiche alors une boîte de dialogue «Vue 3D» semblable à celle

Figure J

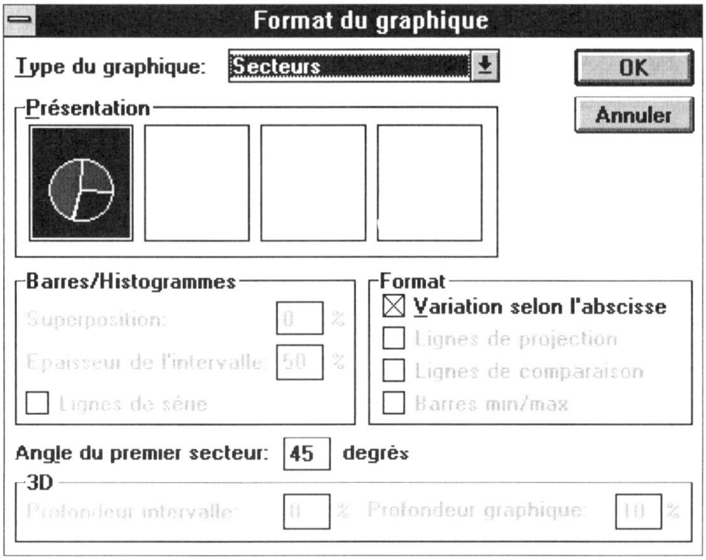

Diverses options vous permettent, dans cette boîte de dialogue, de personnaliser vos graphiques.

Figure K

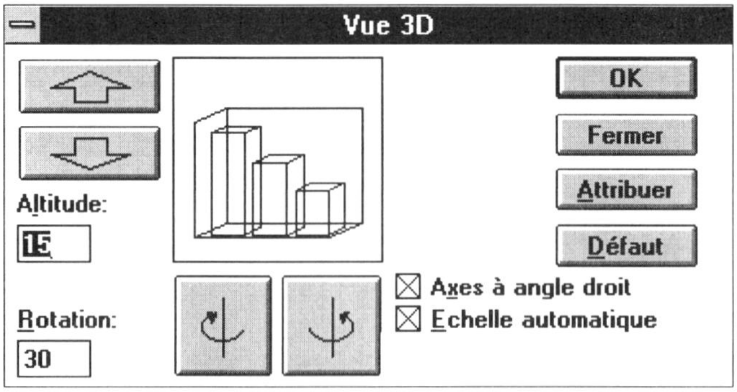

Cette boîte de dialogue permet de modifier l'angle du graphique.

présentée à la **figure K** (le contenu dépendant, là encore, du type de graphique 3D sélectionné).

Les options proposées dans cette boîte de dialogue vous permettent de modifier l'angle du graphique. Attention toutefois... s'il est vrai que vous pouvez créer de nombreuses vues différentes de votre graphique, les informations qu'il contient seront plus ou moins lisibles. C'est ainsi que les données de la **figure L** ne sont pas aussi claires que celles de la **figure A** bien que dans les deux cas, il s'agisse des mêmes données et du même type de graphique.

Dernière remarque : vous pouvez, bien entendu, modifier le type du graphique affiché par défaut en le remplaçant par celui de votre choix parmi ceux qui figurent dans le menu «Présentation». Ainsi, pour afficher un graphique de type Secteurs chaque fois que vous ouvrirez Graph, par exemple, choisissez la commande «*Secteurs...*» dans le menu «Présentation», puis sélectionnez l'un des formats proposés dans la boîte de dialogue «Présentation» et validez en cliquant sur le bouton <OK>. Sélectionnez ensuite la commande «*Définir comme graphique standard*» du menu «Fichier». Dès lors, chaque fois que vous ouvrirez Graph, le graphique proposé par défaut sera de type Secteurs.

Nous n'avons pas, loin s'en faut, présenté ici toutes les possibilités du module Graph mais cet aperçu devrait vous permettre de commencer à enrichir vos documents de graphiques convaincants.

Lorsque vous travaillez avec le module Graph, n'oubliez pas que vous pouvez à tout moment afficher des menus d'aide spécifiques à Graph et obtenir ainsi de nombreuses informations complémentaires.

Figure L

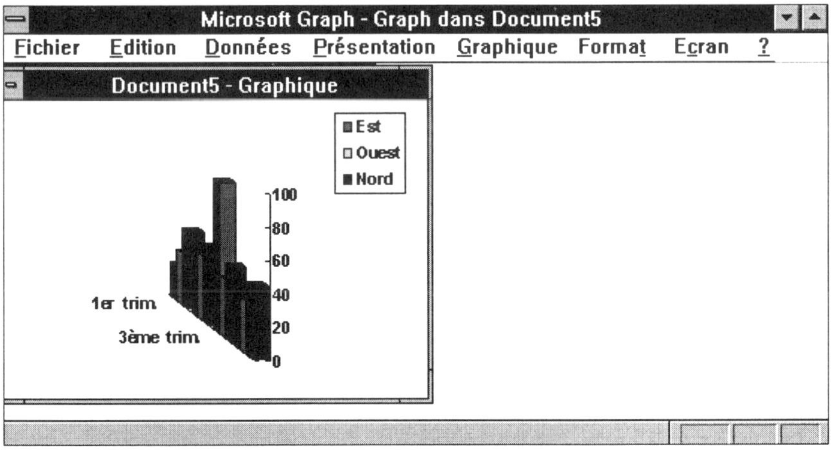

Certaines perspectives sont moins lisibles que d'autres.

Mettre du texte en valeur à l'aide d'une trame

Si vous avez déjà essayé d'appliquer une trame à un mot dans un paragraphe, vous avez certainement rencontré de nombreuses difficultés. En effet, Word 6.0, tout comme les versions précédentes, considère la trame comme un effet de style s'appliquant à un paragraphe et non à un mot.

Comme vous le savez certainement, la trame est cette ombre d'intensité nuançable de 5% à 90%, qui vous permet de mettre un bloc de texte en valeur. Les options de trame sont accessibles par la commande *«Bordure et trame»* du menu « Format », et c'est à vous d'en choisir l'intensité.

Cependant, si vous souhaitez appliquer une trame à un seul mot à l'intérieur d'un paragraphe, tout espoir n'est pas perdu. Il suffit de découvrir ensemble ces quelques manipulations qui rendront vos désirs réalisables...

Points de repère

Avec Word 6.0, pour ajouter une trame à un mot, il faut en fait transformer celui-ci en image, pour ensuite le réinsérer dans le texte en tant que tel.

Nous allons donc commencer par couper ce mot pour le placer dans un paragraphe isolé. Il faudra ensuite appliquer une trame au mot,en sélectionnant la commande *«Bordure et trame»* du menu «Format», ou en cliquant directement sur l'icône correspondante de la barre d'outils. Une fois cette manipulation effectuée, vous devrez de nouveau couper ce mot, que vous insérerez cette fois à l'aide de la commande *«Collage Spécial»* du menu «Edition», en sélectionnant l'option «Image». C'est cette image de votre mot qui retrouvera sa place dans le texte et qui permettra d'obtenir l'effet souhaité.

Figure A

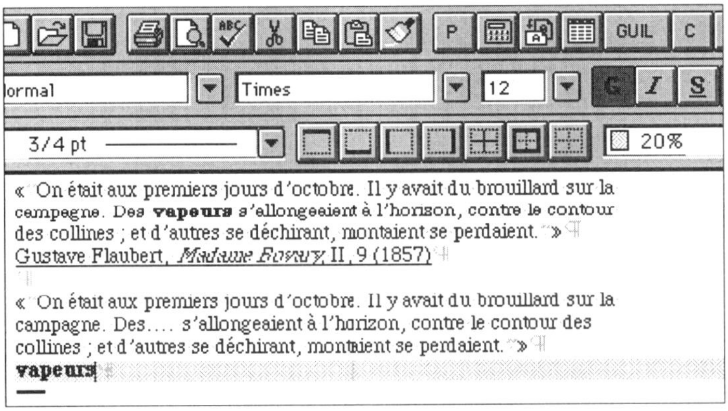

Pour appliquer une trame au mot ***vapeurs****, nous l'isolons dans un nouveau paragraphe.*

Transformer le texte en image

Reprenons à présent ces manipulations dans le détail à l'aide d'un exemple littéraire, puisqu'il s'agit d'un extrait de *Madame Bovary* de Flaubert.

Dans ce texte, nous avons décidé d'appliquer une trame au mot **vapeurs** (**figure A**). Il va donc nous falloir couper le mot hors de son contexte, puis le coller de façon à créer un nouveau paragraphe.

Une fois ces premières opérations effectuées, nous allons sélectionner le paragraphe à l'aide de la souris, en veillant à inclure la marque de fin de paragraphe ¶ dans la sélection.

L'étape suivante consiste à appliquer la trame proprement dite (dans notre exemple, nous avons opté pour une trame de 20%). Pour cela, il suffit de cliquer sur le bouton <Bordures> afin d'afficher la barre d'outils correspondante. Ceci aura pour effet de tramer votre mot, mais aussi tout l'espace qui le sépare de la marge. C'est ce petit défaut que nous pourrons corriger, lorsque nous aurons transformé le texte en *image*.

Il nous faut donc couper à nouveau le texte, mais cette fois-ci nous opterons pour la commande «*Collage spécial*» du menu «Edition» afin de le réinsérer dans le document.

Dans la boîte de dialogue suivante, il ne vous restera plus qu'à choisir l'option «Image» pour le collage, puis à valider votre sélection à l'aide du bouton <OK > (**figure B**).

Figure B

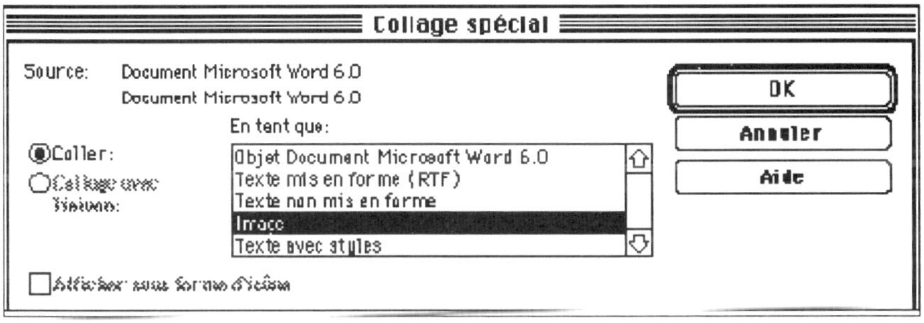

Dans la boîte de dialogue de «Collage Spécial» il faut sélectionner l'option «Image», puis valider par <OK>.

Figure C

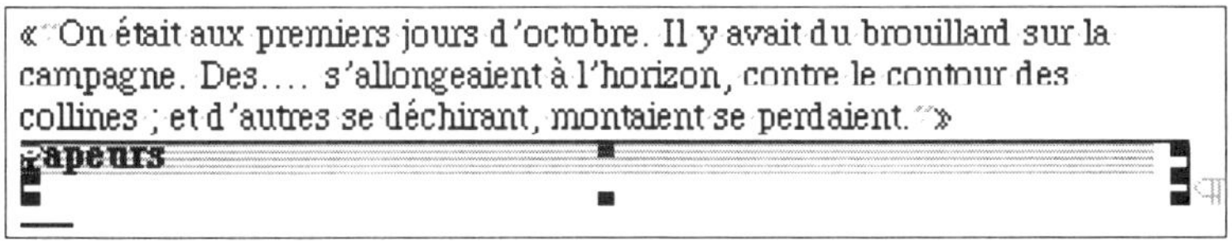

En réduisant la taille de ce cadre, vous pouvez éliminer aussi bien l'espace blanc situé en dessous du mot que l'excès de trame situé à sa droite.

Ajuster la trame

A ce stade, le texte a été transformé en image et c'est sur cette dernière que nous allons agir.

Quand vous pointez le curseur sur l'image, un cadre dont les bords sont ponctués de petits carrés apparaît. Il faut commencer par placer le pointeur de la souris sur une des bordures de ce cadre et, en maintenant le bouton de la souris enfoncé, appuyer simultanément sur la touche [Maj] de votre clavier pour faire glisser le curseur. Cette opération vous permet d'une part de réduire la taille du cadre et, d'autre part, d'éliminer aussi bien l'espace blanc situé en dessous du mot que l'excès de trame situé à sa droite (**figure C**). Le texte est à présent au bon format, et nous allons pouvoir le remettre à sa place initiale dans le document, en procédant par simple copier/coller.

Maintenant que les *vapeurs* flaubertiennes ont retrouvé leur place d'origine, nous allons pouvoir corriger un dernier léger défaut de mise en page, dû au décalage du texte tramé par rapport au reste de la ligne.

Pour rectifier cette anomalie, il vous faut choisir la commande «*Caractères*» du menu «Format» et, dans la première boîte de dialogue proposée, sélectionner l'onglet *Espacement*. Dans la seconde boîte de dialogue qui s'ouvre ensuite (**figure D**), placez le curseur en regard de la zone de texte *Position sur la ligne* et choisissez l'option «Décalage Bas», dans la liste déroulante. Le décalage proposé par défaut est de 3 points, mais dans la plupart des cas, 2 points sont plus appropriés. Nous pouvons à présent valider nos sélections à l'aide du bouton <OK>

Figure D

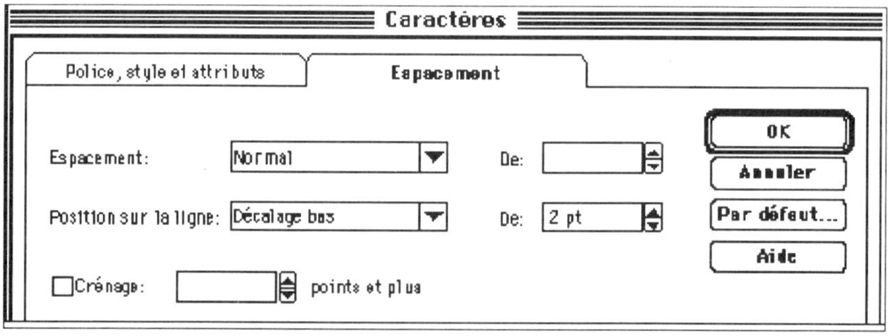

En face de l'option «Décalage bas», inscrire 2 pt pour que le texte tramé soit bien dans l'alignement du reste de la phrase.

Figure E

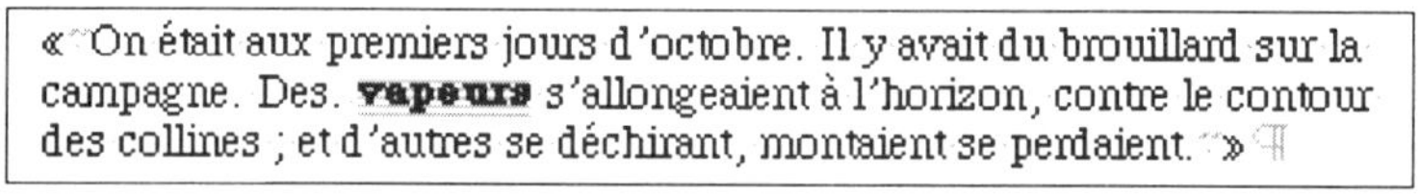

Les vapeurs ont retrouvé leur place d'origine, trame en plus.

et constater que le mot a bien repris sa place dans l'alignement général, comme illustré à la **figure E**.

Trames et bordures : une seule technique, plusieurs effets

Bien que l'ensemble de ces manipulations puisse sembler un peu long pour une simple trame lors d'une première réalisation, vous vous apercevrez que, dès la deuxième ou la troisième mise en page de ce type, le tout se déroulera en un tour de main. Pour vous aider et vous encourager à reproduire ces effets de trame, nous avons regroupé la séquence des opérations à réaliser dans le **tableau A** que nous vous invitons à conserver.

Comme vous avez pu le constater, il s'agissait ici d'appliquer à un bloc de texte placé à l'intérieur d'un paragraphe une mise en forme prévue à l'origine pour le paragraphe dans son ensemble. Les quelques opérations que nous avons dû réaliser pour appliquer cette trame sont d'ailleurs tout à fait transposables à un autre style, et particulièrement aux bordures. Ainsi, si vous le souhaitez, vous pouvez recommencer l'exercice précédent en remplaçant la trame par une double bordure (supérieure et inférieure) et obtenir un effet de ce type qu'il vous sera impossible de réaliser autrement. A vous d'en trouver d'autres !

Tableau A

	Résumé des différentes manipulations
1.	Sélectionner le texte que vous souhaitez tramer et cliquez sur .
2.	Coller le texte dans un nouveau paragraphe en cliquant sur .
3.	Appliquer une trame à votre mot en choisissant l'icône , puis en optant pour la valeur de trame de votre choix.
4.	Sélectionner de nouveau votre texte, en veillant à inclure la marque de fin de paragraphe ¶, et placer le curseur sur . Couper ensuite le texte.
5.	Pour coller, choisir la commande «*Collage Spécial*» du menu «Edition». Dans la boîte de dialogue, sélectionner l'option «Image»et valider par <OK>.
6.	Pour réduire la trame à la taille du mot, appuyer simultanément sur le bouton de la souris et sur la touche [Maj] de votre clavier afin d'ajuster le cadre et d'enlever l'espace blanc superflu.
7.	Replacer maintenant le texte à sa place originale, en effectuant un couper/coller.
8.	Pour aligner le mot tramé avec le reste de la ligne, choisir la commande «*Caractères*» du menu «Format» et l'onglet *Espacement* puis, dans la zone de texte *Position sur la ligne*, opter pour l'option «Décalage Bas». Pour finir, corriger l'espacement de 3 points, proposé par défaut, par 2 points qui seront plus appropriés. Valider par <OK>. Le tour est joué.

Enrichir ses documents à l'aide de lettrines graphiques

Word pour Windows vous offre un large éventail de commandes et de fonctionnalités pour améliorer la présentation de vos documents, en commençant par les commandes du menu «Format», revisitées dans la version 6.0. Parmi celles-ci figure, en effet, la commande «*Lettrine*» dont vous pouvez facilement détourner les fonctionnalités premières : utiliser des images à la place des lettres traditionnelles, qu'il s'agisse de *cliparts* fournis avec l'ap-

Figure A

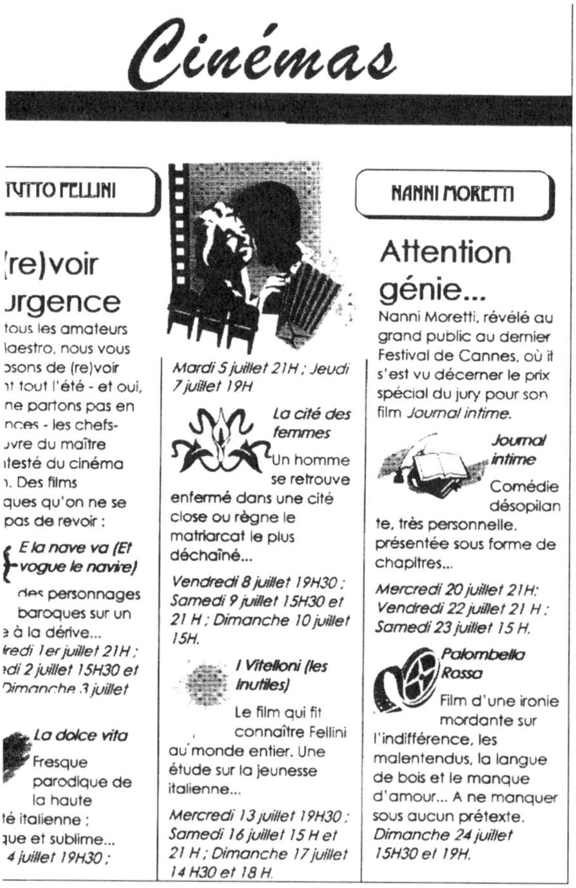

Cinémas

TUTTO FELLINI

(re)voir
urgence
tous les amateurs
laestro, nous vous
osons de (re)voir
nt tout l'été - et oui,
ne partons pas en
nces - les chefs-
uvre du maître
testé du cinéma
. Des films
ques qu'on ne se
pas de revoir :

E la nave va (Et vogue le navire)
des personnages
baroques sur un
à la dérive...
redi 1er juillet 21H ;
di 2 juillet 15H30 et
Dimanche 3 juillet

La dolce vita
Fresque
parodique de
la haute
té italienne ;
que et sublime...
4 juillet 19H30 ;

Mardi 5 juillet 21H ; Jeudi 7 juillet 19H

La cité des femmes
Un homme se retrouve enfermé dans une cité close ou règne le matriarcat le plus déchaîné...
Vendredi 8 juillet 19H30 ; Samedi 9 juillet 15H30 et 21 H ; Dimanche 10 juillet 15H.

I Vitelloni (les Inutiles)
Le film qui fit connaître Fellini au monde entier. Une étude sur la jeunesse italienne...
Mercredi 13 juillet 19H30 ; Samedi 16 juillet 15 H et 21 H ; Dimanche 17 juillet 14 H30 et 18 H.

NANNI MORETTI

Attention
génie...
Nanni Moretti, révélé au grand public au dernier Festival de Cannes, où il s'est vu décerner le prix spécial du jury pour son film *Journal intime*.

Journal intime
Comédie désopilante, très personnelle, présentée sous forme de chapitres...
Mercredi 20 juillet 21H; Vendredi 22 juillet 21 H ; Samedi 23 juillet 15 H.

Palombella Rossa
Film d'une ironie mordante sur l'indifférence, les malentendus, la langue de bois et le manque d'amour... A ne manquer sous aucun prétexte.
Dimanche 24 juillet 15H30 et 19H.

Des images positionnées comme lettrines permettent d'enrichir facilement la présentation de vos documents.

plication, comme sur notre exemple de la **figure A**, ou d'images que vous créerez avec Draw ou Paintbrush.

La technique est un peu plus complexe pour vous, utilisateurs de la version 2.0, mais reste néanmoins possible, comme nous allons le voir.

La commande «Lettrine» du menu «Format»

Nouveauté par rapport à la version 2.0, une commande «*Lettrine*» est désormais disponible dans le menu «Format» de la version 6.0 de Word pour Windows. Cette commande permet de créer automatiquement des lettrines – effet de style qui consiste à agrandir l'initiale ou les premières lettres d'un mot et à habiller le texte (l'ajuster) autour de cette initiale.

La version 2.0 de Word pour Windows ne propose pas de commande «*Lettrine*» intégrée, ce qui ne signifie pas toutefois que la création de lettrine soit impossible. Pour créer des lettrines dans la version 2.0, vous pouvez faire appel à une macro disponible dans le fichier NOUVMACR.DOC, intitulée *Lettrine*, que vous pouvez facilement associer à un bouton sur la barre d'outils afin de l'exécuter plus aisément.

A ce propos, n'hésitez pas à consulter les fichiers NOUVMACR.DOC et PSS.DOC contenus dans le répertoire d'installation de Word pour Windows : vous y découvrirez des macros "prêtes à l'emploi" qui, sans nul doute, vous rendront de nombreux services !

Mais revenons à la création de lettrines avec Word 6.0. Commencez par positionner le curseur dans le paragraphe que vous voulez voir orné d'une lettrine et choisissez la commande «*Lettrine*» dans le menu «Format». Vous pouvez procéder de manière identique si vous souhaitez afficher un mot entier en lettrine : dans ce cas, il vous suffit de sélectionner ce mot et de choisir la commande «*Lettrine*». Quel que soit le type de lettrine que vous voulez créer (initiale ou mot),vous

Figure B

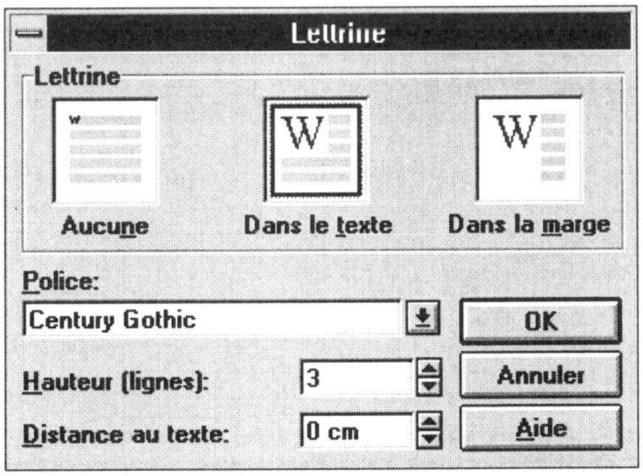

La boîte de dialogue «Lettrine» permet de définir les paramètres d'affichage des lettrines.

avez alors accès à la boîte de dialogue illustrée à la **figure B**, dans laquelle vous pouvez définir l'apparence et les paramètres d'affichage de la lettrine.

Comme la figure B permet de le constater, vous disposez de deux options de positionnement distinctes pour la lettrine, «Dans le texte» et «Dans la marge» qui sont, pour plus de clarté, représentées par deux schémas dans la partie supérieure de la boîte de dialogue «Lettrine».

Une troisième option «Aucune», également associée à un schéma, permet de supprimer la lettrine définie pour un mot. Il vous suffit, dans ce cas, de sélectionner dans votre document la lettrine à supprimer, puis l'option «Aucune» dans la boîte de dialogue.

L'option «Dans le texte» permet, comme son nom l'indique, de positionner la lettrine dans le texte, le long de la marge gauche définie pour le paragraphe – des marges différentes pouvant, en effet, être définies pour chaque paragraphe de texte de votre document – et d'articuler le texte autour. C'est de cette option dont nous allons tirer parti pour créer les lettrines graphiques qui illustrent abondamment notre document exemple de la **figure A**.

La seconde option de positionnement, intitulée «Dans la marge», permet d'afficher la lettrine dans la marge gauche définie pour le paragraphe. Selon l'effet recherché, vous choisirez alors l'une ou l'autre de ces options.

Outre les options de positionnement, la boîte de dialogue «Lettrine» vous permet de déterminer la police d'affichage, la hauteur et la distance au texte. Ainsi, vous pouvez décider d'afficher la lettrine dans une police différente de celle du corps du texte en sélectionnant la police de votre choix dans la liste déroulante *Police*. Pour spécifier la hauteur (en lignes) choisie pour l'affichage de la lettrine, il vous suffit d'entrer un chiffre dans la zone de texte *Hauteur (lignes)* de la boîte de dialogue. De la même manière, pour définir la distance au texte, c'est-à-dire l'espacement souhaité entre la lettrine et le reste du paragraphe, vous entrez simplement un espacement (en centimètres) dans la zone de texte *Distance au texte*.

Figure C

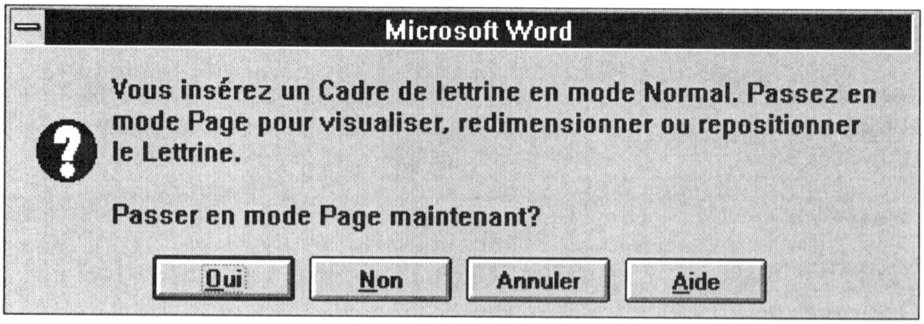

Cliquez sur le bouton <Oui> pour passer en mode Page et visualiser la lettrine dans votre document.

Une fois les paramètres définis dans la boîte de dialogue «Lettrine», la boîte de dialogue illustrée à la **figure C** s'affiche lorsque vous travaillez en mode Normal. Cliquer alors sur <Oui> pour basculer en mode Page et visualiser la lettrine dans votre document, comme sur notre exemple de la **figure D**.

Créer des lettrines graphiques

Le principe de fonctionnement des lettrines reste applicable dans ses grandes lignes lorsque vous décidez d'utiliser des images au lieu de caractères. Cela dit, vous devez néanmoins commencer par insérer l'image dans votre document (toutes les images que nous avons utilisées pour créer notre document exemple

Figure D

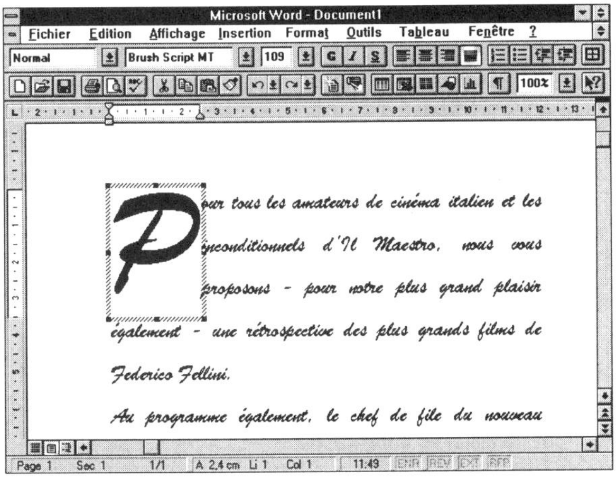

La lettrine est insérée automatiquement dans votre document, à partir des paramètres définis dans la boîte de dialogue «Lettrine».

Figure E

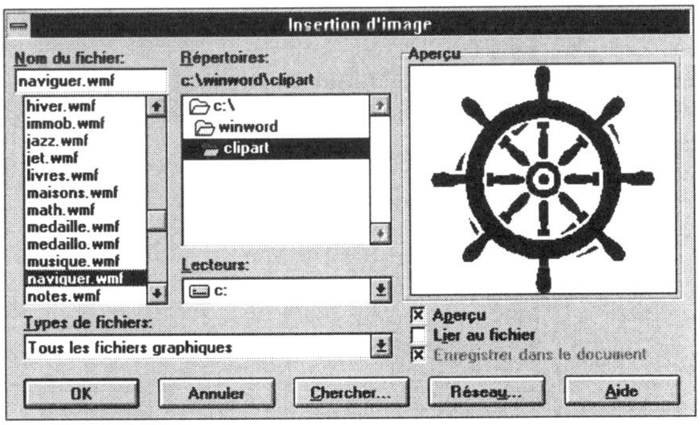

Dans la boîte de dialogue «Insertion d'image», sélectionnez l'image que vous souhaitez utiliser pour enrichir votre document.

de la figure A sont livrées avec la version 6.0 de Word pour Windows et sont stockées dans le répertoire CLIPART).

Pour insérer une image, sélectionnez la commande «*Image*» dans le menu «Insertion». Dans la boîte de dialogue «Insertion d'image» qui s'affiche alors (**figure E**), il vous suffit désélectionner l'image que vous souhaitez insérer dans votre document (activez l'option «Aperçu» pour la prévisualiser) et de cliquer sur le bouton <OK>. Vous revenez alors à votre document qui, à ce stade, se présente comme sur notre exemple de la **figure F**.

Pour créer une lettrine à partir de cette image, cliquez sur cette dernière pour la sélectionner (les poignées s'affichent alors) et choisissez la commande «*Lettrine*» dans le menu «Format». Définissez alors les paramètres d'affichage de la

Figure F

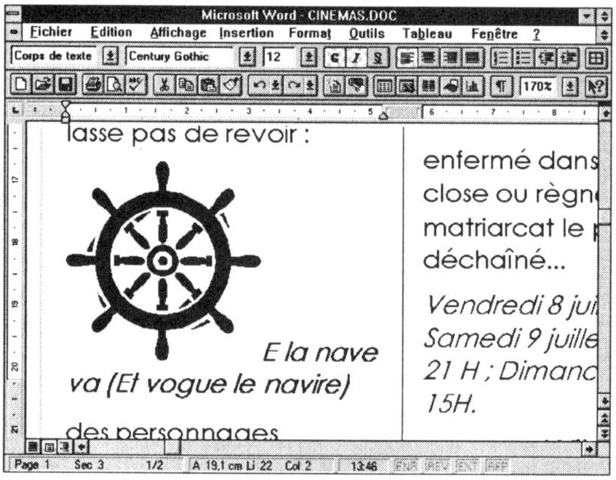

Vous devez commencer par insérer dans votre document l'image à positionner en lettrine.

Figure G

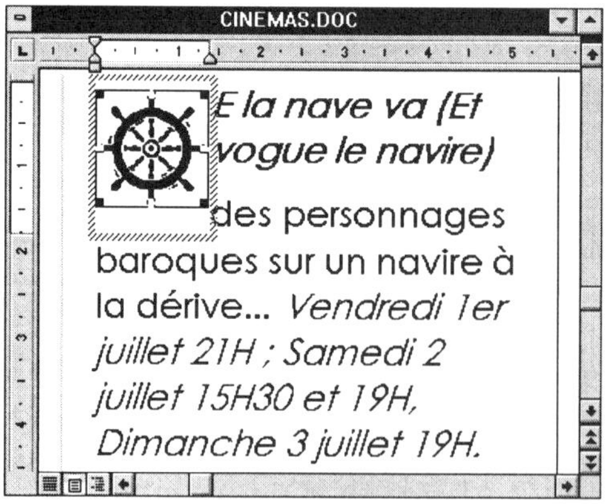

L'image est automatiquement positionnée en lettrine lorsque vous revenez à votre document Word.

lettrine, comme nous l'avons expliqué précédemment, et cliquez sur le bouton <OK> pour les valider. Lorsque vous revenez à votre document Word, l'image est positionnée en lettrine, comme la **figure G** permet de le vérifier.

Si vous utilisez Word 2.0...

La version 2.0 de Word pour Windows ne disposant pas de commande «*Lettrine*», vous pouvez utiliser la macro *Lettrine* et appliquer la technique présentée pour la version 6.0. Si vous ne souhaitez pas charger la macro, vous pouvez également procéder de façon manuelle.

Pour ce faire, saisissez tout d'abord le texte du paragraphe auquel vous voulez associer une lettrine graphique. Choisissez ensuite la commande «*Image*» dans le menu «Insère» puis, dans la boîte de dialogue «Image», sélectionnez l'image à insérer – vous pouvez utiliser le bouton <Aperçu> de cette boîte de dialogue pour la prévisualiser – et cliquez sur le bouton <OK>. L'image est alors insérée dans votre document. Comme vous allez l'utiliser comme lettrine pour un paragraphe, vous devrez peut-être réduire sa taille. Pour cela, cliquez sur l'image pour faire apparaître les poignées et choisissez la commande «*Image*» dans le menu «Format». Dans la boîte de dialogue qui s'affiche, modifiez les valeurs affichées à la section *Echelle* ou, si vous préférez définir une dimension exacte, entrez les mesures de votre choix à la section *Dimension* de cette boîte de dialogue.

Il ne vous reste plus qu'à positionner cette image. Pour cela, vous devez impérativement l'entourer d'un cadre. Sélectionnez de nouveau l'image et choisissez la commande «*Cadre*» dans le menu «Insère», ou cliquez sur le bouton <Cadre> de la barre d'outils. Si vous travaillez en mode Normal, vous obtenez alors un message similaire à celui de la **figure C**. En réponse à ce message, cli-

Figure H

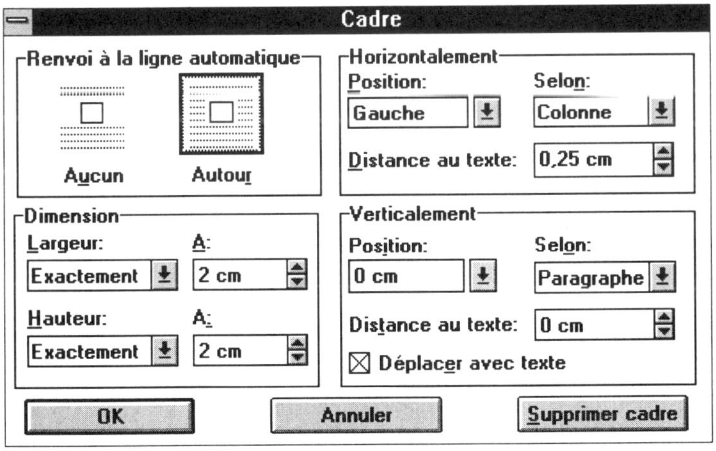

Avec la version 2.0, vous devrez modifier la taille du cadre si vous avez réduit celle de l'image.

quez sur <Oui> pour basculer en mode Page. Le cadre étant inséré, vous allez modifier ses dimensions et son positionnement dans la boîte de dialogue «Cadre», illustrée à la **figure H**.

Si vous avez modifié la taille de l'image, ajustez les dimensions du cadre à la section *Dimension* de cette boîte de dialogue, ainsi que la distance au texte. Cette opération terminée, vous obtenez une présentation de l'image similaire à celle réalisée avec la commande «*Lettrine*» de Word 6.0.

Même si la technique présentée est plus longue avec la version 2.0, elle reste néanmoins assez simple à réaliser et vous permet d'enrichir facilement vos documents, des dessins ou des images valant souvent mieux que de longues explications...

Mettre du texte en relief dans vos documents Word

Sans être un logiciel graphique ou de PAO, Word pour Windows dispose de nombreuses fonctionnalités qui vous permettent de créer facilement et rapidement des présentations professionnelles et originales.

Lorsqu'une fonctionnalité graphique particulière n'existe pas, il ne faut pas en conclure que sa réalisation sous Word est impossible. Avec un peu de patience et d'ingéniosité, vous serez étonné des résultats que l'on peut obtenir. Si vous souhaitez présenter vos documents de manière originale – mais qui reste professionnelle – vous pouvez, grâce à la technique que nous vous proposons ici, créer un effet de relief sur du texte, ce qui sera du meilleur effet pour réaliser, entre autres, les titres ou les pages de garde de vos documents.

Points de repère

L'effet de relief est créé grâce au module de dessin de Word 6.0 (module Draw dans la version 2.0), accessible grâce au bouton de la barre d'outils. Le texte mis en relief est de la même couleur que l'arrière-plan mais reste lisible grâce aux effets d'ombre et de lumière. Ce sont ces effets qui, d'ailleurs, créent cet impact visuel.

Ces effets sont obtenus en superposant trois copies de l'objet texte : sur la première, le texte est en blanc ; sur la seconde, il est en noir ; sur la troisième, enfin, il est de la même couleur que l'arrière-plan. Sans trop entrer dans les détails, le texte en blanc permet de créer les effets de lumière et le texte en noir, de créer les effets d'ombre. Le texte de la même couleur que l'arrière-plan consti-

Tableau A

ETAPES DE CRÉATION D'UN TEXTE EN RELIEF
1. Ouvrir le module de dessin de Word.
2. Dessiner un rectangle et choisir une couleur de remplissage pour l'arrière-plan (couleur ou nuance de gris).
3. Saisir le texte en blanc et effectuer la mise en forme.
4. Dupliquer le rectangle de texte et modifier la couleur des caractères sur ce dernier (choisir le noir).
5. Placer l'exemplaire dupliqué (noir) sur le texte d'origine en le décalant légèrement vers la droite.
6. Effectuer une nouvelle copie du texte en blanc et lui attribuer la couleur choisie pour l'arrière-plan.
7. Placer cet exemplaire entre le texte blanc et le texte noir.
8. Revenir au document Word.

tue, quant à lui, le texte de base, celui qui sera directement lisible. En décalant légèrement la copie en noir vers la droite et celle en blanc vers la gauche par rapport au texte de base (de la même couleur que l'arrière-plan), on créera des effets d'ombre et de lumière et, par conséquent, une mise en relief. Le **tableau A** résume les différentes étapes à suivre pour créer cet effet.

La technique que nous vous proposons peut être utilisée aussi bien avec un écran monochrome qu'avec un écran couleur.

La pratique par l'exemple

Nous allons voir maintenant en détail les différentes étapes de la création d'un texte en relief, comme celui illustré à la **figure A**.

Commencez par ouvrir un nouveau document et cliquez sur le bouton de la barre d'outils. Vous basculez automatiquement en mode Page et la barre d'outils *Dessin* s'affiche au bas de la fenêtre de document. Choisissez l'outil rectangle et dessinez un rectangle d'environ 10 cm sur 5 cm, en vous aidant de la règle. Vous pouvez également entrer ces mesures précises dans la boîte de dialogue «Dessin», accessible par la commande «*Options de dessin*» du menu «Format» : tapez alors les dimensions choisies dans les zones de texte *Hauteur* et *Largeur* de la section *Taille*.

Le rectangle étant toujours sélectionné, sélectionnez l'outil Couleur de remplissage , puis l'option «Gris clair» dans la palette des couleurs disponibles. Par défaut, cette surface est en arrière-plan, c'est-à-dire que tous les éléments que nous allons ajouter par la suite (texte ou autre) se superposeront à ce rectangle, dans leur ordre de création, générant ainsi autant de couches que d'éléments.

Si, dans vos créations ultérieures, vous ne réalisez pas le rectangle de fond en premier, il vous sera toujours possible de modifier l'ordre des couches en cliquant sur le bouton <Arrière-plan> , le rectangle étant sélectionné.

Figure A

Tous les outils nécessaires sont disponibles dans Word pour créer un effet de relief sur du texte.

Dans notre exemple, si vous suivez étape par étape la procédure indiquée, vous n'aurez pas besoin d'utiliser cette fonction.

■ Créer les effets de lumière

Vous disposez maintenant de la surface de base dans laquelle vous allez pouvoir saisir votre texte et le dupliquer. Pour cela, sélectionnez l'outil Zone de texte et dessinez une zone de texte plus petite que le rectangle de couleur (pour faciliter la duplication ultérieure). Saisissez ensuite le texte à mettre en relief, dans la police de votre choix (*musica*, dans notre exemple, formaté en police Century SchoolBook 72 points) et centrez-le. Dans le menu «Format», choisissez la commande «*Caractères*», puis l'option «Blanc» dans la liste déroulante *Couleur*. A ce stade, votre document se présente comme sur notre exemple de la **figure B**.

■ Créer les effets d'ombre

Vous allez maintenant dupliquer le texte saisi et vous servir de cette copie pour créer les effets d'ombre. Commencez par sélectionner la zone de texte et choisissez la commande «*Copier*» du menu «Edition» (ou le raccourci clavier [Ctrl][C]). Cliquez maintenant sur le rectangle de couleur pour le sélectionner et choisissez la commande «*Coller*» dans le menu «Edition» (ou utilisez le raccourci clavier [Ctrl][V]). Le texte est immédiatement collé dans le rectangle. Avant toute autre

Figure B

Ce premier rectangle permet de créer l'effet de lumière lors du relief.

opération, vous devez supprimer la couleur de remplissage de l'exemplaire copié. Pour cela, sélectionnez cet exemplaire, cliquez sur l'outil Couleur de remplissage et choisissez l'option «Aucune». Vous allez également changer la couleur des caractères (toujours à l'aide de la commande «*Caractères*») et formater le texte en noir. Utilisez maintenant les flèches directionnelles pour que le texte noir recouvre très exactement le texte blanc (pour un réglage fin, utilisez la combinaison de touches [Ctrl][→] ou [←]). Ces opérations effectuées, votre document se présente comme sur la **figure C**. Le texte dupliqué étant toujours sélectionné, appuyez trois fois sur la touche [→] du clavier, tout en maintenant la touche [Ctrl] enfoncée, pour le décaler légèrement, comme illustré sur la **figure D**.

Si toutefois le texte noir apparaît sous le texte blanc, il faudra le faire passer au premier plan. Il suffira de cliquer sur l'outil Premier plan de la barre d'outils Dessin.

Attention cependant : lors de vos tentatives ultérieures, évitez les créations par trop anarchiques. En effet, Word ne gère que les notions de premier plan et d'arrière-plan, c'est-à-dire premier de la liste ou dernier de la liste. Si vous n'utilisez que deux "couches", vous ne rencontrerez aucun problème. Au-delà de ce chiffre, votre réalisation s'apparentera rapidement à un casse-tête chinois !

Figure C

Vous devez supprimer la couleur d'arrière-plan de la zone de texte dupliquée.

■ Créer le texte de base

Les deux copies que vous venez de réaliser grâce aux outils de dessin permettent, comme nous venons de le voir, de créer les effets de lumière et d'ombre qui vont donner cette illusion de relief. Il vous reste maintenant à créer le texte de base, celui qui sera directement lisible sur le document (sans pour autant masquer les effets de lumière et d'ombre).

Pour créer ce dernier exemplaire, vous allez répéter l'opération précédente en attribuant cette fois au texte la couleur définie pour l'arrière-plan (*Gris clair*, dans notre exemple). Commencez par sélectionner la zone contenant le texte en blanc et effectuez-en une nouvelle copie. Sur l'exemplaire obtenu, modifiez la couleur de l'arrière-plan au moyen de l'outil Couleur de remplissage en choisissant «Aucune», puis appliquez au texte la même couleur que celle du rectangle de fond (*Gris clair*, dans notre exemple). Il faut maintenant placer ce texte très exactement entre le texte noir et le texte blanc. Utilisez les flèches du clavier pour un placement grossier, puis affinez le réglage grâce à la combinaison [Ctrl][→], qui déplace le texte plus finement. Si vous éprouvez quelques difficultés à placer le texte gris sur fond gris, choisissez une autre couleur dans un premier temps (*rouge*, par exemple), placez-le correctement puis rétablissez la couleur définitive.

Figure D

Décalez légèrement l'exemplaire dupliqué.

Les valeurs noir et blanc pour ombre et lumière ne sont pas obligatoires. Depuis les impressionnistes, on sait que les ombres sont colorées, comme la lumière. Si vous ne maîtrisez pas la notion de couleur complémentaire qu'ils utilisaient, vous pouvez laisser libre cours à votre imagination, en veillant, tout de même, à ce que l'ombre soit plus foncée que la lumière, faute de quoi l'effet sera perdu.

Vous pouvez *épaissir* les valeurs d'ombre et de lumière en augmentant le décalage, à droite comme à gauche. Votre texte sera ainsi d'un relief plus important. La seule limite est constituée par l'épaisseur des lettres elles-mêmes.

L'effet de mise en relief, facile à réaliser dans Word, permet de réaliser des présentations originales qui rehaussent l'impact visuel de vos documents. Les pages de garde et pages de titre y gagnent beaucoup et peuvent donner à un document relié un aspect véritablement professionnel.

Si vous utilisez Word 2.0 pour Windows

Les utilisateurs de la version 2.0 de Word feront appel au module Draw. La procédure est pratiquement identique et sensiblement plus simple que sous Word 6. Seul point à noter, l'utilisation des flèches pour le placement des textes est impossible. Il faudra manipuler délicatement la souris... en ayant eu soin de désactiver la commande «*Aligner sur le quadrillage*» du menu «Outils», qui positionne automatiquement les blocs.

Créer des présentoirs avec WordArt

S'il vous est arrivé d'organiser des séminaires ou des conférences réunissant plusieurs personnes, vous avez certainement dû préparer des présentoirs nominatifs permettant d'identifier les participants. D'ordinaire, pour réaliser de tels présentoirs, la plupart des gens restent très classiques : ils inscrivent les noms sur une feuille de papier à l'aide d'un marqueur. Pourtant, Word permet de réaliser et d'imprimer des présentoirs plus attrayants et lisibles que leurs homologues manuscrits. Le programme WordArt, associé à la commande «*Cadre*» de Word, vous offre les moyens de réaliser toutes les opérations nécessaires très simplement, et beaucoup plus vite.

Points de repère

La **figure A** illustre le résultat que vous pouvez obtenir grâce aux fonctions de mise en page de la version 6 de Word. Comme vous pouvez le constater, il s'agit d'une feuille A4 pliée dans le sens de la longueur, sur laquelle le nom de la personne est inscrit de chaque côté. Toute l'astuce consiste à imprimer l'un des noms à l'envers. Pour y parvenir, il suffit d'utiliser un des effets spéciaux de WordArt, qui permet de faire subir une rotation de 180° à un texte.

La création d'un tel présentoir est une opération extrêmement simple. Elle s'effectue sur un format de page Paysage (à l'italienne), à l'aide du module WordArt, dans lequel vous créez un objet texte de grande taille, auquel vous appliquerez ensuite une rotation.

Une fois ce premier nom créé, il vous suffira d'en faire une copie et de le positionner "normalement" (sans lui appliquer de rotation) dans le document.

Figure A

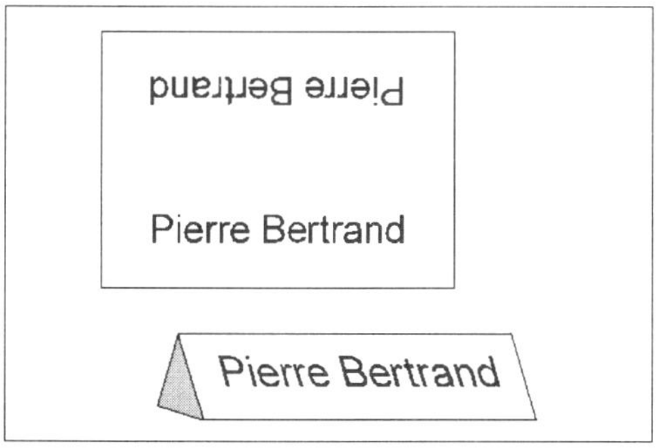

WordArt et les commandes «Cadre» de Word vous permettent de réaliser très simplement des présentoirs.

Vous placerez ensuite cette copie dans un cadre et vous positionnerez le cadre en bas du document.

Définir la mise en page du document

Dans un premier temps, vous devez créer un nouveau document et le disposer à l'italienne. Sélectionnez la commande «*Nouveau...*» dans le menu «Fichier» ou cliquez sur le bouton <Nouveau document>. Ensuite, choisissez la commande «*Mise en page*» dans le menu «Fichier». Dans la boîte de dialogue «Mise en page», sélectionnez l'onglet *Marges*, et vérifiez que la valeur des marges supérieure et inférieure est bien *2,5 cm*. Sélectionnez ensuite l'onglet *Taille* et activez la case d'option <Paysage> à la section *Orientation* (**figure B**). Cliquez sur <OK> pour valider vos modifications.

Si vous utilisez la version Macintosh, cliquez sur <Format d'impression> dans l'onglet *Marges* et sélectionnez l'orientation à l'italienne.

Créer l'objet WordArt

Une fois revenu dans le document, vous devez créer le texte du présentoir dans WordArt. A cet effet, choisissez, dans le menu «Insertion», la commande «*Objet*». Dans la boîte de dialogue «Insertion d'objet», choisissez l'option «Microsoft WordArt 2.0» et cliquez sur le bouton <OK>. Vous accédez alors directement au module WordArt et à sa barre de menus spécifique, présentés à la **figure C**.

Dans la fenêtre de saisie intitulée «Tapez votre texte ici», saisissez le nom qui doit figurer sur votre présentoir à la place du texte par défaut (*Pierre Bertrand*, dans notre exemple) et cliquez sur le bouton <Mettre à jour l'affichage> (bou-

Figure B

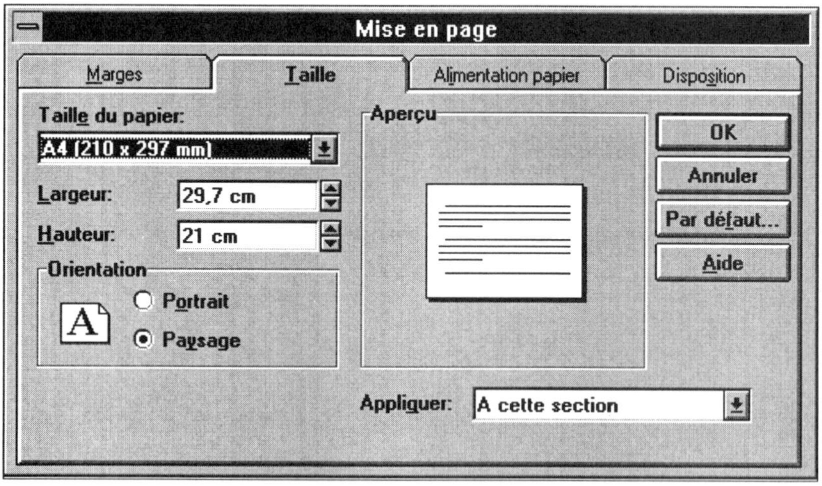

Dans la boîte de dialogue «Mise en page», activez la case d'option <Paysage>.

ton <Appliquer> sur Macintosh). Ensuite, dans la liste déroulante de taille des caractères, remplacez la valeur par défaut «Ajuster» par «96». Si le nom est très long, choisissez une taille inférieure, telle que 84 ou 72, pour qu'il tienne sur la page. Vous pouvez vérifier que le nom n'excède pas la largeur de la page en cliquant sur le bouton <Mode page>, à gauche de la barre de défilement horizontale. Cliquez maintenant sur le bouton. WordArt affiche alors la boîte de dialogue «Effets spéciaux», présentée à la **figure D**. A la section *Rotation*, tapez

Figure C

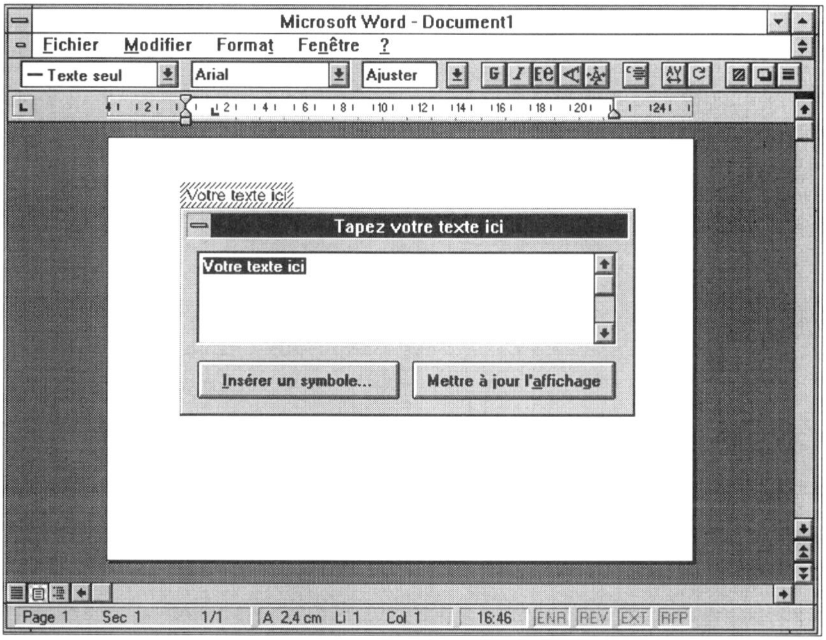

Vous avez directement accès aux fonctionnalités du module WordArt.

Figure D

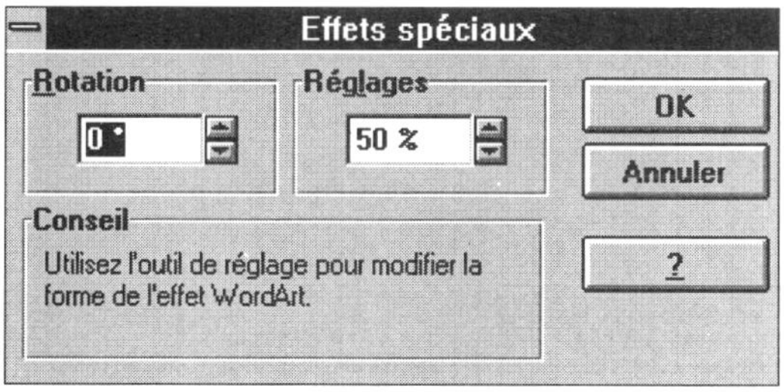

La commande «Rotation et effets spéciaux» de WordArt permet de définir la rotation et l'inclinaison du texte...

180°. A mesure que vous tapez les chiffres, Word repositionne le texte sur la page. Une fois la valeur de rotation saisie, cliquez sur le bouton <OK> pour valider les modifications (puis <Appliquer> sur Macintosh). Vous devez obtenir le résultat présenté à la **figure E**.

Comme vous avez utilisé une police de caractères de grande taille, il se peut que Word affiche une boîte de dialogue demandant s'il doit agrandir l'objet WordArt, afin que le texte soit correctement affiché (**figure F**). Le cas échéant, confir-

Figure E

...et d'obtenir des résultats étonnants.

Figure F

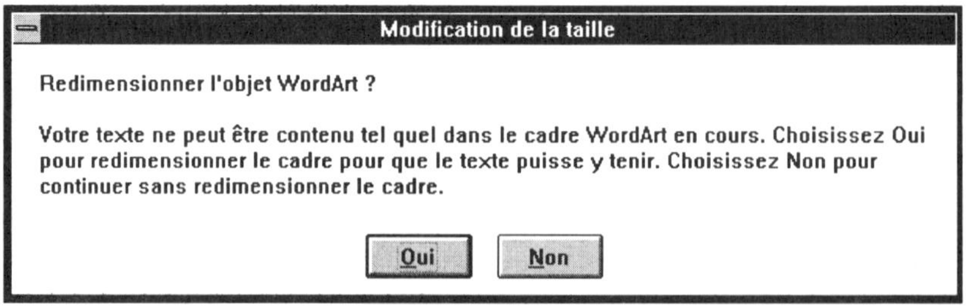

Word effectue automatiquement le redimensionnement de l'objet WordArt, après confirmation de votre part.

mez l'agrandissement et l'insertion de l'objet en cliquant sur le bouton <Oui>.

Cliquez ensuite à un endroit quelconque de la fenêtre de Word afin de quitter WordArt et revenir à votre document Word. Cliquez sur l'objet afin de le sélectionner, puis sur le bouton <Centrer> pour le centrer entre les marges du document. Ensuite, copiez l'objet en cliquant simplement sur le bouton <Copier> de la barre d'outils.

Appuyez alors sur la touche [➡] pour désélectionner l'objet et placer le curseur en fin de paragraphe. Appuyez deux fois de suite sur la touche [Entrée], afin de laisser un espace suffisant, puis cliquez sur <Coller> pour insérer une copie de l'objet dans le document Word.

Vous devez à présent modifier la deuxième copie du nom afin qu'elle apparaisse à l'endroit, et puisse figurer de l'autre côté du présentoir lorsque vous le replierez.

En premier lieu, cliquez deux fois sur la copie que vous venez d'insérer. Vous accédez de nouveau au module WordArt. Cliquez sur le bouton pour afficher la boîte de dialogue «Effets spéciaux». A la section *Rotation*, vous allez, cette fois, taper **0°** et cliquer sur le bouton <OK> pour valider les modifications (puis <Appliquer> sur Macintosh).

Figure G

Après avoir repositionné le cadre, vous obtenez le résultat ci-dessus.

Positionner l'objet

Voyons maintenant comment positionner le deuxième exemplaire du nom, à l'aide de la commande «*Cadre*» de Word. Cliquez sur l'objet pour le sélectionner, puis sur le bouton <Cadre> de la barre d'outils ou choisissez la commande «*Cadre*» dans le menu «Insertion». Si vous n'êtes pas en mode Page, Word affiche une boîte de dialogue vous invitant à passer dans ce mode. Cliquez sur <Oui> en réponse à ce message. Pour afficher la totalité de la page afin de positionner correctement le cadre, vous devez modifier la valeur du zoom. Pour cela, cliquez, dans la barre d'outils, sur la flèche déroulante de la zone de texte *Zoom* et, dans le menu qui s'affiche, choisissez l'option «Page entière».

Word affiche une vue réduite de l'ensemble de la page. Faites glisser vers le bas le cadre contenant la deuxième copie du nom, en laissant une distance d'environ quatre centimètres entre le bas du texte et le bord inférieur de la page. Vérifiez, en vous servant des repères de tabulation de la règle, que le texte du cadre est correctement aligné sur celui du premier objet WordArt et, si c'est nécessaire, corrigez son positionnement en le déplaçant vers la gauche ou la droite. La **figure G** montre le résultat que vous devez obtenir. Après avoir imprimé la page et replié la feuille, vous obtiendrez le présentoir illustré à la **figure A**.

Grâce à des fonctions de mise en page évoluées, simples à mettre en œuvre, Word vous permet de réaliser en quelques instants des présentoirs professionnels.

Créer des bordures de page originales avec les clip art de Word 6.0

Pour créer des présentations originales et mettre en valeur vos documents, Word 6.0 met à votre disposition de nombreux outils parmi lesquels l'outils Dessin et les célèbres images *clip art*, pour ne citer que les plus connus. Rien ne vous empêche de les associer pour créer des bordures décoratives qui, sans nul doute, renforceront l'impact de vos documents.

Vous avez dit clip art ?

Les bordures présentées à la **figure A** ont précisément été créées à base de *clip art*. Ces *clip art* sont des fichiers image dont un grand nombre est fourni en standard avec Word. Si vous avez choisi l'option d'installation par défaut de Word 6.0, ces fichiers sont stockés dans un répertoire spécifique (CLIPART, par défaut) contenu dans le répertoire de l'application Word. Si vous ne disposez pas de ces fichiers, il vous suffit de lancer le programme d'installation de Word 6.0, après avoir, bien entendu, quitté l'application.

Pour Windows : pour ajouter les images *clip art* à votre configuration, vous pouvez procéder de deux manières différentes. Dans le Gestionnaire de pro-

Figure A

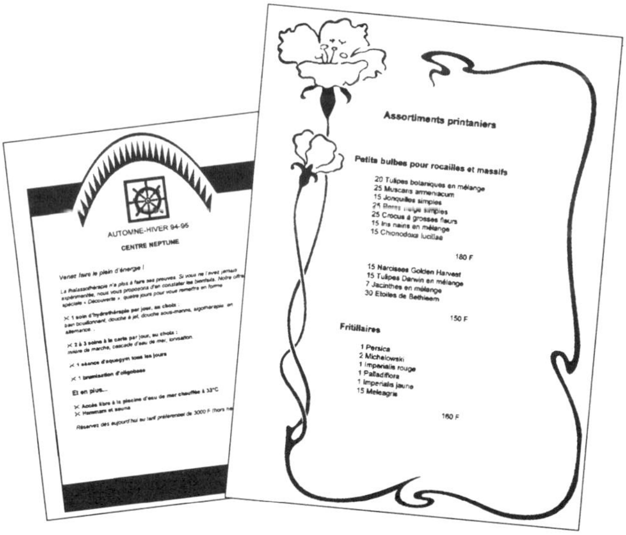

Les images clip art de Word 6.0 sont au service de l'imagination !

grammes de Windows, cliquez deux fois sur l'icône «Installation de Microsoft Word 6.0». Si vous procédez à partir du Gestionnaire de fichiers, accédez au sous-répertoire INSTALLE dans le répertoire WINWORD, puis cliquez deux fois sur INSTALL.EXE. Dans les deux cas, la boîte de dialogue «Installation de Microsoft Word 6.0» s'affiche.

Pour Macintosh : pour ajouter les images *clip art* à votre configuration, il suffit de localiser le dossier de l'application et d'ouvrir le sous-dossier Installation. Cliquez deux fois sur l'icône «Installation de Microsoft Word» pour afficher la boîte de dialogue «Installation Microsoft Word 6.0».

La suite de l'opération est similaire, quelle que soit la version de Word 6.0 que vous utilisez. L'option «Ajouter/Supprimer» vous permet d'accéder à la boîte de dialogue «Microsoft Word 6.0 - Installation de maintenance», dans laquelle vous cocherez la case <Clip Art>, avant de cliquer sur <Continuer>. Il vous suffit alors de vous laisser guider par les instructions affichées et d'insérer les disquettes requises. Vous disposez à présent de ces fichiers image tant convoités. Vous noterez que certaines de ces images sont en couleur. C'est le cas, par

Figure B

Vous aimez le charme et la convivialité ?

Dans le cadre magique de la Forêt-Fouesnant et à proximité immédiate de l'océan, la gentilhommière de Kersan vous attend. Mobilier ancien, boiseries d'époque, jardins à la française : offrez-vous un séjour de détente dans un décor élégant et raffiné. Vous découvrirez les trésors d'architecture celtique de la Cornouaille , vous ferez des excursions en mer, qui vous mettront en appétit pour goûter les mets traditionnels et sains servis à notre table

Les chambres sont vastes et pourvues de tout le confort. La décoration est personnalisée. Vous dînerez dans le salon principal, à la table du maître de maison. Imaginez que vous retrouvez des amis chaleureux, lors d'une étape, au cours d'un long voyage..

Bienvenue !

N'hésitez-pas à prendre contact pour en savoir plus sur un séjour d'une originalité hors pair.

Les images clip art de type "cadre" permettent de créer une bordure attrayante.

exemple, de celle que nous avons choisie pour la **figure B**. Mais aucune crainte à avoir pour votre budget, l'imprimante couleur n'est pas indispensable (pas encore !) : le résultat est déjà remarquable en impression noir et blanc. Enfin, et la remarque est d'importance, vous ne pouvez placer directement une image *clip art* dans un document, comme vous le feriez avec un objet dessiné. En effet, Word 6.0, par défaut, superpose les dessins au texte (vous pouvez ensuite, bien entendu, modifier cet état de chose), mais traite les images comme du texte et les place sur le même plan que ce dernier, qui s'en trouve décalé. Pour pouvoir encadrer du texte avec une bordure *clip art*, vous devez insérer cette dernière dans une zone de texte, créée par l'intermédiaire de la barre d'outils Dessin, qui sera ensuite dimensionnée et positionnée comme tout autre élément dessiné.

Pour entrer dans le vif du sujet

Le **tableau A** récapitule toutes les étapes nécessaires à la création d'une bordure par insertion d'une image *clip art*. Il pourra ultérieurement vous servir d'aide-mémoire.

La bordure décorative (**figure B**) que nous vous proposons de réaliser va être créée en mode d'affichage En-tête et pied de page qui, par rapport au mode Page (au demeurant tout à fait possible), implique une étape de moins : il est inutile, en effet, de faire passer la bordure derrière le texte au moyen du bouton

Figure C

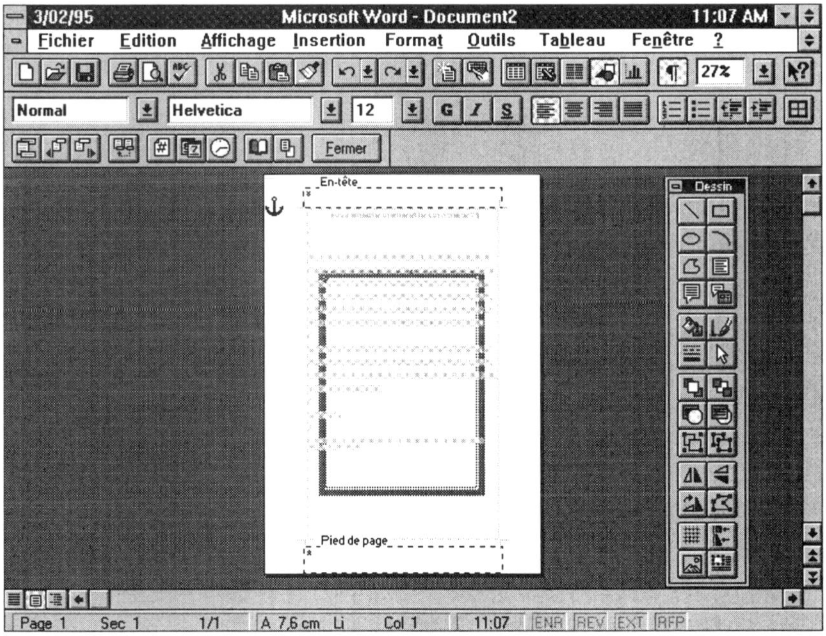

Première étape : la création d'une zone de texte sur la page.

<Texte au dessus>, puisqu'elle s'y trouve d'emblée.

Après avoir ouvert votre document, choisissez la commande «*En-tête et pied de page*» dans le menu «Affichage» pour activer la zone d'en-tête. Sélectionnez ensuite l'option «Page entière» dans la liste déroulante *Zoom* de la barre d'outils Standard. Cette option, en vous permettant de visualiser la totalité de la page à l'écran, facilitera considérablement les opérations sur la zone de texte et l'image, notamment leur positionnement respectif (**figure C**). Cliquez ensuite sur le bouton <Dessin> pour afficher la barre d'outils Dessin. Pour créer la zone de texte, cliquez sur le bouton <Zone de texte>, puis cliquez sur la page, sous le cadre d'en-tête, et faites glisser la souris jusqu'au cadre de pied de page, en maintenant le bouton enfoncé. Ne vous préoccupez pas de la taille de cette zone

Tableau A

	CREATION D'UNE BORDURE AVEC UNE IMAGE CLIP ART
1.	Choisir la commande «*En-tête et pied de page*» dans le menu «Affichage».
2.	Sélectionner «Page entière» dans la liste déroulante *Zoom* de la barre d'outils Standard.
3.	Cliquer sur le bouton pour afficher la barre d'outils Dessin.
4.	Cliquer sur le bouton, puis tracer une zone de texte.
5.	Cliquer sur les boutons et pour vérifier qu'aucune couleur de remplissage ni de trait n'est spécifiée.
6.	Cliquer dans la zone de texte, puis choisir la commande «*Image*» dans le menu «Insertion».
7.	Dans la boîte de dialogue qui s'affiche, sélectionner «cadrev4.wmf» («cadre vertical» pour Macintosh) dans la zone de liste *Nom du fichier*, puis cliquer sur <OK>.
8.	Choisir la commande «*Options de dessin*» dans le menu «Format», puis cliquer sur l'onglet *Taille et position*.
9.	Entrer respectivement les valeurs **28** et **18** dans les zones de texte *Hauteur* et *Largeur*, ainsi que **0** dans*Marge intérieure*. Cliquer sur <OK>.
10.	Cliquer sur l'image pour la sélectionner, puis choisir la commande «*Image*» dans le menu «Format».
11.	Dans la boîte de dialogue «Image», à la section *Dimension*, entrer respectivement les valeurs **18** et **28** dans les zones de texte *Largeur* et *Hauteur*, puis cliquer sur <OK>.
12.	Cliquer sur le bouton <Aligner éléments dessinés> pour accéder à la boîte de dialogue «Alignement».
13.	Cocher l'option «Centré» dans les zones *Horizontal* et *Vertical*, puis cliquer sur <OK>.
14.	Quitter le mode En-tête et pied de page.

pour le moment. En fonction des dernières options de dessin utilisées, il se peut que la zone de texte soit dotée d'une couleur de bordure ou de remplissage. Pour les annuler, cliquez sur le bouton <Couleur de remplissage> et choisissez «Aucune». Cliquez ensuite sur le bouton <Couleur de trait> et choisissez de nouveau «Aucune». La zone de texte est, à présent, délimitée par une bordure grise.

Pour insérer l'image, cliquez dans la zone de texte, puis choisissez la commande «*Image*» dans le menu «Insertion». Dans la boîte de dialogue qui s'affiche, accédez au sous-répertoire CLIPART et sélectionnez «cadrev4.wmf» dans la zone de liste *Nom du fichier*. Avec Word 6 pour Macintosh, sélectionnez «Cadre Vertical» dans le dossier Clip Art. Si vous souhaitez visualiser l'image avant de l'inclure dans votre document, activez la case d'option <Aperçu>. Cliquez ensuite sur <OK> (<Insérer> sur Macintosh) pour insérer l'image dans la zone de texte (**figure D**). En règle générale, les fichiers graphiques sont assez volumineux et, lorsque vous les insérez dans un fichier Word, la taille de ce dernier augmente en conséquence. Si vous souhaitez que le fichier Word conserve une taille raisonnable, vous pouvez enregistrer uniquement la liaison au fichier graphique. Dans ce cas, seul un pointeur est ajouté au texte en lieu et place de l'image proprement dite. Pour ce faire, dans la boîte de dialogue d'insertion d'images, activez la case d'option <Lier au fichier> et désactivez la case <Enregistrer dans le

Figure D

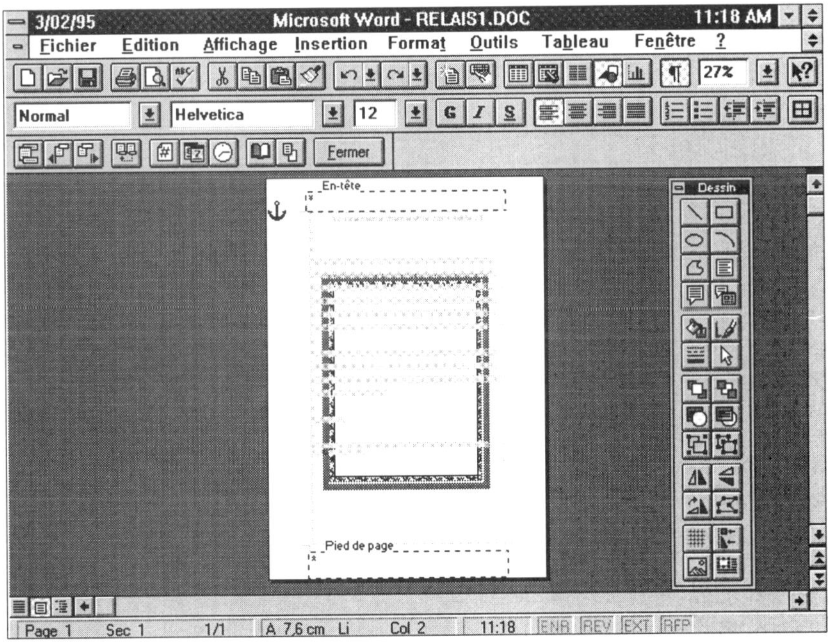

L'image clip art est insérée dans la zone de texte.

document>. Seule différence : l'affichage de l'image sera alors sensiblement plus lent que lorsqu'elle est effectivement enregistrée dans le document Word.

Lorsque vous insérez l'image, deux cas de figure peuvent se produire. Tout d'abord, la zone de texte créée est trop petite. Dans ce cas, Word 6.0 ajuste automatiquement la taille de l'image. A l'inverse, la zone de texte est trop grande. Word 6.0, dans ce cas, l'ajuste aux dimensions de l'image. Dans les deux cas, toutefois, cette opération est incompatible avec le résultat que nous voulons obtenir. Pour contourner cette limitation, il suffit de spécifier les dimensions requises pour chacun des éléments. La zone de texte dont nous disposons, définie en fonction des marges par défaut de Word 6.0, est de 16 x 24,7 cm. Pour ménager un espace suffisant entre le texte et la bordure, nous allons spécifier pour chaque élément une hauteur de 28 cm et une largeur de 18 cm. A cet effet, cliquez dans la zone de texte pour la sélectionner, puis choisissez la commande «*Options de dessin*» dans le menu «Format». Cliquez ensuite sur l'onglet *Taille et position* et entrez respectivement les valeurs **28** et **18** dans les zones de texte *Hauteur* et *Largeur* de la section *Taille*, comme illustré à la **figure E**. Vérifiez également que la valeur définie dans la zone de texte *Marge intérieure* est *0*, sinon la bordure sera légèrement trop grande et ne s'imprimera pas à l'intérieur des marges. Cliquez sur <OK>. Attribuez maintenant les mêmes dimensions à l'image. Cliquez sur cette dernière pour la sélectionner et choisissez la commande «*Image*» dans le menu «Format». Dans la boîte de dialogue «Image», entrez respectivement les valeurs **18** et **28** dans les zones de texte *Largeur* et *Hauteur* à la section *Dimension*, comme illustré sur la **figure F**. Cliquez sur le bouton<OK> pour refermer la boîte de dialogue. Une fois la zone de texte et

Figure E

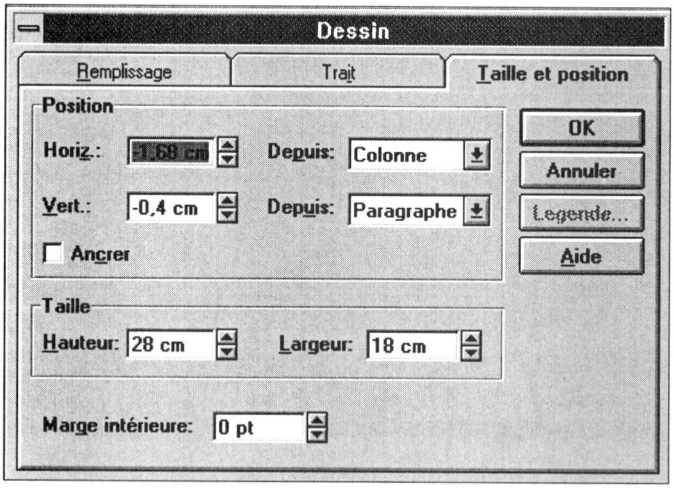

Pour dimensionner parfaitement la zone de texte, vous devez définir sa hauteur et sa largeur.

l'image mises à l'échelle, vous pouvez les aligner horizontalement et verticalement par rapport au centre de la page. Cliquez sur le bouton <Aligner éléments dessinés> pour accéder à la boîte de dialogue «Alignement». Dans cette dernière, activez la case d'option <Centré> au sections *Horizontal* et *Vertical*, puis cliquez sur <OK>. La **figure G** illustre le résultat obtenu. Vous pouvez quitter le mode En-tête et pied de page et imprimer votre document.

Place à la variété !

Comme vous avez pu le constater, cette technique est très simple à réaliser. Libre à vous maintenant d'orner vos textes avec les autres bordures *clip art* mises à votre disposition par Word 6.0. Nous vous rappelons cependant l'importance de la distinction entre les bordures conçues à l'origine pour les orientations Paysage (cadreh1.wmf, etc.) et Portrait (cadrev1. wmf, etc.). En effet, la déformation est moindre lorsque vous les utilisez avec des textes dont la présentation est similaire sur la page.

Ainsi, la **figure A** réunit deux essais réalisés avec les images *clip art* nouvflur.wmf et plaque1.wmf. Dans le deuxième document, le gouvernail a été inséré dans sa propre zone de texte. Tous les graphiques ne peuvent faire office de bordure, loin s'en faut, mais avec un peu d'imagination et de pratique, vous trouverez certainement de nombreuses idées d'utilisation des éléments décoratifs *clip art*.

Par ailleurs, vous pouvez aussi importer des bordures créées éventuellement avec d'autres applications. Word 6.0 est compatible avec de nombreux formats courants (DRW, CDR, PIC, WPG...). Il suffit de disposer des filtres requis, que vous pouvez toujours ajouter si vous ne les avez pas installés dès le début. En outre,

Figure F

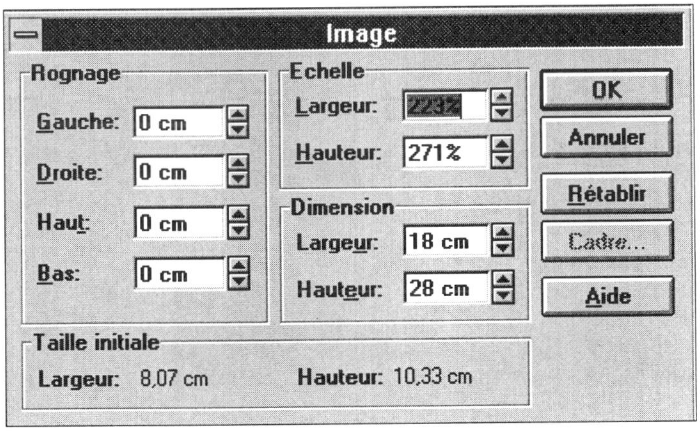

Vous devez affecter à l'image la taille définie pour la zone de texte.

Word 6.0 vous permet de modifier toutes les images et *clip art* fournis. Vous avez le choix entre effectuer la modification dans le document Word lui-même ou dans une fenêtre Word distincte, en cliquant deux fois sur l'image pour l'ouvrir. Comme vous le voyez, les possibilités ne manquent pas et il ne tient qu'à vous de les mettre au service de votre imagination !

Figure G

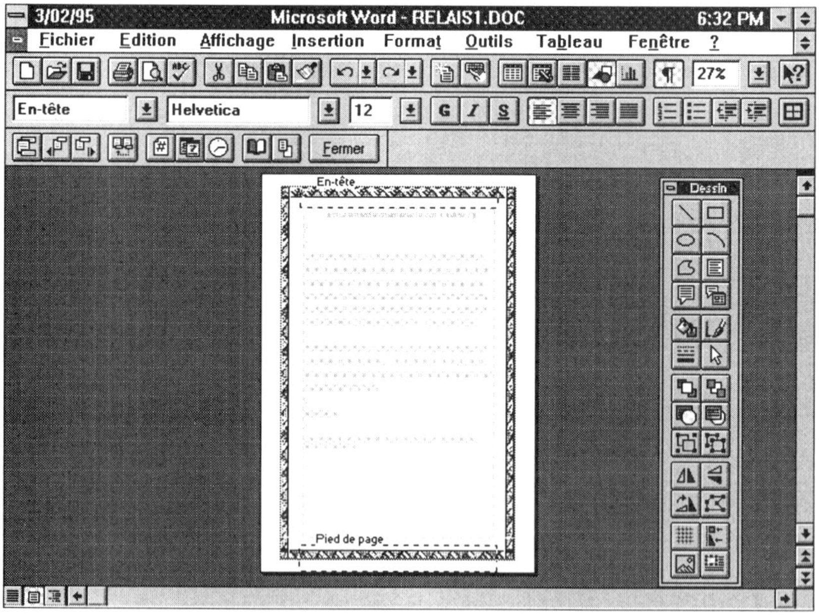

Dernière étape : alignez la zone de texte et l'image.

Afficher du texte en surimpression

Si vous avez envie d'ajouter une note d'humour à votre correspondance personnelle – et pourquoi pas professionnelle – vous pouvez jouer à vous "prendre au sérieux" et tamponner vos documents dans la plus pure tradition des romans d'espionnage : Confidentiel, Top Secret, Secret défense... Word vous laisse carte blanche...

Sans doute vous est-il déjà arrivé, peut-être par simple curiosité, de tester les fonctionnalités graphiques proposées par le module intégré WordArt de Word. Outre un large éventail de polices décoratives, ce module offre de nombreuses options de positionnement originales, grâce auxquelles vous allez pouvoir enrichir facilement vos documents, et pourquoi pas, créer des effets similaires à celui que nous nous sommes amusés à obtenir sur la **figure A**.

Figure A

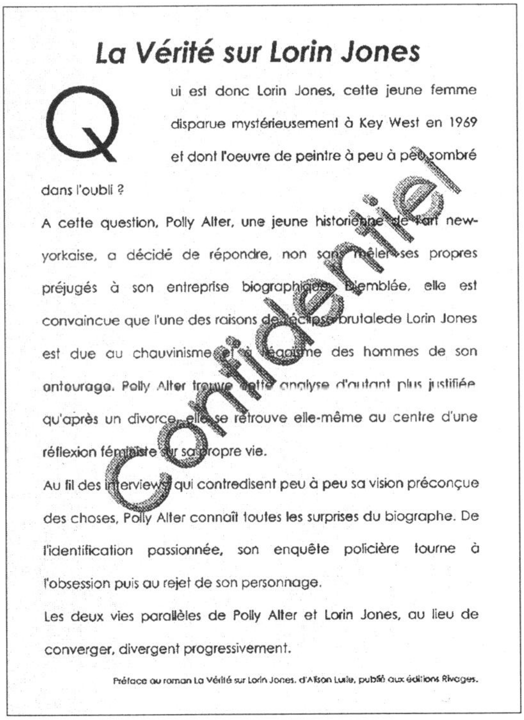

La Vérité sur Lorin Jones

Qui est donc Lorin Jones, cette jeune femme disparue mystérieusement à Key West en 1969 et dont l'oeuvre de peintre à peu à peu sombré dans l'oubli ?

A cette question, Polly Alter, une jeune historienne de l'art new-yorkaise, a décidé de répondre, non sans mêler ses propres préjugés à son entreprise biographique. D'emblée, elle est convaincue que l'une des raisons de l'éclipse brutalede Lorin Jones est due au chauvinisme et à l'égoïsme des hommes de son entourage. Polly Alter trouve cette analyse d'autant plus justifiée qu'après un divorce, elle se retrouve elle-même au centre d'une réflexion féministe sur sa propre vie.

Au fil des interviews qui contredisent peu à peu sa vision préconçue des choses, Polly Alter connaît toutes les surprises du biographe. De l'identification passionnée, son enquête policière tourne à l'obsession puis au rejet de son personnage.

Les deux vies parallèles de Polly Alter et Lorin Jones, au lieu de converger, divergent progressivement.

Préface au roman La Vérité sur Lorin Jones, d'Alison Lurie, publié aux éditions Rivages.

Cet effet de filigrane est facilement réalisable avec WordArt.

Créer l'objet WordArt

L'effet de surimpression obtenu sur la figure A est créé directement avec WordArt. En guise d'aide-mémoire, nous avons récapitulé au **tableau A** toutes les étapes nécessaires à l'obtention d'un tel résultat.

Mais pour commencer, ouvrez un document de travail existant ou, si vous préférez, saisissez dans un nouveau document un texte tel que celui présenté à la figure A. Mettez en forme le texte de sorte à obtenir une présentation harmonieuse : vous pouvez ainsi justifier le texte, définir un interligne double, une lettrine, un espacement... N'hésitez pas, pour cela, à exploiter toutes les commandes mises à votre disposition dans le menu «Format».

Choisissez ensuite la commande «*En-tête et pied de page*» dans le menu «Affichage» : c'est en effet dans l'en-tête que vous allez créer avec WordArt le texte

Tableau A

CREATION D'UN TEXTE EN SURIMPRESSION	
1.	Saisir le texte du document, le mettre en forme et choisir la commande «*En-tête et pied de page*» dans le menu «Affichage».
2.	Placer le curseur dans le cadre d'en-tête et choisir la commande «*Objet*» dans le menu «Insertion».Dans la boîte de dialogue «Insertion d'objet», cliquer sur l'onglet *Nouvel objet* et choisir «Microsoft WordArt 2.0» dans la liste déroulante *Type d'objet*. Valider par <OK>.
3.	Dans la fenêtre «Tapez votre texte ici» du module WordArt, entrer le texte de votre choix et choisir une forme, une police et une taille parmi les options disponibles dans les listes déroulantes (nous avons opté pour la disposition / Incliné-haut (2) et une police Century Gothic de 72 points). Si nécessaire, valider le redimensionnement automatique.
4.	Pour terminer, définir une trame de fond et une ombre portée pour l'objet WordArt et cliquer en dehors du cadre de l'objet pour revenir au document Word, ou sur <OK> pour la version Macintosh.
5.	Pour afficher correctement l'objet WordArt sur la page, sélectionner l'objet et définir un espacement avant de 138 pt à l'aide de la commande «*Paragraphes*» du menu «Format».
6.	Pour rétablir le positionnement correct du texte du document, définir une marge absolue à l'aide de la commande «*Mise en page*» du menu «Fichier», en faisant précéder du signe moins (-) la valeur spécifiée pour la marge supérieure.
7.	Stocker l'objet WordArt comme insertion automatique à l'aide de la commande «*Insertion automatique*» du menu «Edition» pour pouvoir le réutiliser facilement.

destiné à s'afficher en surimpression. Word affiche alors le cadre d'en-tête et sa barre d'outils caractéristique (**figure B**).

Placez maintenant le curseur dans le cadre d'en-tête et choisissez la commande «*Objet*» dans le menu «Insertion». Dans la boîte de dialogue «Insertion d'objet» qui s'affiche, cliquez sur l'onglet *Nouvel objet* et choisissez «Microsoft WordArt 2.0» dans la liste déroulante *Type d'objet*. Validez votre sélection en cliquant sur le bouton <OK>. Vous accédez alors au module WordArt et à sa barre de menus caractéristique, comme illustré sur la **figure C**.

Si vous utilisez la version Macintosh, la fenêtre «WordArt» contient les mêmes menus, mais présentés différemment.

Dans la fenêtre «Tapez votre texte ici», entrez le texte de votre choix, *Confidentiel*, dans notre exemple. Dans la liste déroulante *Forme* (la première en partant de la gauche sur la barre d'outils), choisissez la disposition «/ Incliné-haut (2)» en cliquant sur le symbole correspondant. Vous allez ensuite, dans la liste déroulante *Police*, opter pour la même police que celle du texte (nous avons, dans notre exemple, choisi la police Century Gothic). Dans la liste *Taille*, sélectionnez «72». Word peut, à ce moment-là, afficher un message vous informant que le redimensionnement de l'objet est nécessaire, comme illustré sur la **figure D**. En réponse à ce message, cliquez simplement sur <Oui>.

Figure B

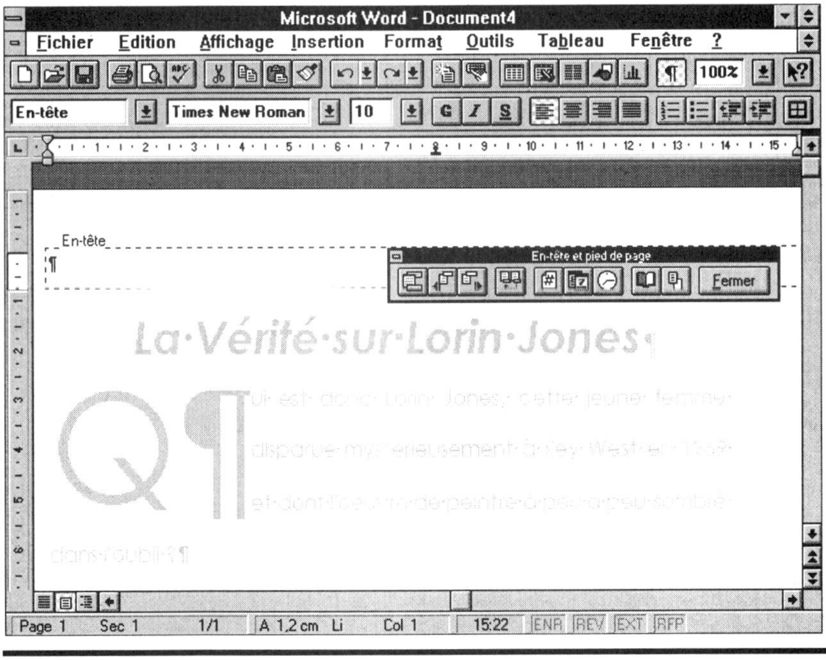

Le texte en surimpression s'affichera dans l'en-tête du document.

Vous allez maintenant ajouter quelques "effets" au texte WordArt. Cliquez sur le bouton <Trame de fond> de la barre d'outils WordArt. Dans la boîte de dialogue «Trame de fond» qui s'affiche, cliquez sur le troisième rectangle à la section *Style*, et choisissez «Gris» dans la liste déroulante *Premier plan*, à la section *Couleur*. Validez vos spécifications en cliquant sur le bouton <OK>.

Cliquez ensuite sur le bouton <Ombre portée> de la barre d'outils WordArt. Parmi les formats disponibles, choisissez le second A. A ce stade, l'objet WordArt se présente comme sur l'exemple de la **figure E**.

Figure C

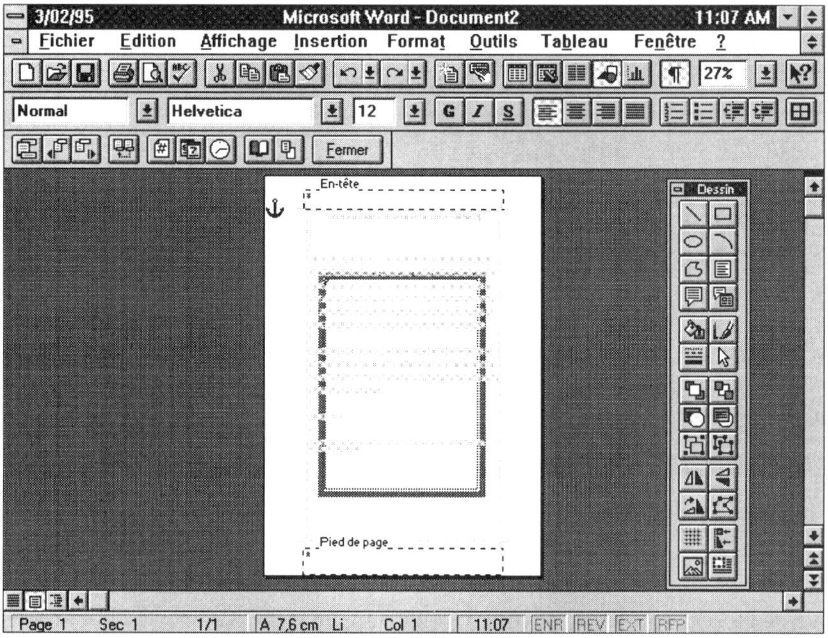

Première étape : la création d'une zone de texte sur la page.

Figure D

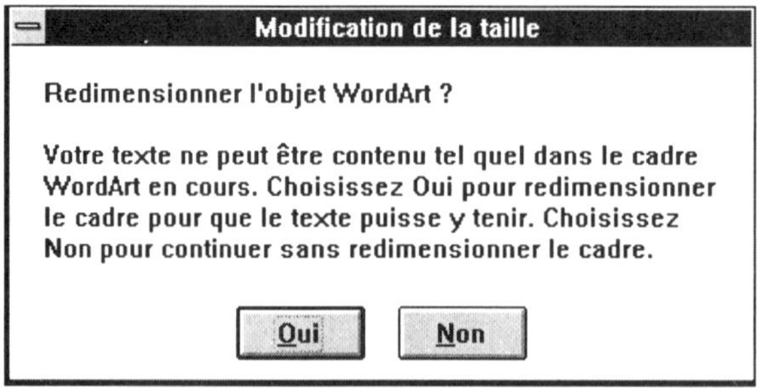

En fonction de la taille choisie, vous devrez peut-être redimensionner l'objet WordArt.

Pour revenir à votre document Word et visualiser le résultat (intermédiaire), il vous suffit de cliquer en dehors du cadre de l'objet WordArt. Pour la version Macintosh, cliquez sur <OK>.

Positionnez l'objet WordArt sur la page

Lorsque vous revenez à votre document Word, l'objet WordArt n'est pas correctement positionné sur la page : en effet, le cadre d'en-tête a été agrandi pour "loger" l'objet WordArt, de sorte que le texte de votre document a été "chassé" sur la deuxième partie de la page, comme vous pouvez le vérifier en Aperçu avant impression sur la **figure F**.

Ce n'est que temporaire et vous allez pouvoir rectifier aisément le positionnement respectif de l'en-tête et du texte.

Pour positionner l'en-tête verticalement sur la page, sélectionnez l'objet WordArt et choisissez la commande «*Paragraphes*» dans le menu «Format». Dans la boîte de dialogue «Paragraphes» qui s'affiche, sélectionnez l'onglet *Retrait et espacement* et, à la section *Espacement*, spécifiez **`138 pt`** dans la zone de texte *Avant*, puis cliquez sur <OK>. Vous venez de positionner l'en-tête sur la zone même du texte de votre document, ce qui a pour effet, là encore, de chasser le texte. Vous allez maintenant rétablir le positionnement de ce dernier, en défi-

Figure E

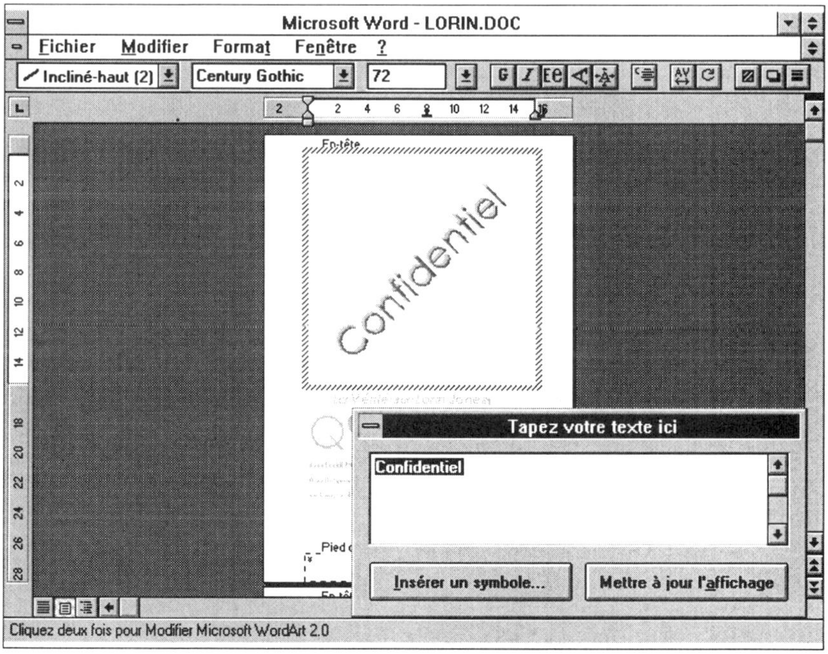

Définissez dans la fenêtre WordArt toutes les spécifications que vous souhaitez attribuer à votre texte.

nissant une marge absolue, c'est-à-dire une marge qui, physiquement, sera invariable. Pour cela, choisissez la commande «*Mise en page*» dans le menu «Fichier». Dans la boîte de dialogue «Mise en page» qui s'affiche, sélectionnez l'onglet *Marges* et modifiez la valeur définie pour la marge du haut. Pour déterminer cette marge absolue, il vous suffit de faire précéder du signe moins (-) la valeur contenue dans la zone de texte *Haut*, comme illustré sur la **figure G**. Lorsque vous cliquez sur le bouton <OK>, l'en-tête est correctement positionné dans le document. Il vous reste alors à imprimer votre document final qui se présente comme sur la **figure A**.

Pour éviter de tout recommencer...

Après avoir consacré autant de temps et d'énergie (!) à créer votre chef-d'œuvre, il serait dommage de devoir tout recommencer à chaque fois que vous voulez créer cet effet de surimpression sur du texte.

Peut-être ignorez-vous que vous pouvez le sauvegarder comme insertion automatique. Vous pourrez même envisager des variations sur le même thème en déclinant le texte...

Pour stocker le texte WordArt et toutes ses spécifications, commencez par cliquer sur l'objet pour le sélectionner.

Figure F

Agrandi, le cadre d'en-tête contenant l'objet WordArt chasse le texte du document.

Dans le menu «Edition», choisissez ensuite la commande «*Insertion automatique*» pour ouvrir la boîte de dialogue du même nom. L'élément sélectionné n'étant pas du texte, Word ne suggérera aucune abréviation dans la zone de texte *Abréviation*, dans laquelle figurera seulement un astérisque.

Figure G

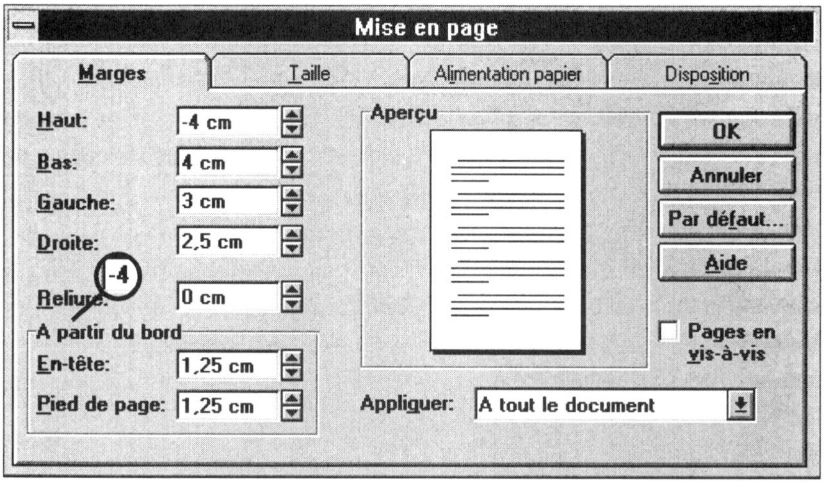

Pour rétablir le positionnement correct du texte, vous devez définir une marge absolue.

Entrez alors le nom de votre choix (*confidentiel*, par exemple), comme illus-

Figure H

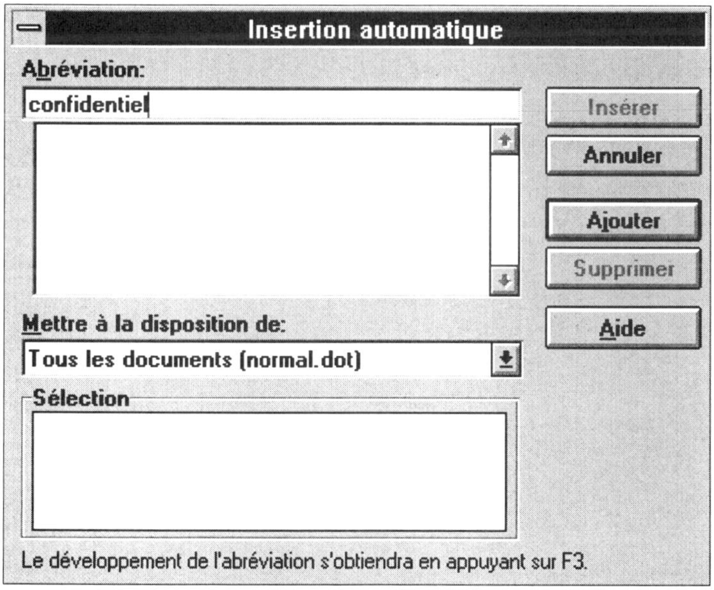

Vous pouvez stocker l'objet comme insertion automatique pour pouvoir le réutiliser facilement.

tré sur la **figure H**. Pour stocker l'objet, il vous suffit de cliquer sur le bouton <Ajouter>.

Pour utiliser à nouveau l'objet stocké, il vous suffira, après avoir ouvert un nouveau document et positionné le curseur dans le cadre d'en-tête, de taper les premières lettres de l'abréviation définie puis d'appuyer sur la touche [F3] ou de cliquer sur le bouton . Vous pourrez également procéder au moyen de la commande «*Insertion automatique*» du menu «Edition» et sélectionner directement l'abréviation dans la liste déroulante.

Vous pouvez tout à fait envisager de vous constituer un véritable glossaire d'abréviations sur le même modèle, dont vous pourrez ainsi disposer à tout moment. Il vous suffit, pour cela, d'ouvrir l'objet WordArt et de remplacer le texte figurant dans la fenêtre «Tapez votre texte». Lorsque vous revenez au document Word, sélectionnez l'objet et choisissez la commande «*Insertion automatique*» du menu «Edition». Définissez ensuite, dans la boîte de dialogue «Insertion automatique», une abréviation pour ce nouveau "tampon". Répétez l'opération autant de fois que nécessaire pour constituer votre panoplie.

Extrêmement simple à réaliser, la création de texte en surimpression va vous permettre, à peu de frais, d'enrichir et de personnaliser vos documents. A vous d'en décliner les effets !

Des images en surimpression dans vos documents

Sans entrer dans le débat (stérile ?) opposant les images et les mots, il est indéniable que les premières sont parfois beaucoup plus... parlantes que les seconds ! Si vous vous sentez l'âme d'un artiste, n'hésitez plus !

Avec l'astuce "Afficher du texte en surimpression", vous avez découvert comment enrichir facilement vos documents en affichant du texte en surimpression. Nous vous proposons d'approfondir la technique présentée en affichant, cette fois, une image en surimpression dans vos documents. De quoi laisser s'exprimer tout votre sens artistique !

Si vous avez manqué l'épisode précédent

La procédure à suivre pour afficher une image en surimpression ressemble fortement à celle utilisée pour afficher du texte en surimpression. Alors, seul l'élément change-t-il ? Pas exactement. Voyons ensemble les principes de base que vous allez bientôt mettre en pratique.

Figure A

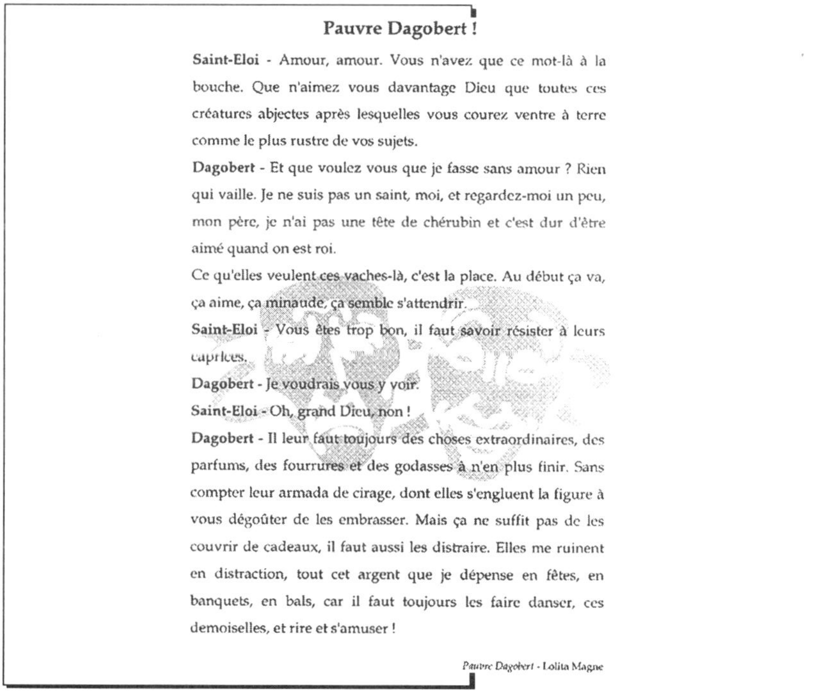

Pauvre Dagobert !

Saint-Eloi - Amour, amour. Vous n'avez que ce mot-là à la bouche. Que n'aimez vous davantage Dieu que toutes ces créatures abjectes après lesquelles vous courez ventre à terre comme le plus rustre de vos sujets.

Dagobert - Et que voulez vous que je fasse sans amour ? Rien qui vaille. Je ne suis pas un saint, moi, et regardez-moi un peu, mon père, je n'ai pas une tête de chérubin et c'est dur d'être aimé quand on est roi.

Ce qu'elles veulent ces vaches-là, c'est la place. Au début ça va, ça aime, ça minaude, ça semble s'attendrir.

Saint-Eloi - Vous êtes trop bon, il faut savoir résister à leurs caprices.

Dagobert - Je voudrais vous y voir.

Saint-Eloi - Oh, grand Dieu, non !

Dagobert - Il leur faut toujours des choses extraordinaires, des parfums, des fourrures et des godasses à n'en plus finir. Sans compter leur armada de cirage, dont elles s'engluent la figure à vous dégoûter de les embrasser. Mais ça ne suffit pas de les couvrir de cadeaux, il faut aussi les distraire. Elles me ruinent en distraction, tout cet argent que je dépense en fêtes, en banquets, en bals, car il faut toujours les faire danser, ces demoiselles, et rire et s'amuser !

Pauvre Dagobert - Lolita Magne

Pour rehausser l'attrait de vos documents, vous pouvez afficher une image en surimpression.

L'image sera insérée à l'intérieur d'une zone de texte dessinée en mode En-tête et pied de page. Il suffira ensuite d'ajuster le positionnement de la zone de texte et celui de l'image au centre de la page.

Dernières manipulations indispensables : vous devrez modifier les spécifications de couleur de remplissage et de couleur de trait, afin que l'image s'affiche en surimpression, c'est-à-dire en transparence, et qu'elle laisse paraître le texte qu'elle recouvre. Attention cependant aux différences entre les versions Windows et Macintosh de Word 6 : avec la première, vous pouvez modifier les couleurs du *clip art* utilisé… mais pas avec la seconde, avec laquelle seuls les dessins sont "retouchables".

Pour vous aider à vous y retrouver plus facilement, nous avons résumé au **tableau A**, que vous pourrez consulter comme aide-mémoire, toutes les étapes nécessaires à la réalisation du document exemple présenté à la **figure A**.

Créer l'œuvre d'art

Pour créer l'effet de surimpression reproduit sur notre document exemple de la **figure A**, créez un nouveau document (ou ouvrez celui que vous souhaitez enrichir) et affichez tout de suite l'en-tête grâce à la commande «*En-tête et pied de page*» du menu «Affichage». En plaçant l'image dans l'en-tête, vous vous assurez ainsi qu'elle apparaîtra sur toutes les pages du document. Si vous souhaitez afficher l'image uniquement sur la première page du document, choisissez la commande «*Mise en page*» du menu «Fichier» et, dans la boîte de dialogue «Mise en page», cliquez sur l'onglet *Disposition* et activez la case d'option <Première page différente> à la section *En-têtes et pieds de page* puis cliquez sur le bouton <OK>.

Autre outil indispensable, la barre d'outils Dessin que vous allez afficher de ce pas en cliquant sur [icône] de la barre d'outils Standard.

Avant de passer à la création de l'effet de surimpression, vérifiez, à l'aide des boutons [icône] et [icône] que l'option «Aucune» est bien définie pour la couleur de remplissage et la couleur de trait. Cliquez ensuite sur le bouton [icône] et tracez une zone de texte sur la page. Ne vous préoccupez pas, pour le moment, de l'emplacement ni de la taille de cette zone de texte. Vous allez simplement, dans un premier temps, en définir la largeur de sorte que cette dernière corresponde à la largeur disponible pour le texte sur la page. Si vous avez conservé les valeurs par défaut de Word pour les marges gauche et droite de votre document, vous disposez d'une largeur de page (en excluant les marges) d'environ 16 cm. C'est cette valeur que nous allons attribuer à la zone de texte. Pour cela, sélectionnez la zone de texte que vous venez de tracer et choisissez la commande «*Options de dessin*» dans le menu «Format». Dans la boîte de dialogue «Dessin» qui s'affiche alors, cliquez sur l'onglet *Taille et position* et entrez, à la section *Taille*, la valeur **16** dans la zone de texte *Largeur*. Cliquez ensuite sur <OK> pour valider. Lorsque

Tableau A

	Affichage d'une image en surimpression
1.	Choisir la commande «*En-tête et pied de page*» dans le menu «Affichage».
2.	Choisir l'option «Page entière» dans la liste déroulante *Zoom* de la barre d'outils.
3.	Cliquer sur le bouton <Dessin> de la barre d'outils Standard pour afficher la barre d'outils Dessin.
4.	Cliquer sur les boutons <Couleur de remplissage> et <Couleur de trait> de la barre d'outils Dessin pour vérifier que ces deux options sont définies sur «Aucune».
5.	Cliquer sur le bouton <Zone de texte> de la barre d'outils Dessin et tracer une zone de texte sur la page.
6.	La zone de texte étant sélectionnée, choisir la commande «*Options de dessin*» dans le menu «Format».
7.	Dans la boîte de dialogue «Dessin», cliquer sur l'onglet *Taille et position*, puis entrer **16** dans la zone de texte *Largeur* et cliquer sur <OK>.
8.	Choisir la commande «*Image*» dans le menu «Insertion» et sélectionner le fichier graphique contenant l'image à insérer (il peut s'agir d'une image *clip art* ou d'une image de votre cru).
9.	Cliquer sur le bouton <Aligner éléments dessinés> de la barre d'outils Dessin et, dans la boîte de dialogue «Alignement», activer la case d'option <Centré> à la section *Vertical* et cliquer sur <OK> pour valider.
10.	Cliquer deux fois sur l'image pour l'ouvrir.
11.	Cliquer sur le bouton <Sélectionner éléments dessinés> de la barre d'outils Dessin, puis faire glisser pour sélectionner tous les éléments du dessin (*clip art* ou dessin avec la version Windows, ou dessin uniquement avec laversion Macintosh).
12.	Cliquer sur le bouton <Grouper> de la barre d'outils Dessin pour regrouper en un seul élement graphique tous les composants de l'image (*clip art* ou dessin avec la version Windows, ou dessin uniquement avec la version Macintosh).
13.	Cliquer sur le bouton <Couleur de remplissage> et sélectionner une couleur qui s'imprimera dans une nuance de gris clair sur une imprimante noir et blanc (nous avons opté pour le jaune) *clip art* ou dessin avec la version Windows, ou dessin uniquement avec la version Macintosh.
14.	Cliquer sur le bouton <Couleur de trait> et sélectionner une couleur contrastante pour délimiter le contour de l'image (nous avons opté pour le blanc). Dans la version Macintosh, cliquer sur <Aucune> si vous utilisez un *clip art*.
15.	Cliquer sur le bouton <Style de trait> de la barre d'outils et sélectionner le trait le plus épais (*clip art* ou dessin avec la version Windows, ou dessin uniquement avec la version Macintosh).
16.	Revenir à l'en-tête du document.

vous revenez à votre document, il se présente, à ce stade, comme sur notre exemple de la **figure B**.

Cette opération cruciale accomplie (qui garantit que l'image s'affichera sous le texte), vous allez pouvoir insérer l'image de votre choix. Pour cela, choisissez la commande «*Image*» dans le menu «Insertion». Dans la boîte de dialogue «Insertion d'image» (**figure C**), sélectionnez le répertoire contenant le fichier graphique, puis ce dernier (nous avons opté pour le fichier MASQUES.WMF, fichier Théâtre en version Macintosh) et cliquez sur le bouton <OK> (<Insérer> sur Macintosh). Insérée dans le document, la taille de l'image est ajustée à celle de la zone de texte, la hauteur en étant parfois agrandie pour garantir le respect des proportions, comme la **figure D** permet de le vérifier.

Sur le document obtenu à ce stade, l'image n'est pas centrée sur la page. Pour y remédier, cliquez sur le bouton de la barre d'outils Dessin afin d'afficher la boîte de dialogue «Alignement». Dans cette dernière, activez la case d'option <Centré> à la section *Vertical* et cliquez sur <OK> pour valider. Word positionne alors l'image au centre de la page.

Cette opération effectuée, vous allez maintenant modifier les attributs de couleur de remplissage et de couleur de trait attribués à l'image. Attention : si vous utilisez la version Macintosh de Word, ces opérations ne seront possibles que sur un dessin et non pas un *clip art*. L'image que nous avons choisie

Figure B

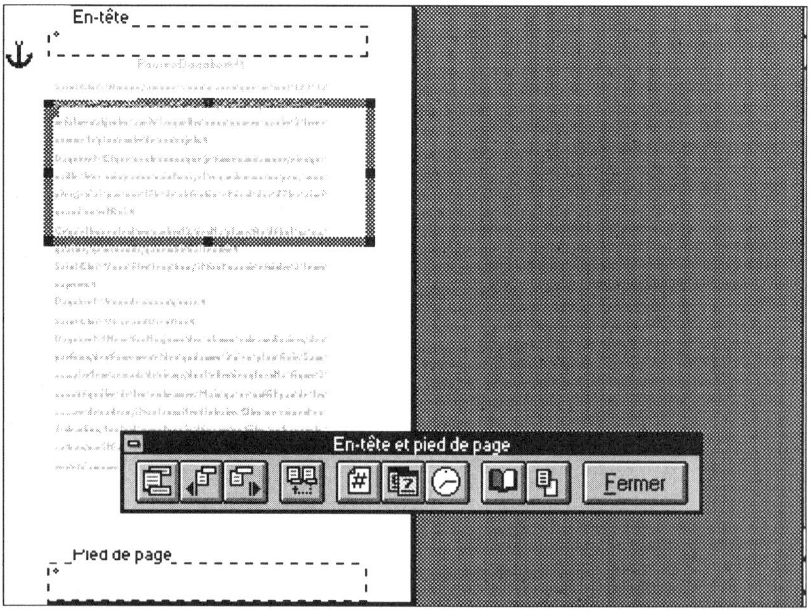

La taille de la zone de texte doit correspondre à la largeur disponible pour le texte sur la page.

(MASQUES.WMF) comporte beaucoup de noir ; il est nécessaire de modifier cette couleur pour que le texte du document conserve sa parfaite lisibilité.

La (re)définition de ces couleurs s'effectue dans la fenêtre d'image à laquelle vous accédez lorsque vous cliquez deux fois sur l'image. Vous noterez que la

Figure C

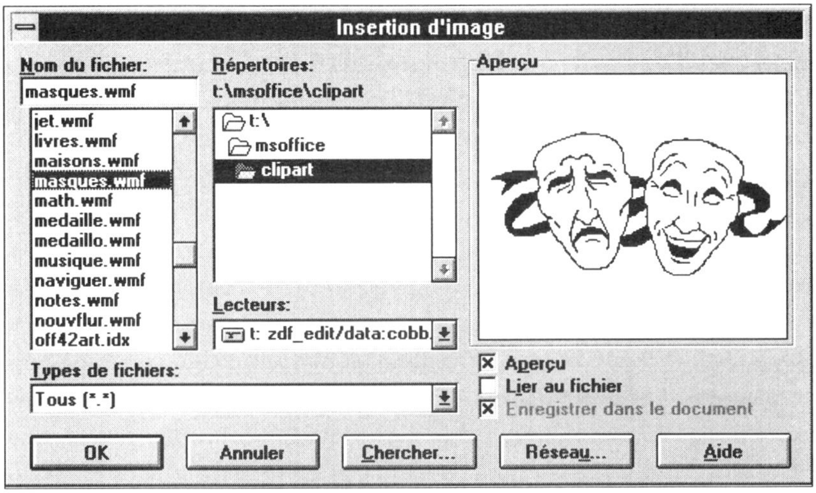

Etape cruciale, le choix de l'image qui va enrichir votre document.

Figure D

Lors de l'insertion, la taille de l'image est automatiquement ajustée à celle de la zone de texte.

barre de titre affiche désormais «Microsoft Word - Image Word dans», suivi du nom de votre document. Pour faciliter les opérations sur l'image, visualisez-la en pleine page en choisissant l'option «Page entière» de la liste déroulante *Zoom*, comme sur notre exemple de la **figure E**.

Vous allez maintenant modifier les couleurs. Pour sélectionner, à coup sûr, tous les composants de l'image, cliquez sur le bouton de la barre d'outils. Cliquez ensuite dans l'angle supérieur gauche de la page et faites glisser jusqu'à l'angle inférieur droit. Word affiche une ligne pointillée délimitant le contour de la zone que vous sélectionnez. Des poignées (des petits carrés noirs) s'affichent sur le pourtour de la zone sélectionnée lorsque vous relâchez le bouton de la souris. Vous allez ensuite regrouper tous les éléments à l'aide du bouton de la barre d'outils, comme illustré sur la **figure F**.

Cette opération effectuée, vous êtes en mesure de modifier en une seule fois les couleurs de la totalité des éléments de l'image. Vous allez commencer par la couleur de remplissage. Pour cela, cliquez sur le bouton de la barre d'outils Dessin et sélectionnez la case de couleur jaune parmi les options disponibles (vous pouvez opter pour une autre couleur, du moment qu'elle s'imprime dans une nuance de gris si vous disposez d'une imprimante noir et blanc). Vous obtenez dès lors à l'écran une "ombre chinoise" d'un joli jaune citron ! Reste à rétablir l'affichage des traits, dans une couleur offrant suffisamment de contraste sans pour cela nuire à l'affichage du texte lui-même (nous avons opté pour la

Figure E

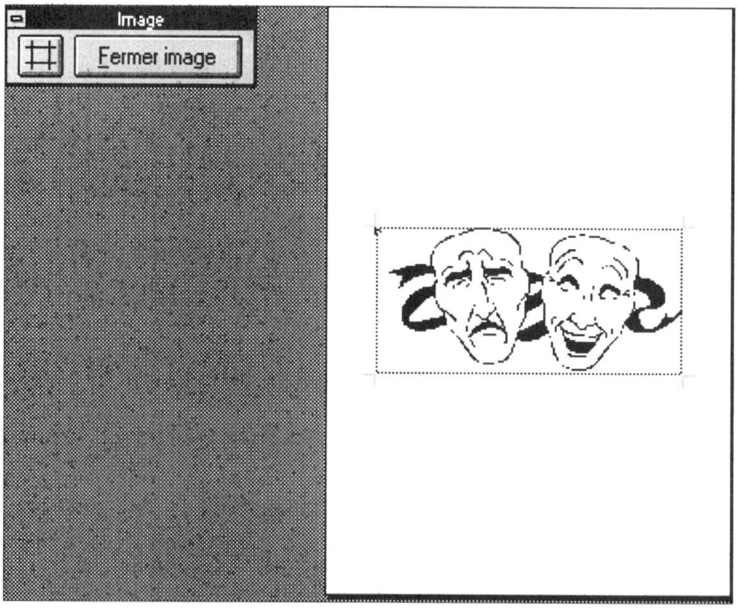

Vous devez ouvrir la fenêtre d'image pour modifier les couleurs définies.

blanc). Pour appliquer cette couleur, sélectionnez l'outil [icône], toujours sur la barre d'outils Dessin, et sélectionnez la case de couleur blanche. Dernier ajustement, l'épaisseur des traits, particulièrement utile lorsque les traits sont dessinés en blanc. Pour garantir une définition optimale, nous vous conseillons d'opter pour le trait le plus épais, que vous pouvez appliquer, en suivant la même technique

Figure F

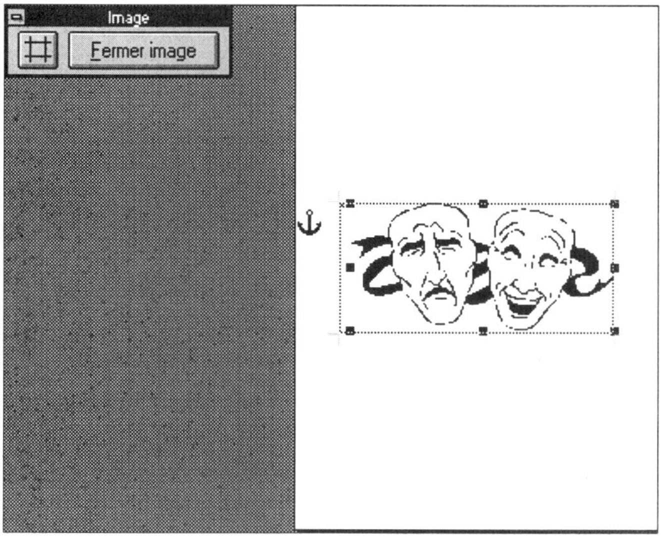

Tous les éléments de l'image doivent être regroupés.

Figure G

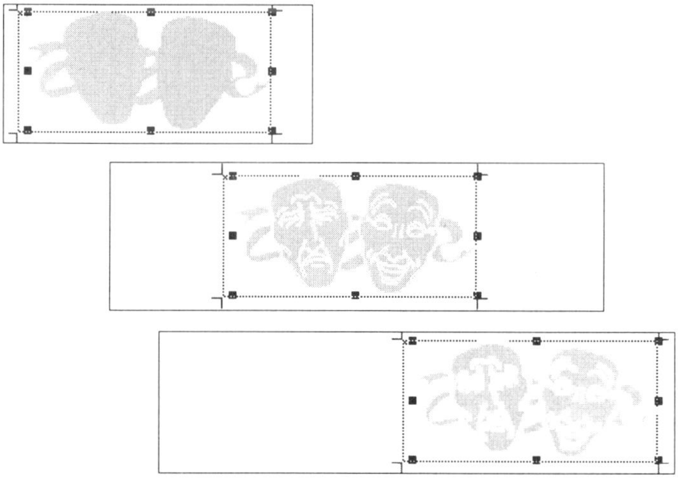

Modifiez les spécifications de couleur de l'image.

que précédemment, à l'aide du bouton de la barre d'outils. Les trois stades de la "métamorphose" sont présentés à la **figure G**. Si vous utilisez un *clip art* Macintosh, cliquez simplement sur <Aucune> pour la couleur de trait.

Vous voilà presque au bout de l'aventure. Cliquez sur le bouton <Fermer image> pour revenir à votre document qui se présente, à ce stade, comme sur la **figure H**.

Au secours, ça n'imprime pas !

Votre chef-d'œuvre terminé, il vous reste à l'imprimer. Si malgré tout "rien" ne sort à l'impression, c'est-à-dire si la belle image que vous avez pris le temps de finaliser n'apparaît pas, surtout pas de panique ! Vous devez simplement vérifier les paramètres de configuration définis pour l'impression et, le cas échéant, les modifier.

Commencez par choisir, le plus traditionnellement du monde, la commande «*Imprimer*» dans le menu «Fichier». Dans la boîte de dialogue qui s'affiche, cliquez sur le bouton <Imprimantes> pour accéder à la boîte de dialogue du même nom, dans laquelle vous allez ensuite cliquer sur le bouton <Configurer>. Vous obtenez alors la boîte de dialogue de configuration de votre imprimante. Dans celle-ci, cliquez sur le bouton <Options>... pour afficher la boîte de dialogue du même nom, illustrée à la **figure I**.

Figure H

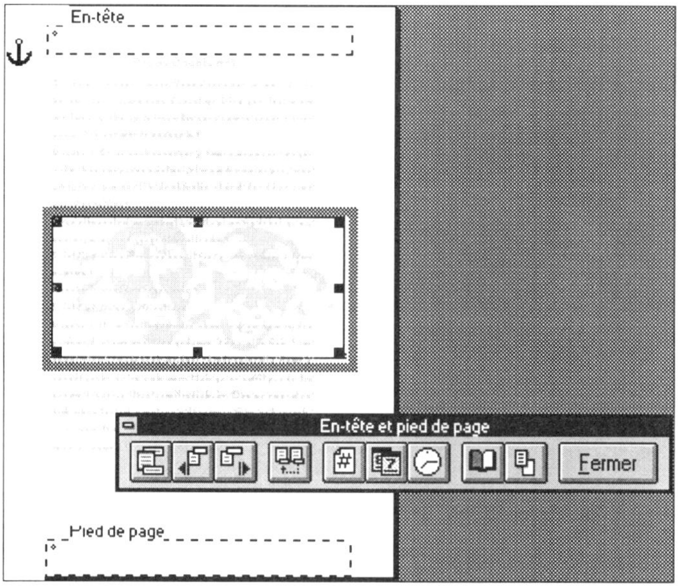

Le chef-d'œuvre est désormais terminé. Reste à l'imprimer !

Dans la boîte de dialogue «Options», vous devez vérifier que l'option «Raster» est bien sélectionnée dans la liste déroulante *Graphics Mode*. **Veillez également à activer la case d'option <Print TrueType as Graphics> de cette boîte de dialogue**. Si vous suivez ces conseils, vous serez en mesure d'imprimer votre chef-d'œuvre enfin finalisé (**figure A**). Avec Word pour Macintosh, veillez simplement à activer la case d'option <Couleur/Niveaux de gris> dans la boîte de dialogue qui s'affiche lorsque vous choisissez la commande «*Imprimer*» du menu «Fichier».

Petits conseils de dernière minute

Attention au choix de l'image que vous destinez à la surimpression. Certaines donneront de meilleurs résultats que d'autres, en fonction des couleurs et des traits. Ainsi, la couronne, reproduite à la **figure J**, dessinée avec application (et PaintBrush) par notre rédacteur-metteur en scène, ne donne qu'un résultat médiocre (qui a dit qu'il était meilleur metteur en scène que dessinateur ?).

Pour éviter d'avoir à refaire entièrement la procédure, vous pouvez stocker le tampon que vous venez de créer grâce à la commande «*Insertion automatique*» du menu «Edition» (pour plus d'informations sur cette commande, vous pouvez vous reporter à l'astuce «Laisser Word faire le travail» dans le chapitre 3).

Vous êtes désormais expert *ès* surimpression et vous pourrez ainsi agrémenter facilement les documents que vous créez... mais peut-être pas tous les documents professionnels. A user donc, mais sans en abuser !

Figure J

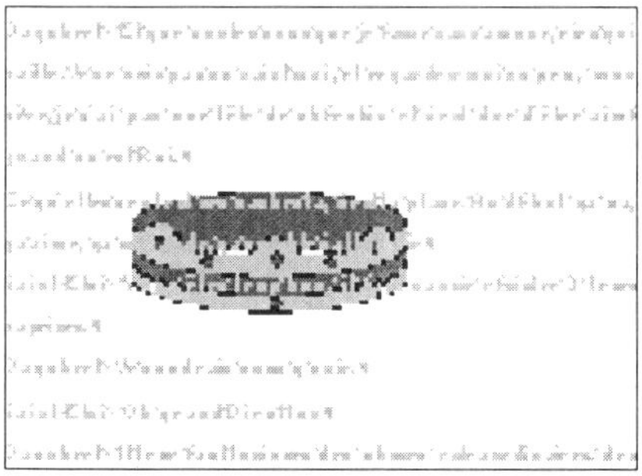

Attention au choix des images !

Diminuer la taille d'un dessin

Pour réduire, proportionnellement et en une seule fois, un dessin constitué de plusieurs éléments dissociés, vous devez dans un premier temps sélectionner tous les éléments de votre dessin en cliquant sur l'icône  de la barre d'outils Dessin, puis en faisant glisser la souris, bouton enfoncé, tout autour des éléments du dessin. Relâchez ensuite le bouton quand tout est encadré par le liseré en pointillé. Une autre méthode consiste à maintenir la touche [Maj] enfoncée et à cliquer successivement sur tous les éléments du dessin. Les éléments sélectionnés, cliquez sur le bouton  de la barre d'outils Dessin. Vous pouvez, dès lors, réduire ou agrandir votre dessin, grâce aux poignées de redimensionnement.

Redimensionner une image

Pour recadrer une image importée dans un document Word, commencez par la sélectionner afin d'afficher les poignées de dimensionnement. Attention cependant : le résultat sera différent en fonction des poignées que vous allez utiliser.

Si vous souhaitez redimensionner l'image de façon homothétique, en conservant ses proportions, choisissez les poignées médianes. Pour recadrer votre image et en supprimer une partie, maintenez la touche [Maj] enfoncée tout en faisant glisser une poignée. Si le résultat obtenu ne vous convient pas, vous pouvez récupérer l'image d'origine. Pour cela, sélectionnez l'image, puis choisissez la commande «*Image*» dans le menu «Format». Dans la boîte de dialogue qui s'affiche, cliquez alors sur les boutons <Rétablir> puis <OK>. Revenu à votre document, l'image est restaurée dans sa version initiale.

Ces opérations peuvent également s'effectuer à l'aide d'un raccourci clavier. Il vous suffit en effet de maintenir la touche [Ctrl]/[⌘] enfoncée tout en cliquant à deux reprises sur l'image pour qu'elle retrouve automatiquement son format d'origine.

Maîtriser les ombres dans vos documents

L'ombrage est une façon immédiate et efficace de mettre en évidence du texte dans vos documents Word. Ombrer un paragraphe entier ou une cellule de tableau est facilement réalisable. Il vous suffit de choisir la commande «*Bordure et trame*» du menu «Format», puis de sélectionner l'onglet *Trame de fond*, cliquer sur la trame de fond souhaitée dans la liste déroulante *Trame de fond*, et valider par le bouton <OK>. L'ombrage choisi s'applique automatiquement à l'intégralité du paragraphe. Cependant, vous pouvez souhaiter ne faire ressortir qu'une partie d'un paragraphe et, dans ce cas, les possibilités offertes par le menu «Format» ne vous permettront pas d'atteindre la précision et la sélectivité recherchées. En revanche, le module Microsoft Draw de Word va vous permettre de réaliser ce type de sélection, illustré à la **figure A**.

Le module Microsoft Draw de Word

Il existe effectivement une méthode simple qui permet d'associer texte et ombre par l'intermédiaire du module Draw. Ce module dispose des fonctionnalités nécessaires pour dessiner un rectangle autour du texte à mettre en évidence,

Figure A

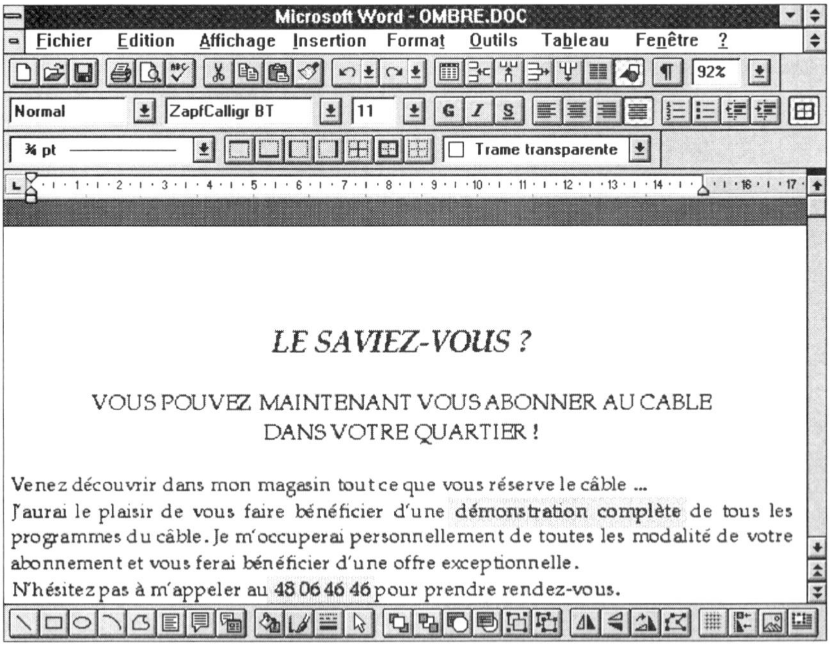

L'ombrage sélectif du texte a été réalisé avec le module Microsoft Draw de Word.

puis le remplir avec un motif approprié. Pour plus de facilité, nous avons regroupé les différentes étapes de cette technique au **tableau A**. Notez que les ombres définies avec Draw ne sont visibles qu'en mode Page ou Aperçu avant impression.

Attention, si vous voulez utiliser cette technique avec une efficacité maximum, il est préférable de procéder à l'ombrage du texte une fois votre document achevé. En effet, si votre texte se trouve modifié, les zones d'ombre ne seront plus correctement ajustées. Bien sûr, il suffit de cliquer de nouveau sur bouton de la barre d'outils pour les repositionner. Mais quel temps perdu !

Tableau A

OMBRAGE DE TEXTE
1. Cliquer sur le bouton de la barre d'outils pour basculer automatiquement en mode Page et afficher la barre d'outils Dessin au bas de la fenêtre.
2. Choisir l'outil de la barre d'outils Dessin et désélectionner la case d'option <Aligner sur le quadrillage>.
3. Choisir l'outil Couleur de trait de la barre d'outils Dessin et vérifier qu'aucune couleur n'est sélectionnée.
4. Choisir l'outil Couleur de remplissage de la barre d'outils Dessin. Maintenir le bouton de la souris enfoncé et passer sur les différentes cases de gris. Le pourcentage s'affiche en bas de la boîte de dialogue. Relâcher le bouton de la souris sur Gris 20%.
5. Choisir l'outil Rectangle de la barre d'outils Dessin et dessiner un cadre autour du texte à ombrer.
6. La zone ombrée étant toujours sélectionnée, cliquer sur l'outil Texte au-dessus de la barre d'outils Dessin. Le texte est aussitôt ombré.
7. Cliquer sur le bouton de la barre d'outils Standard pour faire disparaître la barre d'outils Dessin.

Créer un diagramme de flux

Un diagramme de flux permet de décomposer les différentes étapes d'un processus et leurs enchaînements. Ces diagrammes permettent ainsi de schématiser aussi bien le traitement des appels d'un service après-vente qu'un processus industriel complexe. Il existe bien sûr des logiciels spécialisés dans la création de ce type de diagramme. Très onéreux, ces produits d'un maniement délicat ne s'adressent qu'à des utilisateurs experts, dont la fonction justifie un investissement important, en temps comme en argent.

Avec un minimum d'effort, Word permet cependant de réaliser des diagrammes de flux d'une qualité remarquable, offrant ainsi un outil parfaitement adapté à une utilisation ponctuelle. Nous allons voir les étapes à suivre pour élaborer ces diagrammes d'un type particulier avec les outils de dessin de Word.

Figure A

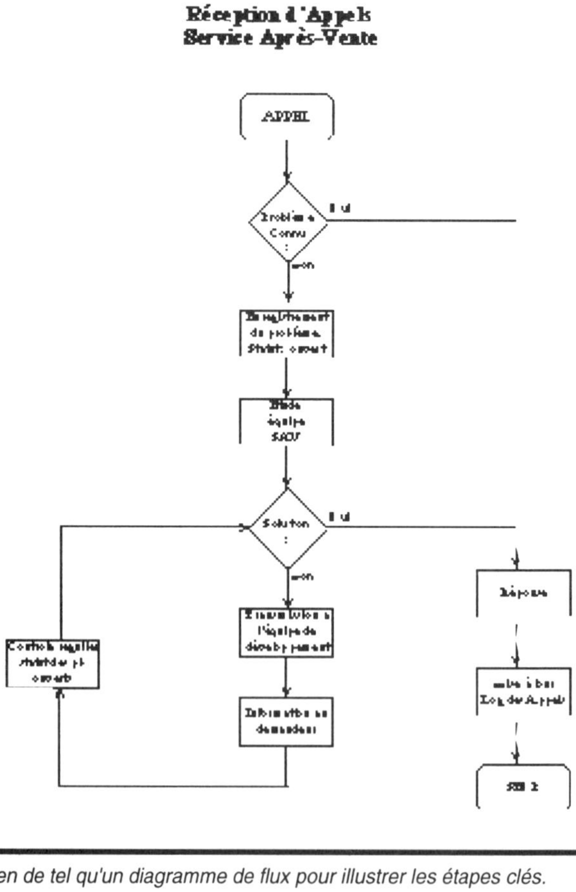

Rien de tel qu'un diagramme de flux pour illustrer les étapes clés.

Points de repère

Un diagramme de flux est composé de 3 types d'événement élémentaire : les entrées/sorties du processus, les tâches et les questions. Les événements sont schématisés à l'aide de symboles : un rectangle aux angles arrondis, un rectangle traditionnel, un losange et des flèches pour relier les événements entre eux (**figure A**). Ces différents événements, leur symbole et leur signification sont regroupés au **tableau A**.

A l'aide de ces structures fondamentales, on décomposera en étapes élémentaires le processus à analyser. Grâce à cette décomposition, la compréhension des points de blocage ou des dysfonctionnements sera à la fois plus claire et plus facile. Les solutions n'en seront que plus simples à faire admettre et plus rapides à mettre en place.

Un diagramme modèle

Comme vous allez utiliser systématiquement dans tous vos diagrammes les symboles présentés au **tableau A**, nous allons commencer par créer un modèle Word qui regroupera un exemple de chaque symbole. Lors de la création du diagramme proprement dit, il ne vous restera plus, ensuite, qu'à piocher dans votre modèle les éléments dont vous aurez besoin. Puis nous illustrerons par l'exemple toutes les étapes de création d'un tel diagramme.

Commencez par choisir la commande «*Nouveau*» dans le menu «Fichier» et créez un nouveau modèle de type NORMAL dans la boîte de dialogue «Nouveau document». Cliquez sur <OK>. Un nouveau modèle s'affiche à l'écran.

Tapez **TITRE** sur la première ligne de la page et cliquez sur le bouton  de la barre d'outils pour centrer la chaîne de caractères. Appliquez, si vous le souhaitez, des mises en forme supplémentaires en utilisant la commande «*Caractères*» du menu «Format», qui permet de modifier la police, le style et les attributs. Cette zone vous servira de modèle de titre pour tous les diagrammes de flux que vous créerez. Appuyez deux fois sur la touche [Entrée]. Nous allons maintenant dessiner les différents symboles.

Tableau A

ELÉMENTS D'UN DIAGRAMME DE FLUX		
Evénement	*Elément*	*Symbole*
Entrée/Sortie	Rectangle arrondi	
Tâche	Rectangle	
Question	Losange	
Mouvement	Flèche	

Cliquez sur le bouton de la barre d'outils. Vous basculez automatiquement en mode Page et la barre d'outils Dessin s'affiche au bas de le fenêtre de document. Choisissez l'outil rectangle et dessinez un rectangle d'environ 5 cm sur 2,5 cm en vous aidant de la règle. Vous pouvez également entrer ces mesures précises dans la boîte de dialogue «Dessin», accessible par la commande «*Options de dessin*» du menu «Format» : tapez alors les dimensions choisies dans les zones de texte *Hauteur* et *Largeur* de la section *Taille,* contenue dans l'onglet *Taille et position.* Pour accéder directement à la boîte de dialogue «Dessin», vous pouvez également positionner le curseur sur l'une des bordures du rectangle et cliquer à deux reprises avec le bouton de la souris.

Vous allez maintenant dupliquer ce premier rectangle et vous servir de la copie pour créer un rectangle arrondi de même taille. Sélectionnez le rectangle et choisissez la commande «*Copier*» du menu «Edition» (ou les raccourcis clavier [Ctrl][C] ou [⌘][C]). Appuyez deux fois sur la touche [Entrée] du clavier et choisissez la commande «*Coller*» du menu «Edition». Un deuxième rectangle apparaît sur la page. Sélectionnez-le et accédez à la boîte de dialogue «Dessin» en cliquant deux fois sur l'une des bordures avec le bouton de la souris. Choisissez l'onglet *Trait* et cochez la case d'option <Arrondir les coins>.

Figure B

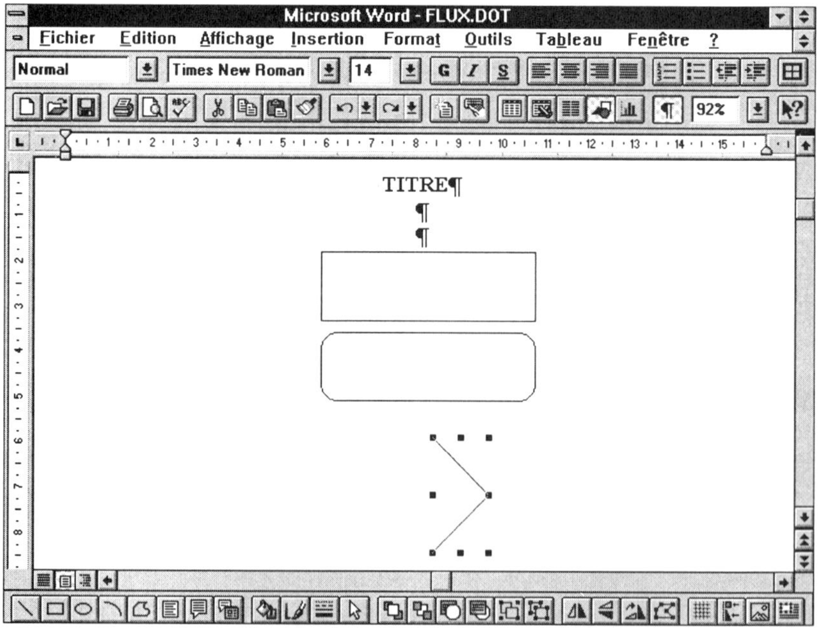

La création du losange se fait par étape, en dupliquant et en groupant deux traits à 45°.

Vous disposez maintenant d'un rectangle et d'un rectangle arrondi ; il vous reste à créer le losange (les flèches de mouvement seront dessinées directement sur les diagrammes).

La barre d'outils standard Dessin n'offre aucun outil permettant de dessiner des losanges et il n'est pas possible d'appliquer une rotation de 45° à un carré ; vous allez donc devoir dessiner le losange vous-même. Pour cela, choisissez l'outil Trait et dessinez un trait d'environ 1,5 cm. Accédez de nouveau à la boîte de dialogue «Dessin», en cliquant à deux reprises sur le trait que vous venez de créer. Sélectionnez alors l'onglet *Taille et Position* et modifiez les zones de texte *Hauteur et Largeur* de la section *Taille*, afin que votre trait se positionne sur une diagonale à 45° par rapport au plan de la page. Pour cela, les paramètres *Hauteur* et *Largeur* doivent être égaux (par exemple à 2 cm). La position et la taille de votre trait sur la page vont s'en trouver automatiquement modifiées.

Vous allez maintenant dupliquer ce trait pour former le deuxième côté du losange. Pour ce faire, sélectionnez-le et cliquez sur le bouton de la barre d'outils. Cliquez ensuite sur le bouton et un deuxième trait identique apparaît à côté du premier. Choisissez l'outil Retournement vertical et déplacez ce trait à l'aide de la souris, de façon à ce qu'il forme un angle droit avec le premier. Pour affiner sa position finale, vous pouvez également utiliser les flèches directionnelles du clavier en maintenant la touche [Ctrl] – ou [⌘] sur Macintosh – enfoncée. Le deuxième trait étant toujours sélectionné, appuyez sur la touche [Maj] et sélectionnez le premier. Cliquez maintenant sur le bouton pour grouper les deux traits. Ces opérations effectuées, votre demi-losange se présente comme sur la **figure B**. Cliquez successivement sur le bouton puis sur le bouton de la barre d'outils pour dupliquer ce groupe. Choisissez l'outil Retournement horizontal et utilisez la souris pour positionner le deuxième demi-losange face au premier, de façon à obtenir un losange complet. Le deuxième losange étant toujours sélectionné, appuyez sur la touche [Maj] et sélectionnez le premier. Cliquez de nouveau sur l'outil pour grouper les deux demi-losanges.

Votre losange est enfin terminé. Naturellement, il vous est toujours possible d'en modifier la taille dans la boîte de dialogue «Dessin».

Vous disposez maintenant d'un modèle complet que vous utiliserez pour créer vos diagrammes de flux. Sauvegardez-le dans le répertoire ou le dossier MODELES de votre application sous le nom FLUX. Vérifier la présence de l'option « Modèle de document » dans la liste déroulante *Type du fichier*.) Il ne vous reste plus qu'à fermer ce modèle à l'aide de la commande «*Fermer*» du menu «Fichier».

Etape par étape

Nous allons maintenant illustrer à l'aide d'un exemple les différentes étapes de création d'un diagramme de flux dans Word, pour aboutir au résultat présenté à la **figure A**. Ces étapes sont résumées aux **tableaux B et C**.

Vous allez travailler avec deux documents distincts. Commencez par ouvrir un nouveau document à l'aide de la commande «*Nouveau*» du menu «Fichier ». Dans la boîte de dialogue «Nouveau document», sélectionnez le modèle FLUX que vous venez de créer et validez en cliquant sur <OK>. Ouvrez dès à présent le deuxième document en répétant la même procédure, mais en choisissant cette fois le modèle NORMAL. Sélectionnez la commande «*Réorganiser*» du menu «Fenêtre» pour juxtaposer les deux documents à l'écran. Vous allez utiliser les éléments du document fondé sur le modèle FLUX pour créer votre diagramme dans le second document. Avant toute chose, vérifiez que l'option <Dessin> est activée dans les options d'impression (commande «*Options*» du menu «Outils», onglet *Impression*).

Sélectionnez la chaîne de caractères *Titre* du document FLUX et cliquez sur le bouton de la barre d'outils. Passez dans le second document et cliquez sur l'outil . Cliquez deux fois sur *Titre* et tapez l'intitulé de votre diagramme. Appuyez deux fois sur [Entrée] pour insérer deux marques de paragraphe à la suite de l'intitulé de votre document.

Retournez dans le modèle FLUX et sélectionnez le rectangle arrondi. C'est le premier élément que nous allons utiliser pour schématiser la première étape du diagramme. Choisissez la commande «*Copier*» du menu «Edition», sélectionnez

Tableau B

	ELÉMENTS DE CRÉATION D'UN DIAGRAMME DE FLUX
1.	Ouvrir un nouveau document à partir du modèle FLUX, puis un autre document de type normal.
2.	Copier la zone Titre du document FLUX dans le document NORMAL et remplacer le texte par le titre du diagramme de flux. Insérer deux paragraphes après le titre.
3.	Copier le rectangle arrondi dans le document FLUX, puis le coller dans le document NORMAL.
4.	Insérer le rectangle dans un cadre et utiliser le cadre pour le positionner sur la page.
5.	Cliquer deux fois sur le cadre pour afficher la barre d'outils Dessin.
6.	Taper le texte dans le cadre, appliquer les mises en formes adéquates et revenir au document NORMAL.
7.	Répéter successivement les étapes 3 à 6 pour tous les éléments du diagramme de flux que vous souhaitez créer.
8.	Ajouter les flèches entre les éléments du diagramme.
9.	Compléter les flèches avec des indications Oui/Non pour différencier les flux.

le document NORMAL et collez le rectangle grâce au raccourci clavier [Ctrl][V] ([⌘][V] sur Macintosh). Avant de continuer, cliquez sur le bouton <Agrandissement>, dans le coin supérieur droit de la fenêtre de document. Vous aurez ainsi un espace de travail plus grand.

Pour placer correctement le rectangle sur la page, il ne suffit pas de le dupliquer, il faut également l'insérer dans un cadre. Ce dernier vous permettra non seulement de positionner précisément un élément, mais aussi d'insérer le texte adéquat à l'intérieur. Si vous n'êtes pas en mode Page, choisissez la commande «*Page*» du menu «Affichage». Cliquez sur le rectangle, puis sur le bouton de la barre d'outils. Le rectangle est maintenant encadré. Placez le pointeur de la souris sur une des poignées du cadre jusqu'à ce qu'il se transforme en flèche à quatre pointes. Faites glisser le cadre vers l'emplacement sur lequel vous souhaitez l'ancrer. Le contenu du cadre se déplace lorsque vous relâchez le bouton de la souris.

Il est très facile maintenant d'insérer du texte. Il suffit de positionner le pointeur de la souris à l'intérieur du cadre puis de cliquer deux fois. Cette manipulation provoque l'ouverture du module d'images. Tapez ensuite la chaîne de caractères voulue, dans notre exemple *APPEL*. Pour appliquer une mise en forme particulière sur ce texte, vous devez d'abord le sélectionner à l'intérieur du cadre, puis appliquer la mise en forme voulue au moyen de la règle, du ruban de la barre d'outils ou des commandes appropriées. Pour modifier la mise en forme de tout un paragraphe encadré, il suffit de sélectionner le cadre lui-même, puis de lui appliquer la nouvelle mise en forme. Choisissez la commande «*Fermer et retourner à Document 2*» du menu «Fichier» pour revenir à votre document de travail. Il est temps de sauvegarder le document NORMAL sous un nom de fichier approprié.

Il ne vous reste plus qu'à répéter ces manipulations pour placer successivement sur la page tous les éléments de votre diagramme. Lorsque vous faites glis-

Tableau C

AJOUT DES MENTIONS *OUI/NON* SUR LES FLÈCHES	
1.	Positionner le curseur sur le paragraphe vide sous le titre et taper *Non*.
2.	Copier le texte après avoir appliqué les mises en formes adéquates.
3.	Insérer le texte dans un cadre et utiliser ce dernier pour positionner le texte sur une des flèches.
4.	Supprimer le bord du cadre.
5.	Positionner de nouveau le curseur sur le premier paragraphe et coller la copie du texte *Non* avec les mises en formes.
6.	Répéter successivement les étapes 3 à 5 pour positionner tous les *Non* sur le diagramme.
7.	Reprendre des étapes 1 à 6 pour positionner les *Oui*.

ser un cadre sur la page, il se positionne généralement à une distance fixe des bordures gauche et supérieure de la page. Quelles que soient les modifications apportées ultérieurement à votre document, il reste fixé ("ancré") sur ce point de la page. Si vous souhaitez produire des effets spécifiques, vous obtiendrez des résultats plus précis en sélectionnant les options de la boîte de dialogue «Cadre». Elles vous permettent, en effet, de sélectionner un point de référence sur la page, puis de positionner le cadre en fonction de ce point. Lorsque tous les éléments sont correctement positionnés sur la page, vous pouvez fermer le document FLUX. Vous n'en aurez plus besoin dans les dernières étapes de création du diagramme.

Donner du mouvement

L'étape suivante consiste à ajouter les flèches de mouvement entre l'ensemble des éléments placés sur la page. Les flèches sont essentielles à la bonne illustration des enchaînements existant entre les différentes étapes illustrées sur le diagramme ; vous ne devez donc pas les négliger.

Cliquez sur le bouton de la barre d'outils. Vous basculez en mode Page et la barre d'outils Dessin s'affiche au bas de la fenêtre du document. Choisissez l'outil *Trait* et dessinez un trait entre les deux premiers éléments. Cliquez à deux reprises sur le trait, vous accéderez à la section *Trait* de la boîte de dialogue «Dessin». Vous pouvez maintenant choisir les éléments de vos pointes de flèches en ouvrant les listes déroulantes *Style, Angle* et *Longueur*. Les options que vous venez de sélectionner resteront valides pour tous les traits que vous dessinerez par la suite ; vous n'aurez donc plus qu'à tracer les traits entre chaque élément à l'aide de l'outil . La pointe des flèches se dessinera automatiquement. Avant de démarrer la création de votre diagramme, nous vous recommandons de dessiner sur un papier l'enchaînement des divers événements que vous souhaitez illustrer, ainsi que les flèches de mouvement qui les relient. Ce papier vous servira de guide tout au long de votre travail.

Les diagrammes sont un outil de modélisation très efficace de plus en plus utilisé dans l'entreprise. N'hésitez pas à y avoir recours, les fonctionnalités graphiques de Word vous le permettent. Attention cependant : la qualité de votre diagramme sera certes servie par une exécution graphique soignée, mais dépendra essentiellement de la pertinence de l'analyse préalable.

Créer une page de titre pour vos documents

Bien souvent, pressé par la charge de travail et les délais, vous ne disposez guère du temps nécessaire pour finaliser vos documents et effectuer toutes les opérations de mise en forme qui vous permettraient de les mettre en valeur. Si vous vous retrouvez fréquemment dans cette situation, sachez qu'il existe néanmoins une présentation facile à réaliser qui vous permet d'améliorer rapidement l'aspect général de votre document : une page de titre. Word pour Windows vous propose différentes méthodes pour réaliser facilement une page de titre d'aspect professionnel.

Les données du problème

Pour réaliser une page de titre similaire à celle présentée à la **figure A**, vous pouvez procéder de deux manières différentes. La première méthode fait appel aux options d'alignement vertical disponibles dans la boîte de dialogue «Mise en page» (onglet *Disposition*), accessible par la commande du même nom dans le menu «Fichier», options qui vous permettent de placer le texte en haut, en bas

Figure A

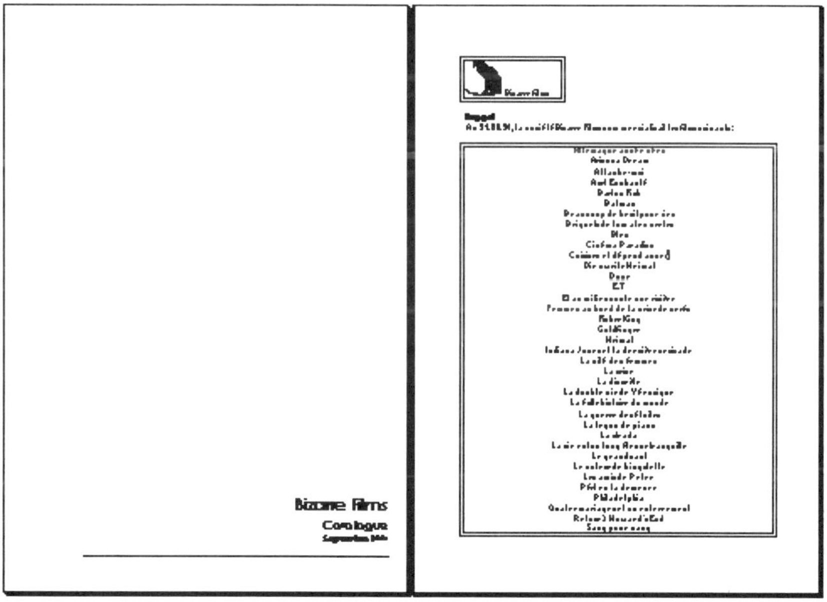

Peu de temps pour finaliser votre document ? Word pour Windows permet de créer facilement et rapidement une page de titre.

ou au centre de la page de titre, en les justifiant ou non entre les marges gauche et droite.

La seconde méthode, qui offre plus de latitude pour la mise en forme et le positionnement du texte – celle que nous avons choisi de vous présenter ici – fait appel à ces mêmes options, ainsi qu'à la commande «*Cadre*» du menu «Insertion» de Word. Pour plus de clarté, les différentes étapes de la procédure sont regroupées au **tableau A**.

La pratique par l'exemple

Pour créer une page de titre similaire à celle illustrée à la **figure A**, vous allez commencer par ajouter une nouvelle section en haut de votre document, au moyen de la commande «*Saut*» du menu «Insertion». Dans la boîte de dialogue qui s'affiche ensuite (**figure B**), sélectionnez l'option «Page suivante» dans l'encadré *Saut de section*, puis cliquez sur le bouton <OK>. Word insère alors un saut de section matérialisé par deux lignes de pointillés.

Notez que vous pourriez tout aussi bien insérer un saut de page plutôt qu'un saut de section pour séparer la page de titre du corps du document. Toutefois, le saut de section offre un certain nombre d'avantages par rapport au saut de page. Un saut de section, en effet, facilite les opérations sur les en-têtes et les pieds de page, ainsi que la numérotation, comme nous le verrons plus loin.

Après avoir inséré le saut de section séparant la page de titre du corps du document, vous allez saisir le texte à afficher sur la page de titre (**figure C**). Vous allez maintenant effectuer la mise en forme de ce texte, à l'aide des commandes du menu «Format» ou des outils correspondants sur la règle. A titre d'exemple, nous avons formaté le texte de la page de titre illustré à la **figure A** en police Century Gothic (24, 18 et 12 points en gras, respectivement pour la première, la deuxième et la troisième ligne du texte). Nous avons également aligné le texte

Tableau A

RÉSUMÉ DE LA PROCÉDURE DE CRÉATION D'UNE PAGE DE TITRE
1. Ajouter une nouvelle section en haut du document au moyen de la commande «*Saut*» du menu «Insertion».
2. Saisir et mettre en forme le texte de la page de titre dans la première section du document.
3. Sélectionner la page de titre et insérer un cadre à l'aide de la commande «*Cadre*» du menu «Insertion».
4. Basculer en mode Page lorsque vous y êtes invité.
5. Réduire, à l'aide du bouton , la taille de la page à l'écran, afin de la visualiser en totalité.
6. A l'aide de la souris, déplacer le cadre jusqu'à l'emplacement souhaité.

à droite et ajouté un filet inférieur à la quatrième ligne, à l'aide de la commande «*Bordure et trame*» du menu «Format». Quelle que soit la mise en forme que vous définissez à ce stade, sachez que rien ne vous empêchera de la modifier ultérieurement, si nécessaire.

Attention : vous ne devez en aucun cas supprimer la marque de paragraphe précédant le saut de section (les deux lignes de pointillés). En effet, cette marque contient tous les paramètres définis pour la section, de sorte que si vous supprimez cette marque, vous effacez tous les attributs affectés à la section.

Figure B

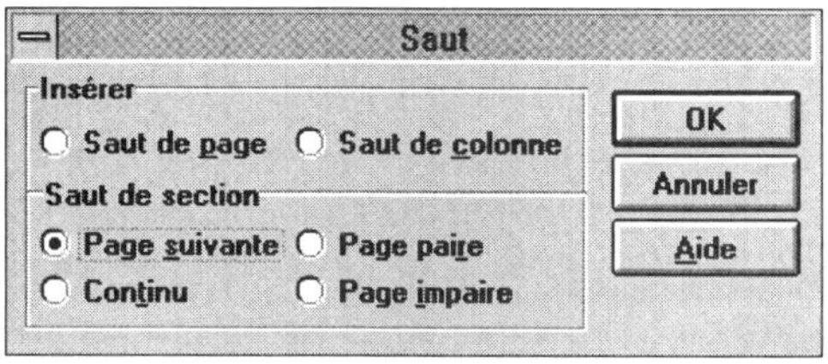

Cette boîte de dialogue permet d'insérer, dans votre document Word, un saut de section qui contiendra la page de titre.

Figure C

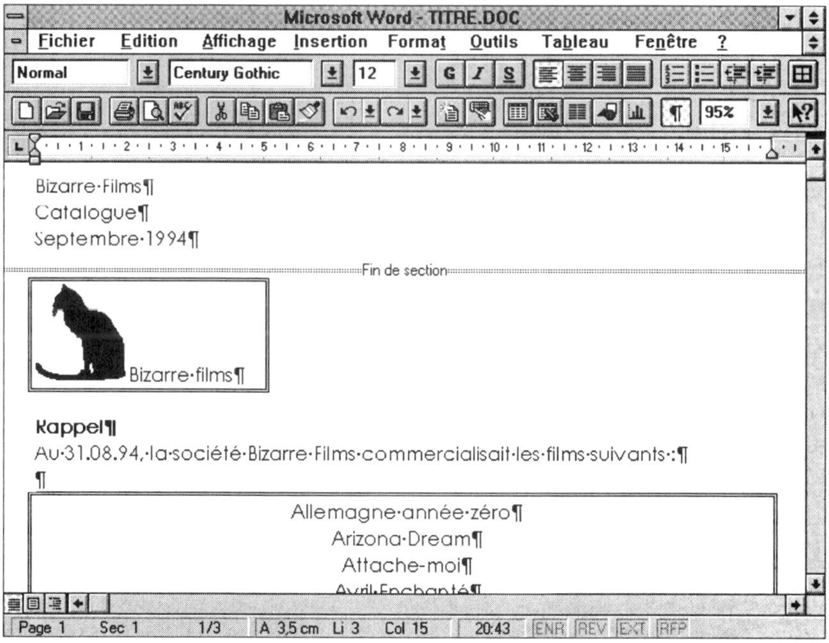

Le texte de la page de titre constitue une section distincte ajoutée en haut de votre document.

Le texte saisi et mis en forme, vous allez le positionner sur la page. Pour cela, mettez-le en surbrillance (y compris le filet) et choisissez la commande «*Cadre*» du menu «Insertion». Word affiche alors un message vous invitant à basculer en mode Page pour positionner le cadre. Cliquez sur <Oui> en réponse à ce message et, en mode Page, ajustez la position du cadre à l'aide de la souris, en faisant glisser le cadre vers l'emplacement de votre choix. Pour faciliter le positionnement, sélectionnez l'option «Page entière» dans la liste déroulante *Zoom* (ou tapez 27%) pour visualiser la page entière à l'écran (**figure D**).

Comme vous le constatez, Word matérialise la position du texte par un tiret pointillé pendant le déplacement. Lorsque vous relâchez le bouton de la souris, le cadre est inséré à l'endroit choisi. Pour notre page de titre exemple, nous avons choisi de positionner le cadre dans l'angle inférieur droit de la page.

Si vous trouvez le positionnement par "glisser-déplacer" trop approximatif, sachez que vous pouvez définir un emplacement exact pour le cadre à l'aide de la boîte de dialogue «Cadre», disponible par la commande du même nom dans le menu «Format» (nous y reviendrons plus loin).

A ce stade, votre page de titre, finalisée, se présente comme sur notre exemple de la **figure A** et vous pouvez imprimer votre document.

Figure D

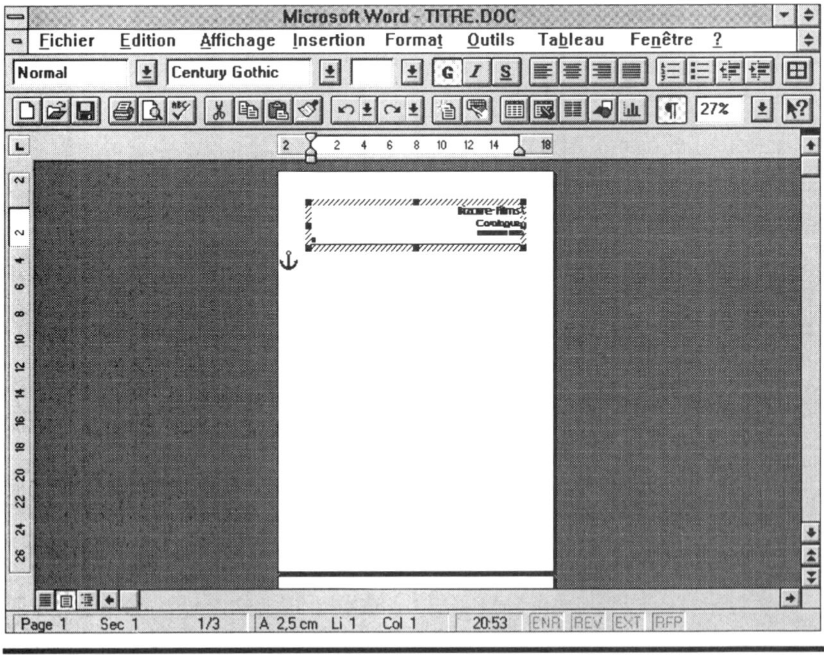

Pour faciliter le positionnement du cadre, réduisez la taille de la page à l'écran.

Le titre et rien que le titre

Séparer un document en sections distinctes permet de définir des formats radicalement différents pour ces sections. Ainsi, vous pouvez définir pour certaines sections une présentation en colonnes de type journal, un titre en bandeau, etc. Cette particularité s'applique également aux en-têtes et aux pieds de page.

Si votre document comporte un en-tête et/ou un pied de page, le saut de page que vous ajoutez pour créer la page de titre hérite de l'en-tête et/ou du pied de page défini pour le reste du document. Si vous supprimez ces éléments de la page de titre, vous les effacez également du reste de votre document. En revanche, en optant pour le saut de section, vous avez la possibilité de définir un en-tête ou un pied de page différent pour chaque section de votre document. En procédant ainsi, l'en-tête et le pied de page définis pour le corps du document ne s'affichent pas sur la page de titre, comme la **figure E** permet de le vérifier.

Si votre document ne comporte ni en-tête ni pied de page et que vous souhaitez en ajouter un, il vous suffit de le créer pour la deuxième section. Pour cela, placez le curseur dans la deuxième section, choisissez la commande «*En-tête et pied de page*» dans le menu «Affichage» et entrez le texte de votre choix.

Figure E

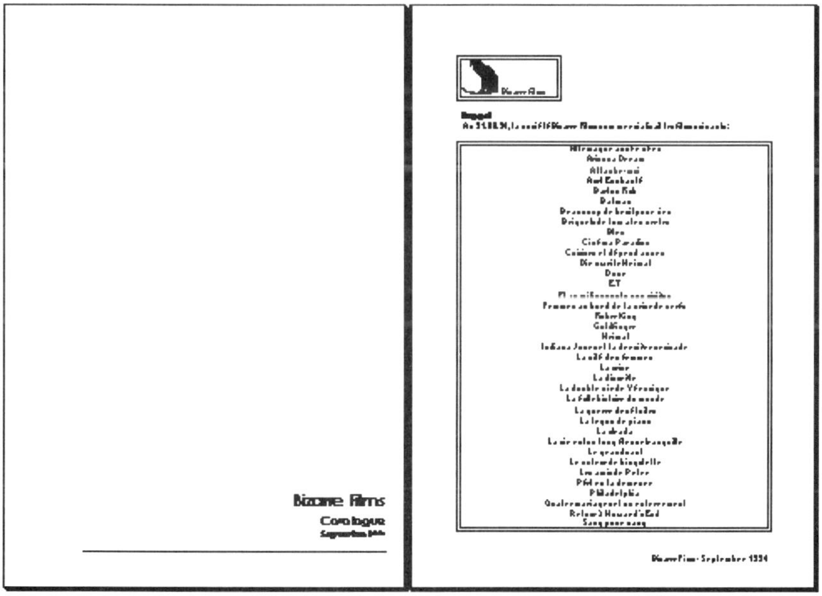

Grâce à l'option «Première page différente», l'en-tête et le pied de page que vous avez définis pour le document n'apparaissent pas sur la page de titre.

Au suivant

Si vous ajoutez une section et donc, dans notre exemple, une page supplémentaire à votre document, la question de la numérotation des pages se pose. Avec cette page supplémentaire, la première page du corps du document est numérotée 2. Ce numéro correspondant bien au numéro de page réel, vous pouvez conserver cette numérotation.

Toutefois, si vous souhaitez commencer la numérotation avec le corps de votre document, c'est-à-dire ne pas prendre en compte la page de titre dans la numérotation, vous devez rectifier cette dernière dans le pied de page défini pour la seconde section (le corps du texte) du document. Commencez par afficher le pied de page de cette deuxième section et placez-y le curseur. Choisissez ensuite la commande «*Numéros de page*» dans le menu «Insertion» et, dans la boîte de dialogue «Numéros de page», ne désactivez pas l'option «Commencer la numérotation à la première page». Cliquez sur le bouton <Format> et, dans la boîte de dialogue qui s'affiche ensuite, tapez `1` dans la zone de texte *Commencer à* de la section *Numérotation des pages*. Cliquez deux fois sur le bouton <OK> pour revenir à votre document.

De la mesure en toute chose

Si vous trouvez que le positionnement du cadre obtenu par "glisser-déplacer" est trop approximatif, vous pouvez définir un emplacement précis pour le texte au moyen de commande «*Cadre*» du menu «Format» qui ouvre la boîte de dialogue illustrée à la **figure F**.

Figure F

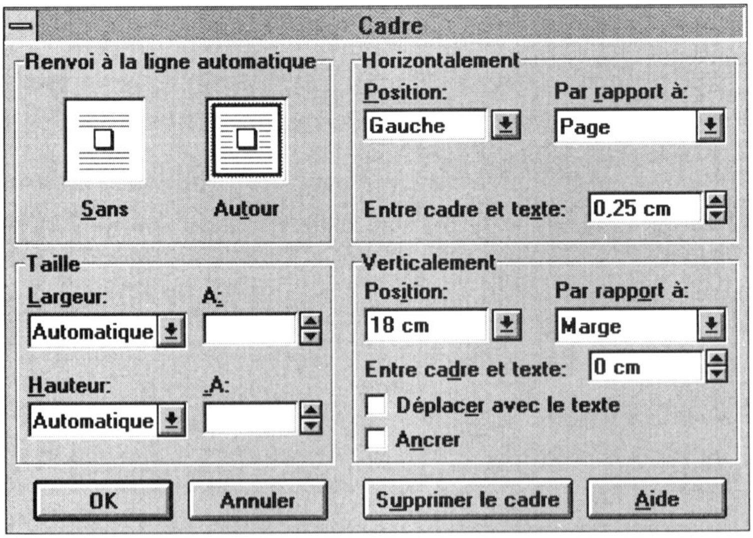

La boîte de dialogue «Cadre» permet de définir un emplacement précis pour le titre sur la page.

Les mesures figurant aux sections *Horizontalement* et *Verticalement* de la boîte de dialogue reflètent la position courante du cadre. Pour aligner, par exemple, le cadre par rapport au bord gauche de la page, sélectionnez «Gauche» parmi les options de la zone *Position*, à la section *Horizontalement* et «Page» dans la zone de texte *Par rapport à*. A la section *Verticalement*, entrez la mesure de votre choix dans la zone de texte *Position* (18 cm, par exemple) et sélectionnez *Marge* dans la zone de texte *Par rapport à*. Cliquez sur le bouton <OK> pour valider.

Avec Word 2.0 pour Windows...

La technique que nous vous avons présentée peut être réalisée avec la version 2.0 de Word pour Windows. La différence principale concerne la gestion des en-têtes et des pieds de page. Pour supprimer, sur la page de titre, l'affichage du pied de page défini dans votre document, choisissez la commande «*En-tête/Pied de page*» dans le menu «Affiche». Dans la boîte de dialogue «En-tête/Pied de page», sélectionnez l'option «Première page différente» et cliquez sur <OK>. Lorsque le volet *Premier pied de page* s'affiche, refermez-le sans entrer aucun texte.

Les correspondances terminologiques entre les versions 6.0 et 2.0 de Word pour Windows sont explicitées dans le **tableau B**.

Destinée à "sauver" la présentation d'un document, la page de titre est extrêmement rapide à réaliser. Si vous disposez de plus de 10 minutes, nous vous conseillons de tirer parti des autres fonctionnalités offertes par Word pour la mise en page. L'idéal, bien entendu, étant de réfléchir à la mise en forme avant la création du document, notamment par l'élaboration d'une feuille de style...

Tableau B

VERSION 6.0	VERSION 2.0
Commande «*Saut*» - menu «Insertion»	Commande «*Saut de page/de colonne*» - menu «Format»
Commande «*Mise en page*» - menu «Fichier»	Commande «*Section*» - menu «Format»
Commande «*Cadre*» - menu «Insertion»	Commande «*Cadre*» - menu «Insère»
Commande «*Bordure et trame*» - menu «Format»	Commande «*Bordure*» - menu «Format»
Option «Page entière»	Bouton
Commande «*Numéros de page*» - menu «Insertion»	Commande «*Numéros de page*» - menu «Insère»
Bouton <Format>	identique
Option «A partir de»	identique
Zone de texte *Par rapport à*	Zone de texte *Selon*

Comprendre la barre d'outils de WordArt

Lorsque vous ouvrez WordArt, une zone de saisie de texte et une barre d'outils, remplaçant celle de Word, apparaissent dans le document. La barre d'outils comprend des boutons et des fenêtres déroulantes vous permettant de sélectionner les mises en forme de texte voulues (sous Macintosh, ces outils apparaissent dans la boîte de dialogue «WordArt»). Mais lorsque vous placez le curseur sur l'un de ces boutons, Word n'affiche pas d'info-bulle, comme il le fait sur la barre d'outils Standard. Si certains boutons apparaissant aussi dans cette dernière, tels Gras et Italique , sont très faciles à identifier, d'autres sont d'un abord moins évident. Pour vous permettre de vous y retrouver, nous vous proposons un tableau récapitulatif des fonctions associées à ces boutons. Pour un complément d'information, vous pouvez utiliser l'aide en ligne. Appuyez alors sur la touche [F1] ou choisissez <Aide> dans la boîte de dialogue «WordArt». Vous n'avez plus qu'à cliquer à deux reprises sur «Description des effets typographiques spéciaux de WordArt» pour obtenir tous les renseignements complémentaires.

Imprimer une seule étiquette

Word dispose de commandes intégrées permettant d'élaborer des étiquettes. Les paramètres à définir varieront en fonction du nombre d'étiquettes à imprimer : une ou plusieurs.

Définir l'impression d'une seule étiquette

Pour imprimer une seule étiquette, commencez par ouvrir le fichier contenant l'adresse de vos clients et mettez en surbrillance celle que vous souhaitez imprimer ou bien saisissez l'adresse dans un nouveau document et sélectionnez-la. Choisissez ensuite la commande «*Enveloppes et étiquettes*» du menu «Outils». Dans la boîte de dialogue du même nom, présentée à la **figure A**, cliquez sur l'onglet *Etiquette* : l'adresse sélectionnée figure bien à la section *Adresse.* A la section *Imprimer,* validez la case d'option <Etiquette unique>. Spécifiez ensuite, dans les listes déroulantes *Ligne* et *Colonne,* le positionnement sur votre feuille d'étiquettes de celle que vous souhaitez imprimer. Si vous indiquez respectivement *2* et *3* par exemple, Word imprimera la troisième étiquette de la deuxième ligne de votre feuille.

Ceci fait, cliquez sur le bouton <Options> pour déterminer le format de votre étiquette. Dans la boîte de dialogue qui s'affiche, sélectionnez le type et le numéro de référence de l'étiquette que vous utilisez dans les listes déroulantes corres-

Figure A

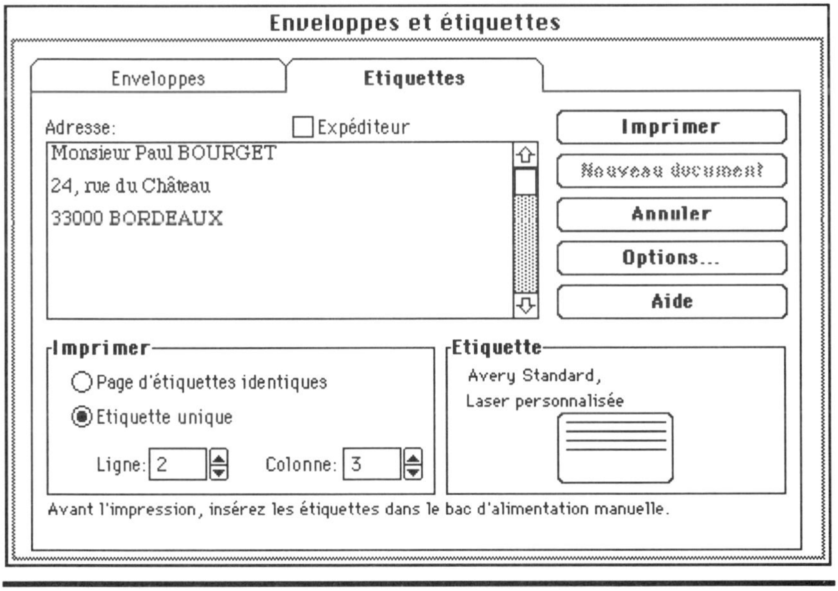

L'adresse sélectionnée sur votre document s'affiche dans la boîte de dialogue.

pondantes, puis validez par <OK> pour revenir à la boîte de dialogue précédente. Si vous souhaitez imprimer votre étiquette en utilisant la mise en forme par défaut, cliquez sur le bouton <Imprimer>. Le résultat, cependant, peut être décevant : le texte, souvent affiché dans un corps trop petit, se trouve placé dans l'angle supérieur gauche. Fort heureusement, il est possible de modifier le texte et son positionnement.

Formater le texte

Le formatage du texte s'effectue dans la boîte de dialogue «Enveloppes et étiquettes» décrite précédemment… qui possède des ressources cachées que nous allons vous dévoiler. L'adresse apparaissant dans la zone de texte, mettez-la en surbrillance, puis appuyez sur la touche [Ctrl] en cliquant sur la souris (bouton droit de la souris uniquement sous Windows) pour faire apparaître un menu contextuel. Sélectionnez la commande «*Caractères*» de ce menu pour ouvrir la traditionnelle boîte de dialogue du même nom. Choisissez une police et une taille appropriées à votre format d'étiquette, puis validez par <OK>.

L'adresse étant toujours sélectionnée, ouvrez de nouveau le menu contextuel et choisissez cette fois la commande «*Paragraphes*». Dans la boîte de dialogue qui s'affiche (**figure B**), déterminez, à la section *Retrait*, un retrait à gauche suffisant pour décaler l'adresse vers le centre de votre étiquette et validez par <OK>. L'étape finale consiste à centrer l'adresse verticalement dans l'étiquette. La façon la plus rapide d'y parvenir est de positionner votre curseur devant l'adresse et d'ajouter quelques retours paragraphes.

Figure B

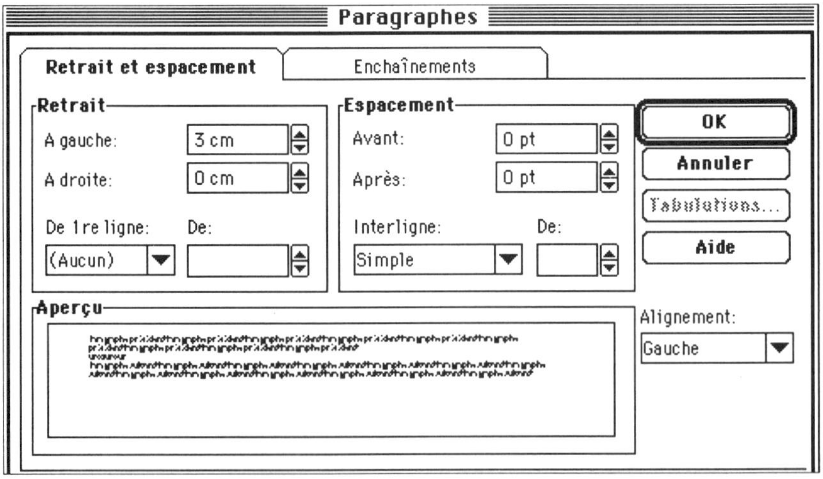

Définissez un retrait à gauche pour décaler le texte vers le centre de l'étiquette.

Ces différents réglages achevés, vous voilà prêt pour l'impression. Insérez la feuille d'étiquettes dans votre imprimante, appuyez vaillamment sur le bouton <Imprimer>... et admirez le résultat !

Le formatage du texte d'une étiquette peut nécessiter plusieurs essais, mais vous connaissez désormais les techniques de base pour y parvenir. Vous pouvez, dès lors, imprimer des étiquettes sur mesure.

Techniques de mise en page 3

3.3 Elaborer des documents complexes

Bien utiliser les champs de formulaire de Word 6.0

Intégrés dans la version 6.0 de Word (via la commande « *Champ de formulaire* » du menu « Edition »), les champs de formulaire, tout comme les modèles, permettent d'automatiser considérablement les opérations sur les documents.

Encore des champs ?

Oui, mais plus simples à manipuler que les champs de fusion et de publipostage. Les champs de formulaire sont des champs insérés dans des formulaires que vous pouvez remplir directement à l'écran, comme sur notre exemple de la **figure A**. Ces champs sont de trois types : texte, case à cocher et liste déroulante (comme l'illustre la **figure B**) et peuvent être insérés à l'aide de la commande «*Champ de formulaire*» du menu «Insertion».

Ces champs ne peuvent être activés que si le document est protégé, de sorte que seuls ces champs seront utilisés par l'utilisateur sans que le reste du document ne soit modifié.

Figure A

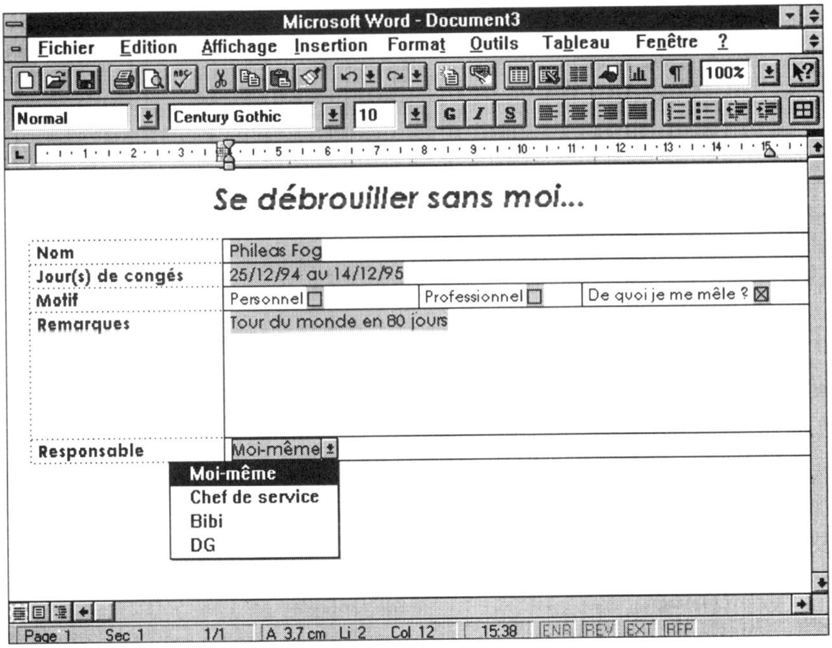

Grâce aux champs de formulaire, vous pouvez faciliter considérablement la saisie d'informations.

Les champs de type *Texte* sont destinés à la saisie de données ; les champs de type *Case à cocher*, à l'activation/désactivation d'options. Enfin, les champs de type *Liste déroulante* permettent la sélection d'une option parmi celles proposées. L'utilisation de ces champs est, comme nous allons le voir, d'une simplicité enfantine et nous allons illustrer leur fonctionnement à l'aide du formulaire présentée à la **figure A**. Afin de centrer l'essentiel de la manipulation sur l'insertion des champs de formulaire, nous avons regroupé au **tableau A** les

Figure B

Trois types de champ de formulaire sont à votre disposition dans Word 6.0.

Figure C

Nous allons insérer des champs de formulaire dans ce formulaire de base.

étapes de création du formulaire de base (le résultat est illustré à la **figure C**). Bien entendu, vous pouvez utiliser un de vos formulaires de travail.

Dernière remarque avant de passer à l'insertion des champs : pour visualiser le résultat, pensez à désactiver l'affichage des codes de champ à l'aide de la combinaison de touches [Alt][F9] (ou désactivez l'option <Codes de champ> dans l'onglet *Affichage*, disponible par la commande «*Options*» du menu «Outils»).

Tableau A

CRÉATION DU FORMULAIRE DE BASE
1. Choisir la commande «*Nouveau*» dans le menu «Fichier», puis l'option <Modèle> à la section *Nouveau* et cliquer sur <OK>.
2. Le Modèle1 ouvert, entrer un titre (*Se débrouiller sans moi*, dans notre exemple), appuyer sur [Entrée] et appliquer la mise en forme choisie (Century Gothic 18 points, gras, italique et centré, avec un espacement *Après* de 12 points, toujours dans notre exemple).
3. Sous le titre, insérer un tableau de deux colonnes et cinq lignes à l'aide du b,outon .
4. Mettre en surbrillance la première colonne du tableau et choisir la commande «*Taille des cellules*» dans le menu «Tableau». Cliquer sur l'onglet *Colonne* et entrer **4** dans la zone de texte *Largeur de la colonne 1*.
5. Cliquer sur le bouton <Colonne suivante> et taper **10** dans la zone de texte *Largeur de la colonne* 2.
6. Cliquer sur le bouton pour afficher la barre d'outils Bordures, mettre en surbrillance la seconde colonne et cliquer sur le bouton <Bordure intérieure> , puis sur le bouton <Bordure extérieure> .
7. Entrer des libellés dans les cellules de la première colonne (*Nom*, *Jour(s) de congé*, *Motif*, *Remarques* et *Responsable*, dans notre exemple) et les mettre en gras.
8. Cliquer dans la deuxième cellule de la troisième ligne (en regard de l'intitulé *Motif*, dans notre exemple), choisir la commande «*Scinder cellules*» dans le menu «Tableau», taper **3** dans la zone de texte *Nombre de colonnes* de la boîte de dialogue «Scinder des cellules» et cliquer sur <OK>.
9. Mettre en surbrillance la quatrième ligne et choisir la commande «*Taille des cellules*» dans le menu «Tableau». Cliquer sur l'onglet *Ligne*, choisir l'option «Fixe» dans la liste déroulante *Hauteur de la ligne 4* et entrer **72** dans la zone de texte *De*, puis valider par <OK>.

Insérer des champs de formulaire

Pour faciliter l'insertion des champs, nous vous conseillons d'afficher la barre d'outils Formulaire illustrée à la **figure D**. Pour afficher cette barre, il vous suffit de choisir la commande «*Barres d'outils*» dans le menu «Affichage», de sélectionner «Formulaire» dans la liste déroulante *Afficher les barres d'outils* et de cliquer sur le bouton <OK>.

Nous aurons l'occasion de voir la fonction de chacun de ces boutons à mesure que nous les utiliserons ; deux d'entre eux, toutefois, méritent d'ores et déjà d'être détaillés. Le premier, <Trame de fond>, est sélectionné par défaut, ce qui signifie que les champs que vous insérerez seront dotés d'une trame de fond, afin d'être plus facilement identifiables. Le second bouton, <Protection>, vous permet de protéger le formulaire créé contre toute modification accidentelle (lorsqu'il est rempli par un utilisateur). Bien entendu, cette protection ne devra être activée qu'une fois le formulaire finalisé (vous ne pourriez, sinon, insérer aucun champ !).

Insérer des champs Texte

Le premier champ que nous allons insérer dans notre formulaire de base de la **figure C** est un champ *Texte*. Pour cela, placez le curseur dans la première cellule de la deuxième colonne (en regard du libellé *Nom*) et cliquez sur le bouton <Champ texte>. Word affiche alors un rectangle grisé pour signaler l'emplacement de ce champ, dont vous allez maintenant définir les propriétés. Pour cela, cliquez sur le bouton <Options de champ> de la barre d'outils Formulaire (ou cliquez deux fois sur le champ grisé de formulaire) pour afficher la boîte de dialogue «Options de champ: texte» illustrée à la **figure E**.

Cette boîte de dialogue propose différentes options pour un champ *Texte*, à commencer par le type de champ *Texte* : «Texte ordinaire» (valeur par défaut) et, si vous déroulez la liste *Numérique*, «Date», «Date courante», «Heure courante», «Calcul». Si vous définissez un champ «Texte ordinaire», vous pourrez entrer du texte, des nombres, des symboles et des espaces dans ce champ. Avec un champ *Texte* de type «Numérique», en revanche, seule la saisie de nombres est autorisée. Un champ *Texte* de type «Date» définit la saisie d'une date ; un

Figure D

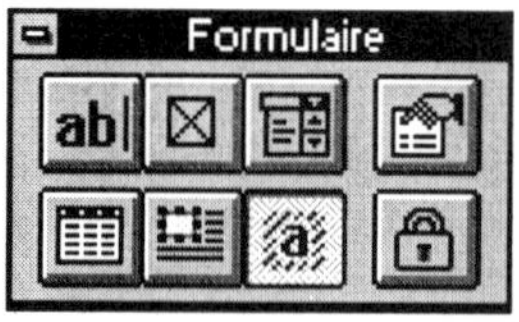

Cette barre d'outils facilite la manipulation des champs.

champ «Date courante», la date courante ; un champ «Heure courante», l'heure courante. Pour terminer cette brève description, sachez qu'un champ *Texte* de type «Calcul» sera utilisé pour insérer des champs de type «Expression (=)». Dans notre exemple, nous allons choisir l'option «Texte ordinaire» pour le premier champ de type *Texte* et définir un format grâce aux options disponibles dans la liste déroulante *Format*, à savoir «Majuscules», «Minuscules», «Première majuscule» et «Initiales minuscules». Bien entendu, les options disponibles dans cette liste déroulante varient en fonction du type de champ *Texte* sélectionné.

Si vous le souhaitez, vous pouvez entrer un texte dans la zone de texte *Texte par défaut* qui s'affichera automatiquement dans le formulaire.

La zone de texte *Longueur maximale* vous permet de définir la longueur (en caractères) autorisée pour la saisie. Si vous conservez l'option par défaut, «Illimitée», le champ du formulaire s'ajustera automatiquement en fonction de la saisie, dans la limite de 255 caractères. Notez que vous pouvez entrer une valeur pour limiter la taille du champ.

Les autres sections disponibles dans la boîte de dialogue «Options de champ: texte», *Exécuter la macro* et *Paramètres de champ*, vous permettent respectivement d'exécuter une macro lorsque le curseur entre dans le champ de formulaire (ou le quitte) et de définir un signet qui sera associé au champ. Pour terminer ce rapide tour d'horizon, sachez que vous avez également la possibilité, à l'aide du bouton <Texte d'aide> de définir un texte d'aide pour le champ.

A ce stade, notre formulaire est doté d'un champ *Texte* de type «Texte ordinaire». Nous allons en ajouter un second, cette fois de type *Date*. Pour cela, pla-

Figure E

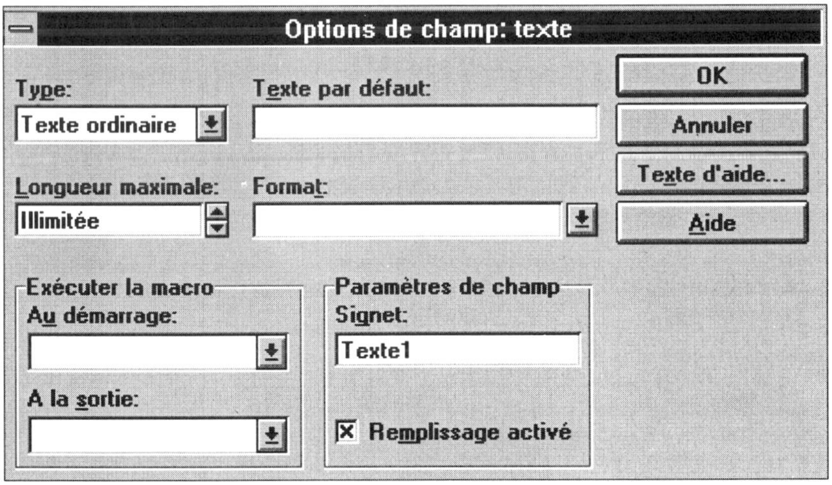

Cette boîte de dialogue vous permet de définir les options d'un champ Texte.

cez le curseur dans la deuxième cellule de la deuxième ligne (en regard du libellé *Jour(s) de congés* et cliquez de nouveau sur le bouton . Comme précédemment, Word affiche un rectangle grisé. Cliquez deux fois sur celui-ci pour afficher de nouveau la boîte de dialogue «Options de champ: texte». Cette fois, sélectionnez «Date» dans la liste déroulante *Type* et «jj/MM/aa» dans la liste déroulante *Format*, puis validez en cliquant sur le bouton <OK>.

Nous allons maintenant insérer un troisième et dernier champ *Texte*, en regard du libellé *Remarques*. Placez le curseur dans la deuxième colonne de la quatrième ligne et, comme vous y êtes désormais habitué, cliquez sur le bouton . Cliquez alors deux fois sur le champ grisé pour ouvrir la boîte de dialogue des options. Ce champ sera de type «Texte ordinaire» (comme le premier), mais nous allons cette fois en limiter la longueur. Il suffit de taper la longueur choisie (**`150`**, dans notre exemple) dans la zone de texte *Longueur maximale*.

Insérer des champs Case à cocher

Quel que soit le type de champ de formulaire que vous insérez, la séquence d'opérations reste identique. Pour les champs *Case à cocher*, l'insertion s'effectue au moyen du bouton ⊠ de la barre d'outils Formulaire.

Nous allons insérer trois champs *Case à cocher* sur la ligne contenant le libellé *Motif*. Pour cela, commencez par placer le curseur dans la deuxième colonne de la troisième ligne et tapez **`Personnel`** suivi d'un espace. Dans la troisième colonne, tapez **`Professionnel`** (suivi d'un espace) et, dans la quatrième, **`De quoi je me mêle ?`** (là encore suivi d'une espace).

Figure F

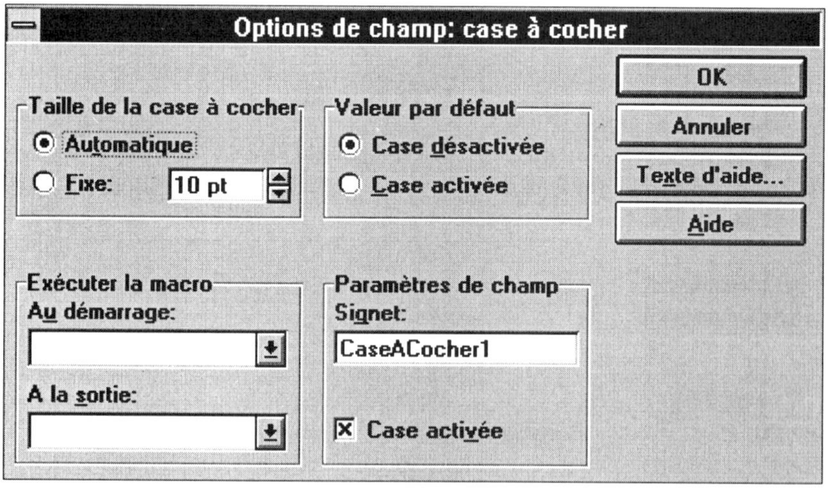

Cette boîte de dialogue permet de définir les propriétés des cases à cocher.

Pour insérer la première case à cocher, placez le curseur à la suite du libellé *Personnel* et cliquez sur le bouton ⊠ de la barre d'outils Formulaire. Répétez ensuite l'opération pour les libellés *Professionnel* et *De quoi je me mêle ?* Vous allez maintenant définir les propriétés de ces cases à cocher. Replacez le curseur sur la première case à cocher et cliquez deux fois pour afficher la boîte de dialogue de la **figure F**. Les valeurs par défaut figurant dans la boîte de dialogue «Options de champ: case à cocher» peuvent être conservées telles qu'elles dans l'exemple qui nous intéresse. Rien ne vous empêche, toutefois, de les modifier : vous pouvez ainsi sélectionner la case d'option <Case activée> à la section *Valeur* par défaut si vous souhaitez que toutes les cases à cocher soient activées par défaut. Vous pouvez, en outre, agrandir la taille des cases à cocher en activant la case d'option <Fixe> et en entrant, dans la zone de texte en regard, une taille spécifique en points.

Insérer des listes déroulantes

Dernière étape de la création de notre formulaire exemple, l'insertion d'une liste déroulante en regard du libellé *Responsable*, au moyen du bouton de la barre d'outils Formulaire. Comme précédemment, placez le curseur dans la deuxième colonne de la cinquième ligne et cliquez sur le bouton <Champ Liste déroulante>. Word insère alors un champ grisé, similaire à ceux utilisés pour matérialiser les champs *Texte*. Pour définir les spécifications de cette liste déroulante, cliquez deux fois sur le champ pour afficher la boîte de dialogue «Options de champ: liste déroulante». Dans la zone de texte *Elément de liste*, entrez la pre-

Figure G

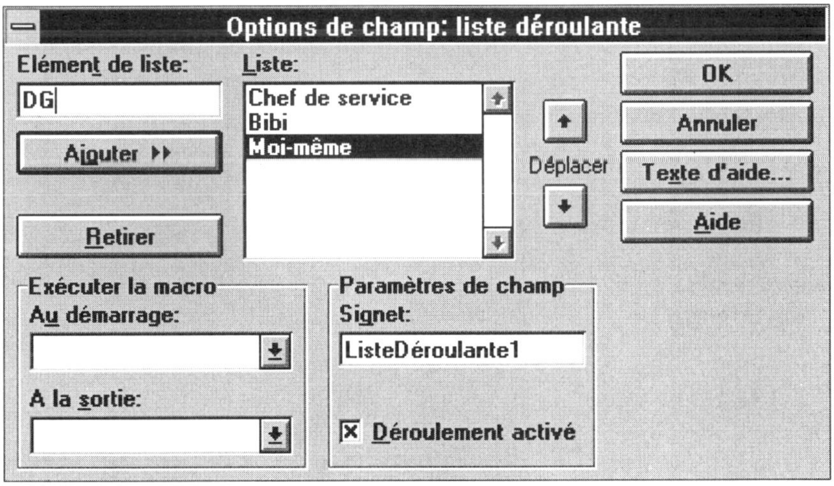

Cette boîte de dialogue permet de définir les spécifications d'une liste déroulante.

mière des options à faire figurer dans la liste déroulante (**`Chef de service`**, dans notre exemple) et cliquez sur le bouton <Ajouter>. Répétez l'opération pour tous les libellés (**figure G**). La définition terminée, cliquez sur <OK> pour revenir à votre formulaire.

Bien utiliser votre formulaire

Après avoir inséré tous les champs de formulaire, il vous reste à protéger votre document, afin de restreindre les opérations et altérations possibles. Pour protéger le formulaire, il vous suffit de cliquer sur le bouton de la barre d'outils Formulaire ou de choisir la commande «*Protection du document*» dans le menu «Outils». Si vous procédez à partir de la commande, vous avez accès à la boîte de dialogue «Protection du document» qui offre, par ailleurs, des options complémentaires.

L'option «Formulaire» de cette boîte de dialogue a la même action que le bouton ; l'option «Révisions» permet de protéger le document en autorisant uniquement les révisions ; l'option «Annotations», de protéger le document en autorisant seulement les annotations.

Dans la zone de texte *Mot de passe*, vous pouvez définir un mot de passe qui sera associé au document. Notez que lorsque vous activez la protection pour un document (ou un formulaire), cette protection porte sur l'ensemble du document. Notez également qu'en cas d'erreur, vous pouvez utiliser la commande «*Supprimer la protection*» du menu «Outils» pour désactiver la protection du document.

Après avoir protégé le document, il ne vous reste plus qu'à l'enregistrer. Si vous le sauvegardez comme modèle, vous pourrez créer un nouveau document fondé sur ce modèle, comme sur notre exemple de la **figure A**, au moyen de la commande «*Nouveau*» du menu «Fichier».

Innovation plébiscitée de la version 6.0, les champs de formulaire permettent une automatisation considérable des opérations de saisie et une personnalisation extrême des documents, sans qu'il soit pour cela nécessaire de se mettre à la programmation...

Combiner plusieurs documents en un seul grâce à IncludeTexte

La pratique des traitements de texte montre que l'efficacité de l'utilisateur est liée à la taille des documents manipulés. Au-delà de 20 à 30 pages, mieux vaut en effet envisager de créer plusieurs documents, plus petits, et de les assembler ensuite, sans discontinuité apparente. Ce découpage d'un gros document en éléments plus petits gagne à être conduit sur la base du contenu, plutôt que sur une division arbitraire en fonction du nombre de pages.

Supposons que vous ayez l'intention de publier un guide touristique sur une région particulière – les Baronnies, par exemple, région de la Drôme provençale. Vous attribuez alors à chaque rédacteur une tâche bien précise : histoire de la région, sa géographie, les itinéraires en voiture, à pied, en vélo, à cheval, les musées, les bonnes adresses gastronomiques et hôtelières, les bonnes affaires à ne pas manquer (foires au tilleul, à la lavande, à l'olivier, etc., selon les saisons). Chacun va créer son propre document et le sauvegarder dans un fichier. Il ne

Figure A

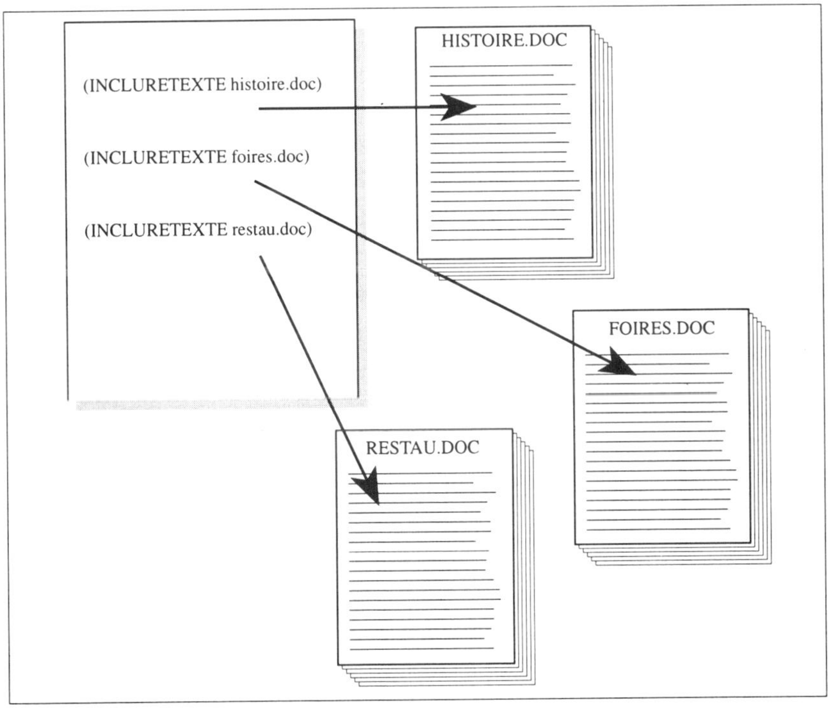

Le champ IncludeTexte permet de combiner plusieurs petits documents en un seul, de taille plus importante.

vous restera plus qu'à les combiner en un seul document, comme nous l'avons fait sur notre exemple de la **figure A**.

Le champ *InclureTexte* permet d'inclure non seulement des fichiers complets, mais aussi des passages de texte identifiés par des signets. Vous pouvez ainsi personnaliser aisément vos documents, sans perdre de temps à couper/coller les sections qui vous intéressent.

Utiliser le champ InclureTexte

Reprenons notre exemple de guide touristique. Selon les lecteurs auxquels vous allez vous adresser, vous pouvez prévoir de ne pas présenter le même document. Si vous le destinez à une association culturelle, intéressée par l'histoire, vous combinerez le fichier HISTOIRE.DOC à ceux décrivant la géographie, les itinéraires en voiture et à pied et les bonnes adresses. En revanche, vous regrouperez les fichiers décrivant les randonnées en vélo et à cheval ainsi que les adresses de clubs sportifs pour des lecteurs plus intéressés par ce type d'activité. Vous tiendrez peut-être aussi compte de la date de distribution du guide pour signaler les foires intéressantes.

Dans un cas comme dans l'autre, chaque rédacteur termine complètement son travail – contrôle orthographique, révision du texte, etc. Ensuite, vous assemblez tous les fichiers de façon à obtenir une mise en page homogène pour l'ensemble du document et une pagination continue (ce qui évite un redémarrage à la page 1 au début de chaque section). Pour ce faire, vous pouvez procéder de deux façons : la première consiste à appliquer la technique du couper/coller ; vous sélectionnez la totalité de l'un des documents, vous la copiez dans le Presse-papiers, vous ouvrez le document principal et collez le contenu du Presse-papiers à l'emplacement adéquat. Vous répéterez l'opération autant de fois que vous avez de fichiers à inclure dans le document principal. Si vous devez combiner plus de trois ou quatre fichiers, cette opération devient vite fastidieuse et source d'erreurs potentielles. En outre, si vous n'effacez pas les fichiers source immédiatement, vous dupliquez l'information avec tous les inconvénients que cela présente : problèmes de cohérence, de place sur disque, etc. Si vous effacez les fichiers source, vous vous retrouvez avec un seul gros fichier qui demande du temps pour être manipulé. Notez aussi que le Presse-papiers utilise la mémoire rapide (RAM) de votre ordinateur pour écrire ses copies. Si la taille de la RAM est insuffisante, le Presse-papiers ne pourra pas transférer la totalité d'un fichier en une seule fois, d'où des copies partielles et une opération encore plus longue et fastidieuse. Mieux vaut donc procéder autrement, en utilisant un champ *IncluреTexte* pour chacun des fichiers à inclure. La procédure à suivre est simple. Dans le document principal, placez le curseur à l'endroit précis où vous souhaitez inclure le fichier. Choisissez, dans le menu «Insertion», la commande «*Champ*». Dans la boîte de dialogue «Champ», sélectionnez la catégorie *Tous* et, dans la liste déroulante *Champ*, sélectionnez «InclureTexte». Complétez alors le contenu de la zone *Code de Champ*, en spécifiant le nom du fichier à inclure, sous la forme :

```
INCLURETEXTE nom_fichier
```

C'est de cette façon que, pour inclure le fichier HISTOIRE.DOC par exemple, vous entrerez :

```
INCLURETEXTE histoire.doc
```

Cliquez ensuite sur <OK> pour valider. Word insère alors le code de champ correspondant, `{INCLURETEXTE histoire.doc\*FUSIONFORMAT}`, dans le document. Pour afficher effectivement le contenu du fichier, appuyez sur les touches [Maj][F9] et observez la substitution qui prend place. La **figure B** illustre, dans la fenêtre supérieure, le code du champ *InclureTexte* et, dans la fenêtre inférieure, le résultat de l'inclusion.

Le nom du fichier tel qu'il est spécifié dans l'exemple précédent suppose que le fichier à inclure se trouve dans le répertoire courant, c'est-à-dire dans le répertoire Word par défaut ou bien celui dans lequel est stocké le dernier fichier que vous avez ouvert. Si toutefois il se trouve dans un autre répertoire, vous devez préciser le chemin d'accès complet ; sinon, lorsque vous mettrez le document à

Figure B

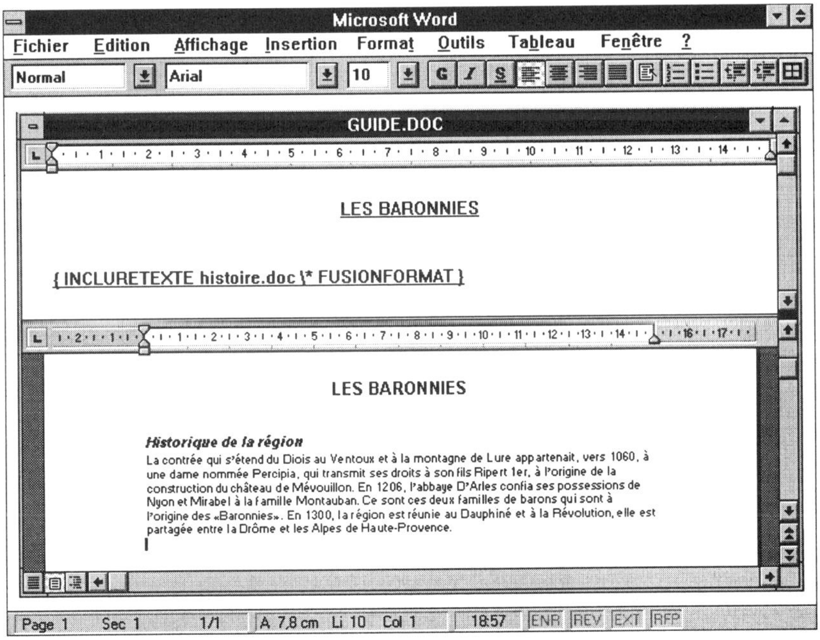

Lorsque vous appuyez sur la combinaison de touches [Maj][F9], Word met à jour le document en insérant le fichier spécifié dans le champ INCLURETEXTE.

jour et demanderez le résultat de l'inclusion, Word affichera le message d'erreur présenté à la **figure C**. Attention à la contrainte suivante ! Si vous entrez le nom du fichier ainsi :

```
INCLURETEXTE c:\baronnie\histoire.doc
```

Word affiche un message d'erreur portant sur la syntaxe lorsque vous mettez le document à jour. Veillez à doubler les barres obliques inversées dans le nom du chemin, comme dans l'exemple ci-après. Entrez la formule suivante :

```
INCLURETEXTE c:\\baronnie\\histoire.doc
```

Word lit alors correctement les spécifications.

Inclure des fichiers créés dans d'autres applications

Les fichiers inclus peuvent avoir des origines autres que Word ; ce dernier assure alors la conversion nécessaire. C'est ainsi que pour inclure le fichier FOIRES.TXT créé en code ASCII sous DOS, vous entrez :

```
INCLURETEXTE foires.TXT
```

Figure C

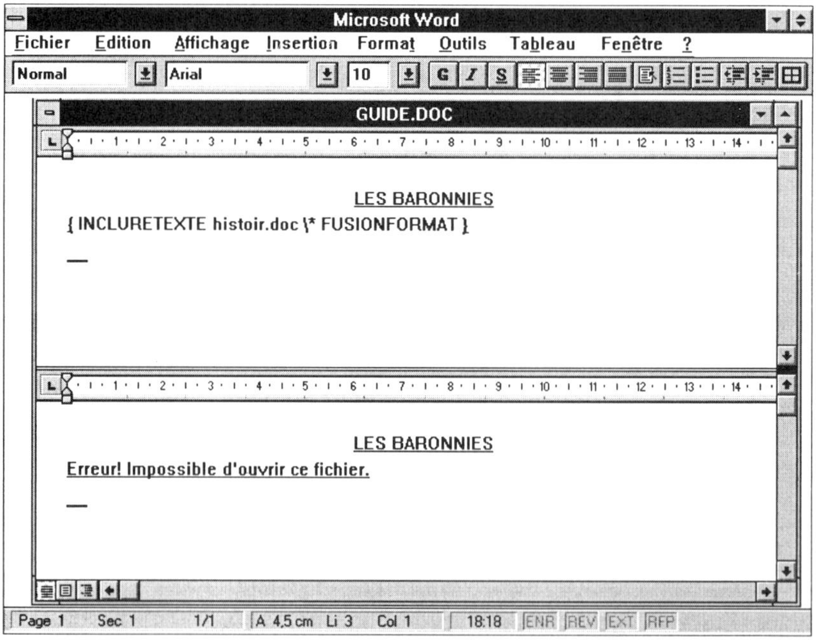

Si le fichier à insérer ne réside pas dans le répertoire courant, vous devez préciser son chemin d'accès complet.

dans la mesure, bien entendu, où ce fichier se trouve dans le répertoire courant ; sinon, veillez à préciser le chemin complet.

Inclure des passages de documents

Lorsque vous assemblez vos documents, vous pouvez n'être intéressé que par le passage de l'un d'eux et non par le document entier. Bien entendu, là encore, vous pouvez appliquer la technique du couper/coller. Mais vous pouvez aussi marquer le passage qui vous intéresse à l'aide d'un signet dont vous spécifiez le nom dans le champ *InclureTexte* :

```
INCLURETEXTE nom_fichier nom_signet
```

C'est ainsi que si vous tenez compte de la date de distribution pour composer votre guide touristique, vous voudrez peut-être n'inclure que la foire au tilleul dans les 1événements à ne pas manquer. Vous entrez alors :

```
INCLURETEXTE foires.doc tilleul
```

après avoir pris soin de définir auparavant le signet Tilleul dans le fichier FOIRES.DOC. Pour ce faire, sélectionnez dans le fichier FOIRES.DOC le paragraphe concernant la foire au tilleul ; dans le menu «Edition», sélectionnez la commande

Figure D

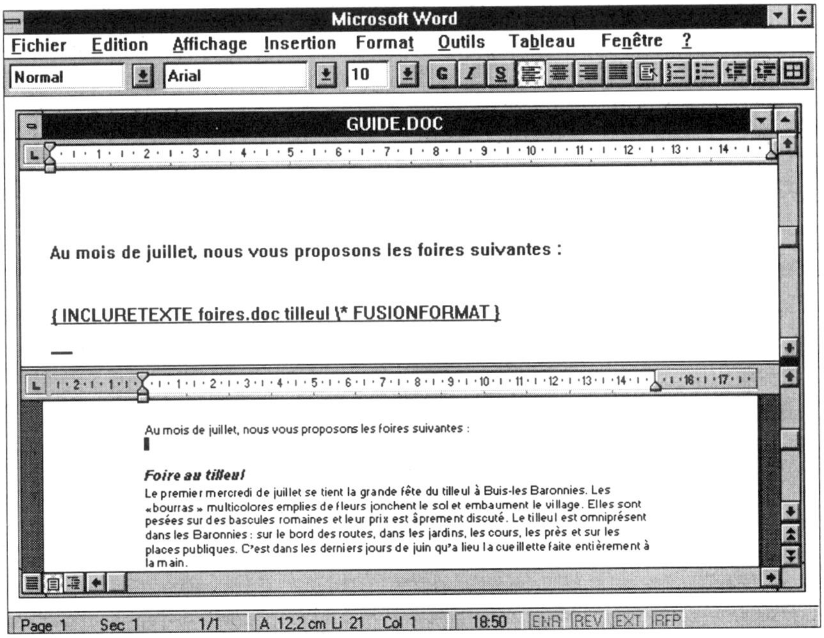

Pour inclure une partie de document dans un autre, délimitez le passage dans le fichier d'origine avec un signet et spécifiez ce dernier dans le champ INCLURETEXTE.

«*Signet*», entrez le nom **`tilleul`** et sauvegardez le fichier. Lorsque vous placez le curseur sur le champ *InclureTexte* et que vous appuyez sur [Maj][F9], Word met le champ à jour et affiche le passage souhaité. La **figure D** présente dans la fenêtre supérieure le code du champ *InclureTexte* et, dans la fenêtre inférieure, le résultat de l'inclusion du passage demandé.

En résumé, la création et la manipulation de documents longs, c'est-à-dire comportant plus de quelques dizaines de pages, demandent en général de la patience. L'utilisation des champs *InclureTexte* facilite le travail, car ils vous permettent de travailler avec des fichiers de taille «raisonnable» jusqu'à ce que fond et forme soient satisfaisants. Il ne reste plus alors qu'à combiner le tout pour obtenir un document unique, homogène, répondant aux besoins et aux souhaits des lecteurs.

Tout savoir sur les en-têtes et pieds de page de Word 6.0

Que l'on se préoccupe d'esthétique ou d'efficacité, les en-têtes et pieds de page ont un rôle important dans la conception des documents. Ils facilitent la lecture, structurent le texte, peuvent contenir une foule de renseignements, "habillent" les pages et leur donnent un aspect professionnel. Les possibilités offertes par Word 6.0 pour gérer les en-têtes et pieds de page sont impressionnantes. Une telle souplesse se traduit malheureusement par une certaine complexité, du moins au premier abord.

Pour commencer en douceur, nous vous proposons de revoir les règles fondamentales qui régissent l'utilisation des en-têtes et des pieds de page, en insistant sur les différences par rapport à la version 2.0.

Première approche

La création des en-têtes et des pieds de page s'effectue grâce à la commande «*En-tête et pied de page*» du menu «Affichage». Lorsque vous choisissez cette commande, Word passe automatiquement en mode Page, sauf si vous étiez déjà sous

Figure A

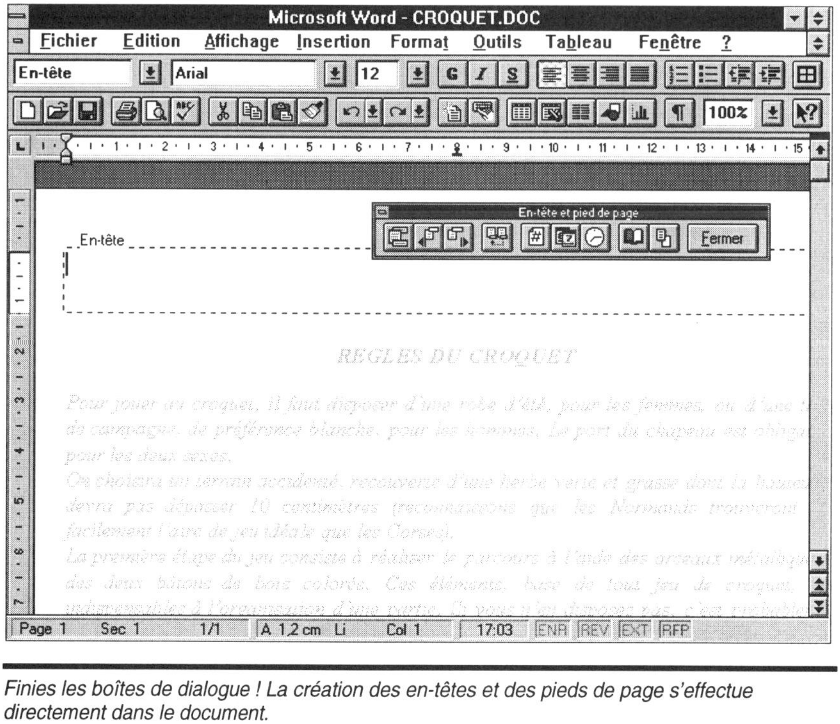

Finies les boîtes de dialogue ! La création des en-têtes et des pieds de page s'effectue directement dans le document.

ce mode d'affichage. La zone d'en-tête est alors activée dans un cadre en pointillés. Le corps de votre document apparaît en grisé – comme les commandes de menus lorsqu'elles ne sont pas disponibles – et une barre d'outils spécifique s'affiche à l'écran (**figure A**).

Comme la **figure A** permet de le vérifier, le cadre d'en-tête porte le libellé *En-tête* qui n'apparaîtra évidemment pas sur le document imprimé. Word se fait même plus précis pour certains types d'en-tête et de pied de page. Par exemple, l'en-tête en première page de la deuxième section d'un document est identifiée par la mention *Première page En-tête Section 2*, indication souvent très utile dans un document complexe comportant plusieurs sections.

A la différence de Word 2.0, Word 6.0 ne propose aucune boîte de dialogue et ne distingue pas les procédures concernant l'en-tête et le pied de page. Il se contente d'utiliser un mode d'affichage qui permet de voir et de modifier vos en-têtes et pieds de page directement dans le document. Pour atteindre le pied de page, il suffit d'utiliser l'ascenseur vertical pour faire défiler la page jusqu'en bas ou encore de cliquer sur le bouton de la barre d'outils *En-tête et pied de page*. La **figure B** montre un document après utilisation du bouton <Basculer en-tête/pied de page>.

Figure B

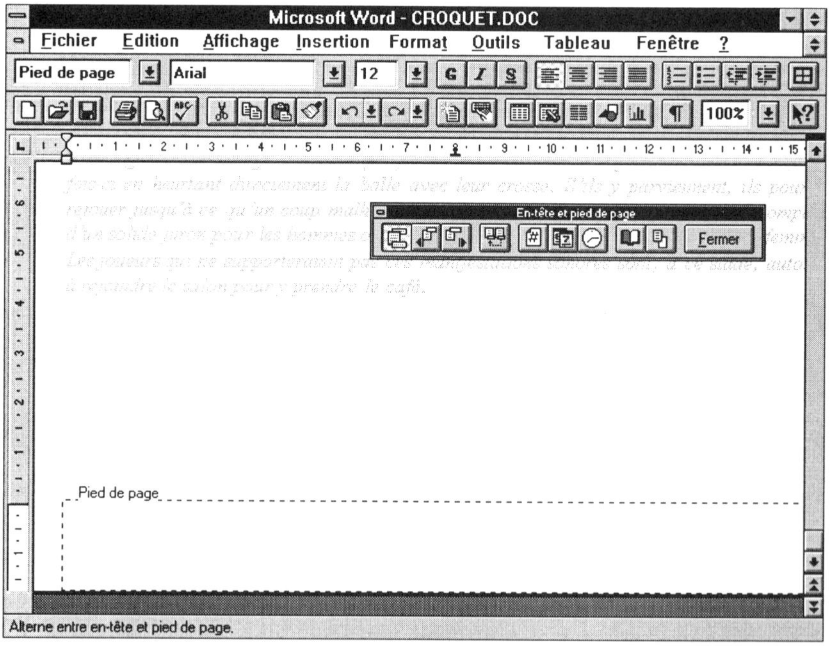

Le bouton <Basculer en-tête/pied de page> permet d'alterner l'affichage de l'en-tête et du pied de page.

Comme pour l'en-tête, Word affiche un cadre en pointillés portant le libellé *Pied de page* ; là encore, le corps du document apparaît en grisé. Si vous le souhaitez, vous pouvez activer ou désactiver l'affichage du corps du texte en cliquant sur le bouton <Afficher/Masquer le texte du document> de la barre d'outils *En-tête et pied de page.*

Pour revenir au texte de votre document, il vous suffit de cliquer deux fois sur le texte ou une fois sur le bouton <Fermer> de la barre d'outils *En-tête et pied de page.* Si vous étiez en mode d'affichage Normal lors du choix de la commande «*En-tête et pied de page*», ce mode est restauré. Si vous étiez en mode Page, Word affiche simplement l'en-tête et le pied de page en grisé.

Si vous n'avez pas défini d'en-tête ni de pied de page, les encadrés restent vides. En d'autres termes, Word n'affiche pas en mode Page une zone d'en-tête ou de pied de page vide. Une fois l'en-tête ou le pied de page créé, il suffit, en mode Page, de cliquer deux fois sur le cadre d'en-tête ou de pied de page pour le réactiver.

Une fois familiarisé avec ces techniques d'affichage et ces manipulations de base, la création et la mise en forme des en-têtes et des pieds de page vous sembleront un jeu d'enfant. Ainsi, vous pourrez entrer du texte, des champs et des éléments graphiques aussi facilement que dans le corps du document en recourant à la règle, aux barres d'outils, raccourcis clavier et commandes de menus habituels. Bien entendu, rien ne vous oblige à définir une mise en forme spécifique pour vos en-têtes et pieds de page. Word emploie par défaut des styles d'en-tête et de pied de page prédéfinis, identiques au style *Normal* (Times New Roman 10 points, par défaut).

En outre, les styles *En-tête* et *Pied de page* comportent deux tabulations : l'une centrée à 8,5 cm, et l'autre alignée à droite à 16 cm. Ces tabulations permettent d'aligner facilement du texte à gauche, au centre ou à droite de la page (nous vous indiquerons un peu plus loin comment procéder).

Rappelons que lorsque les zones d'en-tête et de pied de page sont activées, Word affiche la barre d'outils *En-tête et pied de page.* Cette dernière comporte une série de boutons extrêmement pratiques. Nous avons déjà parlé de deux d'entre eux, mais nous allons bientôt avoir l'occasion d'utiliser les autres.

Créer un en-tête simple

Toutes les étapes présentées ci-dessous s'appliquent également à la création d'un pied de page. Pour simplifier les choses – et commencer par le cas de figure le plus classique – nous partirons du principe que notre document ne comporte qu'une seule section et que l'en-tête doit figurer sur toutes les pages.

Commencez par créer un nouveau document ou ouvrir un document existant. Choisissez ensuite la commande «*En-tête et pied de page*» dans le menu «Affichage». Word passe en mode Page, active les zones d'en-tête et de pied de page et affiche la barre d'outils *En-tête et pied de page*. Le curseur apparaît dans la zone d'en-tête. A titre d'exemple, nous allons insérer le numéro de page, la date et l'heure. Pour simplifier et accélérer l'opération, nous utiliserons de préférence la barre d'outils aux commandes du menu. Tapez d'abord le mot **Page** suivi d'un espace, puis cliquez sur le bouton <Numéros de page>. La **figure C** illustre le résultat de cette opération.

Notez que, si vous n'avez pas activé l'affichage des codes de champ grâce à l'option «Codes de champ» (onglet *Affichage*), accessible par la commande «*Options*» du menu «Outils», Word affiche le résultat du champ, en l'occurrence le numéro de page. En revanche, si l'affichage des codes de champ est activé, le libellé du champ apparaît dans l'en-tête.

Vous pouvez ensuite entrer la date et l'heure. Pour cela, appuyez d'abord sur la touche [Tab] pour passer à la tabulation centrée à 8,5 cm du style *En-tête*. Cliquez ensuite sur le bouton pour entrer la date, et appuyez une seconde fois sur [Tab]. Word positionne le point d'insertion sur la tabulation alignée à droite à 16 cm. Cliquez enfin sur le bouton pour entrer l'heure.

Comme pour le numéro de page, les boutons et permettent d'insérer des codes de champ lorsque l'affichage de ces derniers est activé. Dans le cas contraire, c'est le résultat – la date et l'heure courantes – qui apparaît. La **figure D** illustre l'en-tête obtenu à ce stade. A partir de cette procédure extrêmement simple, un large éventail de possibilités vous est offert pour modifier l'en-tête. Ainsi, la commande «*Champ*» du menu «Insertion» permet d'ajouter différents champs d'informations, comme le titre du document, l'auteur, le nom du fichier, etc.

Figure C

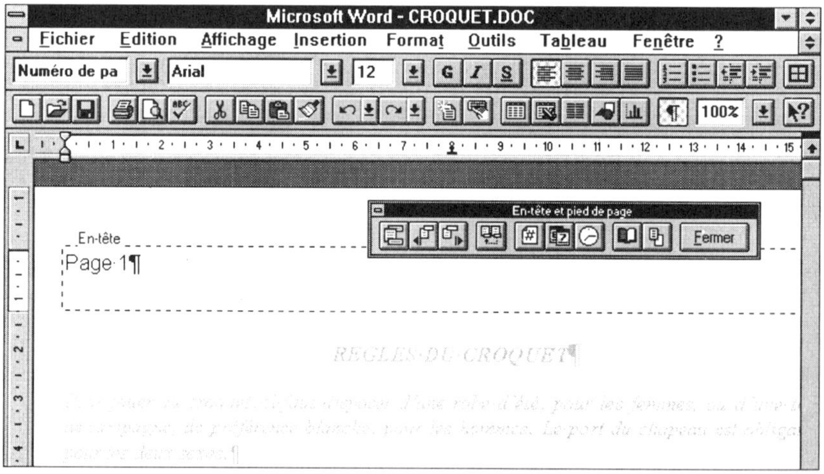

La barre d'outils En-tête et pied de page permet d'insérer directement des informations de date et d'heure, ainsi qu'un numéro de page.

Outre du texte, vous pouvez tout à fait insérer des éléments graphiques dans votre en-tête, en procédant comme vous le feriez pour le corps du document. La suppression de ces éléments est tout aussi simple : il vous suffit de les mettre en surbrillance et d'appuyer sur la touche [Retour arrière] ou sur [Suppr].

L'en-tête créé, vous pouvez le mettre en forme. Supposons que vous souhaitiez remplacer les caractères Times New Roman 10 points par des caractères Arial 8 points, ou prévoir plus d'espace entre l'en-tête et le haut de la page. Les paragraphes ci-dessous vous indiquent comment procéder.

Variations sur un en-tête

Rappelons que vous pouvez modifier le format caractère ou paragraphe d'un en-tête à l'aide des outils habituels de Word. Supposons que l'en-tête, composé du numéro de page, soit doté du style *En-tête* par défaut et que vous souhaitiez le centrer en caractères gras CG Times 12 points. Pour obtenir ce résultat, tapez d'abord le texte de l'en-tête, cliquez sur le bouton <Centrer> et choisissez «Arial» et «12» dans les listes déroulantes *Police* et *Taille* de la barre d'outils de la fenêtre de document. Le résultat obtenu est illustré par la **figure E**.

■ En-tête à plusieurs lignes

Votre en-tête (ou pied de page) peut comporter autant de lignes que vous le souhaitez (par exemple, le nom de votre société sur une ou plusieurs lignes, dans la police de votre choix). Word ajustera le corps du texte si cela est nécessaire, sans modifier pour autant la valeur de la marge supérieure ni ajouter d'espace entre l'en-tête et la première ligne du corps du texte.

Figure D

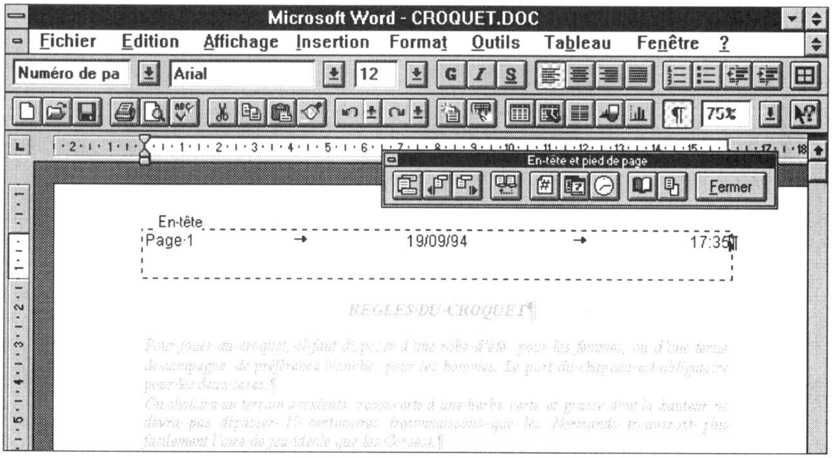

Après insertion de la date et de l'heure, l'en-tête se présente ainsi.

La **figure F** présente un en-tête comportant un élément graphique de grande taille. Comme vous pouvez le constater sur cet exemple, Word a agrandi la zone d'en-tête en fonction de la hauteur du logo, et repoussé le corps du texte vers le bas.

▪Positionnement vertical

Bien que vous puissiez disposer les éléments d'un en-tête ou d'un pied de page au moyen de tabulations (voir plus haut), le positionnement vertical est un peu plus complexe. La distance entre le haut de la page et la première ligne d'un en-tête est définie dans la zone de texte *En-tête* de la section *A partir du bord* de la boîte de dialogue «Mise en page» (accessible par la commande «*Mise en page*» du menu «Fichier»). Par ailleurs, la distance entre le bas de la page et la dernière ligne d'un pied de page est définie dans la zone de texte *Pied de page* de cette même section.

L'en-tête s'affiche par défaut à 1,25 cm du haut de la page ; le pied de page, à 1,25 cm du bas de la page. Les valeurs par défaut de *Marges Haut* et *Bas* étant de 2,54 cm, cela laisse habituellement 1,25 cm entre le corps du texte et l'en-tête ou le pied de page. Les valeurs par défaut déterminent donc la position de l'en-tête, du corps du texte et du pied de page.

Figure E

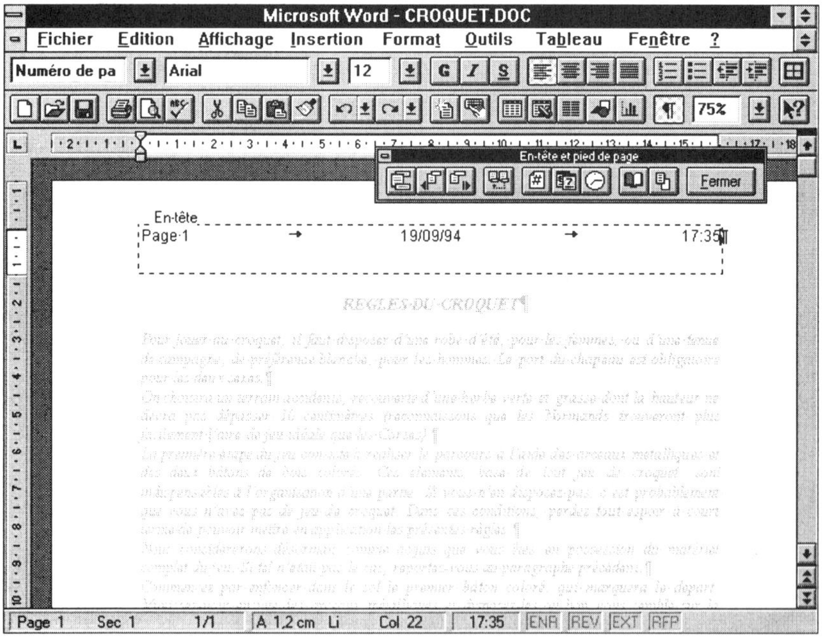

L'en-tête s'affiche désormais dans la même police que le corps du document.

La distance par défaut entre l'en-tête ou le pied de page et le corps du texte diminue si toutefois l'en-tête ou le pied de page occupe plus d'espace que prévu. Par exemple, si l'en-tête a une hauteur de 2,5 cm, le corps du texte commence immédiatement en-dessous. Si vous souhaitez laisser plus d'espace entre l'en-tête ou le pied de page et le corps du texte, vous pouvez accroître la valeur de *Marges Haut* et *Bas*.

Bien que les valeurs par défaut définies à la section *A partir du bord* soient généralement acceptables, il peut s'avérer nécessaire de rapprocher ou d'éloigner l'en-tête ou le pied de page du bord de la page. Ainsi, vous pouvez placer le pied de page à 0,75 cm du bas de la page, ou faire commencer l'en-tête à 5 cm du haut de la page. Pour procéder à de tels ajustements verticaux, il suffit de modifier la valeur *A partir du bord* appropriée dans la boîte de dialogue «Mise en page». Pour vous permettre de mieux comprendre, nous allons maintenant appliquer ces procédures à un exemple concret.

■ Ajustement des valeurs *A partir du bord*

Supposons que vous souhaitiez faire commencer l'en-tête à 2,5 cm du haut de la page. Pour obtenir cet espace supplémentaire, vous devez augmenter la valeur *A partir du bord* dans la boîte de dialogue «Mise en page». Si la barre d'outils *En-*

Figure F

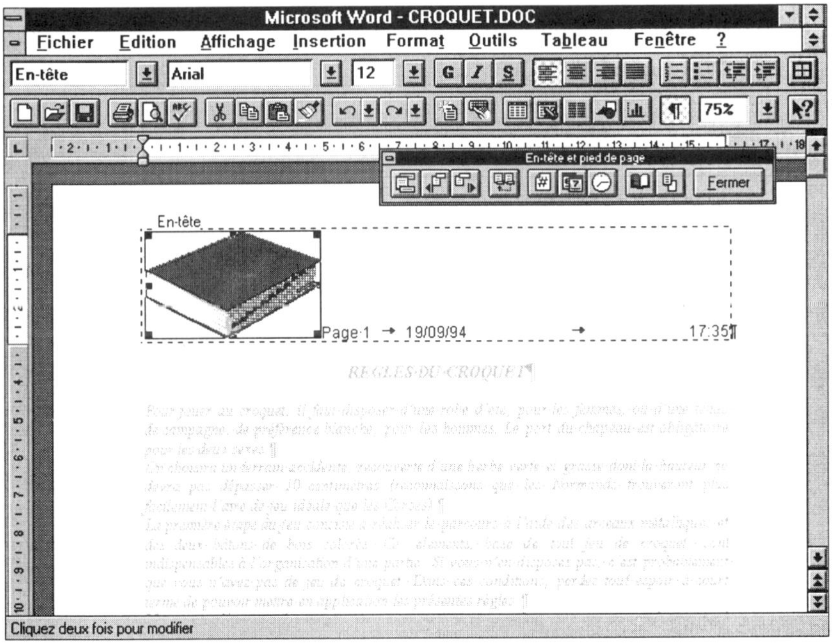

Lorsque vous insérez un élément graphique, Word ajuste automatiquement la taille de l'en-tête.

tête et pied de page est affichée, cliquez simplement sur le bouton <Mise en page> pour ouvrir cette boîte de dialogue. Vous pouvez également choisir la commande «*Mise en page*» du menu «Fichier». Dans la boîte de dialogue «Mise en page», cliquez sur l'onglet *Marges* pour afficher les options. Tapez simplement la nouvelle valeur, **`2,5 cm`**, dans la zone de texte *En-tête*, et cliquez sur le bouton <OK>. Revenu à votre document, vous constaterez que Word a ajouté 1,25 cm entre le haut de la page et la première ligne de l'en-tête.

Ces techniques s'appliquent également aux pieds de page. Ajustez simplement la valeur *A partir du bord Pied de page* pour augmenter (ou réduire) l'espace entre le pied de page et le bas de la page.

Vous pouvez également repositionner les en-têtes et pieds de page à l'aide de la règle verticale. Pour cela, il vous suffit de placer le curseur dans la zone d'en-tête (ou de pied de page) et de faire glisser le bord supérieur de la règle verticale vers le haut ou le bas, selon que vous souhaitez augmenter ou diminuer l'espace.

L'art de la distinction

Lorsque votre document est organisé en plusieurs sections, correspondant en général à des chapitres (s'il s'agit d'un ouvrage) ou des parties distinctes (dans le cas d'un rapport ou d'un état), le texte de l'en-tête et du pied de page est au départ identique pour chacune d'elles. En outre, il est "lié" d'une section à l'autre. Si vous le modifiez dans une section, la modification se répercute automatiquement dans les autres. Or, nous verrons plus loin qu'il est possible de créer un en-tête ou un pied de page différent dans une ou plusieurs sections données. Mais peut-être est-il utile, dans un premier temps, de rappeler brièvement ce qu'est une section d'un document Word et comment la créer.

Figure G

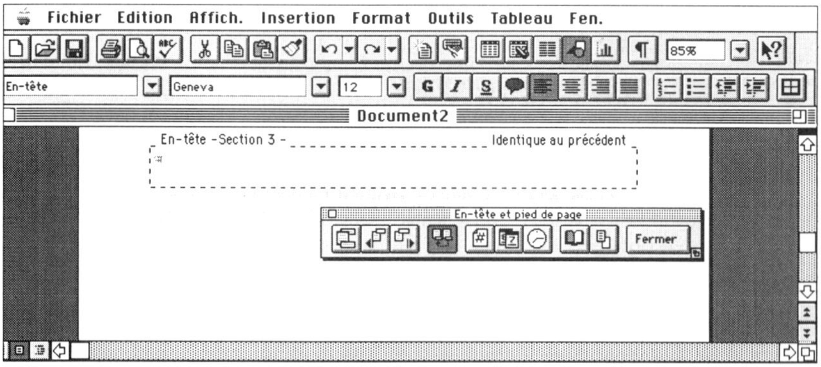

Word identifie les en-têtes et les pieds de page dans les documents comportant plusieurs sections.

Pour définir une section dans un document, positionnez le point d'insertion à l'endroit où vous souhaitez démarrer cette nouvelle section. Ensuite, choisissez la commande «*Saut*» dans le menu «Insertion». Dans la boîte de dialogue «Saut», choisissez l'option correspondant à l'emplacement où vous voulez commencer la nouvelle section : <Page suivante>, <Page paire> ou <Page impaire>. Dans la mesure où votre objectif est de créer un en-tête ou un pied de page propre à une section, l'option <Continu> est sans intérêt, puisqu'elle ne crée pas de nouvelle page. Cliquez sur le bouton <OK> pour valider votre sélection. La nouvelle section est créée dans votre document, identifiée par une double ligne de pointillés portant le libellé *Fin de section*. Si vous travaillez en mode Page, notez que ce marquage n'est visible que si vous avez activé le bouton <Afficher/Masquer ¶>.

Pour vous faciliter la tâche, Word identifie la section à laquelle appartient l'en-tête ou le pied de page, comme illustré sur la **figure G**. Notez également, dans la partie droite, le libellé *Identique au précédent* qui indique que l'en-tête de cette section est lié à celui de la précédente, c'est-à-dire est le même que celui défini pour la section précédente.

Créer des en-têtes et des pieds de page distincts

Ce bref rappel effectué, voyons maintenant comment il nous est possible de créer des en-têtes et pieds de page différents pour les sections distinctes d'un document. Word, en effet, vous permet de déroger à la règle selon laquelle les en-têtes (pieds de page) sont identiques dans toutes les sections. Libre à vous de jouer sur l'effet de variété dans une ou plusieurs sections, afin de rendre votre

Figure H

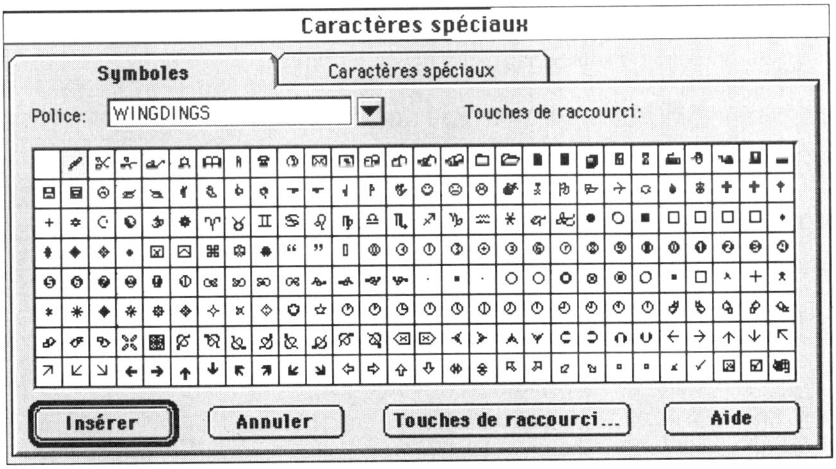

Si vous ne disposez pas d'images ni de cliparts, vous pouvez utiliser les caractères décoratifs de la police Wingdings.

document plus attrayant. Pour obtenir un tel résultat, vous devez supprimer la liaison qui unit l'en-tête (ou le pied de page) d'une section à celui des autres sections. Attention : lors de cette opération, seule la liaison avec les sections précédentes est annulée. En d'autres termes, les modifications apportées à l'en-tête ou au pied de page de la section en cours seront répercutées sur les sections suivantes. Pour créer des en-têtes ou des pieds de page différents dans toutes les sections, il faut impérativement supprimer toutes les liaisons.

Dans ce cas, les boutons <Afficher en-tête/ pied de page précédent> et <Afficher en-tête/ pied de page suivant> de la barre d'outils En-tête et pied de page s'avèrent utiles pour passer rapidement d'une section à l'autre (cette barre d'outils s'affiche automatiquement lorsque les en-têtes et les pieds de page apparaissent à l'écran). Pour illustrer cette technique, nous allons insérer un symbole différent dans chacune des trois sections de notre document exemple (bien entendu, vous pouvez procéder à partir de l'un de vos documents de travail).

Commencez par placer le point d'insertion dans la première section du document, puis choisissez la commande *«En-tête et pied de page»* du menu «Affichage». Word active le cadre d'en-tête correspondant et affiche la barre d'outils En-tête et pied de page. Pour visualiser le pied de page, cliquez sur le bouton <Basculer en-tête/pied de page> de la barre d'outils. Si vous disposez d'images ou de *clipart*, vous pouvez les utiliser pour agrémenter les pieds de page de votre document. Sinon, rien ne vous empêche d'avoir recours aux caractères spéciaux disponibles dans Word. Pour cela, choisissez la commande *«Caractères spéciaux»* dans le menu «Insertion». Dans la boîte de dialogue qui s'affiche, intitulée «Caractères spéciaux» (**figure H**), cliquez sur l'onglet *Symboles*, puis sélectionnez «Wingdings» dans la liste déroulante *Police*. Sélectionnez ensuite le caractère que vous

Figure I

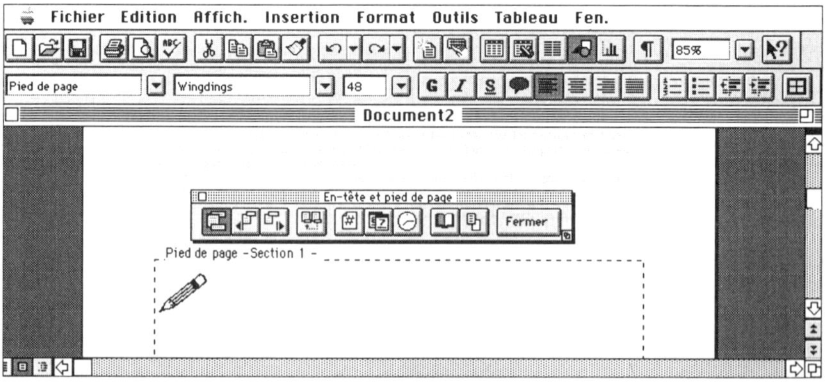

Une fois le symbole agrandi, il peut tout à fait être utilisé comme image.

voulez utiliser et cliquez sur <Insérer> et, enfin, sur <Fermer> pour refermer la boîte de dialogue «Caractères spéciaux». Vous pouvez, bien entendu, la conserver à l'écran et simplement la déplacer de manière à pouvoir accéder au document.

A ce stade, le caractère est inséré dans le pied de page. Pour augmenter la taille de ce caractère et lui donner l'aspect d'une véritable image, mettez-le en surbrillance, puis choisissez la taille «48» dans la liste déroulante de la barre d'outils Mise en forme. Cette opération effectuée, le pied de page se présente comme sur notre exemple de la **figure I**.

Pour passer à la section 2, cliquez sur le bouton <Afficher en-tête/pied de page suivant> de la barre d'outils En-tête et pied de page. Word active le pied de page de la deuxième section qui, à ce stade, est identique au premier. Avant d'insérer la deuxième icône, supprimez la liaison du pied de page. Il vous suffit de cliquer sur le bouton <Répéter en-tête/pied de page précédent>, ce qui a pour effet de le désactiver. Le libellé *Identique au précédent* disparaît.

Vous allez maintenant insérer un nouveau symbole. Sélectionnez le caractère représentant le crayon et, si nécessaire, réaffichez la boîte de dialogue «Caractères spéciaux» à l'aide de la commande du même nom, située dans le menu «Insertion», ou déplacez la boîte de dialogue de manière à la visualiser entièrement. Cette fois, sélectionnez le caractère représentant une paire de ciseaux. Cliquez sur le bouton <Insérer>, puis, éventuellement, sur le bouton <Fermer> de la boîte de dialogue «Caractères spéciaux». Word remplace le symbole antérieur (le crayon) par celui que vous venez de choisir (**figure J**).

Figure J

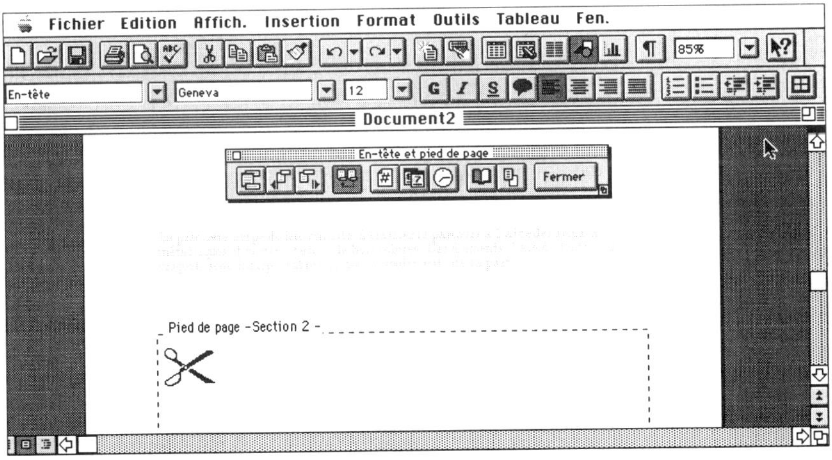

Après avoir supprimé la liaison au pied de page précédent, vous pouvez insérer un symbole différent.

Pour créer un troisième pied de page différent dans votre document exemple, il vous suffit de répéter la procédure. Attention toutefois ! La variété des symboles utilisés dans notre exemple n'a d'autre but que d'illustrer la technique d'insertion d'en-têtes et de pieds de page distincts. Veillez à ne pas trop surcharger votre document par des icônes ou des symboles qui risqueraient de nuire à la clarté de votre texte.

Il n'est pas interdit de changer d'avis !

Naturellement, vous pouvez rétablir les liaisons et, par la même occasion, l'homogénéité des pieds de page (ou des en-têtes) des différentes sections. Pour ce faire, il vous suffit de cliquer sur le bouton <Répéter en-tête/ pied de page précédent> de la barre d'outils En-tête et pied de page. Word vous invite à confirmer ce rétablissement en affichant le message illustré à la **figure K**. Si vous cliquez sur le bouton <Oui> en réponse à la question, le pied de page en cours est remplacé par celui de la section précédente ; en outre, le libellé *Identique au précédent* est rétabli sur l'encadré. Réitérez cette opération pour chaque pied de page à rétablir. Pour passer rapidement d'une section à l'autre, vous pouvez, comme précédemment, cliquer sur les boutons <Afficher en-tête/pied de page précédent> et <Afficher en-tête/pied de page suivant> de la barre d'outils En-tête et pied de page. Il va sans dire que cette procédure est également valable pour les en-têtes.

De l'importance de la première page

La première page du document, ou celle d'une section principale, gagne à sortir du lot pour capter l'attention du lecteur : en-tête de société, format spécial, graphique personnalisé... le contenu reste de votre ressort, mais Word dispose des ressources nécessaires pour vous permettre de créer des en-têtes (pieds de page) différents en ces points clés du document.

Pour doter la première page d'un document d'un en-tête ou d'un pied de page "qui fera la différence", placez le point d'insertion sur cette première page, choisissez la commande «*Mise en page*» du menu «Fichier», puis cliquez sur l'on-

Figure K

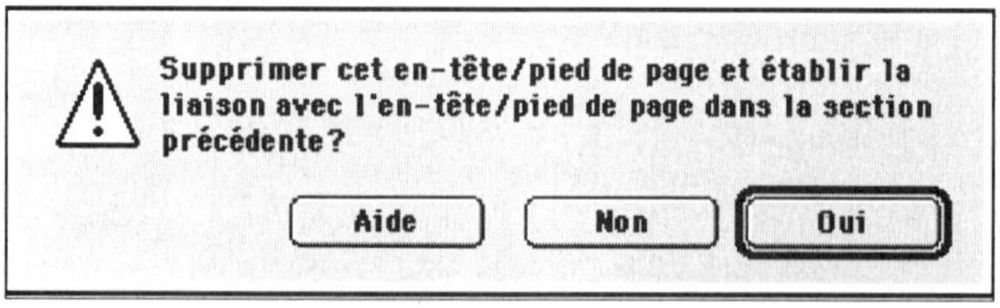

Word vous demande de confirmer le rétablissement des liaisons.

glet *Disposition* (**figure L**). Dans la section *En-têtes et pieds de page* de la boîte de dialogue «Mise en page », cochez la case d'option <Première page différente>, puis cliquez sur <OK> pour revenir à votre document de travail.

Pour visualiser le résultat de cette dernière opération, choisissez la commande «*En-tête et pied de page*» du menu «Affichage». Word active le cadre d'en-tête, qui contient à présent le libellé *Premier en-tête - Section 1*. Par curiosité, cliquez sur le bouton <Basculer en-tête/pied de page>, et vous pourrez constater que le cadre de pied de page comporte désormais le libellé *Premier pied de page - Section 1*.

A ce stade, ces cadres ne contiennent aucun élément. Si vous voulez les conserver tels quels, cliquez sur le bouton <Fermer> de la barre d'outils En-tête et pied de page. Sinon, insérez simplement le texte ou le graphique de votre choix. Cet en-tête (pied de page) est modifiable indépendamment de l'en-tête normal, c'est-à-dire celui ou ceux définis dans la suite du document. Autrement dit, l'un et l'autre ne sont pas liés. Pour supprimer l'en-tête ou le pied de page de la première page, choisissez la commande «*Mise en page*» du menu «Fichier», puis cliquez sur l'onglet *Disposition* (**figure L**). Dans la section *En-têtes et pieds de page*, désactivez la case <Première page différente>, puis cliquez sur le bouton <OK>.

Vous procéderez de la même manière pour créer un en-tête (pied de page) spécifique en première page de section. Toutefois, dans la boîte de dialogue «Mise en page» et dans l'onglet *Disposition*, vous devrez, en outre, choisir une des options proposées dans la liste déroulante *Appliquer* : «A cette section», «A partir de ce point» ou «A tout le document ».

Figure L

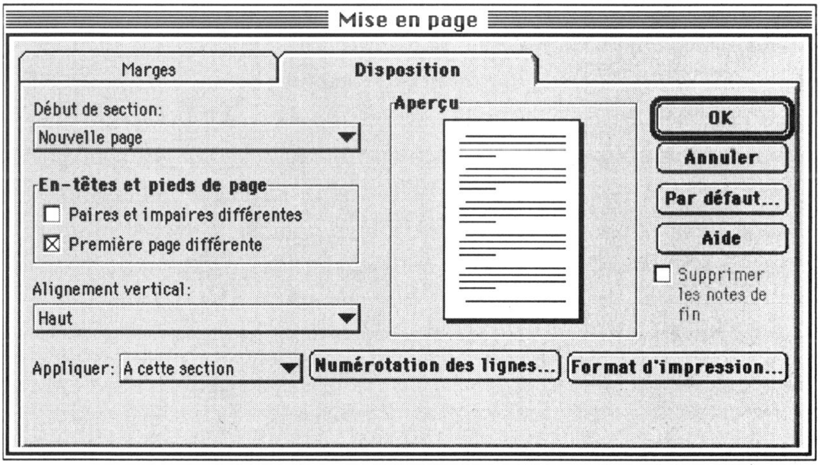

Pour doter la première page d'un document d'un en-tête ou d'un pied de page différent, cliquez sur <Première page différente>.

L'option «A cette section» (valeur par défaut) applique l'option «Première page différente» à la section en cours uniquement. Dans ce cas, vous devez placer le point d'insertion dans la section correspondante avant d'ouvrir la boîte de dialogue «Mise en page». Pour créer l'en-tête dans la section en cours et les suivantes, choisissez «A partir de ce point». L'option «A tout le document», quant à elle, permet d'insérer l'en-tête de première page dans toutes les sections du document.

Pair, impair et gagne...

Vous voulez donner à votre document un aspect professionnel qui renforcera son efficacité. Tirez parti des pages paires et impaires ! Vous pouvez en effet, lorsque vous imprimez le document en recto verso, inverser le positionnement de leurs en-têtes et pieds de page, ainsi qu'en différencier le texte. Ainsi, dans la mise en page d'un ouvrage, il est courant de placer le numéro des pages paires à gauche et celui des pages impaires à droite et d'indiquer le titre du manuel sur les premières et le titre du chapitre sur les secondes.

Pour obtenir facilement un tel résultat, choisissez la commande *«Mise en page»* du menu «Fichier», cliquez sur l'onglet *Disposition*, puis cochez la case <Paires et impaires différentes>. Pour revenir à votre document initial, cliquez simplement sur le bouton <OK>.

Lorsque vous choisissez la commande *«En-tête et pied de page»*, vous constatez que Word a créé des cadres d'en-têtes (et de pieds de page) distincts pour les pages paires et impaires. Vous pouvez basculer de l'en-tête des pages paires à celui des pages impaires en cliquant sur les boutons <Afficher en-tête/pied de page précédent> et <Afficher en-tête/ pied de page suivant> de la barre d'outils En-tête et pied de page.

Si votre document comporte plusieurs sections, Word indique dans le libellé du cadre d'en-tête la section à laquelle il appartient (*En-tête de page paire – Section 1, En-tête de page impaire - Section 1...*). Il en va de même pour le cadre du pied de page.

Vous maîtrisez à présent les principes de la création et du positionnement des en-têtes et des pieds de page, ainsi que certaines techniques plus complexes de gestion des en-têtes. N'hésitez pas à mettre en pratique toutes ces techniques qui contribueront à donner un aspect professionnel à vos documents.

Définir des en-têtes ou des pieds de page pairs et impairs dans un modèle

En utilisateur avisé de Word, sans doute tirez-vous parti des fonctionnalités d'en-tête et de pied de page, considérablement améliorées dans la version 6.0. Comme vous le savez certainement, Word vous offre la possibilité de définir des en-têtes et pieds de page différents, grâce à l'option <Paires et impaires différentes> proposée par la commande «*Mise en page*» du menu «Fichier».

Que se passe-t-il, toutefois, lorsque votre document ne comporte qu'une seule page ? Le cas peut se présenter si vous créez un document exemple, ou modèle, ne contenant que des définitions de style, de mise en page et non du texte. Dans ce cas, vous ne serez en mesure de créer que l'en-tête et/ou le pied de page impair (page 1 oblige !).

C'est compter sans les nombreuses ressources de Word ! Nous vous présenterons ici deux techniques pour résoudre ce petit casse-tête. Vous pourrez ainsi vous permettre le luxe de choisir !

Une simple hypothèse d'école

Supposons que vous ayez à réaliser un journal d'entreprise ou une lettre mensuelle, par exemple, dont la mise en page ne variera pas au fil du temps. Pour

Figure A

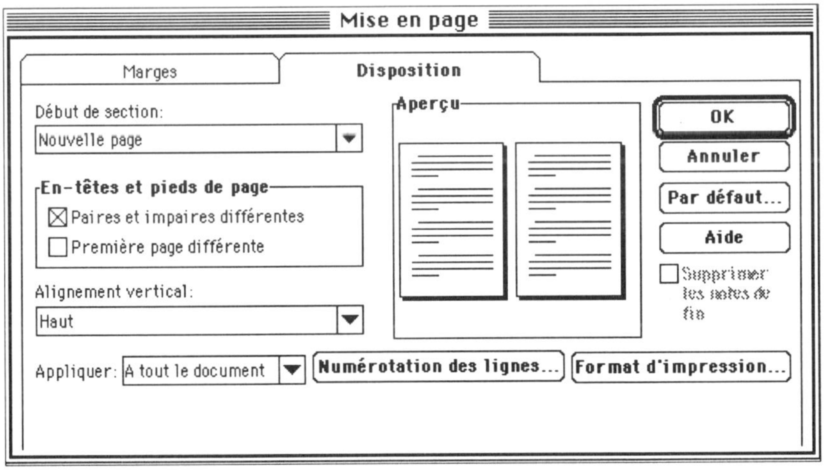

La boîte de dialogue «Mise en page» vous permet d'affecter à votre document des en-têtes et pieds de page pairs et impairs différents.

vous éviter d'avoir à reproduire systématiquement la même mise en forme, le plus simple et le plus rapide est de constituer un modèle d'une page comportant toutes ces données, que vous pourrez réutiliser pour chaque nouvelle parution. Commencez par ouvrir un nouveau document et définissez marges, styles, en bref, toutes les spécifications de mise en forme de votre publication.

Survient ensuite l'épineux problème des en-têtes et pieds de page... Vous désirez, en effet, créer des en-têtes pairs et impairs différents.

Sur les pages impaires, vous souhaitez qu'apparaissent le folio, le titre de votre publication, et sur les pages paires, la date et le folio. Pour dissocier les en-têtes, choisissez la commande «*Mise en page*» du menu «Fichier». Dans la boîte de dialogue présentée à la **figure A**, cliquez sur l'onglet *Disposition*, validez la case d'option <Paires et impaires différentes> de la section *En-têtes et pieds de page*, puis confirmez votre choix avec le bouton <OK>.

Vous voici prêt à créer l'en-tête des pages impaires, puisque vous êtes positionné sur la page 1. Pour cela, choisissez la commande «*En-tête et pied de page*» du menu «Affichage». Aussitôt apparaissent sur votre page les cadres d'en-tête et de pied de page, accompagnés de leur barre d'outils spécifique. Pour insérer le numéro de page, il vous suffit de cliquer sur l'outil Numéros de page [#] de cette même barre. Il vous faut maintenant entrer le titre de votre publication. Appuyez deux fois sur la touche [Tab] pour placer le titre à droite (ou alignez-le directement à droite) et saisissez-le. Affectez ensuite à votre en-tête la police et le corps de votre choix (n'excédez pas, toutefois, 10 points, car votre en-tête risquerait dans ce cas d'entrer en conflit avec le texte). Vous obtenez un résultat identique à celui de la **figure B**.

Figure B

Créez l'en-tête de la page impaire en sélectionnant la commande «En-tête et pied de page» du menu «Affichage».

Reste à définir l'en-tête des pages paires... ce qui, pour l'instant vous est impossible puisque vous ne disposez que d'une seule page impaire ! Pour résoudre ce petit casse-tête, voyons ensemble les solutions offertes par Word.

Un saut de page providentiel

Première solution donc : insérer un saut de page dans votre document qui permettra de créer une seconde page – paire – sur laquelle vous pourrez enfin définir un en-tête et pied de page différent. Il ne vous restera plus, ensuite, qu'à supprimer cette page nouvellement créée de façon à ce que votre document retrouve sa longueur initiale. Mais voyons cela de manière plus détaillée.

Pour ajouter une nouvelle page, commencez par fermer le cadre d'en-tête en cliquant sur le bouton <Fermer> de sa barre d'outils. Puis, dans le menu «Insertion», choisissez la commande «*Saut*». Dans la boîte de dialogue du même nom, validez l'option <Saut de page> à la section *Insérer*. De manière générale, cette validation est superflue, puisque <Saut de page> est l'option par défaut proposée par Word. Vous n'avez donc qu'à cliquer simplement sur <OK> pour vous retrouver l'heureux détenteur d'une page 2. Celle-ci est matérialisée à l'écran par une ligne de pointillés judicieusement nommée Saut de page, si vous travaillez en mode Normal. Si vous souhaitez visualiser la page dans sa totalité, vous pouvez passer en mode Page à l'aide de la commande «*Page*» du menu «Affichage» ou utiliser la commande «*Aperçu avant impression*» du menu «Fichier». Pour le moment, il est préférable de rester en mode Normal.

Maintenant que vous disposez d'une page paire, vous allez pouvoir créer l'en-tête correspondant. Avant tout, assurez-vous que le curseur est bien positionné sur cette page. Puis, dans le menu «Affichage», choisissez la commande «*En-tête et pied de page*». Lorsque le cadre d'en-tête apparaît sur la page, accom-

Figure C

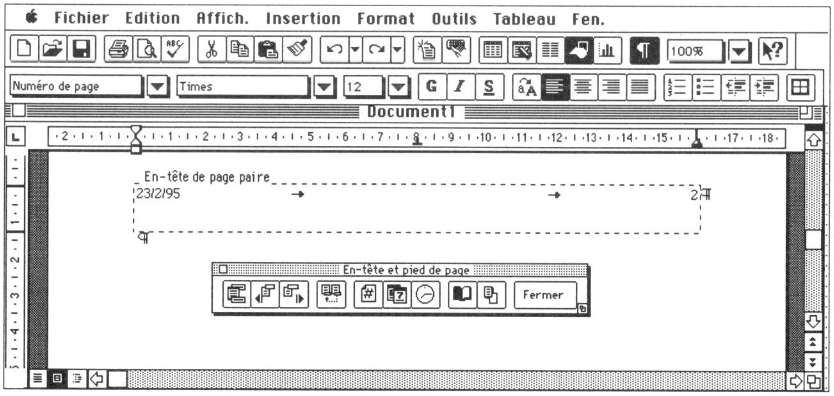

La seconde page créée, vous pouvez faire apparaître la case d'en-tête paire.

pagné de sa barre d'outils, cliquez sur l'outil pour insérer automatiquement la date puis, comme précédemment, appuyez deux fois sur la touche [Tab] et cliquez sur pour afficher le numéro de page. La **figure C** représente l'en-tête pair finalisé. Parvenu à ce résultat, cliquez sur le bouton <Fermer> pour revenir au document.

L'étape finale consiste à supprimer le saut de page, pour retrouver un modèle constitué d'une page unique. Pour y parvenir, vous devez, si vous n'y êtes déjà, passer en mode d'affichage Normal. Mettez ensuite la ligne de pointillés (matérialisant le saut de page) en surbrillance et supprimez-la tout simplement en appuyant sur la touche [Suppr].

Bien que la page paire ait disparu, Word conservera les informations se rapportant à l'en-tête pair lorsque vous sauvegarderez le document. De ce fait, les documents ultérieurs que vous créerez à partir de ce modèle comprendront cet en-tête dès lors que vous insérerez une deuxième page.

Une commande magique !

Si ces diverses manipulations vous paraissent quelque peu fastidieuses, la seconde technique devrait vous convenir davantage. Elle consiste à faire appel à une macro de Word, nommée *ModeNormalZoneEnTête*. Cette macro vous permet, entre autres, de modifier directement le contenu d'un en-tête ou pied de page de vos documents et de déterminer le cadre d'en-tête ou de pied de page

Figure D

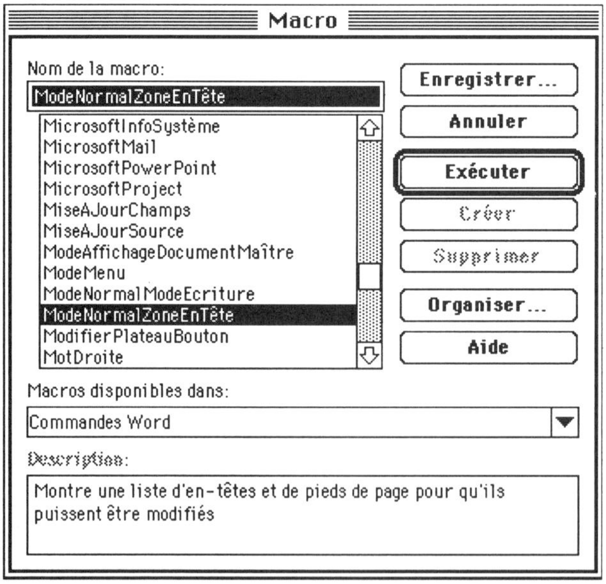

Sélectionnez, dans la boîte de dialogue «Macro», ModeNormalZoneEnTête.

qui sera affiché par Word. Dans le cas de figure qui nous intéresse, vous n'aurez qu'à activer cette commande sans autre forme de procédé. En effet, si vous avez sélectionné l'option <Paires et impaires différentes> dans la boîte de dialogue «*Mise en page*», et que vous êtes bien en mode Normal, *ModeNormalZoneEnTête* ouvrira une fenêtre dédiée à l'en-tête pair.

Revenons à notre exemple pour illustrer cette technique. Supposons que vous ayez déjà sélectionné l'option <Paires et impaires différentes>, comme décrit précédemment, et que vous disposiez d'un en-tête impair. Vous voici prêt à définir l'en-tête des pages paires.

La première étape est de vérifier que vous vous trouvez bien en mode Normal. Si ce n'est pas le cas, sélectionnez la commande «*Normal*» du menu «Affichage». Vous allez, ensuite, activer la commande *ModeNormalZoneEnTête*. Pour cela, choisissez la commande «*Macro*» du menu «Outils». Dans la boîte de dialogue «Macros», sélectionnez, dans la liste déroulante *Macros disponibles dans*, «Commandes Word». Les diverses macros s'affichent alors (**figure D**) et vous n'avez plus qu'à localiser *ModeNormalZoneEnTête*. Pour y parvenir plus rapidement, entrez l'initiale M dans la zone de texte *Nom de la macro*. Cliquez deux fois sur le nom de la macro ou sélectionnez-la et cliquez sur le bouton <Exécuter>. Word ferme la boîte de dialogue, active la macro et une fenêtre identique à celle de la **figure E** s'affiche sur votre document (les anciens utilisateurs des versions 5.1 pour Macintosh et 2.0 pour Windows reconnaîtront le volet d'en-tête et de pied de page implémenté dans ces versions).

Vous y retrouvez les outils d'insertion de numéro de page, date, heure et fermeture. Utilisez et pour créer votre en-tête pair, comme vous l'avez fait précédemment, puis cliquez sur le bouton <Fermer>. Dès que la fenêtre est fermée, votre mise en forme s'achève. Point de saut de page à supprimer, il ne vous reste qu'à enregistrer votre document comme modèle et à le sauvegarder. Comme

Figure E

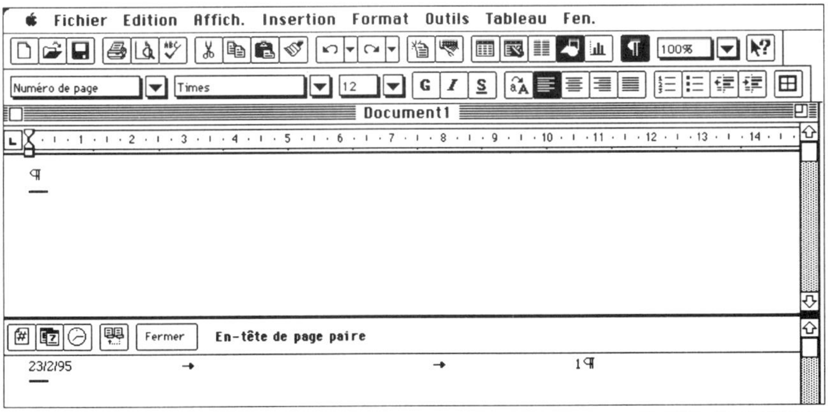

La macro ModeNormalZoneEnTête affiche automatiquement une fenêtre dédiée à l'en-tête pair.

pour la première technique, Word inclura un en-tête pair dès que vous créerez la deuxième page d'un document basé sur votre modèle.

Pour terminer, si vous souhaitez utiliser la macro *ModeNormalZoneEnTête* de façon régulière, nous vous conseillons d'automatiser son lancement, afin d'éviter de la rechercher systématiquement. Pour cela, sélectionnez la commande «*Personnaliser*» du menu «Outils». Dans la boîte de dialogue qui s'affiche, cliquez sur l'onglet *Menus*, puis dans la liste déroulante *Catégories*, sélectionnez «Toutes les commandes» et dans la liste *Commandes*, le nom de notre macro. Indiquez ensuite dans quel menu vous souhaitez la voir apparaître, affectez-lui une position et un nom dans la liste déroulante et la zone de texte correspondante.

Vous connaissez maintenant les deux techniques vous permettant de définir des en-têtes et pieds de page pairs et impairs dans un modèle. Désormais, c'est à vous de faire votre choix, en fonction de la fréquence d'utilisation ou de vos préférences.

Déplacer des notes de bas de page

Idéales pour attirer l'attention du lecteur ou d'un éventuel relecteur, les notes de bas de page peuvent être facilement regroupées en fin de document. La procédure varie en fonction de la version de Word utilisée. Si 1vous utilisez Word 2.0, choisissez la commande *«Note de bas de page»* dans le menu «Insère». Dans la boîte de dialogue qui s'affiche, cliquez sur le bouton <Options> pour accéder à la boîte de dialogue du même nom. Dans la liste déroulante *Position,* sélectionnez «Fin du document». Cliquez ensuite sur le bouton <OK>, puis sur le bouton <Fermer>.

Si vous utilisez Word 6.0, choisissez la commande *«Note»* dans le menu «Insertion». Cliquez ensuite sur le bouton <Options> pour afficher la boîte de dialogue «Options de notes». Sélectionnez maintenant l'onglet *En fin de document,* puis l'option «Fin de document» dans la liste déroulante *Position,* comme illustré sur la **figure A**. Cliquez ensuite sur le bouton <Conversion> de la boîte de dialogue «Options de notes», deux fois sur <OK>, puis sur le bouton <Fermer> dans la dernière boîte de dialogue.

Figure A

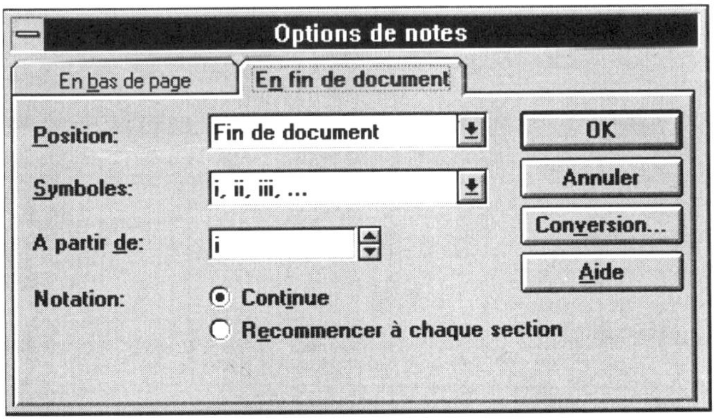

Le bouton <Conversion> permet de déplacer l'ensemble des notes en fin de document.

Automatiser le positionnement des numéros de page

Word 6.0 dispose de diverses fonctionnalités vous permettant facilement de numéroter les pages de vos documents. Vous pouvez faire appel, par exemple, à la commande «*Numéros de page*» du menu «Insertion». Vous pouvez également numéroter vos pages à l'intérieur du cadre d'en-tête ou de pied de page, en choisissant la commande «*En-tête et pied de page*» du menu «Affichage». Mais comment faire si vous souhaitez appliquer la numérotation ainsi définie à chacun de vos nouveaux documents ? Nous vous proposons deux techniques pour y parvenir. La première consiste à modifier les paramètres du fichier modèle Normal, qui préside l'ouverture de tout nouveau document. La deuxième repose sur la création d'une macro qui exécutera automatiquement toutes les opérations d'insertion de numéros de page.

Modifier le modèle Normal

Pour modifier les spécifications du fichier modèle Normal, vous allez, en toute logique, commencer par l'ouvrir. Pour cela, cliquez sur le bouton de la barre d'outils. La boîte de dialogue «Sélectionner un document» s'affiche à l'écran («Ouvrir» sous Windows). Sélectionnez alors le dossier (répertoire, sous Windows) d'installation Microsoft Word 6, puis le sous-dossier Modèles. Dans la liste déroulante, sélectionnez ensuite le fichier «Normal» (sous Windows, NORMAL.DOT dans le répertoire C:\WINWORD\MODELES, après avoir sélectionné «Modèles de document (*.dot)», dans la liste déroulante *Types de fichiers*), et cliquez sur le bouton <Ouvrir>. Une fois le modèle ouvert, vous pouvez commencer à définir les caractéristiques de vos numéros de page. Dans le menu «Insertion», choisissez la commande «*Numéros de page*» pour afficher la boîte de dialogue du même nom, illustrée à la **figure A**.

Figure A

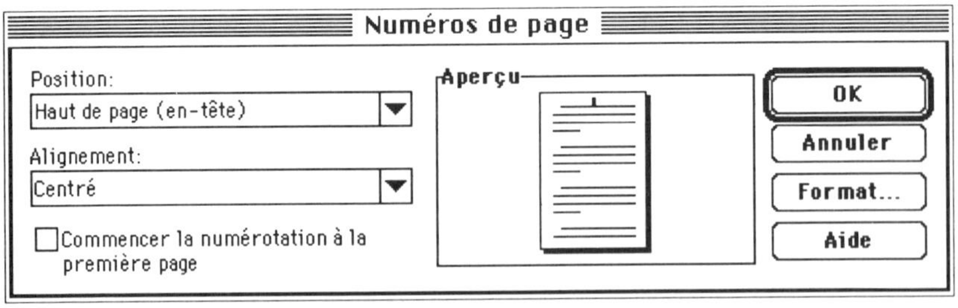

Spécifiez une position et un alignement pour vos numéros de page dans la boîte de dialogue «Numéros de page» du menu «Insertion».

Dans la liste déroulante *Position*, choisissez l'emplacement du numéro, en haut ou en bas de page. La liste déroulante *Alignement* vous permet de définir la position horizontale du numéro de page. Dans notre exemple, nous avons sélectionné «Haut de page (en-tête)» et «Centré». Pour que la numérotation débute à la deuxième page, désactivez la case d'option <Commencer la numérotation à la première page>. Validez ces modifications en appuyant sur <OK>, et refermez le fichier Normal. Pour vérifier immédiatement le bon fonctionnement de ces opérations, cliquez sur le bouton [D] de la barre d'outils pour ouvrir un nouveau document. Dès l'ouverture, appuyez sur la combinaison de touches [Maj][Entrée] ([Entrée] du pavé numérique et [Ctrl][Entrée] sous Windows), pour insérer un saut de page. Choisissez la commande «*En-tête et pied de page*» du menu «Affichage» pour visualiser l'en-tête du document (**figure B**). Au centre de l'en-tête, le numéro affiché est bien le numéro 2.

Figure B

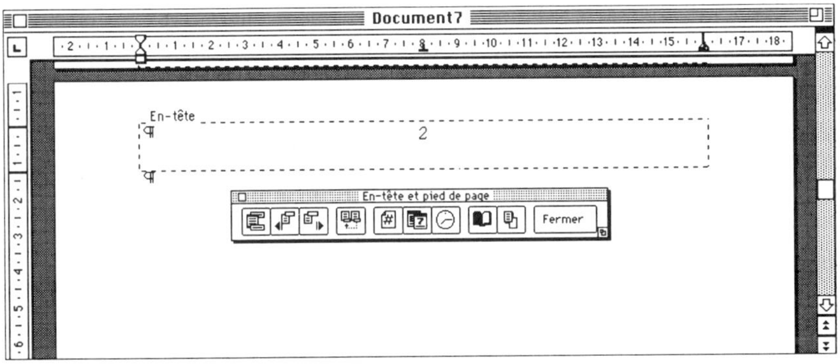

Le nouveau format de page par défaut s'affiche automatiquement dans le document.

Figure C

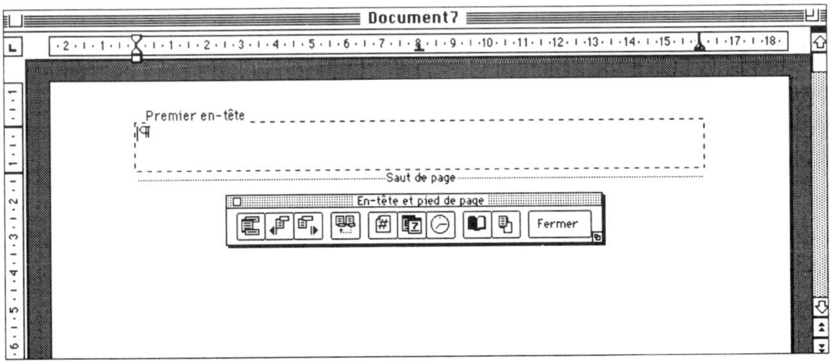

Puisque nous avons désactivé la case d'option <Commencer la numérotation à la première page>, le cadre d'en-tête de la première page est vierge.

Cliquez ensuite sur le bouton de la barre d'outils En-tête et pied de page pour visualiser l'en-tête de la première page. Le cadre d'en-tête (**figure C**) qui s'affiche est vierge, puisque nous avons choisi de commencer la numérotation sur la deuxième page.

Utiliser une macro

La deuxième méthode consiste à créer une macro qui automatisera toutes les étapes à suivre pour définir le format de vos numéros de page. Une fois réalisée, nous l'insérerons dans un menu Word. Choisissez la commande «*Macro*» dans le menu «Outils». Dans la boîte de dialogue «Macro» qui s'affiche, attribuez un nom à votre nouvelle macro, *Numéros* dans notre exemple (**figure D**), dans la zone de texte *Nom de la macro*. Vous pouvez également décrire l'action de cette macro dans la zone de texte *Description*. Cliquez sur le bouton <Enregistrer> pour afficher la boîte de dialogue «Enregistrer une macro».

Cliquez maintenant sur le bouton <Menu> pour ouvrir la boîte de dialogue «Personnaliser» de la **figure E**. Dans la liste déroulante *Menu à modifier*, sélectionnez «&Insertion» pour insérer la macro que vous allez créer dans le menu «Insertion». Sélectionnez «N&uméros de page» dans la liste déroulante *Position dans le menu*, pour indiquer que vous souhaitez intégrer votre macro sous la commande «*Numéros de page*» du menu «Insertion». La zone de texte *Nom dans le menu* reprend le nom de la macro défini dans la boîte de dialogue précédente

Figure D

La boîte de dialogue «Macro» permet de définir une nouvelle macro.

et qui apparaîtra dans le menu. Lorsque l'ensemble des paramètres spécifiés dans cette boîte de dialogue vous convient, cliquez sur les boutons <Ajouter sous>, puis <Fermer>. Word démarre alors l'enregistrement de la macro. Vous n'avez plus qu'à effectuer les opérations décrites précédemment pour mémoriser les spécifications choisies pour les numéros de page. Appuyez sur les touches [⌘][Tab][I] ([Alt][I], sous Windows) pour afficher le menu «Insertion», puis sur [U] pour accéder à la boîte de dialogue «Numéros de page». Sélectionnez maintenant les caractéristiques de votre choix, puis cliquez sur <OK>. Pour mettre fin à l'enregistrement, cliquez sur le bouton de la barre d'outils Enregistrement de macro. Votre macro est prête à fonctionner. Pour tester tout de suite son bon fonctionnement, ouvrez un nouveau document, choisissez la commande «*Numéros*» dans le menu «Insertion». La séquence d'opérations enregistrée précédemment s'enchaîne automatiquement. Choisissez la commande «*Saut*» du menu «Insertion» pour insérer un saut de page. Choisissez pour finir la commande «*En-tête et pied de page*» du menu «Affichage» afin de visualiser le cadre d'en-tête de votre document. Les numéros de page sont bien définis comme enregistrés dans la macro.

Si la mise en forme de vos numéros de page est identique dans tous vos documents, nous vous recommandons de choisir la première méthode. La deuxième méthode permet, quant à elle, une plus grande flexibilité. En effet, vous pouvez créer plusieurs styles de numéros de page et appliquer la macro adéquate selon le document sur lequel vous travaillez.

Figure E

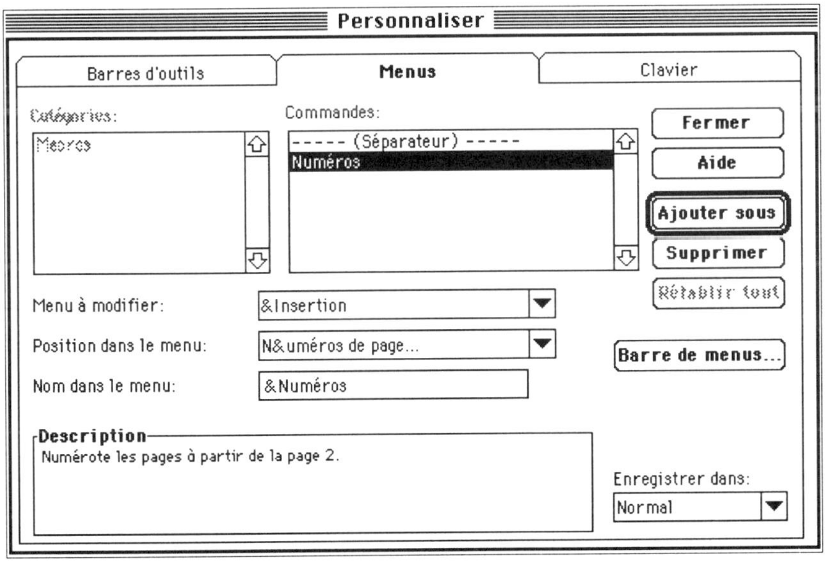

La boîte de dialogue «Personnaliser» vous permet d'intégrer une macro dans n'importe quel menu Word.

Automatiser l'affichage des codes de champ

Avec la version 6. 0 de Word, l'activation/désactivation des codes de champ ne s'effectue plus directement via une commande de menu. A la différence de la version 2.0 pour Windows, vous devez, en effet, choisir dans le menu «Outils» la commande *«Options»*, puis l'onglet Affichage et sélectionner ou non <Affichage codes de champs>.

Il est possible d'accéder plus facilement, et surtout plus rapidement, à cette fonctionnalité en associant la commande *«AffichageCodesChamp»* à un menu et/ou à un bouton de la barre d'outils. Pour l'ajouter à la liste des commandes disponibles d'un menu, sélectionnez la commande *«Personnaliser»* du menu «Outils» et, dans la boîte de dialogue qui s'affiche, choisissez l'onglet *Menus*. Dans *Catégories*, choisissez alors «Toutes les commandes» et dans la liste *Commandes*, «AffichageCodesChamp». Sélectionnez ensuite, dans la liste déroulante *Menu à Modifier*, le menu dans lequel doit apparaître la commande, par exemple &Fichier (**figure A**). Choisissez ensuite un emplacement au sein du menu dans la liste *Position dans le menu*, puis dans la liste *Nom dans le menu*, le nom de l'entrée telle qu'elle doit apparaître. Finalement, validez en cliquant sur <Ajouter>, puis sur <Fermer>.

Figure A

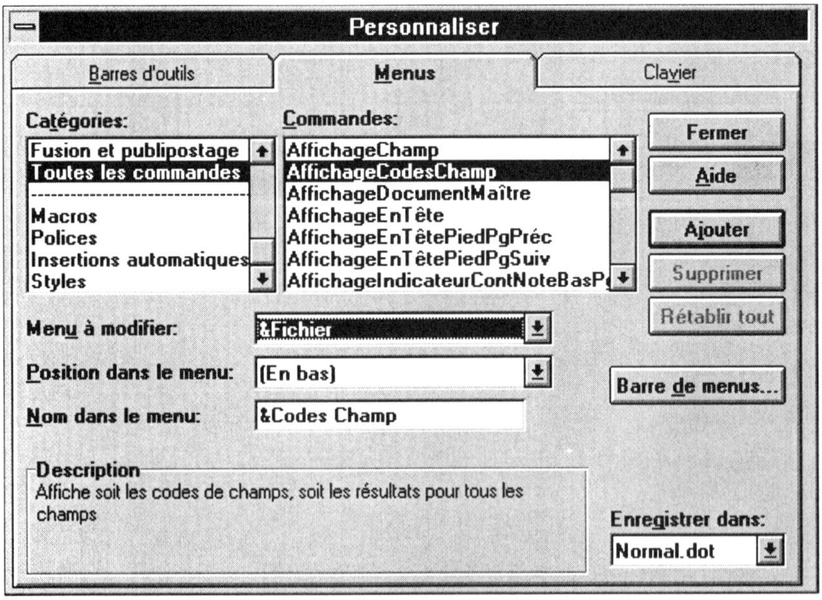

Il est très facile d'intégrer une nouvelle commande dans un menu Word.

La nouvelle entrée figure maintenant dans le menu «Fichier». Il est également possible de créer un bouton permettant l'exécution de cette commande. Pour cela, sélectionnez de nouveau la commande *«Personnaliser»* du menu«Outils» et choisissez, cette fois, l'onglet *Barres d'outils*. A la section *Catégories*, choisissez maintenant «Affichage». A ce stade, sélectionnez le cinquième bouton . Glissez le bouton vers la barre d'outils désirée en maintenant le bouton gauche de la souris enfoncé. Validez les séquences en fermant les boîtes de dialogues.

Vous pouvez maintenant activer et désactiver l'affichage des codes de champ.

Une table des matières sans numéro de page

Pour créer une table des matières sans numéro de page, choisissez la commande «*Tables et index*» du menu «Insertion». Dans la boîte de dialogue «Tables et index», sélectionnez l'onglet *Tables des matières* et désactivez l'option <Afficher les numéros de page>. Lorsque vous cliquez sur <OK> pour revenir à votre document, une table des matières sans numéro de page est insérée à l'emplacement du curseur.

Insérer rapidement des informations

L'insertion automatique d'un texte ou d'une image préalablement enregistrés à cet effet constitue d'ores et déjà un gain de temps appréciable, mais vous pouvez encore accélérer le processus : il suffit de taper les premiers caractères de l'abréviation appropriée. Lorsque vous cliquez ensuite sur le bouton <Insertion automatique>, Word 6.0 en déduit automatiquement la totalité du nom concerné, dans la mesure où vous saisissez suffisamment de caractères pour le différencier des autres entrées. Prenons les abréviations suivantes : *Logo, Lagon* et *Latitude.* Si vous tapez **`L`** ou **`La`** et cliquez sur le bouton, Word se contente d'émettre un signal sonore et, si la barre d'état est activée, d'afficher un message pour que vous ajoutiez des caractères. En revanche, si vous saisissez **`Lag`**, **`Lat`** ou **`Lo`**, puis cliquez sur, Word insère l'information correspondante. Pratique, non ?

Générer des listes de prix

A usage interne ou destinées à la clientèle, les listes indiquant le prix de marchandises ou de services doivent être claires et faciles à consulter. C'est pourquoi la mise en forme de ce type de document doit être simple et renforcer la lisibilité. Pour cela, vous devez veiller à ce que les prix soient correctement alignés sur la virgule même s'ils ne mentionnent pas de centimes : pas question de risquer une confusion entre 20 F et 200 F ! Le symbole monétaire F doit également être aligné et ce, quels que soient les montants indiqués. La lisibilité est facilitée par deux éléments : les points de suite qui guident les yeux du lecteur entre le nom de l'article et son prix, et l'interlignage, qui permet d'obtenir une liste aérée et agréable à l'œil.

Affaire de détails, certes, mais qui ont leur importance et peuvent facilement être pris en charge par Word. S'il s'agit d'une liste ponctuelle, vous pouvez créer un document unique et effectuer manuellement la mise en page. En revanche, si cette liste fait l'objet de mises à jour périodiques, vous avez tout intérêt à faire appel à la technique de la fusion et à enregistrer vos données dans un fichier source distinct, sans tenir compte de la présentation, puis recourir à l'option

Figure A

Jardinerie « Aux doigts verts »

Assortiment bulbes	250	F
Assortiment débutant	200	F
Assortiment rocailles	350	F
Assortiment rosiers	500	F
Asters	24,50	F
Bégonias	37,25	F
Campanules	15	F
Capucines	8,75	F
Cosmos	15,75	F
Dahlias	25,50	F
Delphinium	15,50	F
Euphorbias	37,50	F
Fresias	27,50	F
Gypsophiles	36,25	F
Kalankoes	150	F
Lavatères	25,75	F
Lupins	9,75	F
Mimulus	18,75	F
Myosotis	7,50	F
Phlox	15,75	F
Saponaire	9	F

Rien de plus facile que de générer une liste de prix avec Word !

«Catalogues» de la commande *«Fusion et publipostage»* pour générer des listes pertinentes à partir des données les plus récentes. Nous vous proposons ici d'examiner ces deux solutions, auxquelles vous pourrez recourir, alternativement, en fonction de vos besoins.

Une fois pour toutes

La méthode utilisée pour réaliser une liste unique est des plus simples. Commencez par saisir la liste des articles et des prix correspondants dans un nouveau document, en veillant à insérer une tabulation après l'article et après le prix (juste avant le symbole monétaire F). Lorsque vous avez saisi tous les éléments, vous n'avez plus alors qu'à définir l'interligne, la position des tabulations et les points de suite. Vous obtenez alors une liste semblable à celle reproduite à la **figure A**.

Voyons l'ensemble de ces opérations en détail. A titre d'exemple, entrez les quelques lignes de la liste présentée à la **figure B**, en laissant temporairement le titre de côté. Entrez le premier élément, appuyez sur la touche [Tab], saisissez le prix, appuyez sur [Tab], saisissez **F** puis appuyez sur la touche [Entrée]. Répétez cette séquence d'opérations pour les lignes suivantes.

Les données saisies, sélectionnez la totalité de la liste à l'aide de la souris. Vous allez aborder à présent la phase de mise en forme.

Pour redéfinir l'interligne, choisissez la commande *«Paragraphes»* dans le menu «Format». Dans la boîte de dialogue «Paragraphes», cliquez sur l'onglet

Figure B

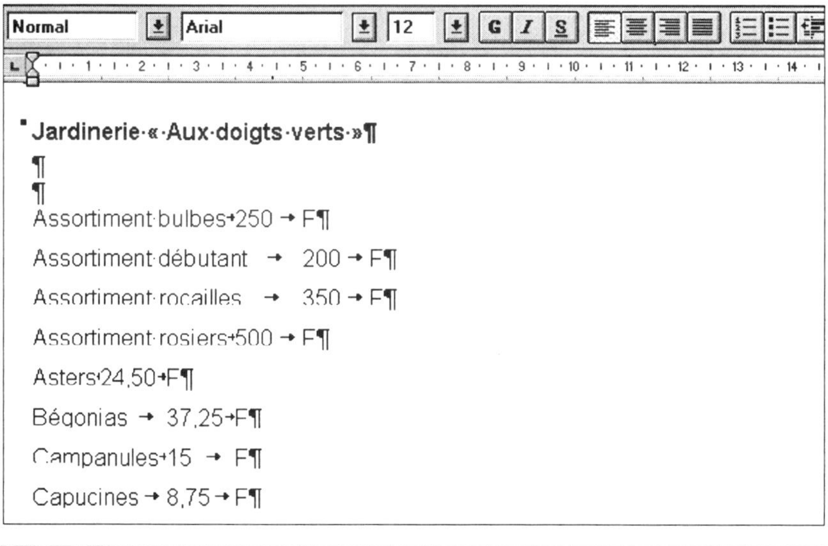

Entrez les données et commencez la mise en forme de la liste.

Retrait et espacement. La liste déroulante *Interligne*, à la section *Espacement*, vous propose différentes options : choisissez «1,5 lignes» parmi celles disponibles.

Définissez maintenant la position de la première tabulation déterminant l'espace entre le nom de l'article et son prix. Si la boîte de dialogue «Paragraphes» est encore ouverte, cliquez sur le bouton <Tabulations> ; sinon, choisissez la commande «*Tabulations*» du menu «Format». Comme précédemment, veillez à sélectionner la liste avant d'appeler la commande. Quelle que soit la façon dont vous procédez, Word affiche la boîte de dialogue «Tabulations», présentée à la **figure C**.

Dans la zone de texte *Position*, entrez la distance que vous souhaitez laisser entre la marge gauche et le début de la colonne de prix, **`12,5cm`** dans notre exemple, sachant qu'elle doit être inférieure à la largeur de la page... Définissez ensuite l'alignement des prix. Comme ceux-ci contiennent des nombres décimaux, vous devez choisir un alignement sur la virgule. Validez pour cela l'option <Décimal> de la section *Alignement*.

Reste à définir les points de suite, à la section du même nom qui vous propose différentes options : des points, des tirets ou des tirets de soulignement (qui donnent l'effet d'un trait continu). Si vous le préférez, vous pouvez omettre ces points de suite, bien que nous vous le déconseillions dans le cas présent. Choisissez par exemple l'option <2>, correspondant aux pointillés, et cliquez sur <Définir>.

Vous allez maintenant indiquer la position de la deuxième tabulation qui conduit au symbole monétaire. Dans la zone de texte *Position*, entrez **`13,75cm`** et choisissez un alignement à gauche. Cliquez sur <OK>.

A ce stade, votre liste est identique à celle présentée à la **figure D**. Si l'emplacement des colonnes ne vous convient pas, mettez la liste en surbrillance, ajustez les tabulations directement sur la règle, en déplaçant les taquets avec la

Figure C

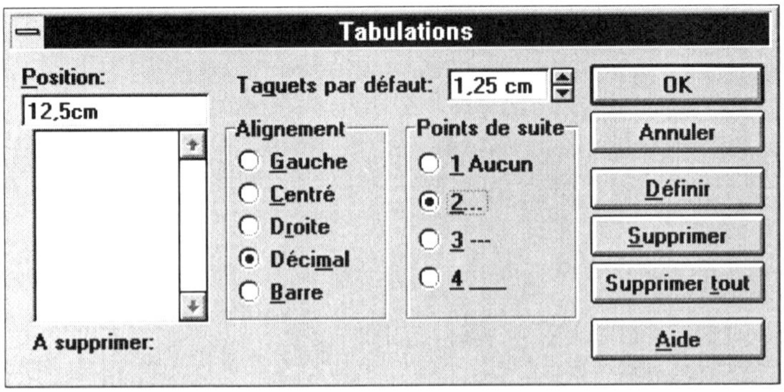

Vous pouvez positionner les taquets de tabulation, insérer des points de suite, définir l'alignement des nombres sur la virgule, etc.

souris. Si la nouvelle position ne vous convient pas, cliquez sur le bouton <Annuler> de la barre d'outils Standard ; la tabulation reprend sa position d'origine.

Ajoutez, le cas échéant, un titre à votre liste et finalisez la présentation, en lui attribuant, par exemple, le format gras ou une taille en points supérieure. Finalisé, votre chef-d'œuvre est alors prêt à être imprimé et distribué !

La fusion revisitée

Dans le cas de listes nécessitant des mises à jour fréquentes (listes de prix mensuelles, catalogues d'ouvrages disponibles, etc.), la création de listes de prix peut être considérablement simplifiée en faisant appel à la technique de la fusion. Cette technique consiste à saisir toutes les données dans un premier document, sans se soucier de la présentation. La liste sera ensuite générée par fusion à l'aide de la commande «*Fusion et publipostage*», et plus précisément de l'option «Catalogues».

Grâce à cette technique, vous pouvez dès lors modifier les données source à votre convenance, supprimer des éléments, en ajouter et générer une liste qui reflète cette mise à jour sans avoir à vous préoccuper des détails de mise en page qui, malgré tout, prennent souvent un temps fou. Pratique !

■ Créer le document source

A titre d'expérimentation, nous vous proposons de créer un document principal doté des mêmes attributs de mise en page que ceux utilisés précédemment

Figure D

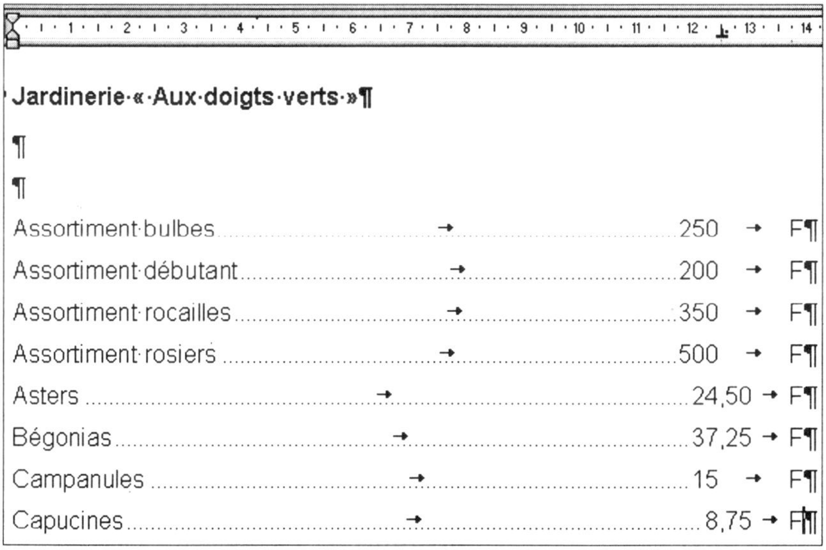
Jardinerie « Aux doigts verts »

Assortiment bulbes → 250 → F
Assortiment débutant → 200 → F
Assortiment rocailles → 350 → F
Assortiment rosiers → 500 → F
Asters → 24,50 → F
Bégonias → 37,25 → F
Campanules → 15 → F
Capucines → 8,75 → F

Après avoir ajusté l'interligne et les taquets de tabulation, votre liste a déjà meilleure allure !

et d'utiliser comme données celles présentées sur le tableau reproduit à la **figure E**. Ces données sont enregistrées sous la forme d'un tableau qui comporte trois colonnes *Produits, Prix* et *Code commande* dans le fichier ETAT.DOC, disponible sur votre disquette d'accompagnement. Notez que les prix n'incluent pas le symbole monétaire ; mentionné sur le document principal, il sera inséré automatiquement lors de la fusion.

Si vous mourez d'envie de suivre la manipulation étape par étape, voici comment créer le tableau contenant les données source. Ouvrez un nouveau document et cliquez sur le bouton de la barre d'outils et, à l'aide de la souris, marquez sur la grille le nombre de colonnes et de lignes que devra comporter votre tableau (*3* et *10*, respectivement). Saisissez ensuite les données présentées à la **figure E**.

■ Créer le document principal

Le document source étant constitué, passons à la création du document principal, qui contiendra les champs de fusion à partir desquels sera générée la liste. Ouvrez un nouveau document et choisissez la commande «*Fusion et publipostage*» dans le menu «Outils» pour afficher la boîte de dialogue «Aide à la fusion». Dans la liste déroulante *Créer*, choisissez l'option «Catalogues» et, en réponse au message de Word, cliquez sur le bouton <Fenêtre active>.

Dans la liste *Obtenir les données*, choisissez «Ouvrir la source de données». Vous obtenez alors une boîte de dialogue, dans laquelle vous allez sélectionner

Figure E

Produits	Prix	Code commande
Assortiment bulbes	250	A10032
Assortiment débutant	200	A10035
Assortiment rocailles	350	A10050
Assortiment rosiers	350	A10075
Asters	24,50	F0001
Bégonias	37,25	F1000
Campanules	15	F2000
Capucines	8,75	F3000
Cosmos	15,75	F400
Dahlias	25,50	F500

Nous utilisons les éléments variables ci-dessus ainsi que l'option «Catalogues» de Word pour créer une liste de prix obtenue par fusion.

le fichier approprié, ici ETAT.DOC, et cliquer sur <OK> (<Ouvrir> sur Macintosh). En réponse au message de Word qui constate ne pas avoir trouvé de champ de fusion dans le document principal, cliquez simplement sur le bouton <Modifier document principal>.

Seconde étape, la plus importante : la sélection et la mise en forme des champs de fusion qui vont générer la liste définitive. Pour vous faciliter le travail, vous avez à votre disposition la barre d'aide à la fusion. Lorsque vous cliquez sur le bouton <Insérer champ de fusion> de cette barre d'outils, vous obtenez la liste de tous les champs créés dans le document source (le document de données). Commencez par insérer le champ *Produits*. Pour cela, cliquez sur le bouton <Insérer champ de fusion> et sélectionnez «Produits» parmi les champs disponibles. Appuyez ensuite sur la touche [Tab] et répétez l'opération, en sélectionnant cette fois le champ «Prix». Pour terminer, appuyez une dernière fois sur la touche [Tab] et tapez **F** (pour Francs).

Vous allez maintenant effectuer la mise en forme, en vous inspirant très fortement (!) de celle décrite lors de la manipulation précédente. Pour définir un interlignage de 1,5, choisissez la commande «*Paragraphes*» dans le menu «Format» et, à la section *Espacement*, sélectionnez «1,5 lignes» dans la liste déroulante *Interligne*. Toujours dans cette boîte de dialogue, cliquez sur le bouton <Tabulations> pour accéder à la boîte de dialogue du même nom. Définissez ensuite une tabulation à 12,5 cm, un alignement décimal et des points de suite. Le cas échéant, reportez-vous à la **figure C**. Validez vos sélections à l'aide du bouton <OK>.

Pour terminer, appuyez sur la touche [Entrée] pour insérer une nouvelle ligne destinée à séparer les différents "enregistrements" de données, une fois la fusion réalisée. Finalisé, le document principal se présente comme sur notre exemple de la **figure F**.

Figure F

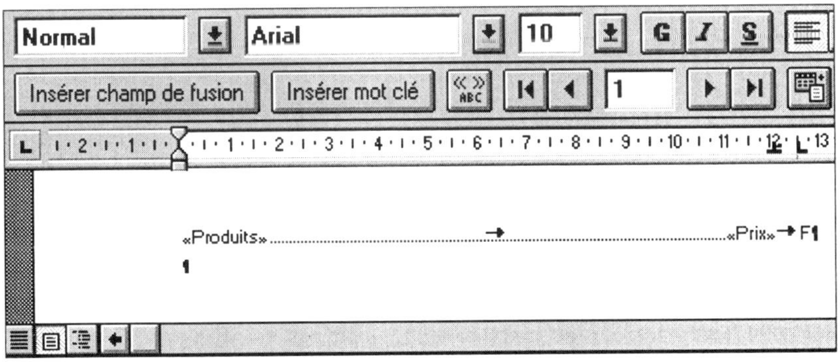

Vous devez insérer dans le document principal les champs de fusion qui permettront de générer la liste de prix.

■ Générer la liste

Minute de vérité, il ne vous reste désormais qu'à générer la liste à partir du document principal. Pour cela, vous devez cliquer sur le bouton <Fusionner vers document> situé sur la barre d'outils d'aide à la fusion. Word fusionne alors les noms de produit et les prix enregistrés dans le fichier de données et génère une liste semblable à celle présentée à la **figure A.**

Le seul élément manquant dans la liste est le titre. Pour l'ajouter, saisissez-le au début du document fusionné. Vous pouvez aussi l'entrer comme en-tête dans le document principal, avant d'exécuter la fusion.

Vous savez désormais réaliser des listes de prix claires et efficaces. A vous de choisir la technique qui correspond à vos besoins.

Créer un annuaire de société

Outre ses fonctions performantes d'édition de texte, Word pour Windows dispose de fonctionnalités que vous pouvez exploiter pour réaliser des tâches qui, traditionnellement, ne relèvent pas directement d'un traitement de texte. Ainsi, si vous devez créer et gérer une base de données de structure relativement simple et générer des états à partir des données contenues dans cette base, nul besoin de recourir à Excel ou à un gestionnaire de bases de données sophistiqué : Word pour Windows est l'outil qu'il vous faut. Pour sortir de l'application traditionnelle de la fusion, à savoir le publipostage, la technique que nous vous proposons permet de constituer rapidement un annuaire de société, similaire à celui présenté à la **figure A**.

Figure A

Annuaire interne 1

Nom Prénom / Fonction	Service	Poste
Afkir Mohammed / *Développeur*	Informatique	2610
Allard Paul / *Commercial*	Marketing	1365
Belun David / *Technicien*	Informatique	2620
Clavier Caroline / *Responsable*	DRH	2515
Martin Francis / *Commercial*	Marketing	1378
Musil Pascale / *Contrôleur*	Finances	2040
Triask Elisabeth / *Comptable*	Comptabilité	1876
Vincenti Laurence / *Chef de projet*	Communications	2555
Xavier Nicolas / *Chef de projet*	Communications	1971

Les commandes de fusion de Word pour Windows permettent de créer un annuaire de société à partir des informations contenues dans un document de données.

Constituer le document de données

Pour créer un annuaire de société, vous devez commencer par créer un document dans lequel vous allez enregistrer les données. La structure de base de ce document est – comme souvent dans les techniques que nous vous proposons – un simple tableau.

Pour créer ce tableau, choisissez la commande «*Insérer tableau*» dans le menu «Tableau» ou cliquez sur le bouton <Tableau> ▦ du ruban. Si vous utilisez la commande, saisissez dans la boîte de dialogue qui s'affiche le nombre de colonnes et de lignes à définir. Avec le bouton <Tableau>, marquez simplement sur la grille le nombre de colonnes et de lignes à inclure dans le document de base (respectivement 5 et 10 pour notre document exemple). Le tableau étant inséré, saisissez les en-têtes de colonne, c'est-à-dire les libellés constituant les noms de champ qui seront utilisés pour la fusion. A ce stade, votre document se présente comme sur notre exemple de la **figure B**.

Une fois les titres des champs saisis sur la première ligne du tableau, vous pouvez, si nécessaire, ajuster la largeur des colonnes de ce tableau au moyen des repères figurant sur la règle ou, pour plus de précision, de la commande «*Taille des cellules*» du menu «Tableau». Dans la boîte de dialogue qui s'affiche alors, cliquez sur l'onglet *Colonne* puis entrez la dimension choisie pour la colonne

Figure B

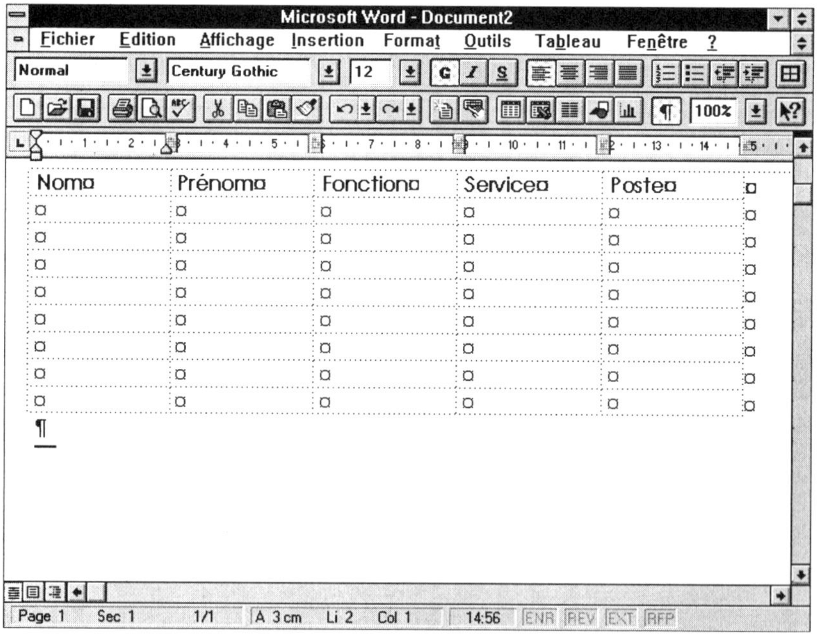

Le document de données est constitué par un tableau dont les en-têtes de colonne seront utilisés comme noms de champ pour la fusion.

sélectionnée dans la zone de texte *Largeur de colonnes*. Validez ensuite avec le bouton <OK>.

L'étape suivante – malheureusement non automatisable – consiste à entrer les données dans le tableau. Si vous avez besoin d'ajouter des lignes au tableau, il vous suffit d'appuyer sur la touche [Tab] lorsque le curseur se trouve dans la dernière cellule.

Si vous le souhaitez, vous pouvez également trier les données saisies dans le tableau en fonction de la colonne qui vous semble la mieux appropriée (la colonne *Nom* dans notre document exemple), en utilisant pour cela la commande «*Trier*» du menu «Tableau». Pour effectuer un tel tri, mettez en surbrillance la colonne que vous avez choisie d'utiliser comme clé de tri, à l'exception toutefois du nom de champ contenu sur la première ligne, et choisissez la commande «*Trier*» dans le menu «Tableau».

Le tri effectué, votre document de données se présente comme sur la **figure C**. Sachez toutefois que vous pouvez modifier à tout moment ce document et, selon vos besoins, ajouter de nouvelles colonnes ou de nouveaux "enregistrements" (lignes d'informations).

Constituer le document principal

Pour générer un annuaire similaire à celui de la figure A, vous devez, après avoir créé le document de données, constituer le document principal qui contiendra les instructions de fusion. Ce document est structuré en deux sections : l'en-tête contenant le titre (*Annuaire interne*, dans notre exemple), le numéro de page et les noms de champ (*Nom*, *prénom*, etc.) ; et sous l'en-tête, les données contenues

Figure C

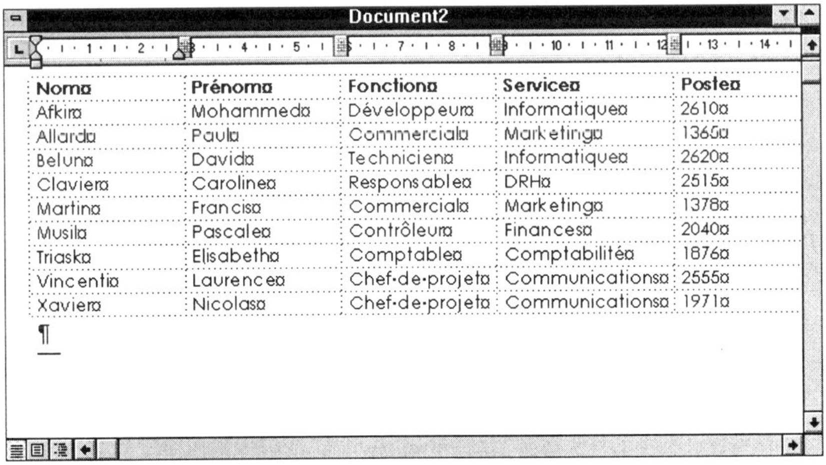

Nom	**Prénom**	**Fonction**	**Service**	**Poste**
Afkir	Mohammed	Développeur	Informatique	2610
Allard	Paul	Commercial	Marketing	1365
Belun	David	Technicien	Informatique	2620
Clavier	Caroline	Responsable	DRH	2515
Martin	Francis	Commercial	Marketing	1378
Musil	Pascale	Contrôleur	Finances	2040
Triask	Elisabeth	Comptable	Comptabilité	1876
Vincenti	Laurence	Chef-de-projet	Communications	2555
Xavier	Nicolas	Chef-de-projet	Communications	1971

Après saisie et tri des données, la "base" est finalisée.

dans la base, c'est-à-dire les informations et/ou coordonnées relatives à toutes les personnes mentionnées dans l'annuaire. Pour créer le document principal, ouvrez un nouveau document Word et entrez les instructions de fusion (**figure D**).

▪ Remarques sur la fusion dans Word 6.0

Pour insérer les instructions de fusion, choisissez la commande «*Fusion et publipostage*» dans le menu «Outils». Dans la boîte de dialogue «Aide à la fusion» (**figure E**), cliquez sur le bouton <Créer>. La liste déroulante qui apparaît alors propose plusieurs options correspondant à des applications plus ou moins traditionnelles de la fusion. Pour le cas qui nous intéresse – la création d'un annuaire – vous allez sélectionner l'option «Lettres types». Pour utiliser le document actif comme document principal, cliquez sur le bouton <Fenêtre active> de la boîte de dialogue qui s'affiche. En revanche, si vous préférez créer un nouveau document, cliquez sur le bouton <Nouveau document principal> pour ouvrir un document basé sur le modèle par défaut. Dans les deux cas, vous revenez ensuite à la boîte de dialogue «Aide à la fusion».

Vous allez maintenant définir le document source contenant les données à utiliser pour la fusion, c'est-à-dire, pour reprendre notre exemple, le tableau créé à l'étape précédente. Pour cela, cliquez sur le bouton <Obtenir les données> et

Figure D

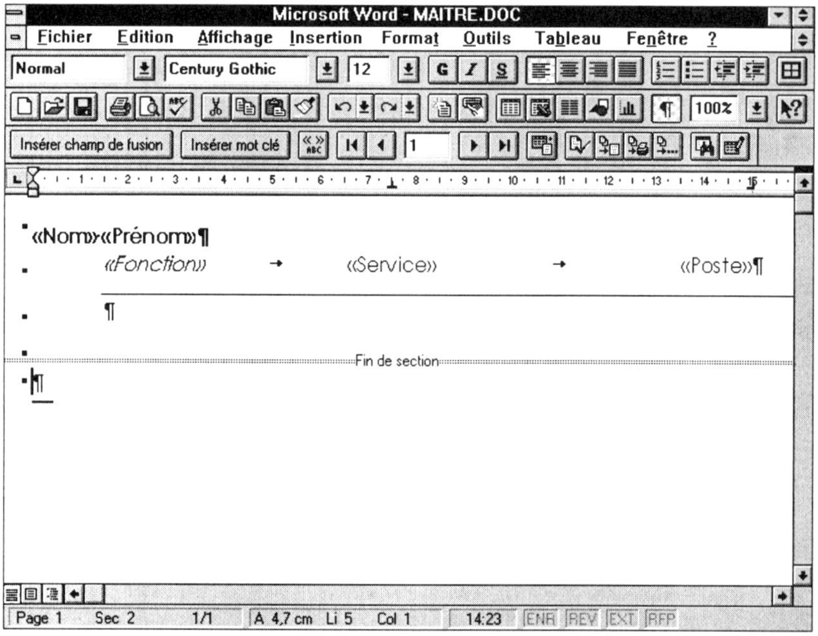

Ces instructions de fusion permettent de générer une version mise en forme de l'annuaire.

sélectionnez l'option «Ouvrir la source des données» pour ouvrir la boîte de dialogue du même nom (similaire à la boîte de dialogue «Ouvrir»). Sélectionnez alors le nom du fichier à utiliser. Comme ce document ne contient aucun des champs de fusion standard, cliquez sur le bouton <Modifier document principal> dans la boîte de dialogue qui s'affiche ensuite. Vous revenez alors à la fenêtre du document principal, sur laquelle est désormais affichée la barre d'aide à la fusion.

▪ Insérer les noms de champs

L'étape suivante consiste à insérer dans le document principal les noms de champ correspondant aux en-têtes de colonne figurant dans le document de données. Ces instructions s'affichent sur deux lignes distinctes (**figure D**). Bien entendu, en fonction de la présentation que vous voulez adopter pour le document final, vous pouvez disposer les noms de champ autrement et appliquer des spécifications de mise en forme différentes. Vous pouvez même les disposer dans un tableau ou des cadres. Si vous optez pour la même présentation, définissez aussi deux tabulations : une première tabulation, centrée, à la position 7,5 cm de la règle et la seconde, droite, à la position 15 cm de la règle.

Vous allez maintenant insérer les différents champs à l'aide de la liste dérou-

Figure E

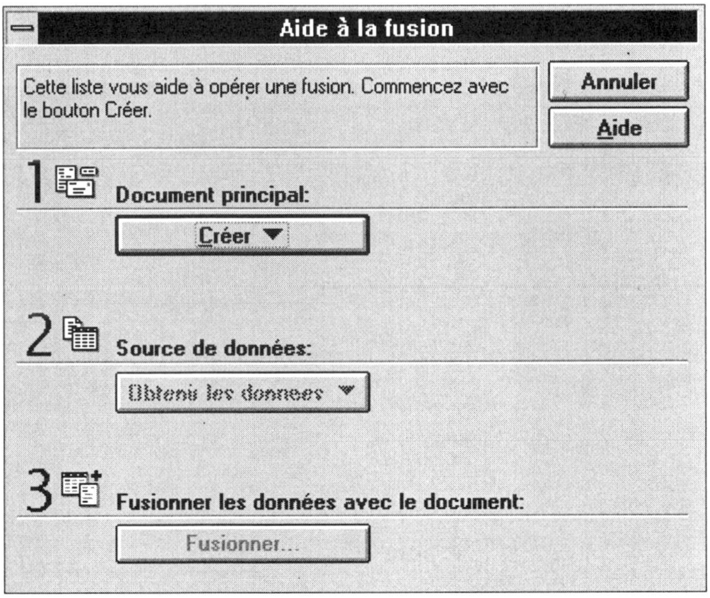

La définition des documents à utiliser pour la fusion s'effectue dans la boîte de dialogue «Aide à la fusion».

lante *Insérer champ de fusion* située sur la barre d'aide à la fusion : insérez le champ *Nom*, un espace, puis le champ *Prénom*. Appuyez sur la touche [Entrée] pour créer une nouvelle ligne et, sur cette ligne, insérez l'instruction *Fonction*. Appuyez ensuite sur la touche [Tab] et insérez l'instruction *Service*. Insérez une nouvelle tabulation puis, pour finir, l'instruction *Poste*.

■ Définir des spécifications de mise en forme

Vous allez maintenant mettre en forme les instructions de fusion (voir le **tableau A**) afin que les spécifications définies dans le document principal soient automatiquement appliquées, une fois la fusion réalisée, au document final. Pour appliquer ces spécifications de format, procédez comme vous le feriez pour tout autre document : mettez en surbrillance l'élément à mettre en forme et appliquez la spécification.

Vous noterez également que nous avons créé un filet sous les lignes d'instructions qui séparera les différents enregistrements sur le document final obtenu après fusion. Pour ajouter ce filet, créez une nouvelle ligne et choisissez la commande «*Bordure et trame*» dans le menu «Format». Dans la boîte de dialogue qui s'affiche ensuite, sélectionnez l'option de trait «3/4 pt», cliquez une fois sur le segment supérieur du schéma figurant à la section *Bordure* de la boîte de dialogue, puis sur le bouton <OK>. Revenu au document principal, créez une nou-

Tableau A

SPÉCIFICATIONS DE MISE EN FORME DES INSTRUCTIONS
PREMIÈRE LIGNE D'INSTRUCTIONS
Police Century Gothic 12 points
Format Gras pour les instructions *Nom, Prénom*
Tabulation centrée à la position 7,5 cm
Tabulation droite à la position 15 cm
Espacement *avant* : 10 points
Option «Paragraphes solidaires» activée (onglet *Enchaînements*)
SECONDE LIGNE D'INSTRUCTIONS
Police Century Gothic 12 points
Format Italique pour l'instruction *fonction*
Retrait gauche de 1,5 cm
Tabulation centrée à la position 7,5 cm
Tabulation droite à la position 15 cm
Espacement *après* : 10 points
Option «Paragraphes solidaires» activée (onglet *Enchaînements*)

velle ligne sous le filet, grâce à laquelle les filets définis s'afficheront sur le document obtenu après fusion.

Créer l'en-tête du document

Après avoir inséré les instructions de fusion dans le document principal, la dernière étape avant la fusion proprement dite consiste à créer l'en-tête du document, dans lequel s'afficheront le titre et le numéro de page.

Pour créer cet en-tête, choisissez la commande «*En-tête et pied de page*» dans le menu «Affichage». Sur la règle de la fenêtre d'en-tête, définissez les mêmes tabulations que dans la fenêtre de document. Saisissez le titre choisi pour votre document (*Annuaire interne*, dans notre exemple). Insérez ensuite deux tabulations, puis le numéro de page à l'aide du bouton correspondant situé sur la barre d'outils En-tête et pied de page. Sur une nouvelle ligne, entrez le texte correspondant aux noms de champ insérés dans le corps du document principal : *Nom*, *Prénom*, *Fonction*, *Service* et *Poste* (**figure F**) et appliquez les spécifications regroupées au **tableau B**. Cette opération effectuée, créez une nouvelle ligne dans cette fenêtre, destinée à séparer l'en-tête du reste de document.

Comme vous pouvez le constater sur la **figure F**, nous avons appliqué une bordure à la première ainsi qu'à la troisième ligne de l'en-tête.

Figure F

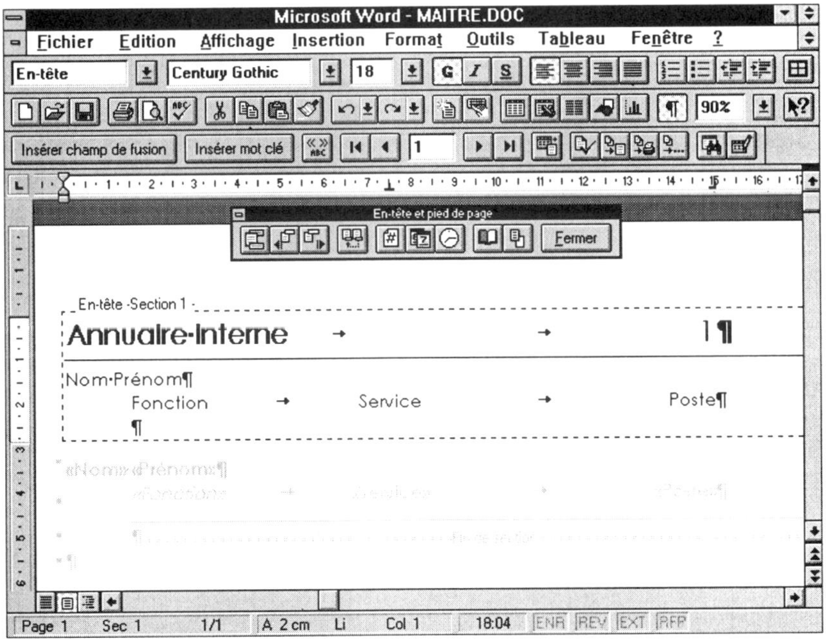

Les éléments définis dans l'en-tête correspondent aux noms des champs entrés dans le corps du document.

Figure G

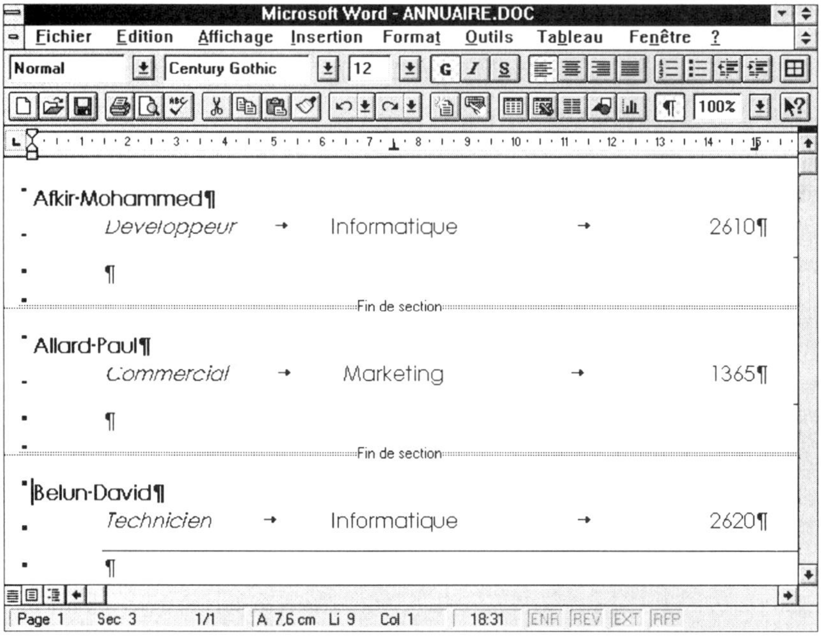

A l'écran, le document obtenu après fusion se présente de cette manière.

Tableau B

Spécifications de mise en forme de l'en-tête
Première ligne d'en-tête
Police Century Gothic 18 points
Tabulation droite à la position 15 cm
Bordure inférieure «1 1/2 pt» positionnée à 6 points du texte
Deuxième ligne d'en-tête
Police Century Gothic 12 points
Tabulation centrée à la position 7,5 cm
Espacement *avant* de 4 points
Troisieme ligne d'en-tête
Police Century Gothic 12 points
Retrait gauche de 1,5 cm
Tabulation centrée à la position 7,5 cm
Tabulation droite à la position 15 cm
Bordure supérieure «3/4 pt» positionnée à 8 points du texte
Ligne vierge a la fin de l'en-tete
Aucune bordure

Fusionner les documents

Il ne reste plus maintenant qu'à fusionner le document de données et le document principal au moyen de la commande «*Fusion et publipostage*» du menu «Outils», puis en cliquant sur le bouton <Fusionner> de la boîte de dialogue «Aide à la fusion». Vous pouvez aussi procéder directement à partir de la barre d'aide à la fusion, en cliquant sur le bouton . Dans les deux cas, vérifiez que l'option de fusion «Nouveau document» est bien sélectionnée. La fusion réalisée, vous obtenez un document similaire à la **figure G**. Comme cette illustration permet de le vérifier, les enregistrements contenus dans le document obtenu après la fusion sont séparés par une marque de paragraphe et un saut de section – conditions nécessaires pour que les bordures et l'en-tête s'affichent.

Vous allez maintenant supprimer ces sauts de section. Pour cela, choisissez la commande «*Remplacer*» dans le menu «Edition». Dans la boîte de dialogue qui s'affiche ensuite, entrez **^b** dans la zone de texte *Rechercher* (ou sélectionnez l'option «Saut de section» dans la liste déroulante *Spécial*) et vérifiez que la zone *Remplacer par* reste vierge. Pour effectuer la suppression, cliquez sur le bouton <Remplacer tout>. Vous obtenez alors à l'écran un document similaire à la **figure H** qui, imprimé, se présentera comme sur la **figure A**.

Figure H

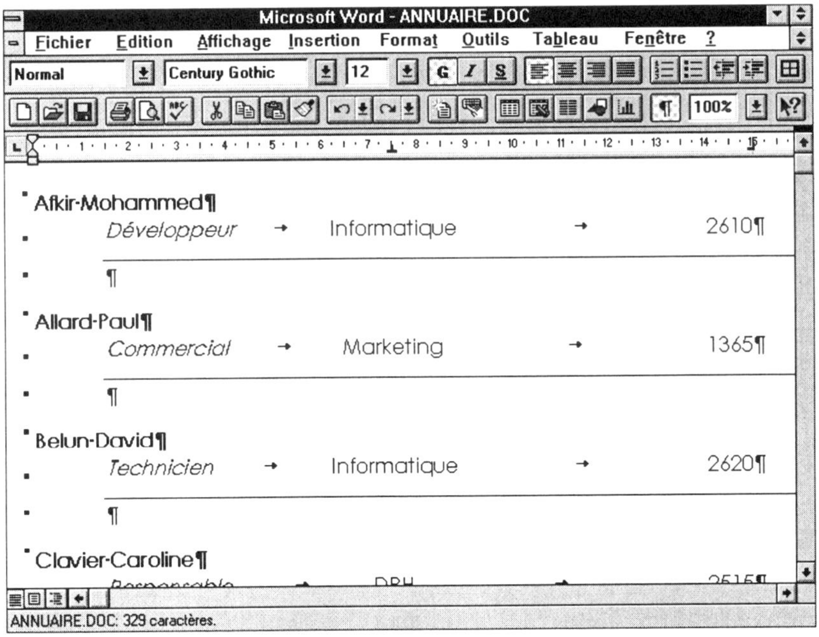

Le document finalisé se présente ainsi à l'écran.

Même si elle semble un peu longue, la technique présentée ici vous permet de créer facilement et sans autre outil que votre traitement de texte un document essentiel à la bonne marche de votre entreprise !

4 Programmer en WordBasic

Des macros globales

Pour exécuter une macro contenue dans un modèle de document autre que le modèle courant, commencez par choisir la commande *«Modèles»* dans le menu «Fichier» de Word pour Windows. La boîte de dialogue «Modèles et programmes complémentaires», illustrée à la **figure A**, s'affiche alors à l'écran.

Dans cette boîte de dialogue, cliquez sur le bouton <Ajouter> et sélectionnez le ou les modèles complémentaires que vous souhaitez utiliser. Validez ensuite votre sélection en cliquant sur le bouton <OK>.

Revenu à votre document de travail, choisissez la commande *«Macro»* dans le menu «Outils». Dans la boîte de dialogue «Macro», vous allez définir le niveau d'utilisation des macros, grâce à la liste déroulante *Macros disponibles dans*. Cette liste vous propose, en effet, différentes options. La première, intitulée «Tous les modèles actifs», affiche la liste des macros associées à l'ensemble des modèles de document. La seconde est constituée par le nom du modèle courant et permet d'afficher uniquement les macros contenues dans ce modèle. Après avoir choisi l'une de ces options, cliquez sur le bouton <Organiser> pour accéder à la boîte de dialogue du même nom (**figure B**).

Cette boîte de dialogue vous permet, entre autres, de copier une ou plusieurs macros contenues dans le modèle de document courant vers le modèle par défaut NORMAL.DOT, afin qu'elles soient disponibles pour l'ensemble des documents

Figure A

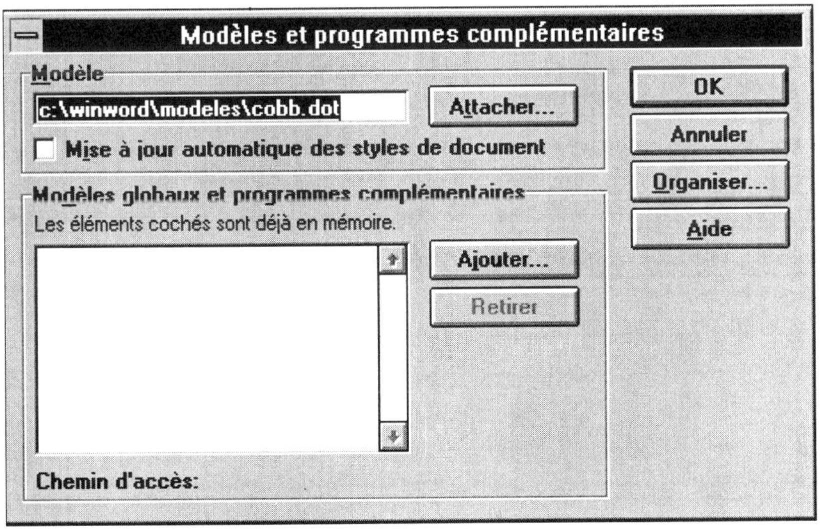

Cette boîte de dialogue permet d'ajouter des macros au modèle courant.

créés à partir de ce modèle. Pour copier une macro, il suffit de la sélectionner et de cliquer sur le bouton <Copier>.

Outre la copie, cette boîte de dialogue vous permet de supprimer et de renommer des macros, grâce aux boutons <Supprimer> et <Renommer>. Comme pour la copie, il vous suffit de sélectionner avec la souris le nom de la macro à supprimer ou à renommer.

Figure B

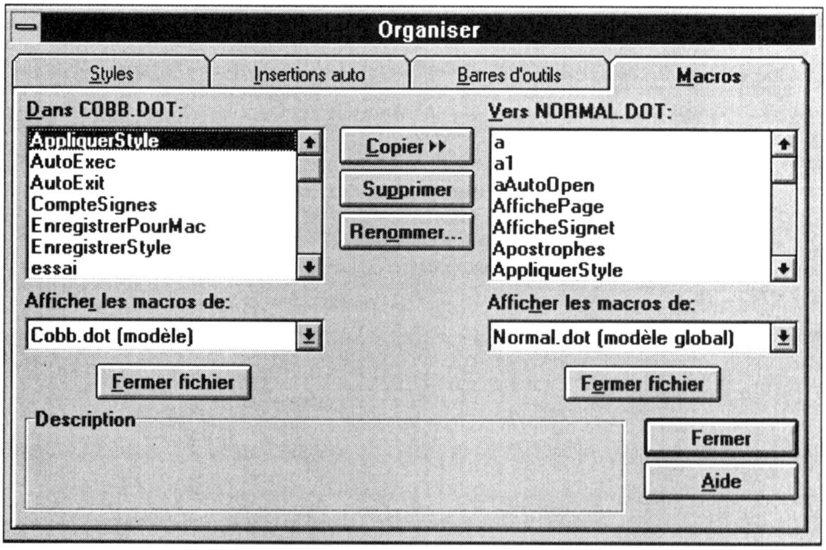

Cette boîte de dialogue vous permet de copier des macros entre les différents modèles de document dont vous disposez.

Compter le nombre de signes d'une sélection

Lorsque vous devez écrire un texte et que vous ne pouvez dépasser une longueur définie, il peut être extrêmement pratique de connaître précisément le nombre de signes contenus dans chacun des paragraphes. Word offre deux méthodes pour évaluer la taille d'un document. La première consiste à utiliser la commande «*Résumé*» du menu «Fichier». Dans la boîte de dialogue «Résumé», il suffit alors de cliquer sur le bouton <Statistiques> pour afficher, entre autres informations, le nombre de caractères.

La deuxième méthode permet de faire apparaître le nombre de caractères dans le corps même du texte, grâce à un champ *NbCar* inséré par l'intermédiaire de la commande «*Champ*» du menu «Insertion».

Quoi qu'il en soit, en utilisant l'une ou l'autre de ces deux méthodes, vous obtiendrez toujours le nombre total de caractères du document, hormis le caractère *espace*, pourtant bel et bien présent... La macro que nous vous proposons permet, au sein d'une sélection, d'évaluer précisément le nombre de signes – c'est-à-dire de caractères et d'espaces – de cette dernière.

Lors de l'affichage du résultat, la distinction entre une information concernant le texte sélectionné ou le document entier se fait sans ambiguïté par l'intermédiaire du message de la boîte de dialogue illustrée à la **figure A**, le nom du document apparaissant dans les deux cas dans le titre de la boîte...

Le compte est bon...

Notre macro fonctionne selon trois principes. Tout d'abord, ce sont les informations de positionnement de début de sélection et de fin de sélection qui permettent d'effectuer le décompte. Ces informations sont simplement obtenues à l'aide de fonctions intégrées de Word Basic. Signalons encore que le lancement de la macro en absence de sélection ne conduit pas à l'affichage d'une erreur comme on pourrait le penser, mais est traité comme un cas particulier. En effet,

Figure A

L'information affichée varie selon que l'utilisateur aura, ou non, sélectionné une partie du texte.

si l'utilisateur n'effectue aucune sélection avant d'exécuter la macro, il obtient alors par défaut le nombre de signes du document entier. Dans ce cas, la technique des signets permet de mémoriser la position courante du curseur de texte avant d'effectuer la sélection de l'ensemble du document. Sans recours aux signets, l'ensemble du texte serait sélectionné en fin d'exécution de la macro, alors qu'aucune sélection préalable n'a été effectuée. Le troisième principe mis en œuvre concerne, de manière classique, la construction d'une chaîne de caractères à contenu variable qui contiendra le texte affiché dans la boîte de dialogue de la **figure A**.

Dernière précision : dans le cas où la sélection comporte un objet graphique, quel que soit le contenu de ce dernier, l'objet compte pour un seul et unique signe.

Listing A

```
Sub MAIN
     If vérifiersél = 0 Then
          EditionSignet .Nom = "Posit", .Ajouter
          EditionSélectionnerTout
          nb = LitPosFinSél() - LitPosDébSél()
          msg$ = "au total."
          EditionSignet .Nom = "Posit", .Atteindre
          EditionSignet .Nom = "Posit", .Supprimer
     Else
          nb = LitPosFinSél() - LitPosDébSél()
          msg$ = "sélectionnés."
     EndIf
     MsgBox Str$(nb) + " signes " + msg$,                    ✂
     NomFenêtre$(Fenêtre()), 64
End Sub

Function vérifiersél
     If LitPosDébSél() = LitPosFinSél() Then
          vérifiersél = 0
     Else
          vérifiersél = 1
     End If
End Function
```

Création de la macro

Nous allons, dans un premier temps, voir comment générer rapidement un squelette de macro afin d'y saisir les instructions du **listing A**, présenté et commenté ci-après. Après avoir créé un nouveau document basé sur le modèle *Normal* (modèle par défaut) par le biais de la commande «*Nouveau*» du menu «Fichier», vous pouvez commencer l'enregistrement de la macro. Dans le menu «Outils», choisissez la commande «*Macro*», puis cliquez sur <Enregistrer>. La boîte de dialogue «Enregistrer une macro», présentée à la figure B, s'affiche alors. Dans la zone *Nom de la macro*, entrez un nom, *NbSigneSélection*, dans notre exemple et complétez la zone *Description* par une brève description du fonctionnement (**figure B**). Le fait d'avoir créé au préalable un document basé sur le modèle *Normal* permet de rendre la macro disponible pour tous les documents, comme l'indique par défaut la zone de texte *Rendre la macro disponible dans*. Avant de valider cette boîte de dialogue par le bouton <OK>, nous allons tout de suite associer notre macro à un bouton de la barre d'outils, en cliquant, dans la section *Affecter la macro à*, sur le bouton <Barre d'outils>.

La boîte de dialogue «Personnaliser» apparaît à l'écran avec l'onglet *Barre d'outils* actif et, dans la liste des *Catégories*, le nom de notre macro (*NbSigneSélection*, dans notre exemple). Lorsque vous faites glisser ce nom vers une barre d'outils, vous affichez alors la boîte de dialogue «Bouton personnalisé», illustrée à la **figure C**. Le bouton que nous avons utilisé est un bouton que nous avons modifié. Pour le reproduire, commencez par sélectionner dans la palette des boutons proposés. Cliquez ensuite sur <Modifier> pour afficher la boîte de

Figure B

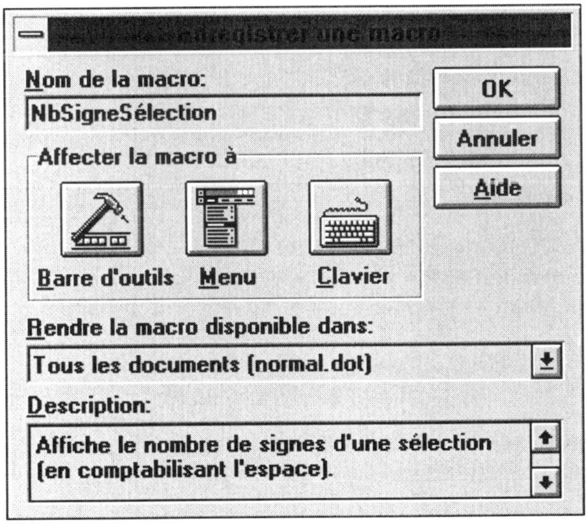

Commencez par définir un nom et une description...

Figure C

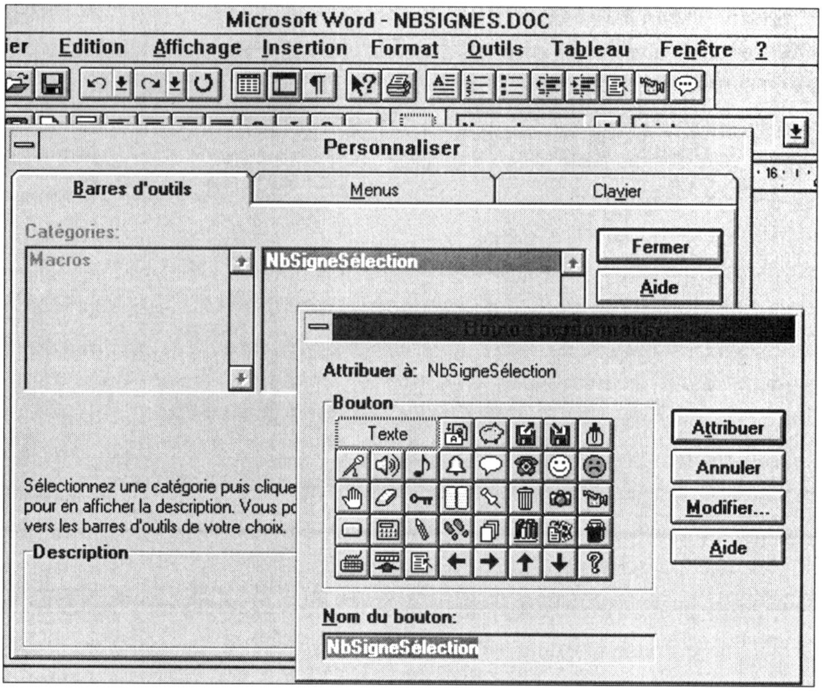

… puis affectez un bouton…

Figure D

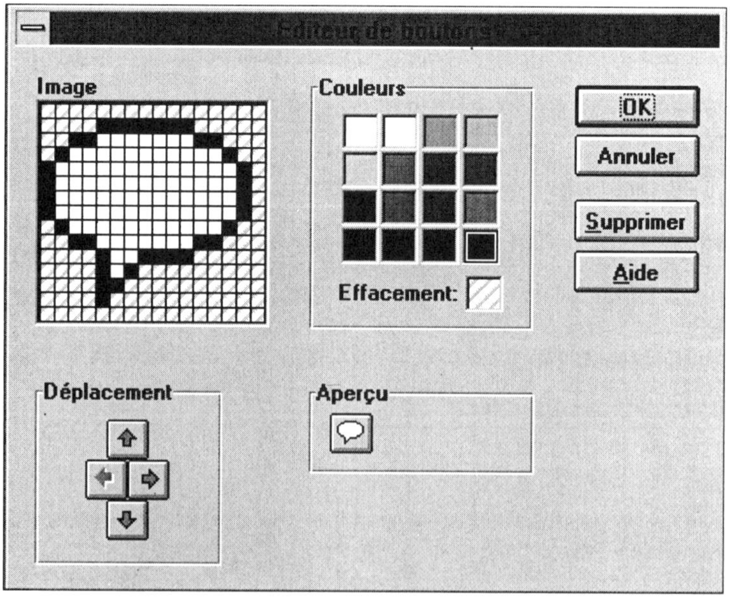

… que vous allez personnaliser.

dialogue «Editeur de boutons» (**figure D**) et laissez libre cours à votre sens artistique... Une fois votre – superbe – bouton réalisé, validez par <OK>, puis refermez la boîte de dialogue «Personnaliser». Vous vous trouvez alors en mode d'enregistrement de macro, qu'il convient de désactiver immédiatement puisque notre objectif n'est que de disposer du canevas de la macro, afin d'y saisir les instructions du **listing A**. L'arrêt de l'enregistrement peut s'effectuer de deux manières différentes : soit par le bouton <Arrêt> de la barre d'outils Enregistrement, soit en utilisant la commande *«Macro»* du menu «Outils», puis en cliquant sur <Arrêter enreg.> dans la boîte de dialogue qui s'affiche.

La macro dans le détail

Notre canevas de macro étant préparé, il reste à saisir les instructions. Pour cela, commencez par activer la feuille macro en utilisant la commande *«Macro»* du menu «Outils». Dans la boîte de dialogue qui s'affiche, cliquez sur le bouton <Modifier>, après avoir sélectionné le nom de la macro dans la liste déroulante (**figure E**). En toute logique, vous devriez maintenant disposer à l'écran de la feuille macro comportant les lignes d'instructions suivantes :

```
Sub MAIN
End Sub
```

Figure E

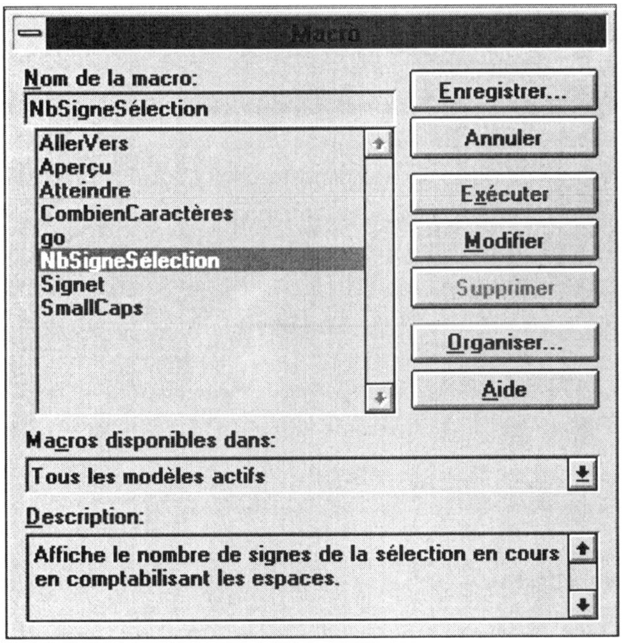

Le bouton <Modifier> de cette boîte de dialogue permet d'accéder au code Word Basic de la macro sélectionnée.

Reste donc à insérer les vingt lignes de code du listing A, à la virgule près...

Les fonctions *LitPosFinSél()* et *LitPosDébSél()*, parties intégrantes de Word Basic, permettent de déterminer si il y a eu ou non sélection. C'est la fonction *vérifiersél* qui retourne à la procédure principale (*main*) la valeur 0 aucune sélection) ou 1 (sélection valide). En absence de sélection, la macro commence par définir, avant tout traitement, un signet pour mémoriser la position du curseur de texte. Ensuite, l'action se rapportant au document entier (absence de sélection), ce dernier est alors sélectionné par une instruction *EditionSélectionnerTout* semblable à la commande du même nom au sein du menu «Edition». Le texte de la boîte de dialogue affichant le résultat (**figure A**) est stocké dans la variable *msg$* qui est fixée à *"au total"* avant que le signet préalablement défini soit utilisé puis détruit. Le traitement est plus simple dans le cas d'une sélection, puisqu'après calcul de la différence entre la position de début de sélection et la fin de sélection, il suffit de positionner la variable *msg$* à la valeur *"sélectionnés."* (en s'accordant donc une fôte d'orthographe si un seul caractère est sélectionné !). La dernière instruction de la macro (*MsgBox*) affiche classiquement une boîte de message avec comme paramètres :

- le message : **`Str$(nb) + "signes" + msg$`**
- le titre : **`NomFenêtre$(Fenêtre())`**
- le pictogramme (la valeur **`64`** correspond au point d'information "i").

La fonction *Str$* permet de transformer le nombre de signes *nb* en chaîne de caractères afin de pouvoir être associé à la chaîne *"signes"* et à la variable *msg$* (de type chaîne également). L'instruction **`NomFenêtre$(Fenêtre())`** permet, quant à elle, de récupérer le nom de la fenêtre du document actif.

Dans le menu «Fenêtre», choisissez le nom de votre document afin de le réafficher à l'écran. Il ne vous reste plus qu'à saisir fébrilement quelques lignes, les sélectionner, appuyer sur le bouton et recompter consciencieusement à la main. Si le nombre obtenu dans la boîte de dialogue et le résultat de vos calculs ne correspondent pas, c'est certainement que Word s'est trompé, pas vous !...

Mettre à jour automatiquement les champs dans vos documents

L'insertion de champs dans les documents est extrêmement précieuse pour inclure des informations aussi essentielles que la date, l'heure ou l'auteur. L'inconvénient majeur de cette technique réside dans l'obligation de mise à jour de ces champs. Concrètement, il faut les sélectionner puis appuyer sur la touche [F9]. Nous vous proposons une macro qui sera chargée de ce travail.

La macro MiseAJour

Pour créer cette macro de mise à jour, choisissez la commande «*Macro*» pour accéder à la boîte de dialogue du même nom dans le menu «Outils». Dans la zone de texte *Nom de la macro*, entrez un nom pour cette nouvelle macro (nous avons judicieusement opté pour **`MiseAJour`**), puis cliquez sur le bouton <Créer>. La **figure A** illustre le listing de la macro que vous allez maintenant saisir. Cette opération effectuée, refermez la fenêtre de la macro et répondez affirmativement lorsque vous serez invité à "*Conserver les modifications dans la macro Global:MiseAJour*". La macro *MiseAJour* est désormais disponible pour l'ensemble de vos documents. Pour faciliter son utilisation, il nous reste à lui associer un bouton ou un raccourci clavier.

Associer un bouton à la macro

Pour associer un bouton à la macro, nous allons utiliser la commande «*Personnaliser*» du menu «Outils». Dans la boîte de dialogue, choisissez l'onglet *Barres*

Figure A

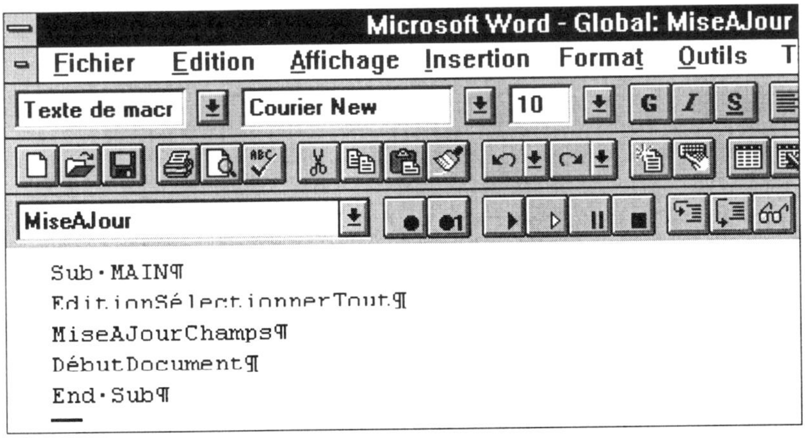

Cette macro met automatiquement les champs à jour.

d'outils, puis *Macros* dans la liste *Catégories*. Dans la liste *Macros*, cliquez sur *MiseAJour* et, en maintenant le bouton de la souris enfoncé, déplacez le curseur jusqu'à l'emplacement de votre choix dans une des barres d'outils. Lorsque vous relâchez le bouton, l'emplacement sélectionné apparaît en grisé et Word vous demande de choisir un bouton. Si vous choisissez le bouton <Texte>, vous obtiendrez, dans notre exemple, un résultat du type 

, ce qui est le meilleur moyen d'en finir avec les barres d'outils couvertes de symboles esthétiques... mais difficilement identifiables.

Affecter un raccourci clavier

Les inconditionnels de la vitesse préféreront affecter un raccourci clavier à *MiseAJour*, ce qui n'exclut pas l'affectation d'un bouton. Si vous vous rangez dans cette catégorie, vous devrez, toujours grâce à la commande «*Personnaliser*» du menu «Outils», sélectionner l'onglet *Clavier* de la boîte de dialogue «Personnaliser». Dans la liste *Catégories*, vous choisirez de nouveau «Macros», puis dans la liste *Macros*, «MiseAJour». Cliquez dans la zone *Nouvelles touches de raccourci*, saisissez la combinaison de touches de votre choix et validez par <OK>. Vous pouvez, dès lors, utiliser le raccourci dans vos documents.

Les champs, notamment dans les modèles, constituent une aide précieuse, à condition qu'ils soient mis à jour. Cette macro vous permet de le faire rapidement et efficacement.

Créer un "fil d'Ariane" dans vos documents à l'aide d'une macro

Si vous travaillez fréquemment sur des documents longs sous Word, il est probable que vous rencontriez des problèmes, pour peu que vous soyez dérangé au cours de votre travail… ce qui est notre lot à tous ! En effet, ces interruptions non seulement rompent le fil de vos réflexions, mais le plus souvent vous font également perdre de vue l'endroit sur lequel vous étiez en train de travailler dans votre document. Word peut vous aider à reprendre votre saisie à l'endroit même où vous l'aviez laissée.

Lorsque vous ouvrez de nouveau votre document de travail, commencez par appuyer simultanément sur les touches [Maj][F5]. Cette combinaison de touches commande l'exécution de l'instruction *EnArrière* de WordBasic. Cette commande provoque le retour du point d'insertion à l'endroit précis où il était positionné lors du dernier enregistrement de votre document. Si cette fonctionnalité s'avère précieuse pour votre travail, la meilleure solution consiste à demander l'exécution automatique de cette instruction chaque fois que vous lancez Word.

Rien de plus facile. Il suffit pour cela de mémoriser une macro qui contrôlera l'ouverture automatique, dès le lancement de Word, du dernier document sur lequel vous avez travaillé, ainsi que le repositionnement du curseur.

Une macro est une série d'instructions que vous pouvez grouper en commande unique pour faciliter vos tâches quotidiennes. Word reconnaît cinq macros particulières, intitulées *AutoExec, AutoClose, AutoNew, AutoOpen* et *AutoExit*, qu'il considère comme des macros spéciales. En effet, ces macros s'exécutent automatiquement dans différentes situations, comme l'indique le **tableau A**. La macro qui nous intéresse, en l'occurrence, est donc la macro *AutoExec*.

Tableau A

Exécutions automatiques des macros	
Nom de la macro	*Moment d'exécution*
AutoExec	Lorsque vous démarrez Word.
AutoNew	Chaque fois que vous créez un nouveau document.
AutoOpen	Chaque fois que vous ouvrez un document.
AutoClose	Chaque fois que vous fermez un document.
AutoExit	Lorsque vous quittez Word.

Créer une macro

Il existe plusieurs méthodes dans Word pour créer une macro : vous pouvez soit enregistrer une série d'actions, soit écrire complètement la macro vous-même, ou encore en enregistrer une partie et écrire le reste. Dans notre cas de figure, nous allons écrire la macro nous-mêmes. Choisissez la commande «*Macro*» du menu «Outils». La boîte de dialogue «Macro» apparaît (**figure A**). Tapez **`AutoExec`** dans la zone de texte *Nom de la macro*, puis ajoutez un commentaire explicatif dans la zone de texte *Description*.

Cliquez maintenant sur le bouton <Créer> pour faire apparaître la fenêtre d'édition de la macro. La barre d'outils Macro s'affiche. Elle comprend des boutons qui permettent d'effectuer l'enregistrement et l'exécution d'une macro. Dans la fenêtre d'édition, vous trouvez les lignes suivantes :

```
Sub MAIN
End Sub
```

Pour créer la macro qui nous intéresse, il nous suffit d'ajouter, entre les lignes *Sub MAIN* et *End Sub*, les instructions de la **figure B**.

Vous n'avez pas à vous soucier des majuscules et minuscules en tapant ces commandes (Word les insérera de lui-même), en revanche, il est important de ne pas introduire d'espace dans les lignes *Fichier1* et *EnArrière*. La saisie des commandes terminée, fermez la fenêtre d'édition de la macro. Word vous invite alors

Figure A

Pour créer une macro, commencez par indiquer un nom et une description.

à confirmer les modifications apportées à la macro *AutoExec* (**figure C**). Cliquez sur le bouton <Oui>. Votre macro est maintenant terminée.

Exécuter la macro

Par défaut, Word stocke les macros dans le modèle NORMAL, afin qu'elles soient disponibles dans tous les documents. La prochaine fois que vous lancerez Word, la macro *AutoExec* provoquera l'ouverture automatique de votre dernier document de travail, ainsi que le repositionnement du curseur à l'endroit où vous l'aviez laissé. Pour fonctionner correctement, cette macro utilise la liste des *Derniers fichiers utilisés* mémorisée par Word. Il faut donc vous assurer que cette liste est bien gérée. Pour cela, choisissez la commande «*Options*» dans le menu «Outils». Cliquez sur l'onglet *Général*. Dans la zone *Derniers fichiers utilisés*, tapez ou sélectionnez le nombre de documents que vous voulez voir apparaître dans cette liste (nombre au moins égal à un), puis choisissez <OK>. Cette liste apparaît au bas du menu «Fichier». Notre macro ouvrira automatiquement le premier fichier mémorisé dans cette liste.

Empêcher l'exécution de la macro

La macro *AutoExec* créée, vous pouvez empêcher ponctuellement son exécution en maintenant la touche [Maj] / [⌘] enfoncée lorsque vous lancez Word. Atten-

Figure B

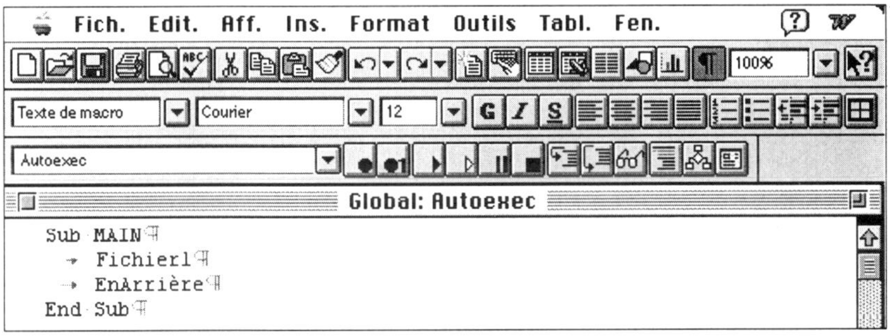

La saisie des commandes de la macro se fait dans cette fenêtre d'édition.

Figure C

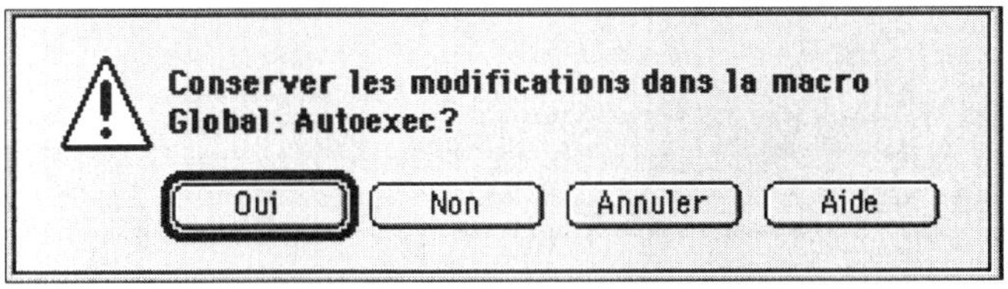

Word vous demande de confirmer la création ou la modification d'une macro.

tion ! Pour les utilisateurs de PC, Word sera lancé en arrière-plan, c'est-à-dire qu'il n'apparaîtra pas à l'écran. Pour retrouver votre traitement de texte, vous devez utiliser la combinaison de touches [Alt][Tab]. Chaque pression sur la touche [Tab], la touche [Alt] restant enfoncée, permet en effet de faire défiler toutes les applications ouvertes de votre système. Relâchez la touche [Alt] lorsque l'icône Word apparaîtra au centre de l'écran.

Si vous souhaitez ne plus utiliser la macro momentanément, vous pouvez également la renommer. A partir du moment où elle ne sera plus appelée *AutoExec*, elle ne se lancera plus automatiquement lors du démarrage de Word. Pour la renommer, choisissez la commande «*Macro*» du menu «Outils». Tapez **`AutoExec`** dans la zone de texte *Nom de la macro* ou cliquez sur ce nom dans la liste de macro, puis cliquez sur le bouton <Organiser> pour afficher la boîte de dialogue «Organiser» (**figure D**).

Assurez-vous que, dans la zone de texte *Afficher les macros de* du côté gauche de la boîte de dialogue, le modèle NORMAL est bien sélectionné. Sélectionnez la macro *AutoExec* et cliquez sur le bouton <Renommer>. La boîte de dialogue «Renommer» apparaît. Tapez le nouveau nom dans la zone de texte proposée, puis choisissez <OK>. Nous vous recommandons d'attribuer un nouveau nom qui rappelle facilement la fonction de la macro, par exemple *AutoExecNon* ou *OttoExec*. Choisissez maintenant <Fermer>. La macro *AutoExec* est renommée.

Bien sûr, une façon plus radicale d'empêcher l'exécution de la macro est de la supprimer. Affichez la boîte de dialogue «Macro» en choisissant la commande

Figure D

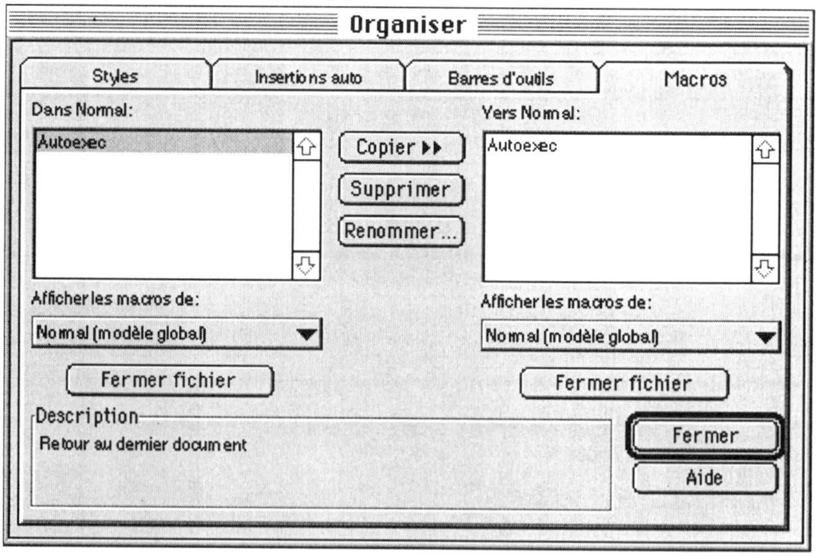

La boîte de dialogue «Organiser» vous permet de renommer les macros.

«*Macro*» dans le menu «Outils». Tapez **`AutoExec`** dans la zone de texte *Nom de la macro*, puis choisissez <Supprimer>. Word vous invite à confirmer votre décision. Choisissez <Oui>. Cliquez maintenant sur le bouton <Fermer>. La macro est supprimée.

Désormais, vous savez comment retrouver très facilement votre dernier document, et vous voilà fin prêt à reprendre le travail exactement là où vous l'aviez laissé. Que vous décidiez d'avoir recours à cette astuce de façon ponctuelle en utilisant les touches [Maj][F5] à l'ouverture de votre document, ou en créant une macro, nul doute que l'une ou l'autre de ces deux techniques ne vous permette de gagner un temps précieux. Ce n'est pas une raison pour vous laisser interrompre trop souvent dans vos travaux de saisie par des solliciteurs manquant d'éducation !

Sauvegarder simultanément ses documents sur disque et disquette

Comme la plupart des utilisateurs de Word, vous appréciez sûrement de pouvoir disposer d'une copie de sauvegarde des documents que vous créez. Qui ne s'est jamais retrouvé dans l'angoissante situation de ne plus pouvoir mettre la main sur un fichier extrêmement important qui, mystérieusement, ne figure plus dans le répertoire où on l'avait laissé ? Qui n'a jamais découvert, après avoir *fait le ménage* sur un disque dur, qu'il avait consciencieusement effacé toutes les bonnes versions pour ne garder que les mauvaises ?

Pour éviter ce genre de catastrophe, on peut, bien entendu, avoir recours à l'option d'enregistrement *Toujours créer une copie de sauvegarde* proposée par Word. L'inconvénient majeur de cette technique est d'être très gourmande en espace disque, puisque chacun de vos fichiers sera, en fait, stocké deux fois. Autre point noir, en cas de problème sur votre disque dur, le fichier comme sa sauvegarde seront perdus... Autre possibilité, la sauvegarde sur disquette reste la solution la plus fiable. Malheureusement, si l'on manque souvent d'espace disque, on manque encore plus souvent de temps ! La procédure qui consiste à sauvegarder deux fois chaque fichier – une fois sur disque dur, une fois sur disquette – devient rapidement fastidieuse. Quelle perte de temps ! De plus, il suffit d'oublier une fois de le faire pour que le fichier sauvegardé devienne obsolète, enlevant du même coup tout intérêt à la sauvegarde...

Heureusement, une macro peut démêler cet écheveau d'avantages et d'inconvénients. Celle que nous vous proposons réalisera en une seule fois la sauvegarde traditionnelle de vos fichiers sur disque dur et leur archivage sur disquette.

Concevoir la macro de sauvegarde

Les tâches automatisées par notre macro sont les suivantes : sauvegarde du fichier sur disque dur, dans le répertoire courant, et copie de cette sauvegarde vers le lecteur de disquette que vous aurez spécifié dans le listing de la macro (A ou B). A l'usage, l'utilisation d'un raccourci clavier affecté à la macro augmentera encore la rapidité de cette opération primordiale.

Notre macro est très courte et très simple à réaliser. Pour commencer, ouvrez un nouveau document puis, dans le menu «Outils», choisissez la commande «*Macro*» pour faire apparaître la boîte de dialogue du même nom. Dans la zone de texte *Nom de la macro*, saisissez un nom (**`DisqueEtDisquette`**, dans notre exemple). Le bouton <Créer> devient actif mais, avant de l'utiliser, il peut être judicieux de remplir la zone *Description*. Vous pourrez ainsi décrire sommairement les tâches exécutées par la macro, ce qui s'avère d'une aide précieuse lorsque la liste des macros disponibles s'allongent. La boîte de dialogue «Macro» comprend une autre zone de texte, intitulée *Macros disponibles dans*, qui vous permet de sélectionner les modèles auxquels associer votre macro. Ainsi, vous pouvez l'affecter à tous les modèles actifs ou au modèle par défaut (NORMAL.DOT). Cliquez maintenant sur le bouton <Créer> : les instructions *Sub MAIN* et *End Sub* sont automatiquement insérées dans la fenêtre macro *DisqueEtDisquette*. Placez le curseur à la fin de la première instruction et appuyez sur [Entrée] pour créer une nouvelle ligne. Vous pouvez maintenant saisir les instructions de notre macro (**figure A**).

La macro pas à pas

La première instruction **`On error Goto Fin`** indique à Word d'aller directement à la fin de la macro, repérée par l'étiquette **`:Fin`**, en cas d'utilisation du bouton <Annuler> dans la boîte de dialogue «Enregistrer sous». L'instruction suivante,

Figure A

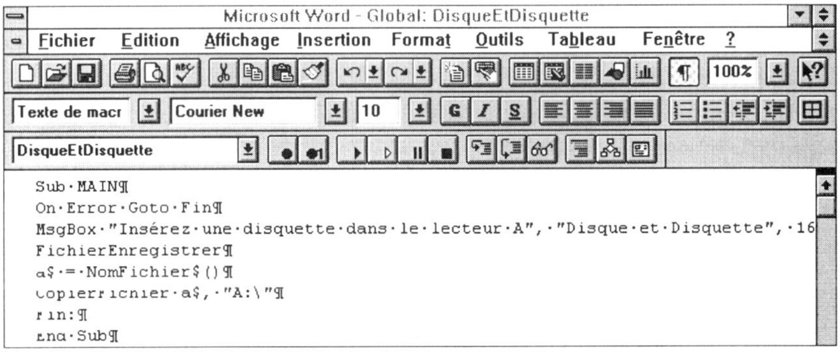

De conception très simple, la macro DisqueEtDisquette garantit une sauvegarde fiable.

Figure B

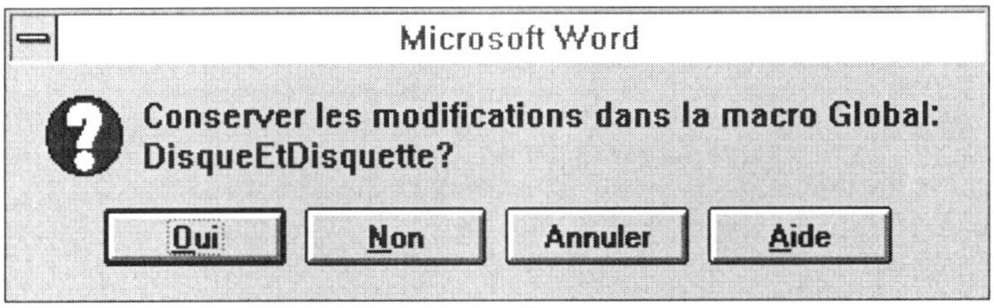

L'enregistrement de la macro en "Global" la rendra utilisable à partir de n'importe lequel de vos documents.

```
MsgBox "Insérez une disquette dans le lecteur A",✂
"Disque et Disquette", 16
```

demande à l'utilisateur d'insérer une disquette dans le lecteur de façon à pouvoir effectuer la sauvegarde. Le deuxième argument de la fonction **MsgBox** définit le titre qui apparaîtra dans la boîte de dialogue. Le chiffre **16** qui termine l'instruction commande l'affichage du symbole 🛑 dans la boîte de dialogue. L'instruction **FichierEnregistrer** indique à Word d'enregistrer le fichier courant. Si vous l'enregistrez pour la première fois, la boîte de dialogue habituelle «Enregistrer sous» s'affichera et vous permettra de choisir le nom et l'emplacement du fichier. Word reprendra ensuite l'exécution de la macro. L'instruction **a$=NomFichier$()** affecte le nom du fichier sauvegardé à la variable **a$**, de façon à pouvoir ensuite exécuter l'instruction suivante :

```
CopierFichier a$, "A:\"
```

qui copie le fichier sur la disquette insérée dans le lecteur A. Notez que la variable **a$** n'est pas entourée de guillemets. Si c'était le cas, Word copierait le fichier sous le nom **a$** et non pas sous le nom *stocké* dans la variable **a$**. Enfin, la dernière instruction **End Sub** termine la macro.

Enregistrer la macro

Lorsque vous aurez saisi l'ensemble de la macro, refermez la fenêtre d'édition de la macro. Word affichera alors une boîte de dialogue vous demandant si vous souhaitez garder les modifications dans la macro *Global:DisqueEtDisquette* (**figure**

Figure C

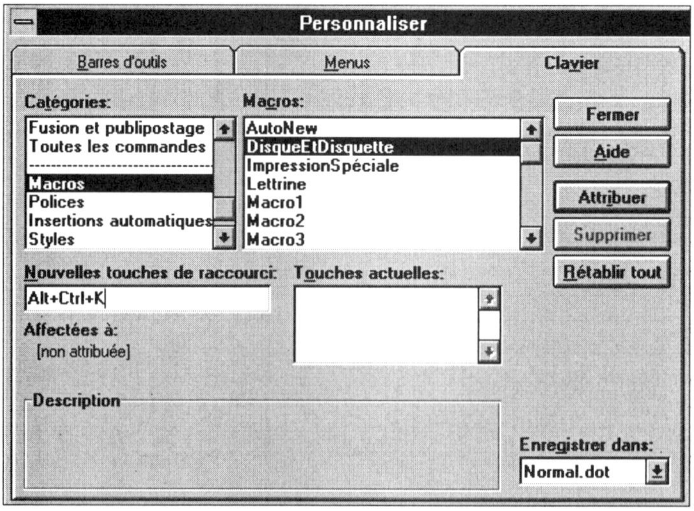

L'attribution d'un raccourci clavier améliore grandement l'efficacité de la macro.

B). Cliquez sur <Oui> : votre macro sera désormais disponible pour l'ensemble de vos documents. Il nous reste maintenant à lui affecter un raccourci clavier. Pour cela, ouvrez la boîte de dialogue «Personnaliser» en choisissant la commande du même nom dans le menu «Outils» et cliquez sur l'onglet *Clavier*. Dans la liste déroulante *Catégories*, choisissez «Macros» puis sélectionnez *DisqueEt-Disquette* dans la liste déroulante *Macros*. Positionnez le curseur dans la zone de saisie *Nouvelles touches de raccourci* et choisissez une combinaison de touches, par exemple [Ctrl][Alt][K] (voir **figure C**). Enfin, cliquez sur le bouton <Attribuer> pour terminer l'opération et revenir à votre document.

Vous pouvez désormais utiliser cette macro dans n'importe lequel de vos documents. La sauvegarde des documents est une procédure fondamentale pour qui veut travailler avec un minimum de sécurité. Malheureusement, le manque de temps ou d'espace disque nous pousse trop souvent à la négliger. Cette macro vous permettra de concilier sécurité et rapidité.

Si vous utilisez Word 2.0 pour Windows

La procédure est presque identique pour créer cette macro de sauvegarde dans la version 2.0. Pour enregistrer la macro, on choisira la commande «*Enregistrer Macro*» dans le menu «Outils». Pour terminer, on utilisera la commande «*Arrêter l'enregistrement*» du même menu. En ce qui concerne le listing proprement dit, la seule différence porte sur la cinquième ligne, où l'instruction **`NomFichier$()`** doit être remplacée par son équivalent en Wordbasic 2.0 **`NomFich$()`**.

Notez enfin que lors de la copie sur la disquette de sauvegarde, Word 2.0 affiche une boîte de dialogue d'avertissement et demande confirmation (voir **figure D**) lorsqu'il détecte, sur la disquette, une version antérieure du fichier à sauvegarder.

Figure D

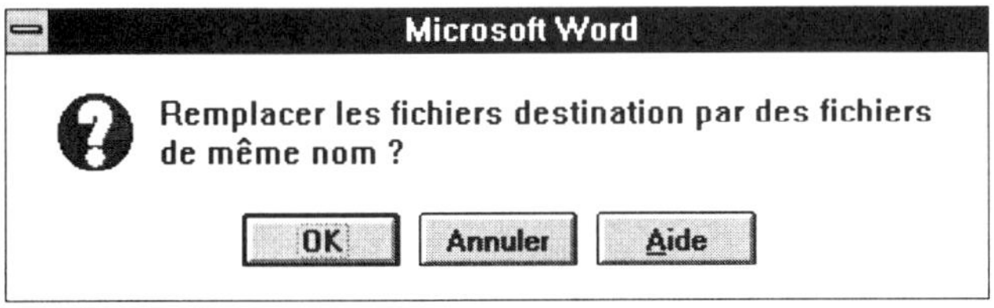

Word 2.0 demande confirmation avant d'écraser une version antérieure de la sauvegarde.

Une impression automatique

Il arrive bien souvent que l'on crée des documents "en série" : lettres type, notes de service, factures ou autres. Les fonctionnalités de Word permettent d'automatiser la duplication de ces documents et de gagner ainsi un temps précieux lors de leur création. Mais lorsque la phase d'impression arrive, les malheurs commencent ! Chacun des documents devra être ouvert sous Word avant d'être imprimé, à l'aide de la commande «*Imprimer*» du menu «Fichier», puis refermé. Certes, la boîte de dialogue «Chercher», à partir de laquelle vous pouvez imprimer, facilite cette opération, mais la durée de la recherche semble proportionnelle au nombre de répertoires et de fichiers que contiennent vos disques durs !

Une macro et une bonne habitude

Une macro peut heureusement mettre fin au cauchemar. Celle que nous vous proposons prend en charge l'ensemble des opérations d'impression pour un nombre illimité (en théorie) de fichiers. Il vous faudra simplement, pour pouvoir l'utiliser, adopter un format précis, au demeurant fort simple, pour les nom de vos fichiers. Il suffira de numéroter les fichiers, par exemple sous la forme *fichiern.doc*, où *n* représente le numéro attribué au fichier (*fichiern* avec Word

Figure A

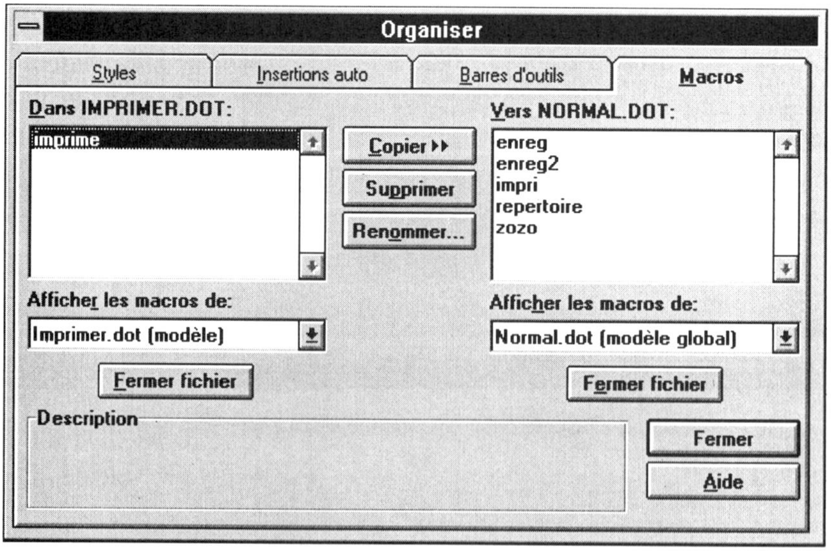

Cette boîte de dialogue permet de copier très facilement une macro d'un modèle vers un autre.

pour Macintosh). En effet, notre macro traitera les fichiers sur le base de leur numéro.

La longueur de la macro présentée au **listing A** ne doit pas vous effrayer. Une grande partie de ces lignes est générée automatiquement par Word, grâce à l'enregistreur de macro.

Pour saisir les instructions de la macro, commencez par ouvrir un document basé sur votre modèle habituel en choisissant la commande «*Nouveau*» du menu «Fichier». Dans le menu «Outils», sélectionnez maintenant «*Macro*». Dans la zone de texte «*Nom de la macro*», saisissez **`Imprime`**, puis cliquez sur <Créer>. Vous n'avez plus qu'à saisir scrupuleusement l'ensemble des instructions reproduites au listing A. Attention ! les utilisateurs de Macintosh devront supprimer, à la fin du listing, dans l'instruction **`FichierOuvrir`**, l'extension .DOC, de sorte à obtenir : **`FichierOuvrir .Nom=nom$ + i$`**. Ceci fait, vous pourrez tester votre macro en cliquant sur le bouton de la barre d'outils Macro. Si aucune erreur ne se produit, vous n'aurez plus qu'à choisir la commande «*Enregistrer le modèle*» du menu «Fichier» pour que cette macro soit disponible pour l'ensemble de vos documents. Vous pourrez également l'associer à un bouton.

La macro dans le détail

Pour illustrer le fonctionnement de notre macro, nous allons créer trois petits documents qui nous serviront d'exemple. Naturellement, si vous disposez déjà de fichiers numérotés, vous pouvez tout à fait les utiliser.

Choisissez la commande «*Nouveau*» du menu «Fichier» et saisissez le texte suivant : **`Premier test`**. Enregistrez ensuite ce fichier sous le nom TEST1.DOC (TEST1 sur Macintosh) en choisissant, toujours dans le menu «Fichier», la commande «*Enregistrer sous*». Répétez cette simple opération deux fois, de façon à créer les fichiers TEST2.DOC et TEST3.DOC, puis refermez-les à l'aide de la commande «*Fermer*».

Cliquez maintenant sur le bouton de la macro d'impression. La boîte de dialogue qui s'affiche vous demande l'emplacement des fichiers que vous souhaitez imprimer (**figure B**).

Figure B

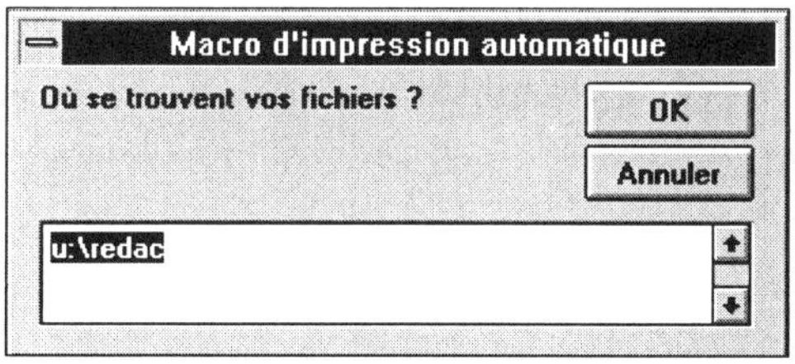

La première boîte de dialogue affichée par la macro permet d'indiquer l'emplacement des fichiers.

Listing A

```
Sub MAIN

'gestion du bouton <Annuler>
   On Error Goto Final

'on commence par déterminer l'emplacement des fichiers
emplacement:
   repertoire$ = InputBox$("Où se trouvent vos fichiers ?", ✂
   "Macro d'impression automatique", DefaultDir$(0))
   If repertoire$ = "" Then
      MsgBox("Saisissez un chemin ou acceptez le chemin ✂
      par défaut.", "Macro d'impression automatique", 64)
      Goto emplacement
   End If
   ChDefaultDir repertoire$, 0

'on commence par demander le nom générique des fichiers
fichier:
   nom$ = InputBox$("Quel est le nom générique de vos fichiers ? ✂
   Attention ! Ne saisissez ni le numéro de votre fichier, ✂
   ni son extension.", "Macro d'impression automatique")
   If nom$ = "" Then
      MsgBox("Saisissez un nom de fichier.", ✂
      "Macro d'impression automatique", 64)
      Goto fichier
   End If

   nom$ = LTrim$(nom$)

'on demande le numéro du premier fichier
premier:
   début = Val(InputBox$("Quel est le numéro du premier fichier ✂
   que vous souhaitez imprimer ?", "Macro d'impression automatique"))

'on vérifie qu'il s'agit bien d'une valeur numérique
   If (debut / 1) = 0 Then
      MsgBox("Saisissez une valeur numérique.", ✂
      "Erreur de saisie", 16)
      Goto premier
   End If

dernier:
'on demande le numéro du dernier fichier
   fin = Val(InputBox$("Quel est le numéro du dernier fichier ✂
   que vous souhaitez imprimer ?", "Macro d'impression automatique"))

'on vérifie qu'il s'agit bien d'une valeur numérique
   If (fin / 1) = 0 Then
```

```
      MsgBox("Saisissez une valeur numérique.", ✂
      "Erreur de saisie", 16)
      Goto dernier
   End If
'on vérifie que le numéro du dernier fichier est supérieur au numéro
du premier fichier
   If fin < debut Then
      MsgBox("Vous avez commis une erreur. Vérifiez le numéro ✂
      du dernier fichier !", "Numéro de fichier", 32)
      Goto dernier
   End If
'finalement, on récupère le nombre d'exemplaires souhaités pour cha-
cun des fichiers
exemplaires:
   copie = Val(InputBox$("Combien d'exemplaires désirez-vous ✂
   imprimer pour chacun de ces fichiers ?", "Macro d'impression ✂
   automatique", "1"))
   If copie = 0 Then
      resultat = MsgBox("Etes-vous sûr de ne pas vouloir imprimer ?",
      " Macro d'impression automatique", 51)
      If resultat = - 1 Then Goto Final
      If resultat = 0 Then Goto exemplaires
      If resultat = 1 Then Goto Final
   End If
   For i = debut To fin
'on convertit i en chaîne
      i$ = Str$(i)
      i$ = LTrim$(i$)
'on commence par ouvrir les fichiers. Les utilisateurs de Macintosh
doivent
'supprimer + ".DOC"
      FichierOuvrir .Nom = nom$ + i$ + ".DOC", ✂
      .ConfirmerConversions = 0, .LectureSeule = 0, ✂
      .AjouterAuxDfu = 0, .MotDePassePourDoc = "", ✂
      .MotDePassePourDot = "", .DéjàOuvert = 0, ✂
      .MotDePasseEcriturePourDoc = "", ✂
      .MotDePasseEcriturePourDot = ""
'dans un deuxième temps, on les imprime.
      FichierImprimer .AjouterAuFichier = 0, ✂
      .Etendue = "0", .ImprimerDansFichierNom = "", ✂
      .De = "", .A = "", .Type = 0, .NbCopies = copie, ✂
      .Pages = "", .Ordre = 0, .ImprimerDansFichier = 0,✂
      .AssemblerCopies = 1, .NomFichier = ""
      FichierFermer
   Next i
Final:
End Sub
```

Par défaut, la macro propose le répertoire dans lequel vous travaillez. Si vous avez choisi de créer vos fichiers exemple dans un autre répertoire, indiquez leur nom dans la zone de saisie, sinon acceptez le chemin d'accès proposé en cliquant sur le bouton <OK>.

Vous accédez alors à la boîte de dialogue suivante, dans laquelle vous indiquez le nom générique des fichiers, c'est-à-dire sans leur numéro. Dans le cadre de notre exemple, nous saisirons donc `test` avant de cliquer sur <OK>.

La boîte de dialogue suivante vous demande le numéro du premier fichier à imprimer. En effet, nous pourrions avoir une cinquantaine de fichiers et ne souhaiter imprimer que les fichiers 38 à 47. Dans notre exemple, nous choisirons plus simplement **1**. La macro nous demande ensuite le numéro du dernier fichier, soit **3** dans notre exemple.

Dans la dernière boîte de dialogue, nous allons indiquer le nombre d'exemplaires à imprimer pour chaque fichier (**figure C**). Par défaut, la macro propose d'imprimer un exemplaire de chacun des fichiers sélectionnés. Acceptez ce choix s'il vous convient ou entrez un autre chiffre et cliquez sur le bouton <OK>. Nos trois fichiers exemple vont être ouverts par Word, imprimés, puis refermés.

Si vous êtes amené à imprimer des documents similaires ou qui reviennent périodiquement, prenez l'habitude de les numéroter. Vous pourrez ainsi, à l'aide de cette macro, imprimer autant de documents que vous le souhaitez sans être "cloué" derrière votre machine.

Pour les amateurs de programmations en WordBasic

Si vous aimez programmer sous WordBasic, vous pourrez facilement adapter cette macro à vos besoins spécifiques.

■ Les tâches de base

Les tâches essentielles (ouverture, impression et fermeture des fichiers) réalisées par la macro ont été réalisées à l'aide de l'enregistreur de macro. Pour générer

Figure C

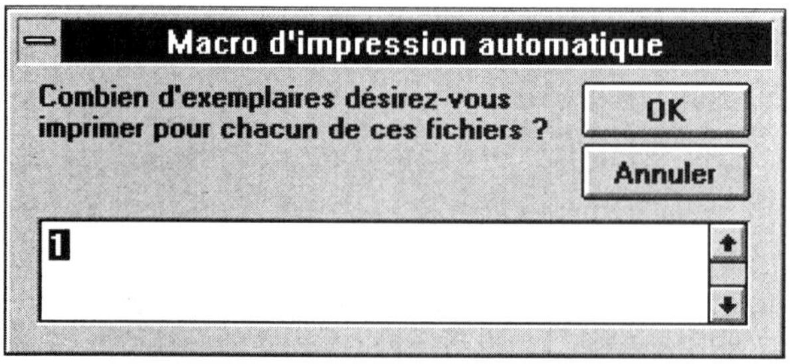

Le macro permet de choisir le nombre d'exemplaires à imprimer pour chacun des fichiers.

un code équivalent, il suffit de sélectionner la commande «*Macro*» du menu «Outils», de définir un nom de macro puis de cliquer sur le bouton <Enregistrer> de la boîte de dialogue «Macro».

Ouvrez un fichier puis refermez-le (par exemple), et arrêtez l'enregistrement en cliquant sur le bouton ■ de la barre d'outils Macro. Vous pourrez visualiser le code généré en retournant dans la boîte de dialogue «Macro», puis en cliquant sur <Modifier> après avoir sélectionné votre macro.

■ Les saisies utilisateur

Les saisies de l'utilisateur ont été traitées avec l'instruction *InputBox$*, qui renvoie comme valeur une chaîne de caractères correspondant à la saisie. Lorsqu'il fallait récupérer une *chaîne de caractères* (pour le nom des fichiers), nous avons utilisé la fonction *Ltrim$* qui permet de "nettoyer" les chaînes des espaces parasites générés à gauche de la chaîne.

Lorsqu'il s'agissait de récupérer une valeur numérique (numéro des fichiers, nombre d'exemplaires, etc.), nous avons eu recours à la fonction *Val*, qui convertit une valeur chaîne en valeur numérique.

■ Les tests

Dernier point, nous avons à chaque fois testé la saisie de l'utilisateur (sage précaution !). Chaque instruction *InputBox$* est précédée d'une étiquette, sous la forme `etiquette:`. De cette façon, le test en sortie permet de redemander une saisie ou de sortir de la macro (étiquette *final:*) après avoir averti l'utilisateur par une boîte de message (instruction *MsgBox*).

Nous n'avons pris en compte que les erreurs les plus courantes : absence de saisie, caractères alphabétiques en lieu et place d'une valeur numérique, incohérences diverses. Ainsi, pour s'assurer qu'un nombre avait bien été saisi, nous avons utilisé le code suivant :

```
If (variable / 1) = 0
```

Aucun nombre ne peut, bien sûr, produire ce résultat, que renverra cependant toute chaîne de caractères. De la même façon, nous avons vérifié que le numéro du premier fichier était bien inférieur au numéro du dernier fichier.

■ Lancement de l'impression

Une fois les saisies utilisateur stockées dans autant de variables, l'impression des fichiers est lancée dans une boucle *For/Next* qui s'effectuera autant de fois que de fichiers à imprimer :

```
For i = debut To fin
```

Le fichier est ouvert grâce à l'instruction :

FichierOuvrir .Nom = nom$ + i$ ***(+ ".DOC")***

où la variable *nom$* contient le nom générique des fichiers et *i$* le numéro du fichier qui sera incrémenté à chaque passage dans la boucle (si vous utilisez Word pour Macintosh n'ajoutez pas l'argument **+ ".DOC")**. Nous avons conservé toutes les autres instructions relatives à l'ouverture d'un fichier, bien qu'elles n'aient ici aucun intérêt particulier : il est cependant intéressant de noter que l'on pourrait également agir sur ces paramètres.

Deuxième étape dans la boucle, l'impression proprement dite du fichier. La seule instruction modifiée est la suivante : **.NbCopies = copie** où la variable *copie* correspond à la saisie de l'utilisateur. On termine par la fermeture du fichier (afin de ne pas surcharger la mémoire) et la boucle recommence.

Comme vous pouvez le voir, notre macro est assez "rustique" et nous aurions pu considérablement l'affiner. Par exemple, que se passe-t-il si l'utilisateur choisit un chemin dont la syntaxe est correcte mais qui n'existe pas ? Que se passe-t-il s'il choisit des fichiers qui n'existent pas ? La macro, dans ce cas, ne fonctionne pas.

Mais, outre le fait que nous aurions dû utiliser des fonctions plus complexes pour résoudre ce problème, nous aurions également perdu un des avantages majeurs des macros Word qui consiste... à gagner du temps et donc à travailler vite. De toute façon, vous disposez maintenant de tous les moyens pour améliorer cette base : à vous de jouer !

Personnaliser l'aperçu avant impression avec Word 6.0

La version 6.0 de Word pour Windows dispose de nouvelles fonctionnalités de programmation macro. Conscients de tous les bénéfices que vous pourrez en tirer dans vos travaux quotidiens, nous vous convions à leur découverte. La macro que nous vous proposons de réaliser vous permettra de définir une zone d'aperçu avant impression personnalisée, dans laquelle vous pouvez modifier les retraits et les styles de cadre à appliquer à votre document, les styles étant préalablement enregistrés (voir **figure A**). Côté restrictions, par souci de simplification, la macro oblige à la sélection d'une zone et ne fonctionne pas si le document actif est la feuille macro contenant le code en cours d'exécution. Enfin, elle ne donne en aperçu que les informations contenues sur la première page. Le résultat, sans être aussi dense que celui de la boîte de dialogue «Aperçu avant impression» (accessible par le menu «Fichier») devrait toutefois vous ouvrir de nouveaux horizons de programmation et vous inciter à utiliser ces nouveaux contrôles *FilePreview* de la version 6.0.

Figure A

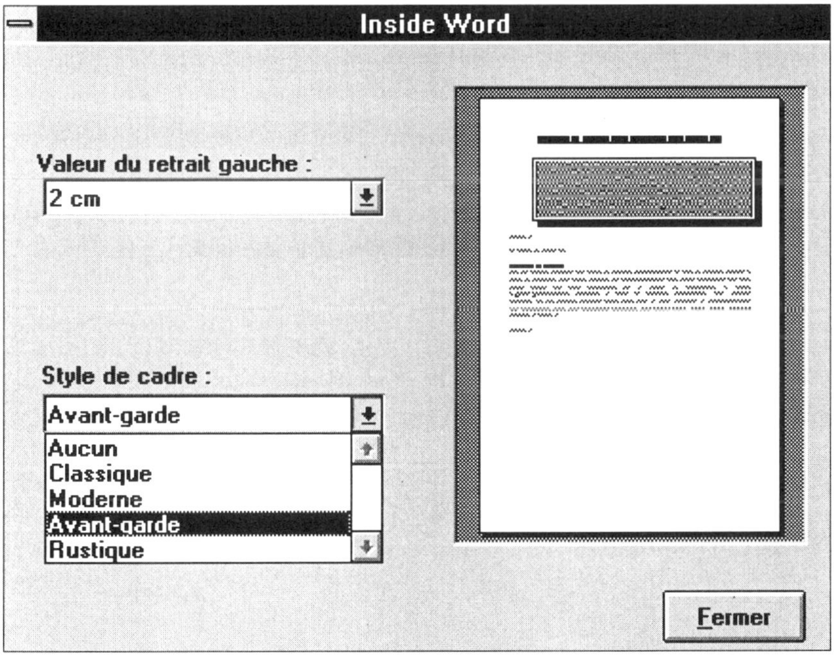

Le résultat final montre comment se présente le contrôle de type Aperçu avant impression.

Opérations préalables

Afin de proposer des styles de cadre personnalisés dans la liste déroulante de la boîte de dialogue, nous allons débuter par l'enregistrement d'un format de bordure sur une feuille macro que nous modifierons par la suite. Première étape, sélectionnez la commande «*Macro*» dans le menu «Outils», puis cliquez sur le bouton <Enregistrer> : la boîte de dialogue «Enregistrer une macro» s'affiche alors. Au sein de cette dernière, après avoir saisi un nom (*Aperçu* dans notre exemple) et éventuellement une description pour cette nouvelle macro, vous pouvez l'associer à la barre d'outils de votre choix. Pour cela, cliquez sur le bouton <Barre d'outils> : la boîte de dialogue «Personnaliser» s'affiche. Cliquez sur le nom de la macro dans la liste déroulante (illustrée à la **figure B**) et, sans relâcher le bouton de la souris, faites glisser le curseur, qui a pris la forme d'un cadre, jusqu'à la barre d'outils à laquelle vous voulez associer la macro. Relâchez maintenant le bouton de la souris : c'est fait. Il vous reste ensuite à choisir le bouton à affecter à cette nouvelle macro.

En lui-même, l'enregistrement de la macro consiste en un choix de diverses options de la boîte de dialogue «Paragraphe : Bordure et trame» que l'on affiche en sélectionnant la commande «*Bordure et trame*» du menu «Format». Une fois

Figure B

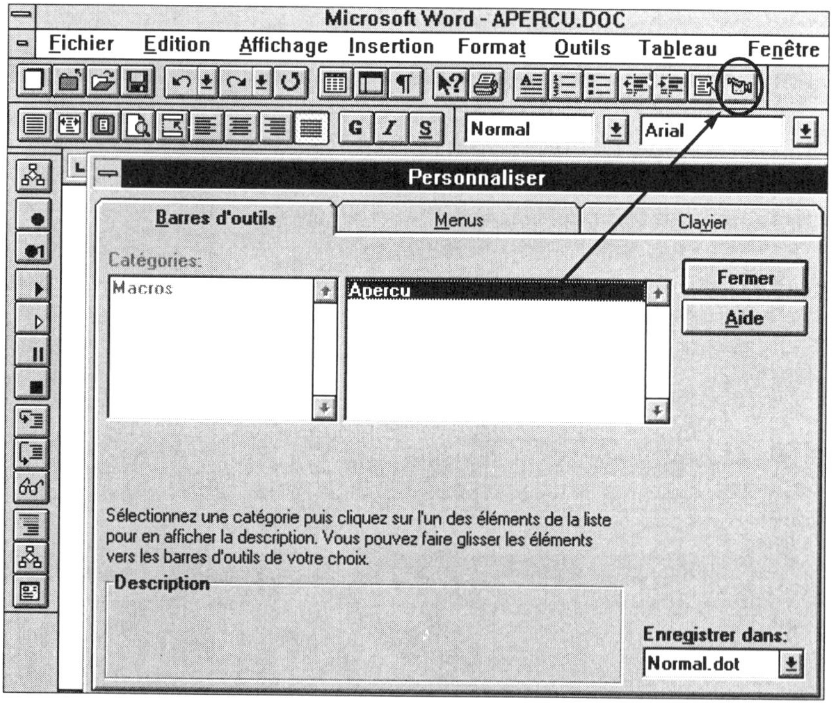

La macro est associée à une icône par simple "cliquer-glisser".

vos choix validés en cliquant sur le bouton <OK>, n'oubliez pas d'arrêter l'enregistrement à l'aide du bouton ■ de la barre flottante, qui s'affiche à l'écran dès le début de l'enregistrement.

L'étape suivante consiste à modifier la feuille macro créée pour parvenir au but recherché : afficher une boîte de dialogue avec possibilité d'aperçu avant impression.

Créer la boîte de dialogue

Pour ouvrir votre macro en modification, retournez dans la boîte de dialogue accessible par la commande «*Macro*» du menu «Outils», sélectionnez *Aperçu* dans la zone de liste puis cliquez sur le bouton <Modifier>. Word ouvre le document dans lequel vous allez saisir la macro (*Global:Aperçu* dans notre exemple) et affiche automatiquement la barre d'outils *Macro* qui vous permet d'accéder directement à l'éditeur de dialogue grâce au bouton ▣. Si la barre d'outils Macro ne s'affiche pas d'elle-même, vous pouvez cocher la case «Macro» dans la liste *Afficher les barres d'outils* de la boîte de dialogue «Barres d'outils», accessible par la commande du même nom dans le menu «Affichage».

Une fois dans l'éditeur, sélectionnez la commande «*Zone de liste*» du menu «Elément», puis l'option «Déroulante» dans la boîte de dialogue «Nouvelle liste». Vous allez commencer par créer les éléments repérés par **1** et **2** sur l'exemple de la **figure C**. Ensuite, par la commande «*Texte*» du menu «Elément»,

Figure C

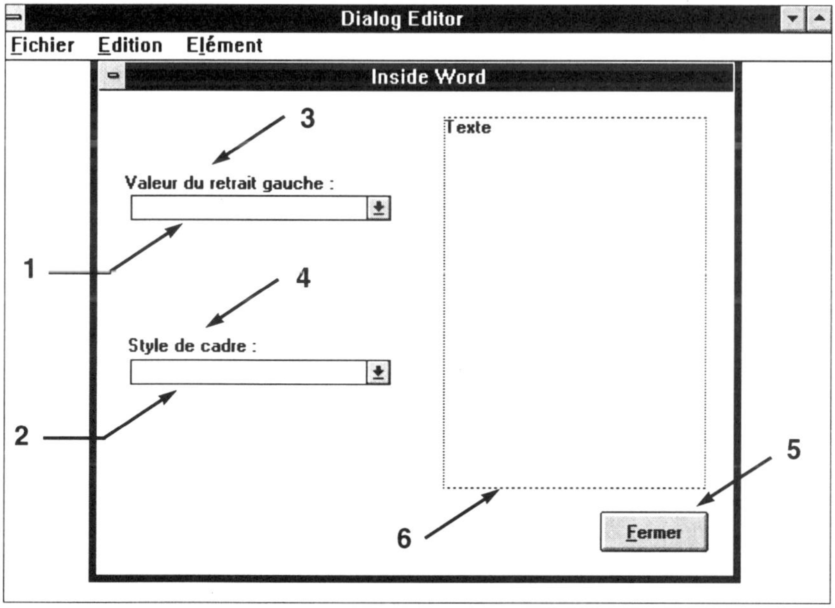

La boîte de dialogue est créée grâce à l'Editeur de dialogue.

vous allez associer les deux textes *Valeur du retrait gauche* (3) et *Style de cadre* (4) aux listes précédentes. Notez qu'un double-clic sur une zone de texte permet de modifier son intitulé dans la zone *Texte$*. Enfin, un bouton de type bouton de commande (5) permet de fermer la boîte de dialogue et une dernière zone de texte (6) fait office de contrôle de type *Aperçu avant impression*.

Si vous n'êtes pas expert...

Si vous n'êtes pas familiarisé avec l'éditeur de dialogue, nous vous conseillons de saisir le **listing A** puis de le copier dans le Presse-papiers. Il vous suffira ensuite d'activer *Dialog Editor* et de sélectionner la commande «*Coller*» dans le menu «Edition» pour voir apparaître le fruit de vos efforts et éventuellement réorganiser les éléments à votre guise.

Quelle que soit la méthode adoptée pour créer votre boîte de dialogue, une fois cette dernière réalisée, vous devez quitter *Dialog Editor* en enregistrant les modifications dans le Presse-papiers comme vous le propose la boîte de dialogue. Ensuite, une fois dans Word, il ne vous reste qu'à coller le contenu du Presse-papiers sur la feuille macro. L'Editeur de dialogue ne vous permettant pas de créer une instruction *FilePreview*, vous devez ensuite convertir la ligne représentant le contrôle *Texte* (en gras dans le script) :

```
Text 317, 21, 248, 218, "Texte", .Texte3
```

en instruction *FilePreview* en modifiant au passage le nom du contrôle :

```
FilePreview 317, 21, 248, 218, .Aperçu
```

Listing A

```
Begin Dialog BoiteDlgUtilisateur 585, 300, "Inside Word", ✂
.dlgAction
  PushButton 463, 259, 100, 25, "&Fermer", .fermer
  Text 25, 51, 251, 25, "Valeur du retrait gauche :", .Texte1
  Text 28, 151, 251, 25, "Style de cadre :", .Texte2
  Text 317, 21, 248, 218, "Texte", .Texte3
  DropListBox 30, 65, 240, 50, retraits$(),                  ✂
  .ListeDéroulanteRet
  DropListBox 30, 166, 240, 64, MaListe$(),                  ✂
  .ListeDéroulanteBor
End Dialog
```

Script de définition de la boîte de dialogue (sans le FilePreview qui remplacera la ligne en couleur).

Le code de la macro

Outre le script même de la boîte de dialogue, Word 6.0 permet, par l'intermédiaire d'une fonction de dialogue, d'intercepter les actions de l'utilisateur et de les traiter, tout en laissant la boîte de dialogue ouverte. Dans l'exemple de code proposé (**listing B**), il s'agit de la fonction dénommée *dlgAction*. La présence de cette fonction de dialogue se justifie ici par la nécessité d'afficher dynamiquement le document actif dans le contrôle *FilePreview*. Comme le prouve le script, les tableaux *retraits$* et *MaListe$*, initialisés en début de procédure, sont associés aux deux contrôles de type *zone de liste* de la boîte de dialogue personnalisée. L'instruction *DlgMiseAJourAperçu* réalise la mise à jour de la zone d'aperçu.

Une fois la boîte de dialogue définie par le script (instructions *Begin Dialog... End Dialog*), la ligne de déclaration *Dim dlg As BoiteDlgUtilisateur* permet de définir un enregistrement de boîte de dialogue dans lequel seront stockées les valeurs des éléments de la boîte. Enfin, l'instruction *Dialog* gère l'affichage de la boîte.

Le style de bordure enregistré préalablement est ici repris au sein de la fonction *AppliqueStyle* paramétrée par le choix de l'utilisateur dans la zone de liste. Le code proposé ne détaillent qu'un seul style de cadre, il vous reste donc à enregistrer, selon la procédure détaillée précédemment, les autres styles et, au passage, à les adapter pleinement à votre travail quotidien...

Listing B

```
Sub MAIN
Dim retraits$(4)
Dim MaListe$(4)

If LitPosDébSél() = LitPosFinSél() Then
      MsgBox "Il faut sélectionner une zone avant ✂
      de pouvoir exécuter la " + Chr$(9) + "macro...", ✂
      "Inside Word", 16
Else
      MaListe$(0) = "Aucun"
      MaListe$(1) = "Classique"
      MaListe$(2) = "Moderne"
      MaListe$(3) = "Avant-garde"
      MaListe$(4) = "Rustique"

      retraits$(0) = "0,5 cm"
      retraits$(1) = "1 cm"
      retraits$(2) = "1,5 cm"
      retraits$(3) = "2 cm"
      retraits$(4) = "2,5 cm"

Begin Dialog BoiteDlgUtilisateur 585, 300, ✂
"Inside Word", .dlgAction
      PushButton 463, 259, 100, 25, "&Fermer", .fermer
      Text 25, 51, 251, 25, "Valeur du retrait ✂
      gauche :", .Texte1
      Text 28, 151, 251, 25, "Style de cadre :", ✂
      .Texte2
      FilePreview 317, 21, 248, 218, .Aperçu
      DropListBox 30, 65, 240, 50, retraits$(), ✂
      .ListeDéroulanteRet
      DropListBox 30, 166, 240, 64, MaListe$(), ✂
      .ListeDéroulanteBor
End Dialog

Dim dlg As BoiteDlgUtilisateur
x = Dialog(dlg)
End  If
End Sub
```

```
Function dlgAction(ident$, action, valeursupp)
Select Case action
Case 1
Case 2  'cas de sélection d'un contrôle par l'utilisateur

       If ident$ = "ListeDéroulanteRet" Then
              ValRetrait$ = Str$(Val(DlgTexte$ ✂
              ("ListeDéroulanteRet")))
              FormatParagraphes .RetraitGauche = ✂
              ValRetrait$

       ElseIf ident$ = "ListeDéroulanteBor" Then
              ValBordure$ = DlgTexte$("ListeDéroulanteBor")
              fool = AppliqueStyle(ValBordure$)
       End If
       DlgAperçuFichier
       DlgMiseAJourAperçu
Case Else
End Select
End Function

Function AppliqueStyle(StyleChoisi$)
Select Case styleChoisi$
       Case "Classique"
FormatBordureEtTrame .AppliquerA = 0, .Ombre = 0, ✂
.BordureHaut = 0, .BordureG = 8, .BordureBas = 0, ✂
.BordureD = 0, .BordureHoriz = 0, .BordureVert = 0, ✂
.CouleurHaut = 0, .CouleurGauche = 0, .CouleurBas = 0, ✂
.CouleurDroite = 0, .CouleurHoriz = 0,✂
.CouleurVert = 0, .DistAuTexte = "3 pt", .Trame = 0, ✂
.PremierPlan = 0, .ArrièrePlan = 0, .Onglet = "0", ✂
.TrameFine = - 1
       Case "Moderne"
       'enregistrez ici votre propre format par défaut
       Case "Avant-garde"
       'enregistrez ici votre propre format par défaut
       Case "Ancien"
       'enregistrez ici votre propre format
       Case Else
       'enregistrez ici votre propre format par défaut
End Select
AppliqueStyle = true
End Function
```

Utiliser des macros pour optimiser la saisie en ligne dans un formulaire

La création d'un formulaire repose sur l'insertion de champs complétés par l'utilisateur, permettant d'automatiser la mise à jour et le remplissage de tels documents. Les options de champ fournies par Word facilitent ces opérations en permettant, par exemple, de maîtriser la somme et/ou le type d'information que l'utilisateur peut saisir dans un champ précis. Cependant, il est possible de renforcer l'automatisation et le contrôle du remplissage d'un formulaire. En effet, Word permet d'affecter deux macros au champ d'un formulaire : l'une se chargera lorsque l'utilisateur atteindra ce champ, l'autre lorsqu'il le quittera. Ces macros, dites de démarrage et de sortie, ouvrent d'intéressantes perspectives pour la réalisation de formulaires sophistiqués et performants, comme nous allons le voir. Nous commencerons par une récapitulation rapide des étapes nécessaires à la création d'une macro que nous assignerons au champ d'un formulaire. Puis, des exemples pratiques vous permettront de maîtriser ces techniques au service de votre efficacité !

Figure A

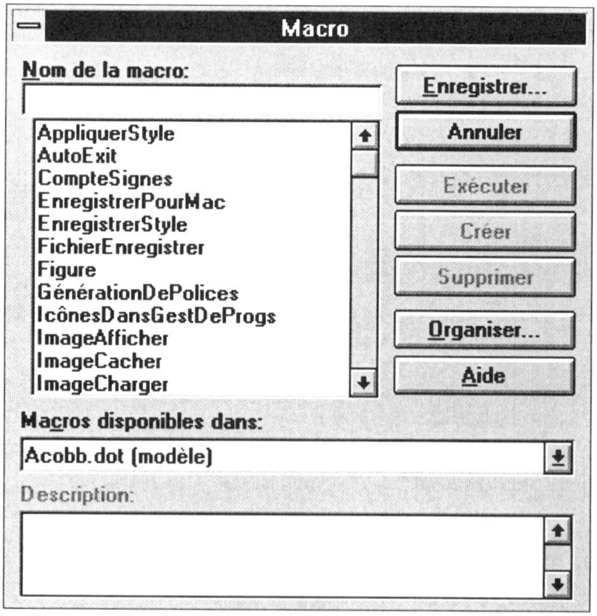

Pour créer une macro, il faut tout d'abord choisir la commande «Macro» du menu «Outils».

Créer une macro

Revenons tout d'abord sur les principes de base se rapportant à la création d'une macro. Pour illustrer notre propos, nous allons nous aider d'un modèle de formulaire. Ouvrez l'un de vos documents de travail ou, si vous vous lancez dans une nouvelle aventure et que vous ne disposez pas de formulaire modèle, utilisez les modèles intégrés de votre logiciel, ô combien prévoyant ! Pour cela, sélectionnez, dans le répertoire C:\WINWORD\MODELES, le fichier FACTURE.DOT (Facture, sous Macintosh, dans le dossier Modèles). Si le modèle est protégé, cliquez sur le bouton <Protection> de la barre d'outils Formulaire, accessible par la commande «*Barres d'outils*» du menu «Affichage», en validant la case d'option <Formulaire>. Choisissez ensuite la commande «*Macro*» du menu «Outils», pour afficher la boîte de dialogue présentée à la **figure A**. Le choix de macros disponibles qui apparaît est fonction de votre sélection dans la liste déroulante *Macros disponibles dans*.

Dans la zone de texte *Nom de la macro*, entrez un nom pour votre nouvelle macro et une description succincte dans la zone de texte *Description*. Assurez-vous que le modèle désiré est bien sélectionné dans la liste déroulante *Macros disponibles dans*. De cette façon, la macro sera intégrée au modèle et celui-ci pourra être utilisé sur différents postes de travail.

Une fois les spécifications saisies, cliquez sur le bouton <Créer> pour ouvrir un fichier dédié à la création de macros. Vous y saisirez l'énoncé approprié entre les lignes **`Sub MAIN`** et **`End Sub`**. Nous reviendrons plus précisément sur ces lignes de commandes dans nos exemples pratiques. Ensuite, refermez ce fichier par l'intermédiaire de la commande «*Fermer*» du menu «Fichier» et cliquez sur le bouton <Oui>, lorsqu'apparaîtra la boîte de dialogue vous demandant de sauvegarder les modifications.

Assigner une macro à un champ

La macro créée, reste à l'assigner à un champ. Pour cela, cliquez deux fois sur le champ correspondant pour ouvrir la boîte de dialogue «Options de champ». Le nom de cette boîte de dialogue sera suivi par celui du type de champ que vous venez de sélectionner. Par exemple, si vous activez un champ de type Case à cocher, la boîte de dialogue illustrée à la **figure B** s'affichera. Selon le type de champ, deux listes déroulantes apparaîtront à la section *Exécuter la macro : Au démarrage* et *A la sortie*. Sélectionnez la macro correspondant à chacun de ces événements, dans les listes déroulantes d'entrée ou de sortie, puis validez.

Pour vérifier que la macro s'exécute correctement, cliquez sur le bouton <Protection> de la barre d'outils Formulaire afin de protéger le modèle, puis sur le champ associé à la macro. Si vous avez paramétré la macro *Au démarrage*, elle s'exécutera immédiatement. Pour tester une macro *A la sortie*, quittez le champ pour déclencher celle-ci. Si vous êtes satisfait du résultat, fermez votre modèle, sans oublier de le sauvegarder.

Un mot à propos des signets

Avant de poursuivre, abordons un concept supplémentaire : les signets. Lorsque vous insérez un champ dans un formulaire, Word lui affecte automatiquement un signet, défini par un nom et un numéro. Par défaut, le nom du signet sera celui du type de champ et son numéro celui de la position qu'il occupe dans le formulaire. Par exemple, si vous insérez trois champs de type texte, les intitulés des signets correspondants seront *Texte1*, *Texte2* et *Texte3*. Si ces appellations vous semblent succinctes, vous pouvez à loisir les remplacer par d'autres, vous permettant de mieux vous souvenir à quels champs elles se réfèrent. Pour cela, cliquez deux fois sur le champ pour ouvrir la boîte de dialogue «Option de champ». Dans la zone de texte *Signet* (à la section *Paramètres de champ*), entrez le nom de votre choix. Certaines conventions doivent cependant être respectées : le nom ne doit pas excéder 40 caractères et doit obligatoirement commencer par une lettre ; il peut être souligné, comprendre des lettres et des chiffres mais surtout pas d'espaces. Validez en cliquant sur le bouton <OK>.

Pourquoi les signets sont-ils si importants ? Comme nous allons le voir, ils vous permettent d'identifier les champs sur lesquels vous souhaitez que vos macros agissent. Les signets indiquent à la macro où aller chercher et insérer l'information, quels champs sont à mettre à jour ou à inhiber, vers quels champs aller pour correspondre aux choix de l'utilisateur.

Figure B

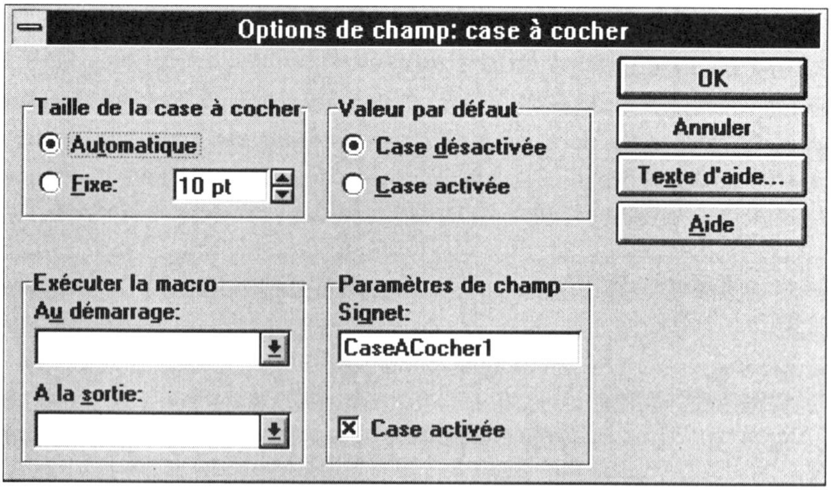

Assignez une macro à un champ en utilisant les options de sa boîte de dialogue «Options de champ».

Applications pratiques

Après la théorie, passons à la pratique, à l'aide de quelques exemples. Le formulaire de la **figure C** comprend plusieurs macros qui exécuteront des appels parmi les plus courants. Puisque vous connaissez désormais les procédures de création de macros, détaillons les paramètres de la macro et ses incidences. Pour illustrer notre propos, nous prendrons comme base un formulaire destiné à des employés pour évaluer la compétence de leur responsable.

▪ Macro au démarrage

Notre premier exemple concerne une macro *Au démarrage*, affectée au champ *Votre nom* (auquel nous avons assigné le signet *TexteNom*). En cliquant sur ce champ, la boîte de dialogue de la **figure D** s'affiche. Elle propose à l'utilisateur d'entrer son nom ou d'ignorer cette section en cliquant sur le bouton <Annuler>.

Si l'utilisateur saisit son nom et clique sur <OK>, la macro va l'insérer dans le champ *Votre nom* et passer au champ suivant. Si, en revanche, il choisit l'anonymat, la macro laissera le champ *Votre nom* vide et passera au champ suivant. La **figure E** présente le contenu de la macro qui nous a permis d'obtenir ce résultat.

La première ligne de commandes indique à la macro de basculer vers le label *Quitte*, au cas où une erreur quelconque interviendrait. La seconde affecte à la

Figure C

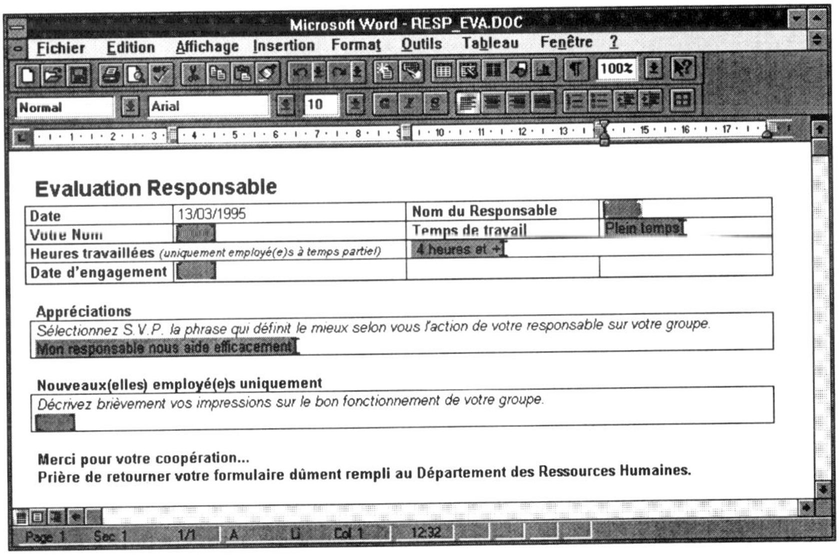

Ce formulaire comprend plusieurs macros "Au démarrage" et "A la sortie" qui contrôlent la façon dont l'utilisateur saisira l'information.

variable *A$* l'intitulé saisi par l'utilisateur dans la boîte de dialogue. La fonction *InputBox$()* affichera, dans la boîte de dialogue, le message compris entre les parenthèses. Le premier message : *"Veuillez S.V.P. taper votre nom..."* représente l'instruction dédiée à l'utilisateur apparaissant dans la boîte de dialogue. Le second, *"Nom"*, définit l'intitulé de la boîte de dialogue. La commande suivante : *DéfinirValeurFormulaire* affectera le contenu de la variable *A$* au champ identifié par le signet *TexteNom*. Le label *Quitte* est le point d'arrivée de la macro en cas d'erreur. Cette "erreur" prendra la main si l'utilisateur clique sur le bouton <Annuler>, fermant ainsi la boîte de dialogue. Dans ce cas, la fonction *InputBox$()* produira une erreur, puisque nous avons désiré que l'utilisateur ait la

Figure D

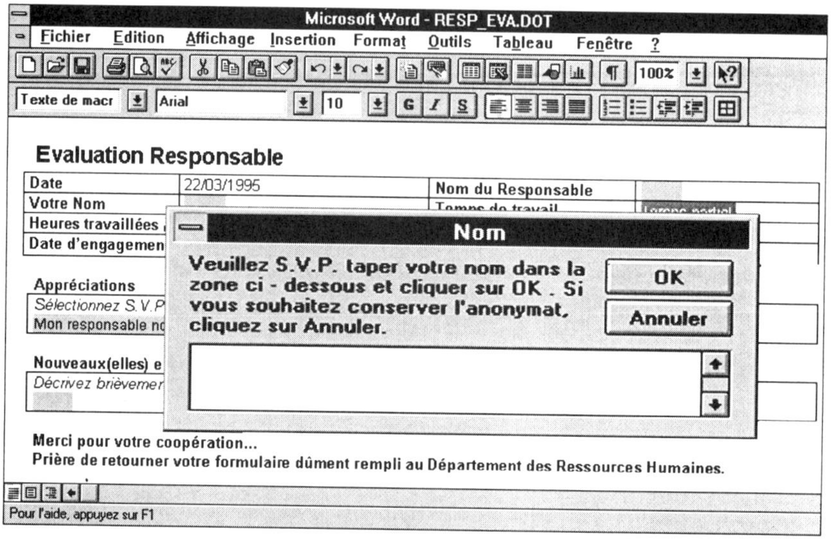

La macro au démarrage affectée au champ Nom demande à Word d'afficher cette boîte de dialogue.

Figure E

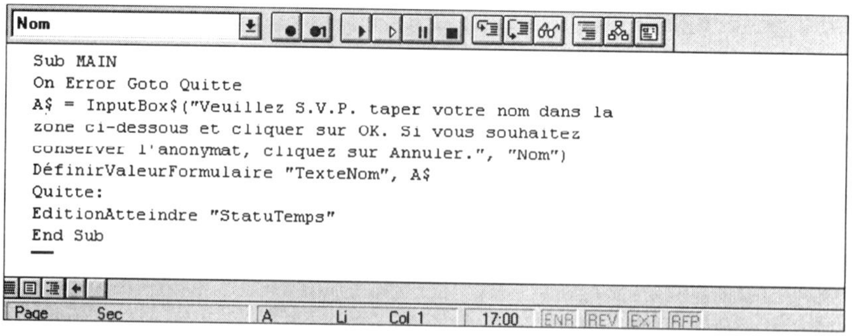

```
Sub MAIN
On Error Goto Quitte
A$ = InputBox$("Veuillez S.V.P. taper votre nom dans la
zone ci-dessous et cliquer sur OK. Si vous souhaitez
conserver l'anonymat, cliquez sur Annuler.", "Nom")
DéfinirValeurFormulaire "TexteNom", A$
Quitte:
EditionAtteindre "StatuTemps"
End Sub
```

La macro au démarrage permet d'insérer un nom et de passer au champ suivant.

possibilité de rester anonyme. Pour ce faire, nous demandons simplement à la macro de passer à la commande suivante : *EditionAtteindre "StatuTemps"*. Celle-ci indiquera à la macro d'aller sur le champ identifié par le signet *StatuTemps*, nom que nous avons affecté au champ *Temps de travail*. Si elle ne rencontre pas d'erreur, la macro insérera le texte dans le champ *Votre nom*, et basculera ensuite sur le champ *Temps de travail*.

■ Macro à la sortie

Il peut s'avérer utile de renvoyer l'utilisateur à une section spécifique, à la suite d'un choix ou d'une entrée de texte particuliers. Pour illustrer la technique mise en œuvre, nous avons créé une macro *A la sortie* et l'avons affectée au champ *Temps de travail*. Lorsque l'utilisateur clique sur ce champ, il déroule une liste comprenant les options «Plein Temps» et «Temps partiel». S'il sélectionne le temps partiel, la macro *A la sortie* dirige l'utilisateur vers le champ *Heures travaillées*. Une autre liste déroulante est alors disponible, proposant diverses durées de temps de travail. La **figure F** détaille l'énoncé de la macro *A la sortie*.

Cette macro comporte un paramètre *If* qui agit différemment selon le résultat de la fonction *LitRésultatFormulaire()*. Cette fonction identifie le choix retenu dans la liste déroulante du champ *Temps de travail*. Si l'utilisateur a choisi «Temps partiel», le paramètre *EditionAtteindre "Heures"* enverra l'utilisateur sur le champ *Heures travaillées* – qui est reconnu par le signet *Heures*. Si l'utilisateur effectue un choix différent («Plein temps» dans notre exemple), le paramètre *EditionAtteindre "TexteEngagement"* passe directement au champ *Date d'engagement* (identifié par le signet *TexteEngagement*).

■ Contrôler le remplissage

Vous pouvez souhaiter également que l'utilisateur ne remplisse pas certains champs en fonction des réponses qu'il a fournies au préalable. Par exemple, nous

Figure F

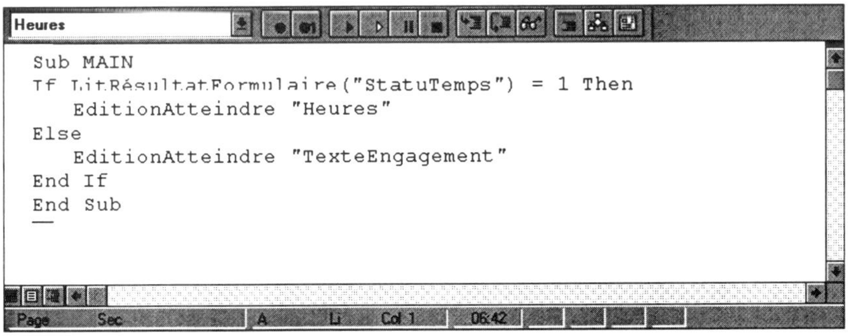

Si l'utilisateur sélectionne «Temps partiel», une macro A la sortie l'oriente vers le champ Heures travaillées comportant une liste déroulante.

avons créé, pour le champ *Date d'engagement*, une macro *A la sortie* qui renverra l'utilisateur à telle ou telle section, selon son ancienneté dans l'entreprise. Seuls les employés justifiant d'un temps de présence suffisamment long pourront donner une appréciation de leur responsable. Le champ *Appréciations* contient une liste déroulante avec des choix du type «Mon responsable nous aide efficacement» ou «Mon responsable n'est pas là pour les problèmes». Les nouveaux venus manquant du recul suffisant disposent d'un champ de texte spécifique où ils pourront donner brièvement leurs impressions. La **figure G** détaille l'énoncé de la macro de sortie qui évalue la réponse de l'utilisateur dans le champ *Date d'engagement*. Là encore, la macro s'oriente vers un paramètre *If (si)*, qui utilise *LitRésultatFormulaire$()* pour déterminer le champ à sélectionner. Vous remarquerez que, cette fois, nous avons ajouté le signe $ dans le nom de la fonction. Bien qu'elle soit destinée à contenir des nombres différents, l'information saisie par l'utilisateur dans le champ *Date d'engagement* sera une chaîne considérée comme une valeur numérique. En effet, le signe $ identifie la saisie comme une chaîne (*String*), que Word est apte à traiter.

En outre, nous avons utilisé des fonctions spécialement dédiées à la manipulation de dates dans le champ *Date d'engagement*.

Le paramètre suivant :

A$ = LitRésultatFormulaire$ ("TexteEngagement")

place dans la variable *A$* la saisie effectuée par l'utilisateur dans le champ *Date d'engagement*.

Le paramètre suivant :

B = DateVal (A$)

utilise la fonction *DateVal()* pour convertir les données de l'utilisateur en numéro de série (un numéro de série est un nombre décimal qui représente la date. Nous

Figure G

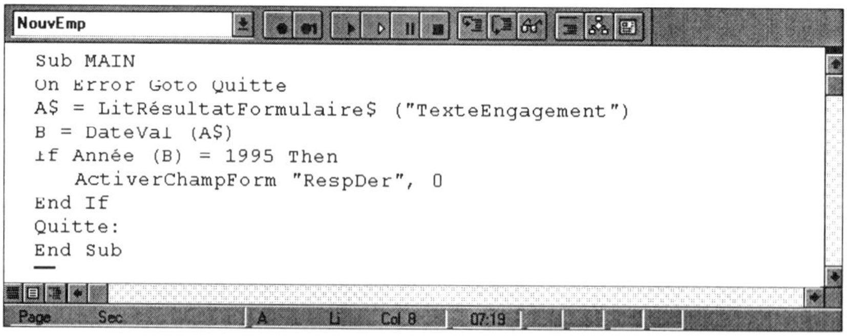

Cette macro de sortie dirige les nouveaux employés vers une section particulière.

devons convertir la saisie d'une chaîne en valeur numérique pour que Word en fasse la comparaison).

Le paramètre *If* qui suit utilise la fonction *Année()* pour examiner la date d'engagement saisie par l'utilisateur et la comparer à 1995. Si ces deux valeurs sont égales – ce qui signifie que l'utilisateur a été engagé cette année – la macro exécute le paramètre suivant :

ActiverChampForm "RespDer", 0

Ce paramètre agit sur le champ identifié par le signet *RespDer* (qui est le nom assigné au champ à liste déroulante *Appréciation*). Nous avons ajouté un 0 (zéro) à ce paramètre qui désactive le champ (un 1 l'aurait activé). Au final, si la date saisie par l'utilisateur indique qu'il a été engagé en 1995, la macro désactivera le champ *Appréciation*. Celui-ci sera alors invalide et Word passera automatiquement au champ *Nouveaux employés uniquement*.

Incidemment, vous aurez noté que la macro comprend le paramètre *On Error Goto Quitte* ainsi que le label *Quitte:*. Nous les avons inclus dans le cas où l'utilisateur laisserait le champ *Date d'engagement* vierge. Sans une saisie permettant de poursuivre, la macro de sortie générera une erreur. Le paramètre *On Error Goto Quitte* évite à la macro de tenter d'évaluer une date d'engagement fantôme.

Les simples macros que nous avons étudiées ici illustrent quelques-unes des techniques de contrôle des saisies d'informations. Bien entendu, vous pouvez créer autant de macros que vous aurez de tâches à accomplir comme, par exemple, afficher l'aide pour accéder aux données stockées dans un autre fichier. Plus vous élaborerez vos propres modèles de formulaires, plus l'envie sera grande d'explorer les diverses possibilités que vous offrent les macros au démarrage et à la sortie pour automatiser et simplifier le remplissage d'un formulaire.

Apporter une aide facultative aux utilisateurs de formulaires

Dans cet ouvrage, nous avons abordé précédemment le fonctionnement des champs de formulaire (dans l'astuce intitulée « Bien utiliser les champs de formulaire de Word 6.0 »). En nous basant sur le formulaire que vous aviez créé à cette occasion, nous allons étudier les types d'aide proposés à l'utilisateur complétant ces différents champs. En effet, il vous est possible d'inclure des messages informatifs associés aux champs pour en faciliter le remplissage.

Définir un type d'aide

Word met à votre disposition diverses techniques en fonction du type d'aide que vous souhaitez proposer. Si vous décidez d'afficher systématiquement une aide dès l'ouverture du formulaire, vous utiliserez une macro intégrée de Word, nommée *AutoNew*.

Cette aide systématique peut également prendre effet dès que l'utilisateur se place dans un champ donné. Vous devez, dans ce cas, créer une macro qui sera affectée à ce champ particulier. Pour ce faire, choisissez la commande «*Champ de formulaire*» du menu «Insertion». Dans la boîte de dialogue qui s'affiche, cliquez sur le bouton <Options> et sélectionnez une macro *Au démarrage* à la section *Exécuter la macro*. Cependant, cet aspect systématique peut gêner l'utilisateur averti, qui n'appréciera guère d'être interrompu et ralenti par des conseils qu'il a déjà lus ou qui lui sont inutiles.

Une autre solution consiste à proposer une aide facultative. Grâce aux fonctionnalités d'aide intégrées de Word, vous pouvez créer un message associé à un champ. Pour cela, choisissez, dans le menu «Insertion», la commande «*Champ*

Figure A

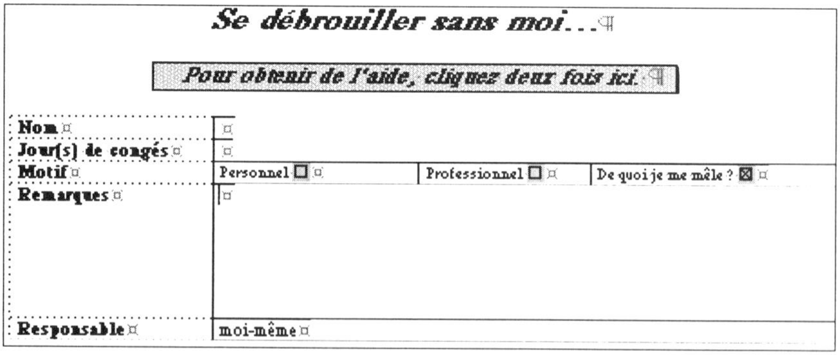
Se débrouiller sans moi...
Pour obtenir de l'aide, cliquez deux fois ici.

Nom			
Jour(s) de congés			
Motif	Personnel ☐	Professionnel ☐	De quoi je me mêle ? ☒
Remarques			
Responsable	moi-même		

Tout utilisateur qui a besoin d'aide peut cliquer deux fois sur le bouton.

de formulaire». Dans la boîte de dialogue qui s'affiche, cliquez sur le bouton <Options>, puis sur <Texte d'aide> pour afficher une boîte de dialogue spécifique, dans laquelle vous allez pouvoir saisir le message informatif associé à un champ.

Les utilisateurs novices peuvent ainsi tirer profit d'une aide non systématique, mais facile à trouver telle celle présentée dans le formulaire de la **figure A**. Elle offre l'avantage de pouvoir être ignorée par les habitués puisqu'il leur suffit de ne pas cliquer sur le bouton ! En revanche, si l'utilisateur clique deux fois, comme cela lui est proposé, il peut lire un message du type de celui présenté à la **figure B**.

Si vous souhaitez inclure ce type d'aide dans un modèle de formulaire, la procédure à suivre est composée de deux étapes. Tout d'abord, vous allez créer une une macro générant l'affichage du message, puis associer un bouton à cette macro sur lequel il suffira de cliquer pour que le message d'aide s'affiche.

Nous allons donc développer cette technique en nous référant au modèle de formulaire que vous aviez créé.

Créer la macro

Ouvrez le formulaire dans lequel vous souhaitez insérer une aide en cliquant sur le bouton de la barre d'outils Standard. Dans la boîte de dialogue «Ouvrir», sélectionnez le sous-dossier Modèles contenu dans le dossier d'installation Microsoft Word 6 (répertoire WINWORD\MODELES, sous Windows). Ensuite, dans la liste déroulante, sélectionnez le fichier «Formulaire» et cliquez sur <OK> (sous Windows, choisissez «Modèles de documents (*.dot)» dans la liste déroulante *Types de fichiers* et, dans la zone de texte *Nom du fichier*, sélectionnez «FORMULAI.DOT»).

Si votre modèle est protégé, choisissez la commande «*Supprimer la protection*» dans le menu «Outils» pour le modifier librement. Si ce n'est pas le cas,

Figure B

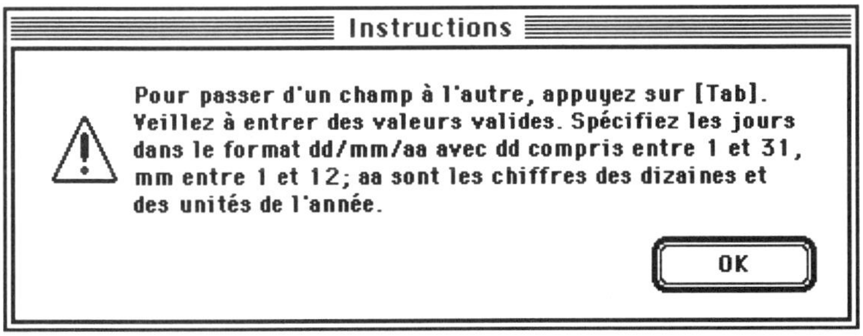

Ce message facultatif s'affiche pour tout utilisateur désireux d'en savoir plus.

vous trouverez, à la place de la commande précédente, la commande «*Protection du document*».

Le document ouvert, nous allons pouvoir aborder la phase de création de la macro. Pour cela, choisissez, dans le menu «Outils», la commande «*Macro*». Dans la boîte de dialogue du même nom, sélectionnez, dans la liste déroulante *Macros disponibles dans*, «Formulaire (modèles)» («FORMULAI.DOT (modèle)» sous Windows). Dans la zone de texte *Nom de la macro*, entrez **`Sos`**, puis dans la zone *Description*, saisissez **`Affiche l'aide sur demande`**. Cliquez sur le bouton <Créer>.

Une fenêtre d'édition de macro s'affiche alors, contenant déjà les lignes **`Sub MAIN`** et **`End Sub`**, entre lesquelles vous allez saisir le contenu de la macro (**figure C**). Cette macro consiste en une commande – **`MsgBox`** – qui affiche un texte dans une boîte de message. Cette commande comporte trois arguments : le texte à afficher, un titre qui figurera dans la barre de titre de la boîte de message et un numéro qui détermine le type de boîte à afficher. Revenons sur chacun de ces arguments.

Le texte entre guillemets ne peut excéder plus de 255 caractères. Dans le cas contraire, Word affiche un message d'erreur lors de l'exécution de la macro. Pour éviter ce type de désagrément, nous vous proposons l'astuce suivante. Ouvrez un nouveau document en cliquant sur le bouton de la barre d'outils Standard, puis saisissez le texte du message. Sélectionnez le texte saisi et choisissez, dans le menu «Outils», la commande «*Statistiques*». Word affiche alors le nombre de caractères du texte sélectionné dont vous pouvez ajuster la longueur en fonction du total obtenu. Vous pouvez en profiter également pour vérifier l'orthographe, par l'intermédiaire de la commande «*Orthographe*» du menu «Outils». Lorsque le texte du message vous convient, sélectionnez-le et cliquez sur le bouton pour le copier dans le Presse-papiers. Retournez dans la fenêtre d'édition de macro en sélectionnant le menu «Fenêtre» pour y choisir le nom de la macro. Le curseur étant positionné automatiquement sur la deuxième ligne, appuyez sur la combinaison de touches [⌘]/[Ctrl][V] et le texte du message s'insère dans la macro.

Figure C

NFormulaire: Sos

```
Sub MAIN
MsgBox "Pour passer d'un champ à l'autre, appuyez sur [Tab]. Veillez
à entrer des valeurs valides. Spécifiez les jours dans le format
dd/mm/aa avec dd compris entre 1 et 31, mm entre 1 et 12; aa sont
les chiffres des dizaines et des unités de l'année.",
"Instructions", 48
End Sub
```

Cette macro génère l'affichage des boîtes de message.

Le deuxième argument de la commande **MsgBox** définit le titre de la boîte de message. Si vous l'omettez, Word affichera tout simplement «Microsoft Word». Nous avons choisi, dans notre exemple, le titre quasi générique **"Instructions"**, mais vous pouvez, bien sûr, saisir un titre de votre choix, en n'oubliant pas les guillemets.

A chaque style de bouton correspond une valeur, indiquée par le troisième argument. La valeur *48* de notre exemple correspond au symbole Attention, un point d'exclamation inclus dans un triangle, auquel s'ajoute le bouton <OK>. Cette valeur représente en fait la somme des nombres *48*, équivalant au symbole d'information, et *0*, qui correspond au bouton <OK>. Pour plus de détails sur les autres symboles et boutons possibles, reportez-vous à l'écran d'aide approprié ; pour ce faire, sélectionnez la commande **MsgBox** et appuyez sur la touche [Aide] ([F1] sous Windows).

Après avoir entré le texte de la macro, votre fenêtre «Macro» est identique à celle présentée à la **figure C**. Appuyez simultanément sur les touches [⌘]/[Ctrl] et [F4]. Cliquez sur <Oui> en réponse au message vous demandant si vous souhaitez enregistrer les modifications et réaffichez le fichier Formulaire.

Nous allons maintenant créer le bouton qui lancera l'exécution de la macro.

Insérer le champ BoutonMacro

Ce champ requiert trois éléments : le nom du champ (*BoutonMacro*), le nom de la macro que vous souhaitez exécuter et le texte (ou graphique) qui va servir de bouton.

Figure D

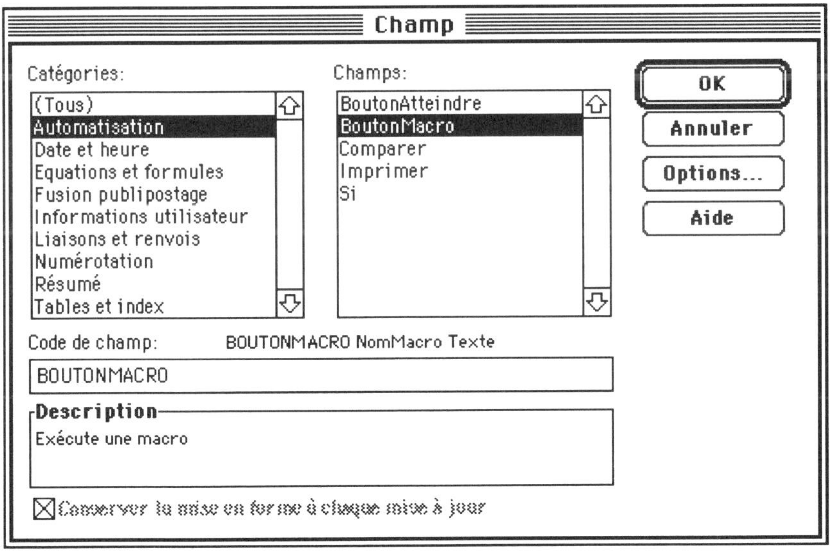

La boîte de dialogue «Champ» permet d'affecter un bouton à une macro.

Avant d'aller plus loin, veillez toutefois à ce que Word n'affiche pas les codes de champ. Pour ce faire, choisissez la commande «*Options*» du menu «Outils» ; cliquez sur l'onglet *Affichage* et, si besoin est, désactivez la case d'option <Codes de champ>. Validez par <OK>.

Positionnez ensuite le curseur à l'emplacement où vous souhaitez voir figurer le bouton sur le formulaire. Dans notre exemple, nous avons choisi de le placer sous le titre du formulaire. Dans le menu «Insertion», choisissez ensuite la commande «*Champ*». La boîte de dialogue «Champ», présentée à la **figure D**, s'affiche.

Sélectionnez «Automatisation» dans la liste déroulante *Catégories* et «BoutonMacro» dans la liste déroulante *Champs*, puis cliquez sur le bouton <Options>. Sélectionnez alors la macro que vous souhaitez voir s'exécuter lorsque l'utilisateur cliquera sur le bouton. Pour ce faire, appuyez sur la touche [S], ce qui a pour effet d'afficher, dans la zone de texte *Nom de macro*, les noms commençant par la lettre S, puis choisissez «Sos». Cliquez sur le bouton <Ajouter au champ>.

Placez-vous ensuite dans la zone de texte *Codes de champ*. Laissez un espace après le nom de la macro qui vient d'être inséré par Word et entrez **`Pour obtenir de l'aide, cliquez deux fois ici`**. La **figure E** illustre la boîte de dialogue «Options de champ» telle qu'elle se présente à ce stade.

Cliquez sur <OK> pour refermer la boîte de dialogue «Options de champ». Cliquez une nouvelle fois sur <OK> ; la boîte de dialogue «Champ» se ferme et le champ est inséré dans le modèle de formulaire (**figure F**).

Figure E

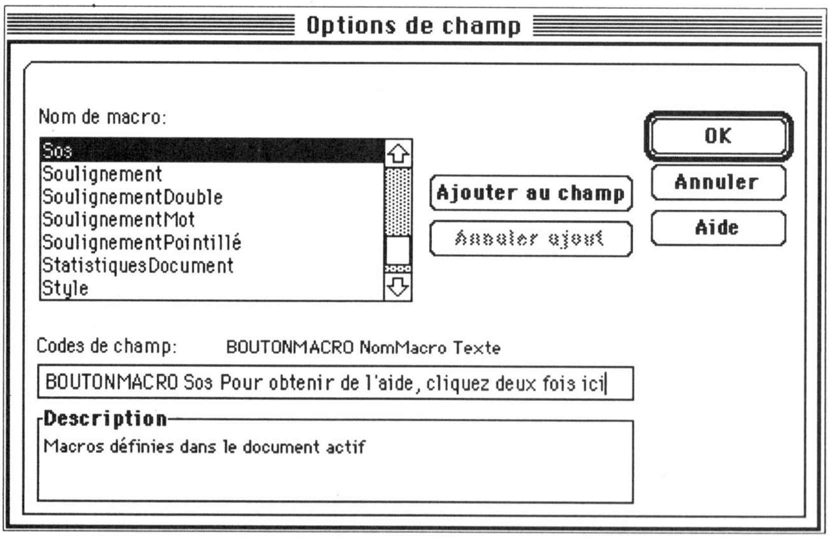

Entrez le message figurant sur le bouton de la macro.

A vrai dire, ce champ n'a d'un bouton que le nom... Mais vous allez voir qu'une bordure et une trame peuvent tout changer !

Mettre en forme le bouton

Commencez par réduire le corps de la police utilisée pour le texte. Lors du positionnement initial du bouton, nous avons en effet hérité de la police utilisée pour le titre du formulaire. Mettez le texte du bouton en surbrillance, puis choisissez le corps 12 dans la liste déroulante *Taille* de la barre d'outils Mise en forme. Choisissez ensuite la commande «*Bordure et trame*» dans le menu «Format». Dans la boîte de dialogue qui s'affiche, cliquez sur l'onglet *Bordure* et sélectionnez l'option «Ombré», à la section *Prédéfinition*. Cliquez ensuite sur l'onglet *Trame de fond* et, dans la liste des trames disponibles, sélectionnez «25%». Validez en cliquant sur <OK>.

Figure F

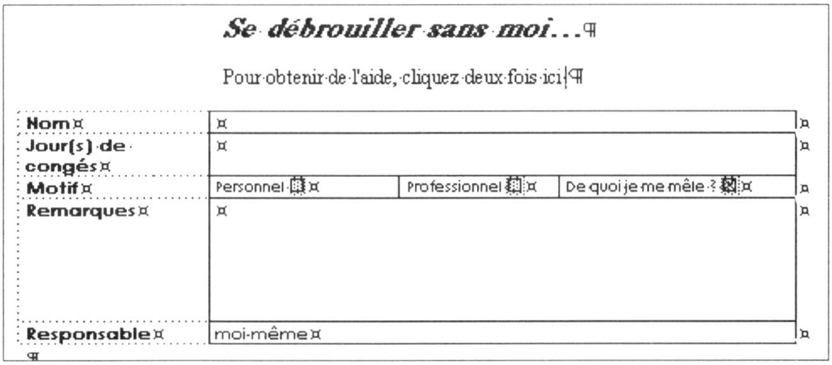
Se·débrouiller·sans·moi...¶

Pour·obtenir·de·l'aide,·cliquez·deux·fois·ici¶

Nom¤	¤		
Jour(s)·de·congés¤	¤		
Motif¤	Personnel·¤	Professionnel·¤	De·quoi·je·me·mêle·?·¤
Remarques¤	¤		
Responsable¤	moi-même¤		

Lorsque vous insérez le champ dans le modèle, le bouton se présente comme un texte normal.

Figure G

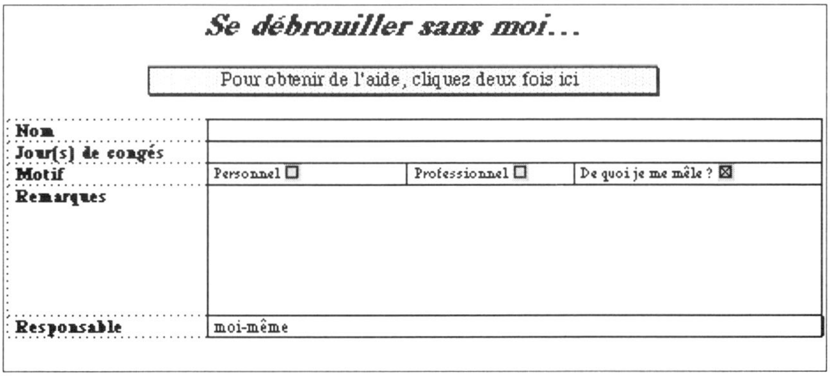
Se débrouiller sans moi...

Pour obtenir de l'aide, cliquez deux fois ici

Nom			
Jour(s) de congés			
Motif	Personnel ☐	Professionnel ☐	De quoi je me mêle ? ☒
Remarques			
Responsable	moi-même		

Vous pouvez réduire la largeur de la zone ombrée en déplaçant le taquet de retrait droit vers la gauche.

Comme le montre la **figure G**, le bouton s'inscrit dans toute la largeur de la page. Notez également que le texte est centré à l'intérieur du bouton, du fait que nous bénéficions de la mise en forme appliquée au titre du formulaire. Il vous est possible de diminuer la taille du bouton. Pour cela, cliquez sur le bouton et déplacez le taquet de retrait droit de la règle jusqu'à obtenir une longueur satisfaisante.

Vous pouvez également, si vous le souhaitez, améliorer la présentation du bouton et modifier le texte qui s'y trouve. Sachez toutefois que Word n'affiche pas de texte sur deux lignes. Si vous passez, par exemple, de la taille 12 à la taille 18, vous obtenez le message d'erreur illustré à la **figure H**.

Macro et bouton sont maintenant terminés. Pour vérifier le bon fonctionnement, vous n'avez plus qu'à cliquer deux fois sur le bouton. Si tout se passe bien, vous devez voir s'afficher le message d'aide présenté à la figure B (page 11). Pour fermer la boîte de message, cliquez sur le bouton <OK>.

Choisissez ensuite la commande «*Protection du document*» du menu «Outils» ; cliquez sur l'option «Formulaires», puis sur le bouton <OK>. Vous pouvez alors sauvegarder votre nouveau modèle.

Grâce à cette technique, les utilisateurs novices pourront bénéficier d'une aide sans perturber les utilisateurs plus aguerris qui, eux, n'en ont pas besoin. N'hésitez pas à la mettre en œuvre dans vos différents types de formulaires.

Figure H

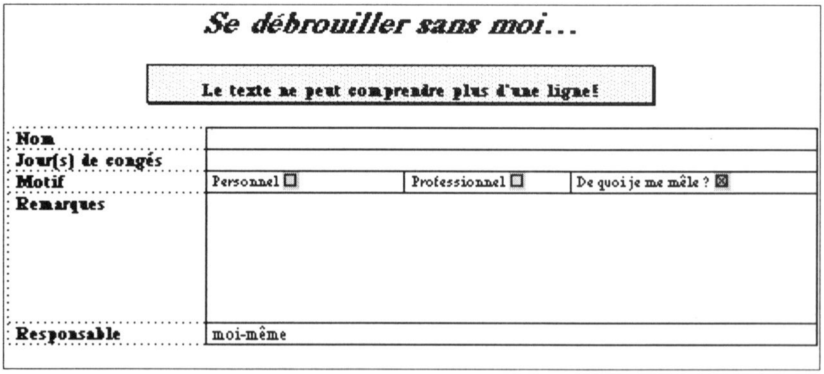

Si nous augmentons la taille du texte du bouton, Word affiche, au-delà d'un certain stade, le message ci-dessus.

Convertir des montants en toutes lettres

Si vous avez à générer certains documents légaux, factures ou rapports, vous serez probablement très intéressé par la macro que nous vous proposons ici, permettant de traduire automatiquement des valeurs numériques en chaînes de caractères (**figure A**). Ce module, *Nb2Mot*, est architecturé de manière à pouvoir être directement utilisé depuis vos documents, sans nécessiter de manipulations inutiles.

Le fonctionnement

La fonction *Nb2Mot* travaille sur la sélection actuelle, quel que soit le document en cours, contenant éventuellement un montant en chiffres. Ce mode de fonctionnement est destiné à offrir la plus grande souplesse possible. La fonction recherchant d'elle-même les montants à convertir, il est possible de sélectionner le contenu d'une cellule d'un tableau, comme un paragraphe entier, puis d'utiliser un raccourci clavier activant la fonction de conversion (**figure B**). Celle-ci va alors lire caractère par caractère la chaîne de texte, rechercher les digits numé-

Figure A

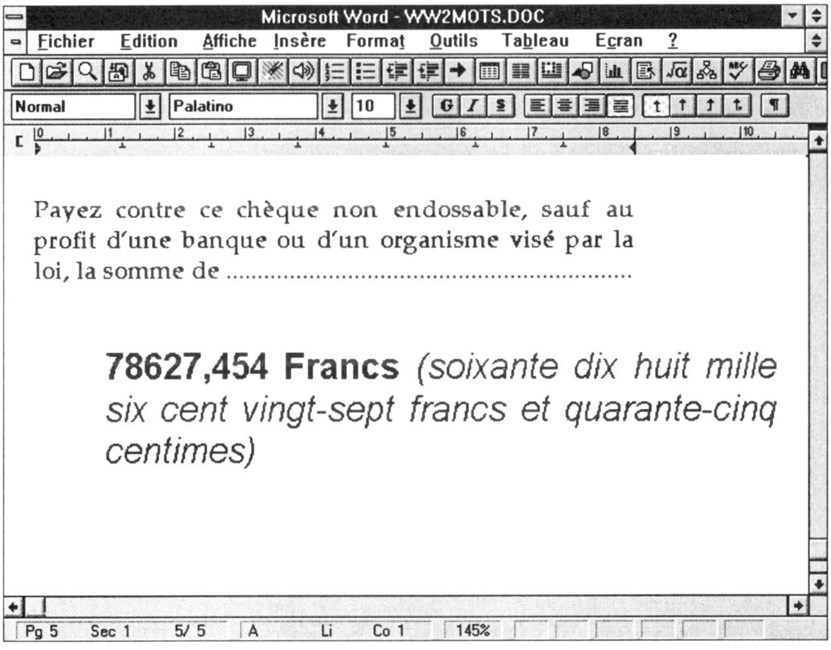

Une macro permet, d'une simple combinaison de touches, de générer la traduction en toutes lettres de vos montants, sans erreur.

riques pour en extraire des parties entières, lesquelles seront envoyées à la procédure *TraduireEntier*. Celle-ci va alors interpréter la valeur numérique pour former la correspondance en mots, en gérant toutes les règles de grammaire nécessaires. Le résultat est ensuite recopié comme résultat de la fonction, en une seule et unique chaîne de caractères, qui est alors insérée juste après votre sélection, sans la détruire. Le **listing A** contient quelques remarques qui vous permettront d'adapter la manière dont la traduction est "collée" dans votre document en fonction du résultat désiré.

Vous pouvez suivre le fonctionnement interne des diverses procédures en vous référant aux nombreux commentaires du **listing A**, ou en suivant son exécution en mode pas à pas.

Création du module

De manière maintenant tout à fait habituelle, vous devez saisir le listing A en utilisant la commande «*Macro*» du menu «Outils», en saisissant le nom de macro `Nb2Mot` dans la boîte de dialogue qui s'affiche alors, puis en cliquant sur le bouton <Modifier>. Appuyez sur les touches [Ctrl][5] (du pavé numérique), pour sélectionner tout le contenu de la fenêtre d'édition de macro qui apparaît alors, puis saisissez scrupuleusement les instructions du **listing A**. Bien entendu, il ne

Figure B

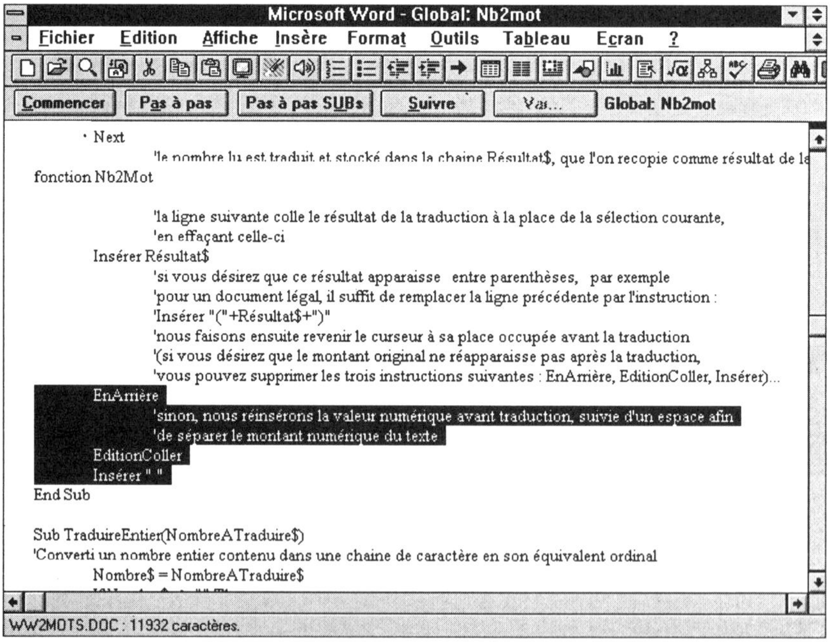

En modifiant quelques instructions simples, vous pouvez moduler le fonctionnement de la macro.

vous est pas nécessaire de saisir les commentaires, ceux-ci n'étant donnés qu'à titre indicatif.

Ceci fait, utilisez la commande «*Enregistrer tout*» du menu «Fichier» pour enregistrer cette nouvelle macro sur votre disque, et assignez-lui un raccourci clavier. Pour cela, activez la commande «*Options*» du menu «Outils», sélectionnez alors la catégorie *Clavier* dans la liste de gauche, puis la macro *Nb2Mot* qui apparaît dans la liste *Macros*. Il vous suffit alors de définir une combinaison de touches dans la zone *Touche de raccourci* pour que cette combinaison de touches soit affectée à la macro (**figure C**). Cliquez alors sur le bouton <Fermer> pour clore cette boîte de dialogue et tester la macro.

Testez alors la nouvelle fonction en saisissant, au sein même de votre document, des valeurs telles que *6258,827*, *-1779873,736*, la fonction devant alors interpréter ces nombres en montants clairement énoncés, directement intégrables dans une facture, documentation légale ou sur un chèque, et les coller aussitôt après dans votre document.

Nb2Mot$() sait gérer des montants atteignant jusqu'à 999 milliards et 999 millions, en positif comme en négatif, en gérant les centimes sur deux digits sans les arrondir. La construction – peut-être complexe – de la fonction aurait très bien pu être simplifiée, mais cette forme vous permettra de la personnaliser de façon simple en fonction de vos besoins, une seule ligne étant nécessaire si vous souhaitez gérer des montants supérieurs à 999 milliards.

Figure C

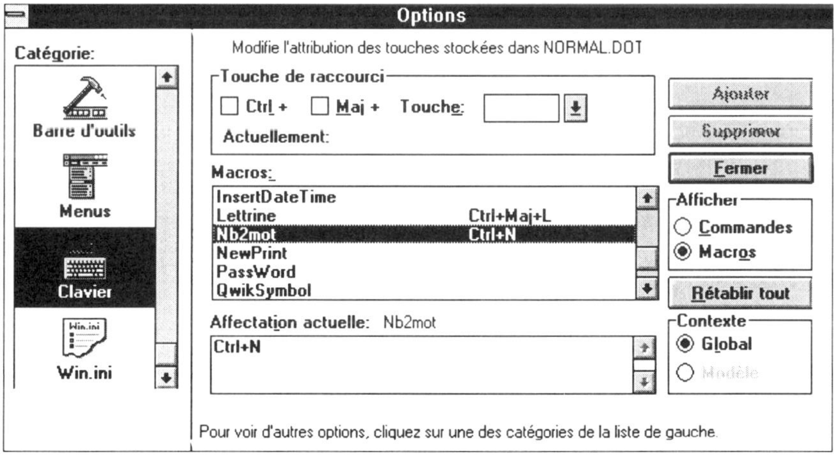

La macro saisie, vous devez définir un raccourci clavier permettant d'automatiser la traduction automatique.

LISTING A *<u>NOTA</u> : la macro est écrite pour la version 2.0 de Word. L'adaptation à la version 6.0 nécessite la modification de quelques instructions. Celles-ci sont signalées en gras dans les commentaires.*

```
Dim Shared Mot$(25), Résultat$

Sub Ajoute(MotSimple$)
             '  ajoute un nouveau terme traduit à la chaîne de résul-
tat
   If Résultat$ <> "" Then
             '  vérifie s'il est nécessaire de coller le nouveau terme
au           '  précédent, dans le cas des "S" à rajouter, ou des
tirets
      If Right$(Résultat$, 1) = "-" Or MotSimple$ = "s" ✂
      Or MotSimple$ = "-" Then
         Résultat$ = Résultat$ + MotSimple$
      Else
             '  sinon, ajoute le terme après un espace
         Résultat$ = Résultat$ + " " + MotSimple$
      End If
   Else
      Résultat$ = MotSimple$
   End If
End Sub

Function Equivalent$(valeur)
             '  recherche le mot équivalent à une valeur numérique
   Select Case valeur
   Case Is < 21
      Equivalent$ = Mot$(valeur)
   Case Else
      Equivalent$ = Mot$(18 +(valeur / 10))
   End Select
End Function

Sub main
             '  initialisation du tableau contenant les mots
             '  interprétés
   Mot$(1) = "un"
   Mot$(2) = "deux"
   Mot$(3) = "trois"
   Mot$(4) = "quatre"
   Mot$(5) = "cinq"
   Mot$(6) = "six"
   Mot$(7) = "sept"
   Mot$(8) = "huit"
   Mot$(9) = "neuf"
   Mot$(10) = "dix"
   Mot$(11) = "onze"
   Mot$(12) = "douze"
   Mot$(13) = "treize"
   Mot$(14) = "quatorze"
   Mot$(15) = "quinze"
   Mot$(16) = "seize"
   Mot$(20) = "vingt"
   Mot$(21) = "trente"
   Mot$(22) = "quarante"
   Mot$(23) = "cinquante"
   Mot$(24) = "soixante"
             '  recherche de la sélection courante
   a$ = Sélection$() + " "
   EditionCopier
             '  initialisation des variables de travail
```

```
n$ = "" : Virgule = 0
Résultat$ = ""
         ' pour toute la longueur de la sélection
For b = 1 To Len(a$)
         ' on extrait chacun de ses caractères
   k$ = Mid$(a$, b, 1)
   Select Case k$
   Case "-"
         ' gère les montants négatifs
      Ajoute "moins"
   Case "0" To "9"
         ' si ceux-ci sont numériques, on bâtit la chaîne N$
      n$ = n$ + k$
   Case Else
         ' sinon, on teste si on est arrivé à une virgule
      If Virgule = 1 Then
         ' les centimes sont comptés sur deux digits, réajustés de
         ' manière inverse aux francs,puisqu'on lit les unités et
         ' dizaines de manière inversée (0,2F = 20 c et 0,02F = 2c)
         n$ = Right$("000" + Left$(n$ + "000", 2), 2)
         If Val(n$) = 0 Then n$ = ""
      End If
         ' on traduit le nombre stocké dans N$
      TraduireEntier n$
         ' puis on détermine son unité en fonction de la présence
         ' ou non d'une virgule
      If Virgule = 0 And Val(n$) > 0 Then
         Ajoute "franc"
         ' et on accorde l'unité avec le nombre en ajoutant un "S"
         ' si nécessaire
         If Val(n$) > 1 Then Ajoute "s"
      ElseIf Virgule = 1 And Val(n$) > 0 Then
         Ajoute "centime"
         If Val(n$) > 1 Then Ajoute "s"
      End If
      n$ = ""
      Select Case k$
      Case Chr$(13)
         b = b + 1
      Case Is < " "
      Case ","
         Virgule = 1
         ' si une valeur en francs est exprimée, et que le nombre
         ' de centimes est suffisant pour être traité, on lie
         ' les deux par le mot "et" si vous utilisez Word 6.0 et
         ' que, lors de la traduction en lettres, la conjonction
         ' "et" n'apparaît pas pour lier les francs et les centimes,
         ' modifiez l'argument "0." en "0,"
         If Val(a$) > 0 And Val("0." + Mid$(a$, b + 1)) ✂
         >= 0.01 Then Ajoute "et"
      Case Else
      End Select
   End Select
Next
         ' le nombre lu est traduit et stocké dans la chaîne
         Résultat$, que l'on recopie comme résultat
         ' de la fonction Nb2Mot$
         ' la ligne suivante colle le résultat de la traduction à la
         ' place de la sélection courante, en effaçant celle-ci
         ' si vous utilisez Word 6.0, utilisez
         ' l'instruction Insertion Résultat$
Insérer Résultat$
         ' si vous désirez que ce résultat apparaisse
         ' entre parenthèses, par exemple pour un document légal,
```

```
            '  il suffit de remplacer la ligne précédente par
            '  l'instruction : Insérer "("+Résultat$+")"
            '  (ou Insertion "("+Résultat$+")" pour Word 6.0)
            '  nous faisons ensuite revenir le curseur à sa place
            '  occupée avant la traduction
            '  (si vous désirez que le montant original
            '  ne réapparaisse pas après la traduction, vous pouvez
            '  supprimer les trois instructions suivantes :
            '  EnArrière, EditionColler, Insérer)...
   EnArrière
            '  sinon, nous réinsérons la valeur numérique avant
            '  traduction, suivie d'un espace afin de séparer
            '  le montant numérique du texte
   EditionColler
   Insérer " '  instruction Insertion avec la version 6.0
End Sub

Sub TraduireEntier(NombreATraduire$)
            '  convertit un nombre entier contenu dans une chaîne
            '  de caractères en son équivalent ordinal
   Nombre$ = NombreATraduire$
   If Nombre$ <> "" Then
            '  si le nombre est 0, on ne perd pas de temps
      If Val(Nombre$) = 0 Then
         Ajoute "zero"
      Else
            '  sinon, on convertit celui-ci en une chaîne de caractères
            '  de longueur multiple de 3
         Nombre$ = Right$("000", -((Len(Nombre$) Mod 3) <> 0) ✂
         *(3 -(Len(Nombre$) Mod 3))) + Nombre$
            '  afin de pouvoir la lire 3 caractères par 3
         For Longueur = Len(Nombre$) To 3 Step - 3
            cdu$ = Left$(Nombre$, 3)
            Nombre$ = Right$(Nombre$, Longueur - 3)
            '  on extrait ainsi des ensembles de 3 chiffres,
            '  de la gauche à la droite
            If cdu$ <> "000" Then
            '  dont on tire une valeur de Centaines,
            '  Dizaines et Unités
               c$ = Left$(cdu$, 1)
               d$ = Mid$(cdu$, 2, 1)
               u$ = Right$(cdu$, 1)
            '  on convertit les unités non muettes pour les centaines
               If c$ >= "2" Then Ajoute Equivalent$(Val(c$))
            '  et on traite les 1 muets
               If c$ >= "1" Then
                  Ajoute "cent"
            '  en appliquant les règles d'accords pour les centaines
                  If Val(Nombre$) = 0 And d$ + u$ = "00" And
Len(Résultat$) > 4 Then Ajoute "s"
               End If
                  '  on analyse si le mot ET sera nécessaire
                  '  (21, 31, 41...)
               Et =(d$ >= "2") And(u$ = "1")
                  '  ainsi que les tirets pour certains couples
                  '  dizaines-unités
               Tiret =((d$ >= "2") And(u$ > "1") Or(d$ >= "1" ✂
               And u$ >= "7")) And Not Et
                  '  traitement des valeurs 80-99
               If d$ >= "8" Then
                  Ajoute "quatre-vingt"
                  Et = 0
                  '  retenue nécessaire pour 90 à 99
```

```
               If d$ = "8" Then d$ = "0" Else d$ = "1" : ✂
               Tiret = True
               '  et traitement des unités
               If u$ > "0" Then Tiret = True Else Ajoute "s"
               '  sinon, on traite les valeurs 70 à 79
            ElseIf d$ = "7" Then
               Ajoute "soixante"
               '  avec une retenue pour les dizaines
               d$ = "1"
               If u$ <> "1" Then Tiret = True
            End If
               '  valeurs entre 10 et 16...
            If(d$ = "1") And(u$ <= "6") Then
               d$ = "0"
               u$ = "1" + u$
            End If
               '  sinon, on gère toutes les autres dizaines...
            If d$ >= "1" Then
               '  gère les tirets pour les dizaines composées...
               If Tiret And d$ = "1" And Val(Right$(cdu$, 2)) ✂
               > 19 Then
                  Ajoute "-"
               End If
               '  traduction de la dizaine...
               Ajoute Equivalent$(Val(d$ + "0"))
               '  en accordant l'exception des vingtaines
               If d$ + u$ = "20" And c$ <> "0" Then Ajoute "s"
            End If
               '  si le mot "ET" est nécessaire, on l'ajoute
            If Et Then Ajoute "et"
               '  ainsi que le tiret, liant une dizaine et
               '  une unité
            If Tiret Then Ajoute "-"
               '  puis on traduit l'unité du nombre
            If Val(u$) >= 2 Or((Val(u$) >= 1 And(Val(cdu$) > 1 ✂
            Or Longueur <> 6))) Then Ajoute
            Equivalent$(Val(u$))
               '  enfin, la pondération du nombre est respectée,
               '  en ajoutant le multiple
               '  nécessaire, et en l'accordant si nécessaire
            Select Case Longueur
               Case 6 : Ajoute "mille"
               Case 9 : Ajoute "million" : If Val(cdu$) > 1
               Then Ajoute "s"
               Case 12 : Ajoute "milliard" : If Val(cdu$) > 1 ✂
               Then Ajoute "s"
            Case Else
            End Select
         End If
      Next
   End If
End If
End Sub
```

Changer l'extension par défaut des documents Word pour Windows

Bien des utilisateurs de Word préféreraient sauvegarder leurs documents sous une autre extension que DOC, affectée par défaut. Dans certains environnements, par exemple, une extension telle que WPW (Word Pour Windows) pourrait être plus explicite. Deux méthodes sont à votre disposition pour personnaliser l'extension de vos documents. Vous pouvez, tout d'abord, ajouter un paramètre au fichier d'initialisation WINWORD6.INI se chargeant au démarrage de Word. La deuxième solution consiste à créer une macro du type *FichierOuvrir* associée au bouton <Ouvrir> (ou choisir la commande «*Ouvrir*» du menu «Fichier»). Word affichera alors la liste des noms de fichiers suivis de la nouvelle extension. Mais découvrons dans le détail chacune de ces techniques.

Ajouter le paramètre DOC-EXTENSION

Pour accéder au fichier WINWORD6.INI, vous allez faire appel à la commande «*OutilsParamètresAvancés*»... qui ne figure dans aucun menu. Pour l'atteindre, nous allons devoir passer par l'intermédiaire de la boîte de dialogue «Macro».

Choisissez la commande «*Macro*» dans le menu «Outils». Dans la boîte de dialogue qui s'affiche, sélectionnez «Commandes Word» dans la liste déroulante

Figure A

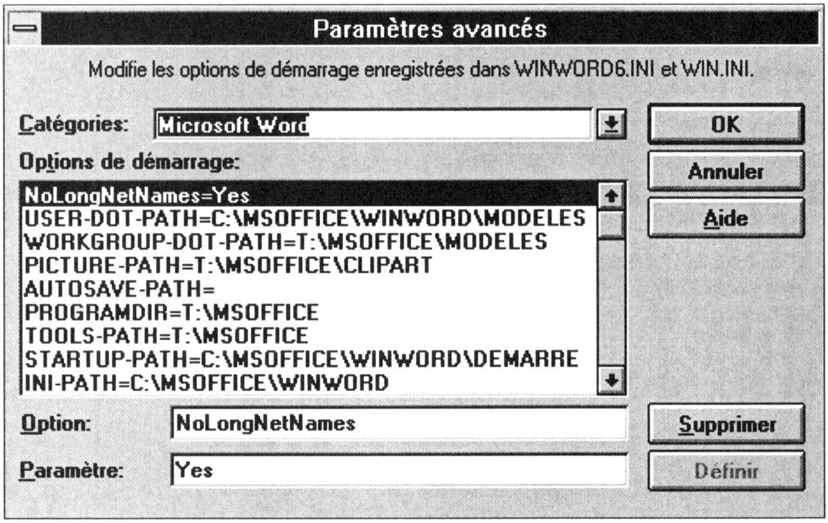

A l'exécution d'OutilsParamètresAvancés, Word ouvre cette boîte de dialogue.

Macros disponibles dans. Appuyez sur la touche [O] pour accéder aux commandes ayant la lettre O comme initiale. Faites défiler la liste pour sélectionner la commande «*OutilsParamètresAvancés*» et cliquez deux fois sur celle-ci. Word referme la boîte de dialogue, exécute la commande et affiche une nouvelle boîte de dialogue, illustrée à **figure A**, vous permettant de visualiser ou de modifier les options de démarrage de Word.

Assurez-vous, pour commencer, que «Microsoft Word» apparaît bien dans la zone de texte *Catégories*. Sélectionnez ensuite l'entrée standard dans la zone de texte *Option* et saisissez `DOC-EXTENSION` en remplacement. De même, remplacez l'entrée standard figurant dans la zone de texte *Paramètre* par les trois lettres de la nouvelle extension, .WPW dans notre exemple. Notez qu'il n'est pas nécessaire de faire précéder l'extension d'un point, ni de la saisir en majuscules, bien que nous l'ayons fait par souci de clarté. Cliquez à présent sur le bouton <Définir>. Ce faisant, Word ajoutera votre paramètre au bas de la liste déroulante *Options de démarrage*, comme la **figure B** permet de le vérifier. Pour achever la procédure, cliquez sur le bouton <OK>.

Pour vérifier le bon fonctionnement de cette séquence d'opérations, choisissez la commande «*Enregistrer sous*» du menu «Fichier». La boîte de dialogue illustrée à la **figure C** s'affiche. Dans la zone de texte *Nom du fichier*, la nouvelle extension vous est proposée pour le document que vous allez sauvegarder. Cliquez sur le bouton <Annuler> puis, après fermeture de la boîte de dialogue, cli-

Figure B

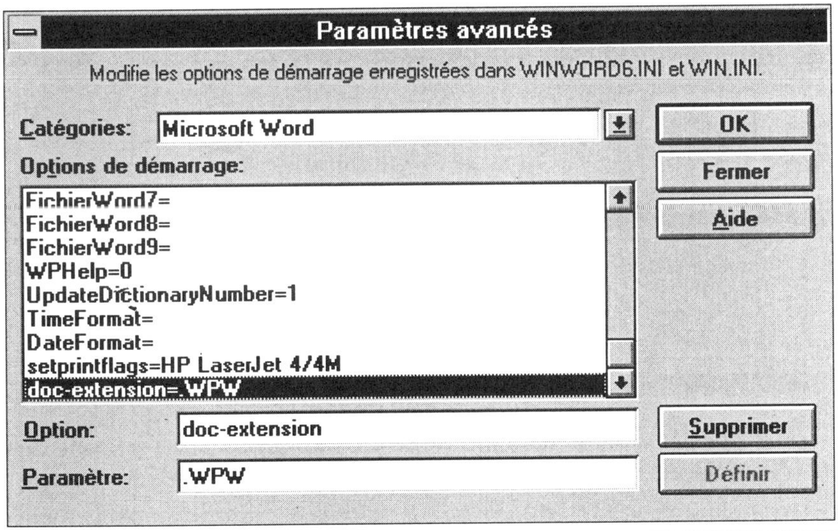

Lorsque vous cliquez sur le bouton <Définir>, Word ajoute un nouveau paramètre au bas de la liste Options de démarrage.

Figure C

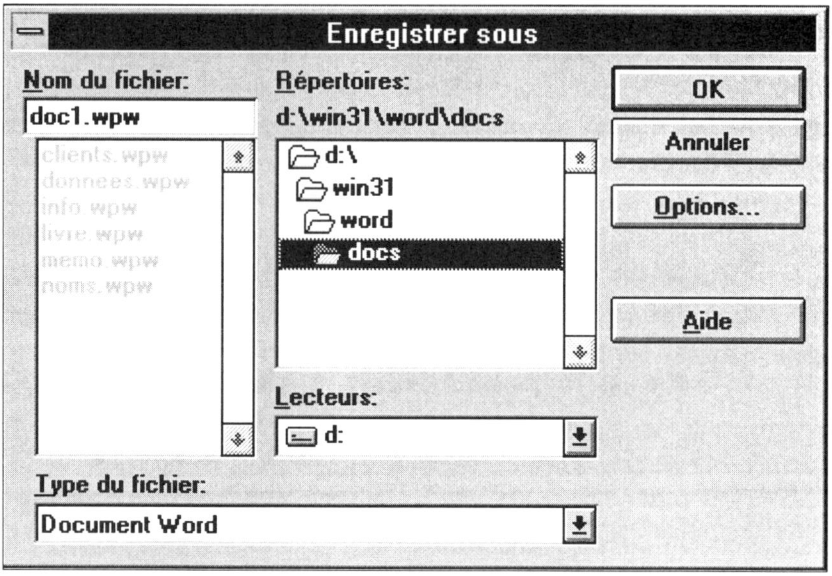

En choisissant la commande «Enregistrer sous», la nouvelle extension est proposée dans la zone de texte Nom du fichier.

Figure D

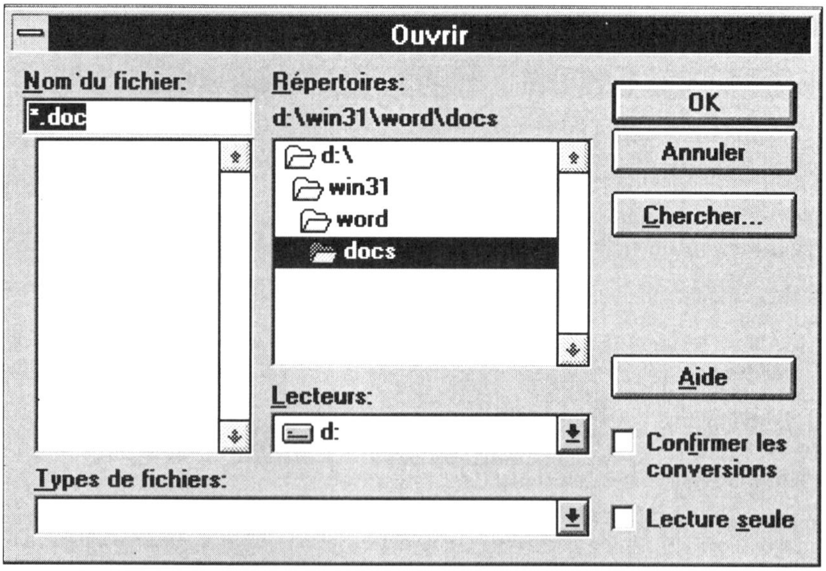

*Après avoir modifié l'extension par défaut, Word continue d'afficher *.doc dans la boîte de dialogue «Ouvrir».*

quez sur le bouton <Ouvrir> de la barre d'outils Standard. Comme le montre la **figure D**, le résultat ici est moins satisfaisant. En effet, bien que que vous ayez changé l'extension par défaut, Word affiche toujours **`*.doc`** dans la zone de texte *Nom du fichier*. Vous pouvez y remédier en sélectionnant «Documents Word (*.wpw)» dans la liste déroulante *Types de fichiers*. Pour vous éviter d'avoir à renouveler cette opération à chacune de vos sessions, vous pouvez créer une macro qui indiquera à Word d'afficher l'extension correcte.

Créer une macro FichierOuvrir

Comme vous le savez sans doute, il est impossible de modifier une commande Word préexistante. En revanche, vous pouvez créer une macro portant un nom identique à cette commande. Word exécutera votre macro au lieu de sa propre

Figure E

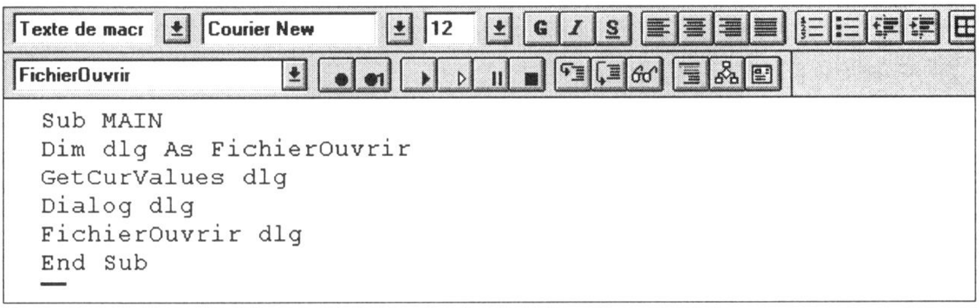

Affichez les éléments constituant la commande «FichierOuvrir».

Figure F

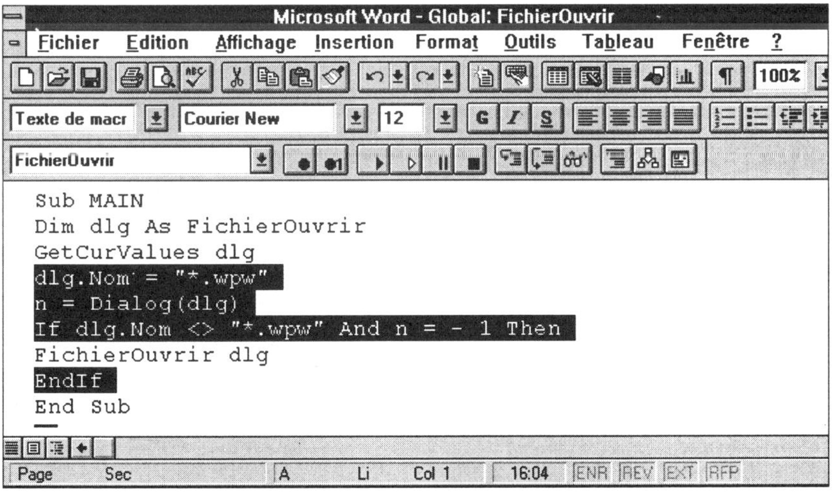

La macro modifiée FichierOuvrir ira bien chercher les fichiers portant l'extension WPW.

commande. Dans notre cas de figure, vous allez créer une macro appelée *FichierOuvrir*, véritable nom de la commande «*Ouvrir*».

Pour commencer, choisissez, dans le menu «Outils», la commande «*Macro*». Dans la boîte de dialogue du même nom, assurez-vous que «Normal.dot (modèle global)» est bien sélectionné dans la liste déroulante *Macros disponibles dans*. Saisissez ensuite **`FichierOuvrir`** dans la zone de texte *Nom de la macro* et cliquez sur le bouton <Créer> pour ouvrir la fenêtre d'édition de macro, présentée à la **figure E**.

Comme vous pouvez le constater, Word affiche les éléments constituant la commande «*FichierOuvrir*». Tout d'abord, supprimez la ligne : **`Dialog dlg`**.

Insérez ensuite les lignes mises en surbrillance à la **figure F**, que nous détaillerons ultérieurement. Ceci fait, fermez la fenêtre d'édition de macro et cliquez sur le bouton <Oui> en réponse au message vous invitant à sauvegarder les modifications.

Pour tester la macro, cliquez sur le bouton <Ouvrir>. Comme le montre la **figure G**, la boîte de dialogue «Ouvrir» affiche bien à présent **`*.wpw`** dans la zone de texte *Nom du fichier* et liste tous les fichiers suivis de l'extension WPW contenus dans le répertoire courant.

La macro en détails

Pour ceux qui souhaiteraient étudier le fonctionnement de la macro que nous venons de définir, voici une rapide présentation des modifications apportées.

Figure G

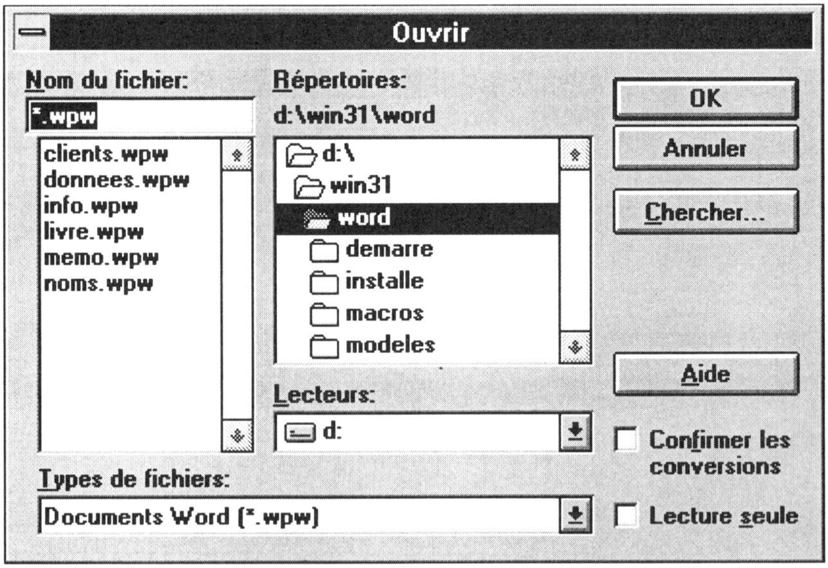

*L'extension *.wpw est à présent disponible dans la boîte de dialogue «Ouvrir».*

La macro commence obligatoirement par la ligne **Sub MAIN**.

L'instruction :

```
Dim dlg As FichierOuvrir
```

crée un tableau, appelé *dlg*, destiné à conserver l'information contenue dans la boîte de dialogue «Ouvrir».

L'instruction :

```
GetCurValues dlg
```

complète le tableau avec les paramètres courants de la boîte de dialogue «Ouvrir».

L'instruction :

```
dlg.Nom = "*.wpw"
```

place la spécification de l'extension WPW dans le tableau.

L'instruction :

```
n = Dialog(dlg)
```

stocke le résultat de la fonction *Dialog(dlg)* dans la variable *n*. La fonction *Dialog(dlg)* renvoie un code indiquant que vous cliquez sur le bouton <OK> (-1) ou Annuler (0) dans la boîte de dialogue «Ouvrir», afin de prévenir des erreurs.

L'énoncé *If* :

```
If dlg.Nom <> "*.wpw" And n = -1 Then
  FichierOuvrir dlg
End if
```

pose la réalisation de deux conditions à l'exécution de la commande «*FichierOuvrir*».

La première :

```
dlg.Nom <> "*.wpw"
```

dit très exactement : "La saisie dans la zone de texte *Nom du fichier* n'est pas équivalente à **`*.wpw`**." Pour que cela soit vrai, un nom de fichier doit apparaître dans la zone de texte *Nom du fichier* (au lieu de la simple mention **`*.wpw`**), Word ayant besoin de savoir quel fichier vous désirez ouvrir.

La deuxième condition :

```
n = -1
```

précise que la variable *n* contient *-1* (comme nous l'avons dit précédemment, si vous cliquez sur le bouton <OK>).

L'instruction *If* fonctionne très efficacement pour prévenir toutes les erreurs possibles. Si vous n'avez pas sélectionné préalablement de fichier, la première condition sera fausse et de ce fait, la macro n'essaiera pas d'exécuter l'énoncé *FichierOuvrir*. Si vous cliquez sur le bouton <Annuler>, c'est la deuxième condition qui sera fausse, et la macro n'essaiera toujours pas d'ouvrir le fichier. Si les deux conditions sont vraies – un nom de fichier et la validation par le bouton <OK>, la macro exécutera enfin la ligne :

```
FichierOuvrir dlg
```

qui exécutera à son tour la commande «*Ouvrir*» en utilisant les informations contenues dans le tableau *dlg*.

Restaurer les paramètres d'origine

A toutes fins utiles, voyons comment restaurer les paramètres d'origine. Pour revenir à l'extension DOC, exécutez la commande «*OutilsParamètres-Avancés*», comme nous l'avons décrit plus haut ; sélectionnez «DOC-EXTENSION=WPW» dans la liste déroulante *Options de démarrage*, cliquez sur le bouton <Supprimer>, puis sur le bouton <Fermer>. Lorsque vous relancerez Word, vous retrouverez l'extension standard DOC.

Enfin, pour restaurer le fonctionnement d'origine de la commande «*Outils-Paramètres-Avancés*», supprimez tout simplement la macro *FichierOuvrir*. Pour ce faire, choisissez la commande «*Macro*» dans le menu «Outils» et assurez-vous que «Normal.dot (modèle global)» est bien sélectionné dans la zone de texte. Puis sélectionnez «FichierOuvrir» dans la liste des macros et cliquez sur le bouton <Supprimer>. Cliquez sur le bouton <Oui> en réponse au message vous demandant de confirmer la suppression, puis sur le bouton <Fermer>.

Vous maîtrisez l'enregistrement et l'ouverture des fichiers et savez comment leur affecter l'extension de votre choix, ce qui facilitera considérablement l'identification ou le classement de vos documents Word. Ces opérations sont évidemment renouvelables à volonté et sans risque si, comme nous n'en doutons pas, vous respectez la marche à suivre que nous vous avons indiquée.

Déboguer les macros Word pour Windows

Si vous avez quelque habitude du langage macro WordBasic, peut-être développez-vous des macros qui vous permettent d'automatiser l'exécution des tâches que vous réalisez fréquemment avec Word. En règle générale, le développement d'une macro s'effectue en plusieurs étapes et parfois même par tâtonnements, en identifiant les erreurs signalées par le programme lors de l'exécution de la macro. Apprenez à tirer parti des outils de débogage de Word pour identifier les erreurs macro et y remédier.

Les erreurs les plus courantes

Les erreurs les plus courantes que vous pouvez rencontrer lors du développement d'une macro sont de trois sortes : les erreurs de syntaxe, celles dues à l'utilisation d'une fonction ou d'une sous-procédure inconnue et celles concernant les arguments.

Les erreurs de syntaxe peuvent avoir plusieurs causes. Il peut s'agir, par exemple, d'un guillemet manquant dans une chaîne de texte, d'un point-virgule (utilisé pour séparer les différents arguments d'une fonction) manquant, mal placé ou en trop dans la fonction, d'une parenthèse manquante à la fin d'une fonction ou encore de l'utilisation d'un mot réservé.

Figure A

Une erreur de syntaxe est signalée par ce message lorsque vous exécutez la macro.

Figure B

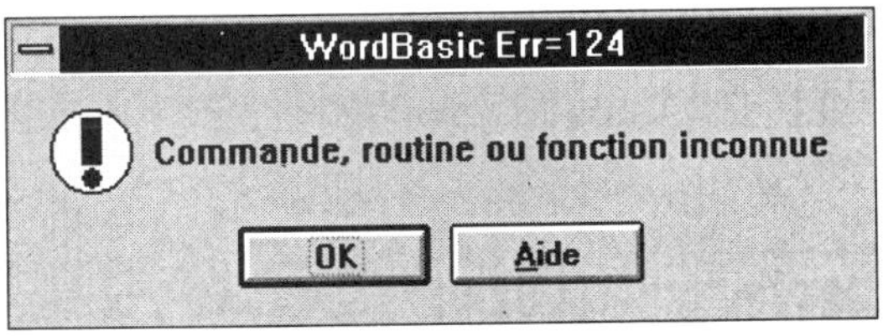

Word pour Windows signale l'emploi d'une commande ou d'une fonction inconnue au moyen de ce message.

Ces erreurs de syntaxe sont signalées lorsque vous lancez l'exécution de la macro au moyen d'une boîte de dialogue similaire à celle présentée à la **figure A**, Word mettant en évidence la ligne qui a provoqué l'erreur.

Une autre erreur fréquente consiste à spécifier dans la macro une commande ou une fonction inconnue. Si une telle erreur se produit, vous obtenez à l'écran un message similaire à celui illustré à la **figure B**. Dans la plupart des cas, Word n'identifie pas la commande ou la fonction spécifiée car son orthographe est incorrecte. Il se peut également que vous ayez effectivement fait appel à une commande ou une fonction non valide avec WordBasic. Le message illustré à la **figure B** s'affiche également lorsque vous omettez le caractère $ (le signe dollar) dans le libellé d'une fonction qui retourne une chaîne de caractères.

Une autre catégorie regroupe toutes les erreurs concernant les arguments, ou paramètres passés à une fonction. L'erreur peut porter sur le type d'argument (**figure C**), ou encore sur le nombre d'arguments, comme sur la boîte de dialogue de la **figure D**.

Lorsque le type d'argument est incorrect, cela signifie que vous avez, par exemple, saisi une valeur texte dans la syntaxe de la fonction alors que celle-ci nécessitait une valeur numérique, ou inversement. En revanche, lorsque vous obtenez le message illustré à la **figure D**, cela signifie que vous avez entré un nombre de paramètres inférieur ou supérieur au nombre requis dans la syntaxe de la fonction.

Figure C

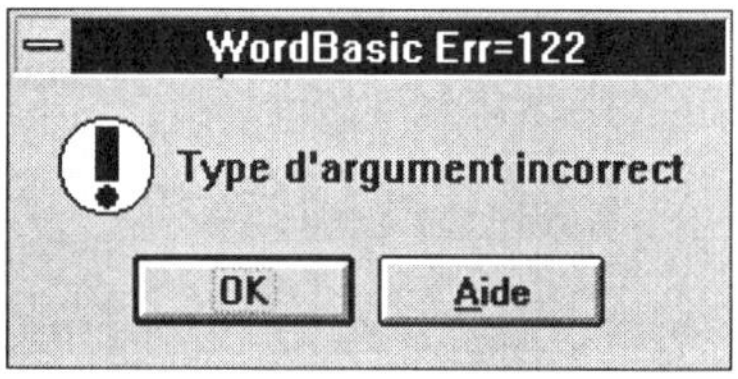

Cette boîte de dialogue s'affiche lorsque le type d'argument spécifié dans la syntaxe d'une fonction est incorrect.

Figure D

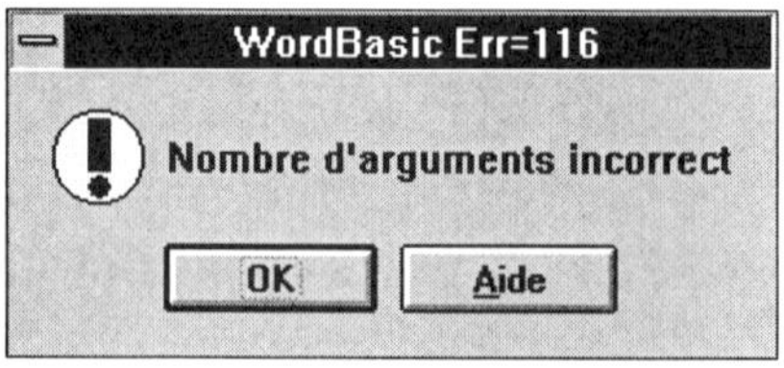

Ce message signale une erreur portant sur le nombre d'arguments spécifié dans la syntaxe d'une fonction.

Quel que soit le type d'erreur signalé, la ligne d'instructions sur laquelle l'erreur est détectée est automatiquement affichée dans une couleur différente. Notez toutefois que si la macro comporte plusieurs erreurs, ces dernières ne sont pas toutes signalées simultanément. Lorsque vous cliquez sur le bouton <Aide> disponible dans chacune de ces boîtes de dialogue, vous pouvez consulter l'aide relative à l'erreur détectée et trouver une "piste" pour sa correction.

Les outils de débogage

Heureusement, il n'est pas nécessaire d'avoir terminé le développement d'une macro pour la tester. Les versions 2.0 et 6.0 de Word disposent d'une barre d'outils de débogage qui vous permettent de tester la macro à mesure que vous l'écrivez. Pour plus d'efficacité, vous pouvez ouvrir une fenêtre macro et une fenêtre de document (dans lequel vous allez tester la macro) et arranger la disposition de ces deux fenêtres au moyen de la commande «*Réorganiser*» du menu «Fenêtre» (menu «Ecran» dans la version 2.0). Les outils de débogage disponibles dans la version 2.0 sont illustrés à la **figure E** ; ceux de la version 6.0 sont présentés à la **figure F**. Même si la barre d'outils a été modifiée dans la version 6.0, les fonctions associées aux boutons de débogage restent, en grande partie, identiques d'une version à l'autre.

Ainsi, le bouton <Commencer>, remplacé par le bouton ▶ dans la version 6.0, permet d'exécuter la macro en totalité. Pour exécuter toute la macro mais suivre ligne par ligne les instructions interprétées, utilisez de préférence l'outil *Suivre déroulement* (bouton ▷, auquel correspond le bouton <Suivre> dans la version 2.0).

Figure E

Une barre d'outils de débogage est disponible dans la fenêtre macro de Word 2.0.

Figure F

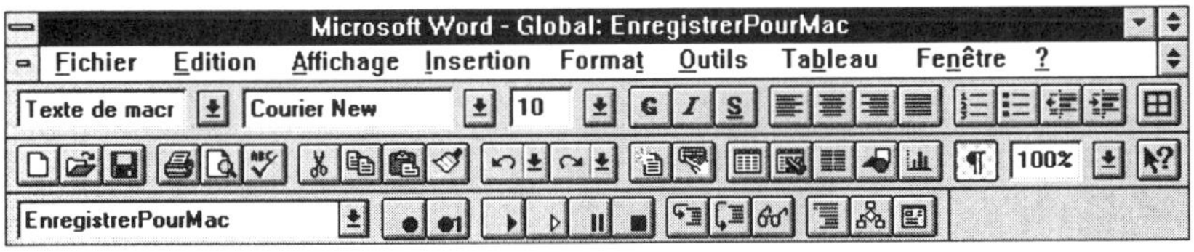

Dans la version 6.0, des outils de débogage supplémentaires ont été ajoutés.

Pour exécuter la macro pas à pas et visualiser le résultat de l'opération effectuée, vous utiliserez l'outil *Exécuter pas à pas* (bouton dans la version 6.0 ; bouton <Pas à pas> dans la version 2.0). Dans ce cas, vous devez cliquer de nouveau sur ce bouton pour exécuter l'instruction suivante. Cet outil est particulièrement utile lorsque, en cours de développement, vous souhaitez tester différentes hypothèses ou actions.

L'outil *Exécuter sous-routine par sous-routine* (bouton correspondant au bouton <Pas à pas SUBs> de la version 2.0) est similaire à l'outil *Suivre déroulement*, à la différence toutefois qu'il permet de traiter la totalité d'une procédure utilisateur comme instruction unique.

L'outil *Variables* (bouton dans la version 6.0 et <Var> dans la version 2.0) permet d'afficher les valeurs des variables définies et de les modifier. En procédant ainsi par ajustements successifs, vous pouvez tester différentes valeurs et visualiser directement leur effet.

Ajouté dans la version 6.0, l'outil *Ajouter/Supprimer REM* permet de mettre temporairement une ou plusieurs instructions en remarque, afin qu'elle ne soit pas exécutée. Cet outil est particulièrement pratique lorsque vous "butez" sur une erreur que vous n'arrivez pas à résoudre et que vous souhaitez toutefois vérifier si le reste de la macro s'exécute correctement.

L'écriture d'une macro s'effectue toujours – même pour les développeurs chevronnés – par tâtonnements et erreurs. Les outils de débogage vous permettent de tester une macro grandeur nature sans les conséquences (parfois) hasardeuses. Apprenez à les utiliser !

Index

5

Aubin Imprimeur
LIGUGÉ, POITIERS

Achevé d'imprimer en août 1996
N° d'impression L 52015
Dépôt légal août 1996
Imprimé en France